Verlag für Systemische Forschung
im Carl-Auer Verlag

Annette Gebauer

Einführung von Corporate Universities

Rekonstruktion der
Entwicklungsverläufe in Deutschland

Mit Vorworten von Rudolf Wimmer
und Johannes Rüegg-Stürm
2007

Carl-Auer im Internet: **www.carl-auer.de**
Bitte fordern Sie unser Gesamtverzeichnis an:

Carl-Auer Verlag
Häusserstr. 14
69115 Heidelberg

Über alle Rechte der deutschen Ausgabe verfügt
der Verlag für Systemische Forschung
im Carl-Auer-Systeme Verlag, Heidelberg
Fotomechanische Wiedergabe nur mit Genehmigung des Verlages
Reihengestaltung nach Entwürfen von Uwe Göbel & Jan Riemer
Printed in Germany 2007

Erste Auflage, 2007
ISBN 978-3-89670-381-1
© 2007 Carl-Auer-Systeme, Heidelberg

Bibliografische Information Der Deutschen Nationalbibliothek
Die Deutsche Nationalbibliothek verzeichnet diese Publikation in der
Deutschen Nationalbibliografie; detaillierte bibliografische Daten
sind im Internet über http://dnb.ddb.de abrufbar.

Diese Publikation beruht auf der Inauguraldissertation „Einführung und Entwicklungsverlauf von Corporate Universities" zur Erlangung des Grades eines Doktors der Wirtschaftswissenschaft der Privaten Universität Witten/Herdecke gGmbH im Bereich der Wirtschaftswissenschaft, 2006.

Die Verantwortung für den Inhalt liegt bei der Autorin.
Alle Rechte, insbesondere das Recht zur Vervielfältigung und Verbreitung sowie der Übersetzung vorbehalten. Kein Teil des Werkes darf in irgendeiner Form (durch Fotokopie, Mikrofilme oder ein anderes Verfahren) ohne schriftliche Genehmigung des Verlags reproduziert oder unter Verwendung elektronischer Systeme verarbeitet werden.

Geleitwort

Man kann es alles auch ganz anders sehen. Diese Arbeit wird ihrem theoretischen Anspruch nicht gerecht, wenn sie so tut, als wüsste sie es besser. Mein Dank und Respekt gilt den Unternehmen bzw. Unternehmensvertretern, die sich mit mir von 2003 bis 2005 auf die lernbereite Suche machten, um für ihre mutigen Einführungserfahrungen plausible Erklärungsansätze zu finden und Handlungsalternativen zu entdecken.

Vorwort von Rudolf Wimmer

Was zeichnet längerfristig besonders erfolgreiche Unternehmen aus? Seit Jahrzehnten bildet diese Frage eines der Zentren betriebswirtschaftlicher Forschung. Glaubt man der Studie von Collins (2003), dann zählen dazu nicht die Unternehmen, die in immer kürzeren Abständen ihre Organisationsarchitektur radikal umbauen, die in ihren Wachstumsstrategien auf beeindruckende Übernahmen setzen, die in regelmäßigen Abständen spektakuläre Personalabbauprogramme starten, um ihre Kosten zu senken, die ungebremst den kurzfristigen Ertragserwartungen der Kapitalmarktakteure nacheifern, etc. Nachhaltigen Erfolg erzielen jene, die mit großer Beharrlichkeit und einem langen Atem in die eigene Entwicklungsfähigkeit als Organisation investieren, die die eigenen Energien gebündelt auf jene Felder konzentrieren, auf denen man auf lange Sicht gesehen tatsächlich zu den Besten der eigenen Industrie zählen kann, die kompromisslos ihr Lernen an den relevanten strategischen Herausforderungen ihres Umfeldes ausrichten und sich dabei nicht von den gerade herrschenden Managementmethoden leiten lassen. In fast jeder Branche finden sich heute Beispiele, die diese Befunde eindrucksvoll belegen (etwa Nokia, Porsche oder Toyota). Was befähigt diese Unternehmen zu dieser besonderen Art vorausschauender Selbsterneuerung? Welche Faktoren wirken hier zusammen und wie lassen sich diese „organizational capabilities" gezielt entwickeln? Welche Kompetenzen und Strukturen können diese Entwicklung dauerhaft unterstützen?

Man kann den Aufschwung der Corporate-University-Idee in den neunziger Jahren als einen Versuch interpretieren, die Lernfähigkeit wie auch die Lerngeschwindigkeit von Organisationen gezielt zu steigern. Es handelt sich bei diesen Einrichtungen um die organisationsinterne Ausdifferenzierung von Spezialfunktionen (häufig in der Nähe des Topmanagements angesiedelt), die sich auf die unternehmenseigene Entwicklungsfähigkeit in Auseinandersetzung mit sich ständig ändernden Umweltherausforderungen fokussieren. Berühmt gewordene Vorbilder wie General Electric (GE) und Motorola in den USA haben für diesen Ausdifferenzierungsprozess weltweit die Standards gesetzt. Viele europäische Unternehmen sind in den letzten zehn Jahren diesen Beispielen gefolgt. In der Zwischenzeit ist es um diese „Organisationsinnovation" allerdings wieder etwas ruhiger geworden. Welche Ausprägung hat diese Idee in der Praxis letztlich erfahren? Konnte damit die Lernfähigkeit der betroffenen Unternehmen tatsächlich erhöht werden?

Dieses Buch hat es sich zum Ziel gesetzt, diesen Fragen konsequent nachzugehen. Es wird untersucht, welche unterschiedlichen Effekte und Entwicklungsverläufe sich bei der Einführung von Corporate Universities beobachten lassen und wie diese Effekte mit der Art der Ausdifferenzierung und Implementierung bzw. mit dem zugrunde liegenden Steuerungs- und Entwicklungsverständnis der Unternehmen zusammenhängen. Die Autorin wählt dafür einerseits einen systemtheoretischen Zugang, um ein komplexitätstaugliches Denkinstrumentarium für ihre Forschungsfragen entfalten zu können. Zum anderen kann sie auf ein reichhaltiges Repertoire an selbst erarbeiteten Fallstudien zurückgreifen, die die empirische Basis für ihre Hypothesenbildung abgeben. Gemessen an der vielfältigen Literatur zum organisationalen Lernen und dem Stellenwert von Corporate Universities in diesem Kontext betritt die Autorin mit ihrer Herangehensweise zweifelsohne Neuland. Sie will mit ihrer Arbeit keine weitere konzeptionelle Variante zur inhaltlichen Ausgestaltung von Corporate Universities bzw. zu ihrer unternehmensinternen Positionierung liefern. Es geht ihr vielmehr um die Erarbeitung eines theoriegeleiteten Beobachtungsrepertoires, mit dessen Hilfe die unterschiedlichen managerialen Einflussversuche auf die Entwicklungsfähigkeit von Unternehmen, die sich unter dem Label Corporate University beobachten lassen, auf eine innovative Weise analysiert und rekonstruiert werden können.

In ihren Theorieanstrengungen greift das Buch dabei auf einige Grundaxiome der neueren Systemtheorie zurück (wie zum Beispiel auf die Theorie des Beobachtens, die Funktion von Sinn in sozialen wie psychischen Systemen, auf Kommunikation als konstituierendes Element des Sozialen), um vor diesem Hintergrund das zugrunde liegende Verständnis von Organisation näher zu entfalten. Die Autorin bettet dieses Verständnis in die Luhmann'sche Theorie funktional differenzierter moderner Gesellschaften ein. Dies ermöglicht ihr zu zeigen, dass Organisationen heute um das Problem der Unsicherheitsabsorption herum gebaut sind, ein Problem, das sie durch das ständige Anschließen von Entscheidungen an Entscheidungen operativ bearbeitbar machen. Auf diesen organisationstheoretischen Überlegungen fußt letztlich das theoretische Herzstück der Arbeit: eine evolutionstheoretisch untermauerte Theorie der Selbstentwicklung sozialer Systeme. Dieses bildet die Grundlage, um die Funktion einer Corporate

University sowie die Mechanismen ihrer Einführung überhaupt auf einem tragfähigen wissenschaftlichen Fundament diskutieren zu können.

Im empirischen Teil zeigt die Autorin exemplarisch an zwei hochinteressanten Fallbeispielen, wie konträr Entwicklungsverläufe der Implementierung von Corporate Universities ausfallen können, je nachdem, welche Einführungsstrategie gewählt worden ist. Die Autorin stellt dabei zentral-intentionale den organisch-offenen Implementierungsmustern gegenüber. Die Rekonstruktion der Entwicklungsverläufe entlang dieser Differenzierung bringt hochinteressante Einsichten, weil sie plastisch vor Augen führt, in welchem Ausmaß die Einrichtung einer Corporate University eine Intervention in das soziale System Unternehmen darstellt und wie sehr die Wirkungsmöglichkeiten solcher Organisationseinheiten von ihren Einführungsprozessen abhängen.

Die außergewöhnliche Qualität der vorliegenden Arbeit fußt unter anderem auch in dem umfänglichen praktischen Erfahrungshintergrund, auf den die Autorin über mehrere Jahre zur empirischen Untermauerung ihrer Hypothesenbildung zurückgreifen kann. Auf diese Weise ist es ihr möglich geworden, in vielen Fallbeispielen eine Langzeitperspektive zu entwickeln, über die sich erst der Zugang zu tiefer liegenden organisationalen Mustern erschlossen hat.

Alles in allem ist hier ein Buch entstanden, das sowohl die Theoriebildung rund um das noch so junge Phänomen der Corporate Universities enorm bereichert als auch den an Implementierungsfragen interessierten Praktiker mit einer hilfreichen Orientierung versorgt.

Witten, im Januar 2007   Prof. Dr. Rudolf Wimmer

Vorwort von Johannes Rüegg-Stürm

Die vorliegende Arbeit untersucht anhand unterschiedlicher Vorgehensweisen zur „Einführung" einer Corporate University, ob und wie die Selbsterneuerungsfähigkeit von Organisationen gestaltet werden kann. Diese Thematik ist aus zweierlei Gründen von großer Bedeutung. Zum einen wird eine systematische Stärkung der organisationalen Selbsterneuerungsfähigkeit zunehmend zu einer *strategischen Schlüsselaufgabe*, wenn man davon ausgeht, dass heutzutage „der Wandel die einzige Konstante" ist. Zum anderen verbinden größere Unternehmungen mit dem Aufbau von Corporate Academies und Corporate Universities große Hoffnungen, was eine wirksame Unterstützung personaler und organisationaler Lern- und Entwicklungsprozesse betrifft.

Annette Gebauer untersucht in diesem Buch anhand einer breit angelegten, komparativen Fallstudie, wie in konkreten Initiativen des Aufbaus einer Corporate University die entsprechenden Hoffnungen und Erwartungen beschaffen waren und inwieweit diese auch tatsächlich eingelöst werden konnten. Dabei wird auf gleichermaßen differenzierte und abwechslungsreiche Weise gezeigt, welche Rationalitätsansprüche, Profilierungswünsche, Erwartungen und Interessen der beteiligten Akteure (Topmanagement, operative Manager, Lern- und Entwicklungsverantwortliche) im Einführungsprozess der untersuchten Corporate Universities wirksam waren und wie sich diese Rationalitätsansprüche, Profilierungswünsche, Erwartungen und Interessen auf die beobachtbare Entwicklungsdynamik der untersuchten Einführungsstrategien ausgewirkt haben.

Besonders beeindruckend an dieser Arbeit ist die hervorragende Verschränkung von Theorie und Empirie. Es wird hier exemplarisch vorgeführt, wie in Abhängigkeit vom kulturellen und situativen *Kontext* komplexer Organisationen Corporate Universities nach Maßgabe der gewachsenen Beobachtungs- und Operationslogiken auf sehr verschiedene Weise „konstruiert" werden können und welche Folgewirkungen solche „Konstruktionen" nach sich ziehen. Diese Arbeit leistet damit einen wichtigen Beitrag für ein besseres Verständnis einer strategisch ausgerichteten Organisationsentwicklung in Verbindung mit einem dazu passenden strategischen Human Resource Management.

Das vorliegende Buch ist so reichhaltig aufgebaut, dass es auch im Hinblick auf andere Fragestellungen spannende Erkenntnisse vermittelt. Es ist ein ausgesprochen interessanter und wertvoller

Beitrag zur Frage, wie ganz allgemein *strategische Initiativen anschlussfähig* entwickelt und realisiert werden können. Dazu gehören Aspekte wie zum Beispiel die Entwicklungsdynamik von Mustern der strukturellen Koppelung, die „symbolische Aufladung" von Initiativen und Institutionen oder Herausforderungen eines organisationalen Identitätswandels. In diesem Sinne können wir diese inspirierende Arbeit aus ganz unterschiedlichen Blickwinkeln mit großem Erkenntnisgewinn lesen.

St. Gallen, im Januar 2007 Prof. Dr. Johannes Rüegg-Stürm

Inhalt

1 Einführung 5

2 Forschungsinteresse und Vorgehen 12
   2.1 Anspruch der Corporate-University-Idee 12
   2.2 Realisierung in Deutschland 17
   2.3 Theoretischer Zugang und empirisches Vorgehen 19
      2.3.1 *Systemtheoretische Perspektive* 20
      2.3.2 *Empirische Basis für die Hypothesenbildung* 23
      2.3.3 *Untersuchte Fallunternehmen* 28

3 Theoretische Grundlagen: Organisationen als soziale Systeme 31
   3.1 Spezifik sozialer Systeme 31
      3.1.1 *Konstruktivistische Denkfiguren* 32
      3.1.2 *Theorie des Beobachtens: Laws of Form* 35
      3.1.3 *Kommunikation als Basisoperation sozialer Systeme* 40
   3.2 Die Organisation als relevante Umwelt der Corporate University 46
      3.2.1 *Organisationen in funktional differenzierten Gesellschaften* 46
      3.2.2 *Organisationen als „Entscheidungsmaschinen"* 49
      3.2.3 *Unsicherheitsabsorption* 51
      3.2.4 *Funktion von Rationalität* 52

4 Ein unmöglicher Auftrag: Grenzen der Gestaltung der Entwicklungsfähigkeit 56
   4.1 Organische Systementwicklung 56
      4.1.1 *Evolution sozialer Systeme* 57
      4.1.2 *Widersprüche zur Systemrationalität* 59
   4.2 Entwicklung der Entwicklungsmechanismen 61
      4.2.1 *Irritierbarkeit der Organisation* 61
   4.3 Gestaltungsgrenzen der „Evolution der Evolution" 64
      4.3.1 *Selbststeuerung sozialer Systeme* 64
      4.3.2 *Gestaltungsspielraum einer Corporate University* 66

5 Einführung einer Corporate University: Ein rekursiver Beobachtungsprozess 71
5.1 Diagnostische Funktion einer Corporate University 71
5.2 Trivialisierung des Umgangs mit Nichtwissen 75
5.3 Corporate University als beobachtete Steuerungsabsicht 78

6 Neue Blicke auf die Selbsterneuerung: Leitunterscheidungen und Bildsprache der Corporate-University-Idee 80
6.1 Grundidee von Corporate Universities 80
    6.1.1 Unterscheidung von „alt" und „neu" 83
    6.1.2 Integration widersprüchlicher Systemebenen 84
6.2 Inhaltliche Leitunterscheidungen 88
    6.2.1 Reproduktion und Exploration 91
    6.2.2 Individuelles und organisationales Lernen 98
    6.2.3 Unterscheidung zwischen Hierarchieebenen 103
    6.2.4 Unterscheidung von „zentral" und „dezentral" 107
    6.2.5 Übergreifende Betrachtung 111
6.3 Die Corporate University als Metapher 113
    6.3.1 Konnotationen der Universitätsmetapher 116
    6.3.2 Fallbeispiele: Auseinandersetzung mit der universitären Wissensproduktion 123

7 Neue Formen der Binnendifferenzierung: Entstehungskontext der Corporate-University-Idee 126
7.1 Externer Kontext: Veränderung im Wirtschaftssystem 126
    7.1.1 Jüngste Entwicklungen im Wirtschaftssystem 127
    7.1.2 Wissen als Produktivfaktor 129
    7.1.3 Steigender Beratungsbedarf 132
7.2 Interner Kontext: Suche nach neuen Formen der Binnendifferenzierung 134
    7.2.1 Krise des hierarchischen Modells? 134
    7.2.2 Neue Formen der Binnendifferenzierung zur Steigerung der Enttäuschungsbereitschaft 137
7.3 Neudefinition von Steuerung und Führung 141
    7.3.1 Abschied vom heroischen Erfolgsmanagement 143
    7.3.2 Integration multipler Perspektiven 144
    7.3.3 Kontinuierliche Überprüfung strategischer Leitentscheidungen ... 145
    7.3.4 Entwicklung als Führungsaufgabe 146

8 Corporate Universities zur Moderation des Übergangs: Revision trivialer Interventionsvorstellungen 151

8.1 Selbstreferenzielle Interpretation der Lernformate 151
8.2 Praktische Schwierigkeiten bei der Revision des Steuerungsparadigmas 154
    8.2.1 Begrenzte Wirkungen persönlicher Reflexionsprozesse 156
    8.2.2 Reproduktion trivialer Denkmodelle durch die Lernfunktion 158
8.3 Moderation des Übergangs 161
    8.3.1 Entlastende Funktion der Corporate University 161
    8.3.2 Akzente durch alternative Selbstbeschreibungen 162
    8.3.3 Von Fremd- zu Selbststeuerung 164

9 Zwischen Rationalitätsansprüchen und Profilierungswünschen: Erwartungen und Interessen im Einführungsprozess 169

9.1 Subkulturelle Erwartungen an die Corporate-University-Idee 169
    9.1.1 Die Perspektive des Topmanagements 170
    9.1.2 Die Perspektive operativer Manager 174
    9.1.3 Die Perspektive der Lernverantwortlichen 177
9.2 Corporate University: Akzente im Erwartungskorsett 184

10 Mit oder gegen die Systemevolution: Folgedynamiken zentral-intentionaler und organisch-offener Einführungsstrategien 190

10.1 Zentral-intentionale und organisch-offene Einführungsstrategien 190
    10.1.1 Merkmale der zentral-intentionalen Einführungsstrategie 193
    10.1.2 Merkmale der organisch-offenen Einführungsstrategie 200
10.2 Einfluss der Einführungsstrategie auf den Entwicklungsverlauf ... 205
10.3 Rekonstruktion zentral-intentionaler und organisch-offener Entwicklungsverläufe 211
    10.3.1 Fallbeispiel Lufthansa: Vom strategischen Partner zum Bildungsanbieter und wieder zurück 213
    10.3.2 Fallbeispiel EnBW: Improvisation und Pflege einer zarten Pflanze 223
    10.3.3 Vergleichende Schlussbetrachtung 231

11 Resümee und Handlungsoptionen 240

Literatur und Abbildungen 251
Anhang 269
Danksagung 277

1 Einführung

Die Dynamisierung in allen Gesellschaftsbereichen und insbesondere im Wirtschaftssystem veranlasst Unternehmen heute, die Entwicklung ihrer Erneuerungsfähigkeit nicht mehr dem Zufall zu überlassen, sondern selbst in die Hand zu nehmen. Innovative Unternehmen versuchen, ihre Kommunikations- und Beziehungsmuster irritationsbereiter zu gestalten, um dem Veränderungsdruck standzuhalten, dem die Globalisierung sowie der technische Fortschritt Vorschub leisten. Waren Organisationen bisher darauf ausgelegt, Unbekanntes, Neues und Abweichungen zu vermeiden, müssen sie diese Verhinderungsstrategie aufgeben. Störungen, früher aus guten Gründen vermieden, müssen nun als Lernchance begrüßt werden. Von Unternehmen erfordert dies, tradierte Selbstverständlichkeiten zu hinterfragen. Schien es bisher ganz natürlich, strategische Entwicklungsprozesse sequentiell und von oben nach unten zu gestalten, stellen Organisationen dieses klassische Erneuerungsmuster und die damit verbundenen Führungs- und Organisationsprinzipien auf den Prüfstand. Doch die Revision ihrer jahrelang erfolgreichen Entwicklungsmuster fällt ihnen sichtlich schwer. Auch wenn es in der Managementliteratur mittlerweile zahlreiche plausibel klingende, manchmal aber auch schnelllebige Ideen für die Gestaltung radikaler Transformationsprozesse gibt, stehen wir mit der Auswertung, wie diese Ansätze zur „Steigerung der Lernfähigkeit" (Wimmer, 2004) in den Unternehmen realisiert wurden, noch am Anfang.

Lösung für den Umgang mit Nichtwissen
Die Einführung von Corporate Universities in Deutschland verkörpert einen solchen nicht widerspruchsfreien Versuch, das eigene Erneuerungsmuster zu verändern. Denn deutsche Konzerne interpretierten die aus den USA importierte Managementmode nicht nur als eine weitere Methode für die Verbreitung und Optimierung vorhandener Wissensbestände innerhalb des bestehenden Entwicklungsmusters. Vielmehr diskutierten sie die Corporate-University-Idee als eine Lösung für die Neukonfiguration dieser tradierten Strukturen. Eine junge Gruppe interner Lernverantwortlicher und Berater experimentierte mit einer neuen Lösung für das Problem des Nichtwissens und versuchte damit auch, die eigene Arbeit in der Organisation strategisch neu zu bestimmen und zu positionieren.

Heute blicken die vor sechs bis acht Jahren gegründeten Corporate Universities auf eine turbulente Entwicklung mit Höhen und Tiefen zurück. Zielkorrekturen, Führungswechsel und Umstrukturierungen standen in den ersten Jahren bei vielen Einheiten an der Tagesordnung. Einige Lernfunktionen überlebten nicht oder arbeiten heute unter anderen Bedingungen als zu Beginn. Andere Einheiten aber reiften zu Instanzen, die heute ganz natürlich bei strategischen Entwicklungsentscheidungen zu Rate gezogen werden.

Eine Auswertung dieser Einführungserfahrungen steht allerdings noch aus. Zwar gibt es erste Foren zum Erfahrungsaustausch.[1] Es gibt aber keine systematische, vom Alltagsverständnis abstrahierende Untersuchung der Entwicklungsverläufe von Corporate Universities. Das schwindende Interesse an der einstigen Modewelle tut sein Übriges dafür, dass das Thema bisher nicht einer kritischen Reflexion unterzogen wurde, sondern dem Schweigen anheimfällt (vgl. Gebauer, 2005a). Auch in der anwendungsorientierten Managementliteratur und in Praxisstudien wird eine tiefer gehende Auswertung der bisherigen Einführungserfahrungen vermieden oder nur oberflächlich geleistet. Neben normativen Beschreibungen und rezeptartigen Einführungs- und Gestaltungsempfehlungen gibt es nur selten eine reflektierte Auseinandersetzung mit Einführungsschwierigkeiten und -problemen. Diese werden meist als Einzelschicksale und als Designfehler verhandelt oder sie werden auf externe Unwägbarkeiten wie Marktkrisen, finanzielle Engpässe usw. zurückgeführt. Ohnehin ist der Neuheitswert der Mode verpufft und ehemalige Anhänger der Idee halten bereits Ausschau nach neuen attraktiven Ideen.

Dabei lohnt es sich, die Einführung und Entwicklung von Corporate Universities genauer unter die Lupe zu nehmen. Denn organisationstheoretisch gesehen sind sie ein gutes Beispiel für einen gezielten Gestaltungsversuch der organisationalen Erneuerungs- und Lernroutinen. Als relativ junge, organisatorisch sowie begrifflich abgegrenzte Einheiten innerhalb der Gesamtorganisation eignen

---

[1] Im europäischen Raum sind hier vor allem das „Corporate University Learning Network" (vgl. www.cl-network.com), die „EFMD CU Learning Group" (vgl. www.efmd.be; Taylor und Phillipps, 2002), das französische Netzwerk „European Club of Corporate Universities" (vgl. auch Renaud-Coulon, 2002) und das jüngst gegründete „European Corporate Learning Forum" (vgl. www.eclf.org) zu nennen.

sich Corporate Universities sehr gut als Forschungsgegenstand, um diese Interventionen auf die „Entwicklung der Entwicklungsfähigkeit" exemplarisch zu untersuchen.

Fragestellung dieser Arbeit
Die vorliegende Analyse schließt die angesprochene Lücke. Die Studie untersucht am Beispiel der Einführung von Corporate Universities die Möglichkeiten und Grenzen der gezielten Entwicklung der Erneuerungsfähigkeit von Organisationen. Was passiert, wenn Organisationen versuchen, ihre Entwicklungsmechanismen in die Hand zu nehmen? Welche Entwicklungen wurden angestoßen und welche Resultate erzielt?

Im Mittelpunkt der Untersuchung steht weniger die Frage nach einem idealtypischen Soll (wie müsste eine gute Corporate University aussehen?). Dieses Problem ist von der Managementliteratur (vgl. Meister, 1994; Meister, 1998; Deiser, 1998; Allen, 2002, u.v.m.) und mittlerweile auch wissenschaftlich (vgl. Andresen, 2003) ausgiebig erörtert worden. Es geht auch nicht um die Frage der Wirksamkeit von Einzelinterventionen oder ihres Wertbeitrags (vgl. Süßmair et al., 2005), für die es nach wie vor keine befriedigenden Antworten gibt. Vielmehr interessiert die offene Frage, wie und auf welchen Umwegen die Idee einer Sondereinheit zur gezielten Steigerung der Entwicklungsfähigkeit realisiert wurde. Wie also wird das Soll zum Ist? Wie wird die Corporate-University-Idee strukturrelevant? Wie können verschiedene Entwicklungsverläufe erklärt werden und was bewirken die Einführungversuche als Interventionen?

Theoretischer und empirischer Zugang der Analyse
Diese Aufgabenstellung ist sowohl theoretisch als auch empirisch interessant. Theoretisch stellt sich die Frage nach der Machbarkeit gezielter Entwicklungsstrategien. Die Ansätze der neueren Systemtheorie sind hier hilfreich, denn sie verweisen auf die erkenntnistheoretisch gesehene Unmöglichkeit direktiver Interventionen. Der Einführungsprozess wird zu einem rekursiven, erwartungsgetriebenen Beobachtungsprozess, der von keiner Seite gesteuert werden kann, sondern der sich selbst steuert. Empirisch macht die Fragestellung neugierig auf die realen Interventions- und Einführungsversuche und die damit verbundenen Entwicklungsverläufe. Die Arbeit stützt sich auf vielfältiges empirisches Fallmaterial. Es wurden mehr als 20 persönliche Interviews geführt, vier halbjährliche Gruppen-

diskussionen mit bis zu 24 Corporate-University-Managern begleitet[2] und die Erfahrungen aus zwei Beratungsprojekten hinzugezogen. Außerdem flossen Ergebnisse einer Befragung von 68 europäischen Lernverantwortlichen in die theoriegeleitete Analyse ein.[3]

Überblick über die Arbeit
Die Arbeit gliedert sich in zehn Kapitel und ein abschließendes Resümee. Um den Einstieg zu erleichtern, wird in *Kapitel 2* die Problemstellung verdeutlicht. Die Frage nach der Einführung von Corporate Universities ergibt sich aus der Gegenüberstellung von Anspruch und Umsetzungsrealität der Idee. Für ihre Beantwortung wurde ein Vorgehen gewählt, das die empirischen Befunde aus einer systemtheoretischen Perspektive beleuchtet.

Kapitel 3 bereitet die verwendeten konstruktivistischen und systemtheoretischen Denkfiguren auf. Wirtschaftsorganisationen als relevante Umwelt von Corporate Universities stehen dabei im Vordergrund.

Auf dieser Basis diskutiert *Kapitel 4* ein steuerungsskeptisches Interventionsverständnis. Für den Einführungsprozess ist diese Diskussion gleich zweifach relevant: Zum einen wird deutlich, dass die gezielte Entwicklung der Entwicklungsfähigkeit Grenzen hat: Die Corporate University hat eine unmögliche Aufgabe. Was also ist ihre Funktion in der Organisation?

Aber die Corporate University greift nicht nur in die Organisation ein. Auch ihre Einführung ist eine Intervention. Die theoretische Diskussion schärft deshalb auch das Verständnis für die Dynamiken im Einführungsprozess. *Kapitel 5* diskutiert die Einführung einer Corporate University als gegenseitigen Beobachtungsprozess. Das Zwischenergebnis dieser theoretischen Analyse ist: Eine Lern-

---

[2] Die Gruppendiskussionen fanden im Rahmen des Corporate University Learning Networks (CULN) und im Rahmen des European Corporate Learning Forums (ECLF) statt. Das CULN ist ein Verbund von über 24 Corporate-University-Leitern namhafter deutscher Unternehmen, die sich halbjährlich treffen. Das ECLF ist ein europäisches Netzwerk von Corporate-Learning-Verantwortlichen der europäischen Top-200-Unternehmen.
[3] Diese Online-Befragung wurde im Rahmen des ECLF durchgeführt und ist bisher nicht veröffentlicht worden. Die hier verwendeten Ergebnisse wurden auf der ECLF-Konferenz 2005 in Zürich von der Autorin vorgetragen (vgl. Gebauer, 2005b).

funktion kann die organisationale Entwicklungsfähigkeit fördern, indem sie neue Möglichkeiten der Beobachtung der eigenen Selbstorganisation schafft. Dabei muss sie damit rechnen, bei allem, was sie tut, beobachtet zu werden. Dies gilt nicht nur für ihre gezielt platzierten Interventionen. Auch ihre eigene Einführung wird als Intervention beobachtet und bewertet.

In *Kapitel 6* geht es dann um die inhaltlichen Aspekte der Corporate-University-Idee. Welche neuen Unterscheidungen und Bilder prägen die Diskussion? Und wie strukturieren sie die Selbstbeobachtung der eigenen Entwicklungsfähigkeit? Einige Konzeptionen und Modelle werden beispielhaft vorgestellt, die zugrunde liegenden Unterscheidungen herausgearbeitet und ihre Implikationen aus systemtheoretischer Sicht diskutiert.

Kapitel 7 beschäftigt sich mit dem Kontext, in dem die Corporate-University-Idee entsteht: Welche Probleme glaubt eine Organisation zu haben, so dass die Corporate-University-Idee eine attraktive Lösung für sie ist? Aufgrund der gesellschaftlich-wirtschaftlichen Veränderungen experimentieren Unternehmen mit neuen Organisationsformen und suchen dafür neue Koordinations- und Steuerungsmechanismen jenseits der Hierarchie. In diesem Suchprozess ist die Corporate-University-Idee ein denkbarer Lösungsansatz, um die auseinanderdriftenden Teilbereichslogiken aufeinander abzustimmen und das Management auf seine neue Rolle vorzubereiten.

Die Auslegung der Corporate-University-Idee fällt aber ganz unterschiedlich aus. Sie ist abhängig von den Beobachtungsgewohnheiten und Prämissen in der Organisation. Soll sie die verloren gegangene Steuerung durch neue Zwangsmechanismen ersetzen oder alternative, integrative Kommunikations- und Beziehungsformen explorieren? *Kapitel 8* zeigt, dass die Revision der verwendeten Prämissen eine ausschlaggebende, aber nicht einfach zu lösende Aufgabe ist. Im Eifer des Gefechts bedienen und reproduzieren einige Lernfunktionen sogar die traditionellen Denkmuster. Die bewusste Arbeit an den Prämissen wird zu einer zentralen Aufgabe einer Corporate University, wenn sie den Übergang zu einer transformationsfähigen Organisationsform moderieren will.

In dieser kritischen Übergangsphase besteht allerdings die Gefahr, dass eine Corporate University zum Spielball der Erwartungen des Managements und der Geschäftsbereiche wird, zum Beispiel wenn sie die Managementerwartungen aus eigenen Positionierungsinteressen blind erfüllt. *Kapitel 9* beschäftigt sich aus diesem Grund mit den subkulturellen Erwartungen an die Corporate-University-Idee und wie diese den Einführungsprozess prägen.

All diese diskutierten Einflussdimensionen bieten schließlich das Rüstzeug für die übergreifende Analyse der empirischen Entwicklungsverläufe, die in *Kapitel 10* geleistet wird. Mit der zentralintentionalen und der organisch-offenen Vorgehensweise werden zwei komplementäre Einführungsstrategien herausgearbeitet. Die Merkmale und Verlaufsformen der beiden Einführungsmuster werden an zahlreichen Fallbeispielen illustriert und die Zusammenhänge zum Systemkontext erörtert.

Die Schlussbetrachtung spannt einen Bogen über die wichtigsten Ergebnisse, diskutiert auf dieser Basis sinnvolle Handlungsoptionen für die Einführung einer Corporate University und gibt einen Ausblick auf Fragen, die sich hieraus ergeben.

Begriffsdefinitionen
Die Arbeit verwendet einige Begriffe, die unterschiedlich gedeutet werden können. Für ein gutes Verständnis des Textes ist es sinnvoll, einführend die zentralen Begrifflichkeiten kurz zu erläutern.

Lernfunktion
Der Begriff Lernfunktion oder Lerneinheit umschreibt ganz allgemein eine Spezialfunktion, die sich um organisationale Lern- und Entwicklungsaufgaben wie Personal- und Organisationsentwicklung, Managemententwicklung oder Change Management kümmert. Nicht gemeint sind andere Entwicklungsfunktionen wie zum Beispiel Forschungs- und Entwicklungsabteilungen. Wo eine Lernfunktion in der Organisation verortet ist, ist damit nicht festgelegt. Auch wenn viele Organisationen ihre Lernfunktionen in der Nähe des Personalbereichs ansiedeln, kann die Lernfunktion zum Vorstandsbereich oder zu anderen Abteilungen wie dem Marketing oder der Unternehmenskommunikation gehören. Alternativ kann sie auch eine eigenständige Geschäftseinheit bilden.

Lernarchitektur
Während sich der Begriff der Lernfunktion auf die konkrete Einheit und ihre Positionierung in der Organisation bezieht, beschreibt der Begriff Lernarchitektur das Angebot einer Lernfunktion bzw. die Gesamtheit der von ihr geplanten und gestalteten Interventionen zur Entwicklung des Entwicklungsmusters, die in der Organisation genutzt und beobachtet werden. Dies können Managemententwicklungsprogramme, individuelle Mitarbeiter-

trainings, Work-out-Programme, Coachingangebote usw. sein. Lernarchitektur meint weniger die Didaktik einzelner Programme oder Initiativen, sondern das Zusammenspiel der unterschiedlichen Interventionen, die eine Lernarchitektur ergeben. Die Lernarchitektur ist aber nicht gleichzusetzen mit dem organisationalen Entwicklungsmuster. Während das organisationale Entwicklungsmuster durch die strukturellen Kopplungen der Organisation geprägt ist, die sich im Laufe ihres Bestehens ausgebildet haben, handelt es sich bei der Lernarchitektur um operative Kopplungen, die als Kommunikationsereignisse beobachtet und strukturrelevant werden können, aber nicht müssen (vgl. dazu Abschnitt 4.3.2).

Personal- und Organisationsentwicklung

Wenn von Personal- und Organisationsentwicklung die Rede ist, geht es vor allem um diesen traditionellen Bezug zum Personalbereich sowie zu den traditionellen bzw. frühen Formen der klassischen, auf Einzelne oder Teams konzentrierten Entwicklungsansätze (vgl. dazu Wimmer, 2004).

Corporate-University-Idee

Der Begriff Corporate-University-Idee umschreibt keinen bestimmten Corporate-University-Ansatz, sondern er beschreibt ganz allgemein die Reformidee von einer strategisch wirksamen Lernfunktion und die jeweiligen Assoziationen, die dieses Label in den unterschiedlichen Organisationen hervorruft bzw. hervorgerufen hat.

2 Forschungsinteresse und Vorgehen

Es gibt eine auffällige Diskrepanz zwischen dem Anspruch der Corporate-University-Idee und ihrer tatsächlichen Realisierung. In diesem Kapitel werden Wunsch und Wirklichkeit gegenübergestellt. Von diesem Punkt aus werden der gewählte systemtheoretische Zugang und das empirische Vorgehen begründet.

2.1 Anspruch der Corporate-University-Idee

Das Managementkonzept Corporate University erfuhr in Deutschland Ende der neunziger Jahre und zu Beginn des neuen Jahrtausends kurzzeitig einen hohen Bekanntheitsgrad. Insbesondere große, stark ausdifferenzierte Unternehmen diskutierten das Konzept als eine Lösung für das vielerorts beklagte Problem der Strategieumsetzung. Eine „strategische Lernarchitektur" versprach, dieses Problem zu lösen, indem sie neue Kommunikations- und Beziehungsangebote an den internen und externen Organisationsgrenzen schafft. Sie wollte vorhandene Wissensressourcen kanalisieren, neue Impulse liefern und Entscheidungsträger auf diese Neuerungen, sowie auf die steigende Komplexität von Führung vorbereiten.[4]

Euphorische Aufnahme der Idee
Vor allem in Personal- und Organisationsentwicklerkreisen wurde die Idee von einer eigenständigen funktionalen Einheit zur gezielten Steigerung der gesamtorganisationalen Entwicklungsfähigkeit begeistert aufgenommen. Den Grundstein für das Konzept bildeten Erfahrungen von General Electric (GE) oder Motorola, deren Erfolg in den achtziger Jahren unter anderem auf ihre „genialen Lernarchitekturen" zurückgeführt wurde (vgl. Deiser, 1998). Scheinbar hatten diese Unternehmen jene Herausforderungen gemeistert, die viele deutsche Unternehmen zu diesem Zeitpunkt noch vor sich sahen: Die Vorbildunternehmen hatten das Lernen der Mitarbeiter und die Weiterentwicklung der Organisation auf die Tagesordnung gesetzt.

---

[4] Die Verwendung des Begriffs Lernarchitektur bezieht sich auf den Beitrag von Deiser, der unter Lernarchitektur nicht wie vielfach üblich die Didaktik und Dramaturgie einer einzelnen Lernmaßnahme oder eines Programms versteht, sondern die Gesamtorchestrierung des Lernens bzw. der Lernmaßnahmen in der Organisation (vgl. Deiser, 1998).

Sie erkannten in einem Strategischen Human Resource Management (SHRM) einen wichtigen Erfolgsfaktor. Sie bauten starre Bürokratien und Hierarchien ab, gestalteten ihre Strukturen prozess- und ergebnisorientiert und sensibilisierten sie für Neues. Corporate Universities schienen in diesen erstaunlichen Veränderungsprozessen eine wichtige Rolle zu spielen. Sie qualifizierten die Mitarbeiter, mobilisierten die Führungskräfte und gestalteten übergreifende Entwicklungsprozesse wie zum Beispiel Six-Sigma oder die Workout-Methode, die General Electric als Managementprozess etablierte. Die berühmt gewordene Corporate University „Crotonville" von GE entwickelte sich sogar zu einer integrativen Dialogplattform für die Restrukturierung des Unternehmens in den achtziger Jahren. In diesen schwierigen, durch Unsicherheit geprägten Zeiten bildeten zahlreiche Veranstaltungen eine wichtige Kontaktstelle zwischen dem Topmanagement und dem Mittelmanagement sowie zwischen den einzelnen Geschäftsbereichen. Strategisch relevantes Wissen wurde bereichsübergreifend ausgetauscht und die Leistungsträger auf die Gesamtstrategie verpflichtet. Top- und Mittelmanagement tauschten sich über gemeinsame Perspektiven und Optimierungsmöglichkeiten aus.

Schnell und öffentlichkeitswirksam gründeten auch in Deutschland erste Unternehmen ihre eigenen Firmenuniversitäten. Unter den Vorreitern waren namhafte Unternehmen wie Lufthansa (vgl. Heuser, 1999), DaimlerChrysler (vgl. Müller, 2000) oder Bertelsmann (vgl. Glotz und Seufert, 2002). Anfang des Jahres 2000 legte Volkswagen den Grundstein für seine AutoUni, die in Konkurrenz zu klassischen Universitäten sogar Masterstudiengänge anbieten wollte (vgl. Felixberger, 2002). 2001 gründete das Unternehmen E.on seine Firmenakademie. Im Herbst 2001 hatten bereits ca. 80 der 1.000 größten deutschen Unternehmen eine Corporate University gegründet. Jedes dritte deutsche Top-100-Unternehmen setzte auf den neuen Managementtrend (vgl. Wimmer et al., 2002: 9). Auch heute noch werden neue Lernfunktionen gegründet. Anfang des Jahres 2006 entschied sich der Stahlkonzern ThyssenKrupp für eine firmeninterne Akademie.

Die folgende Tabelle zeigt exemplarisch, wann, mit welcher Zielsetzung und Ausrichtung deutsche Corporate Universities Ende der neunziger Jahre starteten (vgl. Wimmer et al., 2002).

Corporate University	Gründungsjahr	Anzahl MA in der Startphase	Zielgruppe zur Zeit der Gründung	Organisatorische Verankerung in der Aufbauphase
Franz Haniel Akademie GmbH	1992	10	Topmanagement, Führungskräfte, Potentialträger	Personalbereich, eine Ebene unter Geschäftsführung
Siemens Management Learning	1997	18	Top- und Senior Management, mittlere Führungskräfte, Potentialträger	Personalbereich, eine Ebene unter dem Vorstand
DaimlerChrysler Corporate University	1997	18	Topmanagement, Führungskräfte	Personalbereich, zwei Ebenen unter dem Vorstand
Lufthansa School of Business	1998	70	Top- und Senior Management, Potentialträger	Personalbereich, Bericht an Personalvorstand
Bertelsmann University	1998	6	Top- und Senior Management, Potentialträger	Personalvorstand, eine Ebene unter dem Vorstand
SAP University	1999	30	Führungskräfte und Mitarbeiter, Potentialträger	Personalbereich, zwei Ebenen unter dem Vorstand
Otto International Academy	1999	6	Topmanagement und Führungskräfte	Personalbereich, eine Ebene unter dem Vorstand
mg Academy	1999	3	Topmanagement, Führungskräfte, externe Partner	Personalbereich, zwei Ebenen unter dem Vorstand
Allianz Management Institute	1999	12	Topmanagement, Führungskräfte, Potentialträger	Personalbereich, eine Ebene unter dem Vorstand
Deutsche Bank University	2001	120	Mitarbeiter und externe Partner	Personalbereich, eine Ebene unter dem Vorstand
ERGO Management Akademie	2001	5	Topmanagement, Führungskräfte, Potentialträger	Steuerung durch Gesamtvorstand, Abstimmung mit den Bereichsvorständen

Vorteile des Corporate-University-Trends für alle Beteiligten
In der Anfangszeit häuften sich in der praxisnahen Managementliteratur die euphorischen Berichte über das neue Erfolgsrezept. Viele Manager lasen es wie eine „Regieanweisung für Revolutionäre" (vgl. Tichy, 1995). Als „Transformationsriemen" (Weber, 2001: 116) versprachen Corporate Universities Unternehmen Innovationsfähigkeit. Sie standen für die radikale Veränderung der organisationalen Entwicklungsfähigkeit. Die Idee brachte Vorteile für alle Beteiligten: Für Topmanager – und hier insbesondere solche, die sich gerne in einer Reihe mit Jack Welch sehen wollten – bot die Idee eine ideale Bühne zur Selbstinszenierung und eine Möglichkeit, ihre Strategien besser umzusetzen. Für Lernverantwortliche war die Modewelle eine günstige Gelegenheit, sich vom ungeliebten Betreuungs- und Verwaltungsimage eines klassischen Personalmanagers zu befreien. Man empfahl sich der Spitze als strategischer Partner.

Aufgabe von Corporate Universities
Anders als traditionelle Lern- und Entwicklungsansätze, die sich mit Fragen der individuellen Vermittlung und Verteilung von vorhandenem Wissen innerhalb des gültigen Entwicklungsmusters beschäftigten, liegt der Schwerpunkt vieler deutscher Corporate-University-Konzepte auf der Exploration neuer Wissenssphären sowie alternativer Entwicklungsmuster. Lernen spielt sich weniger auf der Ebene der Person ab, sondern es ereignet sich kommunikativ, auf der Ebene der Organisation, zum Beispiel durch übergreifende Strategiedialoge und Managementkonferenzen, cross-divisionale Action-Learning-Projekte oder Kooperationen mit Universitäten und Business Schools. Corporate Universities wollten Kommunikationsstrukturen schaffen, die Lern- und Geschäftsprozesse eng miteinander verzahnen. Die Arbeitsprozesse selbst sollten Lernprozesse werden. Statt Strategien an der Spitze auszuhecken, sollten zum Beispiel bereichsübergreifende Strategiedialoge zur Routine werden, die verschiedene Perspektiven der Organisation zusammenbringen, um die strategische Ausrichtung des Unternehmens in regelmäßigen Abständen in diesem facettenreicheren Licht zu überprüfen und neu auszuloten. Strategische Veränderungsprojekte und Initiativen sollten so gestaltet werden, dass der Veränderungsprozess gleichzeitig der Managemententwicklung dient (ganz nach dem Vorbild der Work-outs von General Electric; vgl. dazu Ulrich et al., 2002).

Generell kommt dem Management in Corporate-University-Ansätzen eine wichtige Bedeutung zu. Es muss auf die neuen Führungsherausforderungen und Widersprüche vorbereitet werden und die eigenen Denkmodelle auf den Prüfstand stellen. Corporate Universities boten Lernformate, um Managern die Geschäftsstrategie näherzubringen, sie förderten eine gemeinsame Führungskultur und etablierten organisationsweite Führungs- und Steuerungsinstrumente.

Unterschiede im strategischen Anspruch
Die konkreten Konzepte variierten je nachdem, welches Lern- und Strategieentwicklungsverständnis zugrunde gelegt und welche Ziele mit der neuen Einheit verfolgt wurden. So beschäftigten sich US-amerikanische Corporate-University-Ansätze vor allem mit der Frage, wie man das Trainingsangebot besser an der Geschäftsstrategie ausrichten kann und wie Skaleneffekte durch Zentralisierung effektiver genutzt werden können (vgl. zum Beispiel Meister, 1994; Meister, 1998). In Deutschland belegte man das Konzept mit sehr viel weiter reichenden Zielen. Der deutsche Anspruch übertraf den seiner amerikanischen Vorbilder. Hierzulande rückten Integrations- und Koordinationsnotwendigkeiten in den Vordergrund (vgl. Hilse, 2001a). Damit erweiterte sich die Zuständigkeit der Lernfunktion. Die Idee schien wie eine Universallösung für allgemeine Probleme der Unternehmensführung und der Strategiefindung. Eine ernst zu nehmende Corporate University, so die weit verbreitete Interpretation im deutschen Raum, agiert nicht nur innerhalb des gesteckten Rahmens und unterstützt die Strategieumsetzung. Vielmehr gestaltet sie den Prozess der Strategieentwicklung, um bessere Umsetzungsergebnisse zu erzielen (vgl. die Befragung von Wimmer et al., 2002: 28ff.). Diese umfassendere Zielbeschreibung der Lernfunktion war schwieriger von den Aufgaben des Managements zu unterscheiden. Ihre weit reichende Aufgabe besteht jetzt darin, die Gestaltung einer „Architektur des Wandels" zu unterstützen, die „nicht nur das Individuum als Lernsubjekt betrifft sondern die Transformation des gesamten Unternehmens einschließlich seiner Strukturen, Systeme und Geschäftsaktivitäten – kurz: seiner strategischen Orientierung – beinhalten" (Deiser, 1995: 310).

Nicht alles, was unter dem neuen Label vorgeschlagen wurde, war wirklich neu. Vielmehr wurden andere bekannte Ansätze für den Umgang mit Nichtwissen unter einem neuen Dach zusammengeführt. So erlebten zum Beispiel Action-Learning-Ansätze aus den siebziger Jahren (vgl. Revans, 1972; Revans, 1977; Donnenberg, 1999) eine Renaissance, die mit neueren Überlegungen zum Wissensmanagement oder Ansätzen zur „lernenden Organisation" (Argyris und Schön, 1999) kombiniert wurden. Mitunter fanden auch Überlegungen der Strategieprozessforschung (vgl. Mintzberg et al., 1999) oder des Strategischen Human Resource Managements (vgl. Ulrich, 1999) Eingang in die Konzepte.

Nicht ganz zu Unrecht wurde Corporate Universities deshalb vielfach vorgeworfen, lediglich „alter Wein in neuen Schläuchen" zu sein. Man verdächtigte viele Einheiten, klassische Ansätze der Personalentwicklungsarbeit einfach nur neu zu etikettieren. Entsprechend standen die jungen Einheiten unter Druck, ihre Neuheit unter Beweis zu stellen. Neu war, neben der grundlegenden Idee, die Entwicklungsfähigkeit von einer dezidierten Spezialfunktion bearbeiten zu lassen, vor allem die Normativität der Einführungsempfehlungen. Dies betraf sowohl die Frage, welche Lernformate die „besseren" waren, als auch die Frage, wie diese realisiert werden konnten. Solange man die empfohlene Einführungsstrategie befolgte, stand dem Erfolg offenbar nichts mehr entgegen. Ohne die bedingungslose Unterstützung durch den Vorstand räumte man der jungen Einheit beispielsweise keine großen Überlebenschancen ein. Oder man empfahl eine Abgrenzung vom klassischen Personalbereich, um sich mit dessen Negativimage nicht unnötig zu belasten.

2.2 Realisierung in Deutschland

Die Realisierung deutscher Firmenuniversitäten blieb weit hinter ihren Ansprüchen zurück. Die etablierten Kommunikations- bzw. Entwicklungsmuster ließen sich nicht so leicht in Quantensprüngen verändern wie gedacht. Eine Studie des Bundesministeriums für Bildung und Forschung (BMBF) belegt, dass im Jahr 2001 die Hauptaufgabe der meisten Corporate Universities in Deutschland noch in der Qualifikation einzelner Mitarbeiter bestand. Kognitive Wissensvermittlung und die Verbesserung der individuellen Handlungskompetenz standen im Vordergrund. Nur ganz wenige der befragten Corporate Universities spielten eine Rolle in der Strategieentwicklung (vgl. Wimmer et al., 2002: 28ff.). Die Ergebnisse des ECLF-Surveys aus dem Jahre 2005 zeigt, dass das Know-how vieler Lernfunktionen im Strategieprozess noch nicht in ausreichendem Maße berücksichtigt wird (vgl. Gebauer, 2005b).

Enttäuschende Umsetzungserfahrungen

Das Selbstverständnis, dem zufolge der Strategieentwicklungsprozess ein sequentieller Analyse- und Planungsprozess ist, erschwerte es den neuen strategischen Lernfunktionen, Zugang zu den strategischen Betätigungsfeldern zu bekommen. Die Einheiten kämpften mit den traditionellen Lernerwartungen ihrer internen Kunden wie etwa des Topmanagements oder der operativen Geschäftsbereiche. Entweder wurde Lernen als eine parallele, individualzentrierte Aktivität begriffen, oder die Corporate University fand aufgrund klassischer Strategieprozessvorstellungen kein Gehör. Auch wenn Lernen als wichtige Ressource gesehen wurde, dachte man vor allem an Kompetenzen einzelner Mitarbeiter. Dass auch der Strategieprozess ein (organisationaler) Lernprozess ist und die klassische Trennung von Strategieentwicklung und -umsetzung nur eine mögliche Variante der Gestaltung des Strategieprozesses darstellt, ist dem Topmanagement und den Geschäftsbereichen auch heute noch schwer zu vermitteln. In der Regel wurde die Aufgabe der Corporate University deshalb in der Unterstützung der Strategie*umsetzung* verortet (vgl. dazu auch die Studie von Wimmer et al., 2002).

Damals groß angelegte Lernfunktionen erlebten einen Realitätsschock. Wie aus einem Munde berichteten Lernverantwortliche über Probleme des Nicht-verstanden-Werdens, Akzeptanzschwierigkeiten, Kampf um Wirklichkeiten, Macht- und Ressourcenrivalitäten, Positionierungsfragen und unlösbare organisationale Paradoxien, mit denen sie in den ersten Jahren des Einführungsprozesses konfrontiert wurden. Viele Lernfunktionen wurden nach einiger Zeit auf einige wenige Maßnahmen oder Programme reduziert. Sie verloren die Aufmerksamkeit des Managements[5] und litten unter Budgetkürzungen. Oder der Handlungsspielraum der Einheiten verringerte sich im Zuge organisationaler Umstrukturierungen. Häufige Führungswechsel in der Anfangszeit verwässerten die ursprünglichen Ziele und verursachten Orientierungsverlust. Zusätzlich rieben sich viele der neu gegründeten Einheiten in den mikropolitischen Interessenspielen der Organisation auf. Corporate Universities ge-

---

[5] So sind zum Beispiel in nur 43% der Unternehmen, die eine Corporate University haben, die Vorstände bereit, als Referenten eine aktive Rolle im Lernprozess zu spielen (Supply Management Group, 2003: 56).

rieten in Konkurrenz zu anderen für die Selbstentwicklung der Organisation zuständigen Abteilungen, wie zum Beispiel der Strategieentwicklung, dem Corporate Consulting, den dezentralen Personalentwicklungsabteilungen oder den vorhandenen Change-Management-Bereichen. Unklare Rollen und Zuständigkeiten ziehen mitunter noch heute wertvolle Energien von den eigentlichen Entwicklungsaufgaben ab. Heute erinnert man sich nur ungern an den teils weniger glamourösen Entwicklungsverlauf der ersten Jahre. Die Enttäuschung über das Nichterreichen der einstigen Ziele war groß. Schwierige Einführungserfahrungen ließen einige Lernverantwortliche zu dem Schluss kommen, dass das Strategieentwicklungsmuster nicht zu ändern ist. Die Corporate University suchte sich in diesen Fällen nicht selten einen Platz innerhalb des bestehenden Entwicklungsmusters.

Schrittweises Reifen von Corporate Universities
Bei genauerer Betrachtung zeigen sich aber auch andere Entwicklungsverläufe. Einige der noch recht jungen Lernfunktionen erlebten in jüngster Zeit einen positiven Entwicklungsschub. Auch Einheiten mit einem schwierigen Start werteten ihre Erfahrungen aus und änderten ihr Vorgehen. Etwas verhaltener beginnen auch Fachzeitschriften wieder, über die in Vergessenheit geratenen Einheiten zu berichten: „The Corporate University is Coming of Age" (vgl. Karaian, 2005). Nach einem mehrjährigen Reifeprozess haben einige Lerneinheiten an Akzeptanz gewonnen und werden proaktiv in strategische Projekte und Initiativen mit einbezogen.

Was also macht es so anspruchsvoll, eine Corporate University einzuführen, und wie kommt es zu den beobachtbaren Einführungsverläufen? Gibt es typische Entwicklungsmuster und wie können diese erklärt werden? Gibt es Vorgehensweisen, die sich besonders bewährt haben, und unter welchen Bedingungen sind diese besonders viel versprechend?

2.3 Theoretischer Zugang und empirisches Vorgehen

Die Fragen werden sowohl theoretisch als auch empirisch erörtert. Der theoretische Zugang und das empirische Vorgehen werden im Folgenden skizziert und begründet.

2.3.1 Systemtheoretische Perspektive

Die Bearbeitung wird oberflächlich bleiben, wenn man ein mechanistisches oder ein handlungstheoretisches Organisationsverständnis zugrunde legt, das die grundsätzliche Machbarkeit zielgerichteter Handlungen und Interventionen nicht hinterfragt. Ohne ein fundiertes Entwicklungs- und Interventionsverständnis wird die Analyse nicht darüber hinauskommen, Wissens- oder Motivationsdefizite, Macht- und Ressourcenstreitigkeiten, persönliche Betroffenheit und „Bockigkeit" oder unvorhersehbare Ereignisse wie Führungswechsel oder andere Krisen in den Unternehmensumwelten als Störungen im Einführungsprozess zu identifizieren und entsprechende Gegenmaßnahmen zu empfehlen. Die Vorstellung von der Einführung als einem intendierten und grundsätzlich steuerbaren Prozess bleibt unangetastet. Wenn endlich die Bedingungen, zum Beispiel die Einsicht der Mitarbeiter, die Unterstützung durch das Management, das Vertrauen in den Geschäftsbereichen bzw. den eigenen Reihen, richtig justiert sind, wird endlich passieren, was zuvor geplant wurde. Störungen laden dann nur zur Verfeinerung der bisherigen Steuerungsversuche ein.

Einführung als erwartungsgetriebener Beobachtungsprozess
Die neuere soziologische Systemtheorie bietet hier einen differenzierteren Zugang. Ein zentrales Element dieser Theorie ist das erkenntnistheoretisch hergeleitete Argument, dass Organisationen als soziale Systeme nicht intendiert handeln, sondern sich selbst organisieren, indem sie sich und ihre Umwelt beobachten. Nichts kann unabhängig vom Beobachter gedacht werden. Selbst- und Fremdbeobachtung haben einen zentralen Stellenwert. Sie werden zur Bedingung für die Fortentwicklung des Systems.

Diese Sicht auf soziale Systeme hilft, die Analyse der Einführung einer Corporate University in einer Organisation anders zu sehen: Sie ist ein durch wechselseitige Selbst- und Fremdbeobachtung getriebener Differenzierungsprozess. Während der Einführung beobachten sich die Beteiligten, also Topmanagement, Geschäftsbereichsleiter oder Lernverantwortliche, und rechnen den eigenen und fremden Operationen erwartungsgeleitet Sinn und Motive zu. Die Arbeit dreht sich deshalb auch nicht um die Frage, wie sich die Einführung einer Corporate University auf das Unternehmen *auswirkt* (also ob und wie sich die als träge empfundene Organisation belehren lässt). Vielmehr wird analysiert, wie sich (erstens) Corporate Universities als Spezialfunktionen in einem rekursiven Beobachtungsprozess konstituieren und differenzieren und (zweitens) welchen „Effekt" dieser zirkuläre Bestimmungsprozess auf die Entwicklungsfähigkeit der Organisation hat.

Kontextbezogenheit der Ausdifferenzierung
Diese Überlegungen verweisen bereits auf ein weiteres wichtiges Element der Systemtheorie: auf die Einheit der Unterscheidung von System und Umwelt. Ein System kann nur dann beobachtet werden, wenn es von seiner Umwelt bzw. seinem Kontext unterschieden wird. „Nur der Beobachter kann die Einheit des Systems sehen, weil nur er das System von der Umwelt unterscheiden kann" (Luhmann und Fuchs, 1989: 220). Eine Konsequenz dieser Überlegung ist, dass die Ausbildung einer Corporate University nur in Beziehung zu ihrem Kontext nachvollzogen werden kann, von dem sie sich unterscheidet bzw. von anderen Beobachtern unterschieden wird. Damit rücken die Organisation als primärer Kontext und ihre Organisationsumwelt als sekundärer Kontext in den Fokus der Analyse (im Folgenden sprechen wir vom internen und externen Kontext).

Grenzen der Wirksamkeit einer Corporate University
Der Abschied von der intendierten Handlung durch die rekursive Operation der Beobachtung verweist auf die Grenzen der Gestaltbarkeit der Entwicklungsmechanismen. Die Möglichkeiten einer Corporate University, auf die Entwicklung der Entwicklungsfähigkeit sowie auf ihre eigene Einführung Einfluss zu nehmen, sind begrenzt. Als Beobachtersysteme handeln Unternehmen und ihre Subsysteme nicht gemäß einem vorgegebenen Plan und auch ihre Mitglieder und Subsysteme bleiben mit ihren wie auch immer gearteten Intentionen, Bedürfnissen oder Gefühlen hilflos. Wie die wechselseitigen, erwartungsgetriebenen Beobachtungen ausgehen, kann von keiner Seite gesteuert werden. Das soziale System als eine eigenständige Ordnungsebene steuert seine Reproduktion und Fortentwicklung selbst. Diese ununterbrochene „Selbstbestimmung" gilt auch für die Entwicklung der systeminternen Entwicklungsmechanismen. Die systemtheoretische Perspektive sensibilisiert damit für eine realistische Einschätzung der Möglichkeiten einer Corporate University. Als diagnostische Funktion kann sie neue Beobachtungsmöglichkeiten schaffen, mit denen die Organisation sich selbst in einem neuen Licht sehen kann.

Fragen und Struktur der Analyse

Aus dieser Perspektive stellen sich folgende Fragen:
- Inwieweit ist die gezielte Entwicklung der Entwicklungsfähigkeit überhaupt möglich? Und wie können Funktion und Einführung einer Corporate University theoriegeleitet bestimmt werden?
- Welchen Unterschied macht die Corporate University für die Beobachtung der eigenen Selbsterneuerungsfähigkeit? Welche Unterscheidungen liefert die Idee, die dann in der Organisation beobachtet und interpretiert werden?
- Warum wird die Corporate-University-Idee für Unternehmen interessant? Welches Problem wird in der Organisation beobachtet, zu dem die Corporate University als Lösung passt?
- Welche Rolle spielen die verschiedenen Erwartungen und Interessen der beteiligten Subsysteme im Einführungs- und Entwicklungsprozess?
- Und nicht zuletzt: Gibt es typische Entwicklungsmuster und in welchem Zusammenhang stehen diese mit der gewählten Einführungsstrategie sowie dem organisationalen (Beobachtungs-)Kontext?

Die vorliegende Analyse bearbeitet diese Fragen anhand verschiedener Einzelaspekte. Nach einer ausführlichen Einführung in die theoretischen Grundlagen (Kapitel 3), einer Bewertung des Auftrags einer Corporate University (Kapitel 4) sowie ihrer Einführung (Kapitel 5) kreisen die nachfolgenden Teilabschnitte die angesprochenen Themen ein (siehe Abbildung 1):
- die Leitunterscheidungen der Corporate-University-Idee, die sich der organisationsinternen Beobachtung aussetzen (Kapitel 5),
- den internen und externen Kontext, in dem sich die neue Funktion ausdifferenziert (Kapitel 6),
- die zugrunde gelegten Prämissen und Beobachtungsgewohnheiten, die das Verständnis bzw. die Interpretation der Aufgabe einer Corporate University und ihrer Einführung beeinflussen (Kapitel 7) sowie
- die subkulturellen Erwartungen, die im Einführungsprozess ineinandergreifen (Kapitel 8).

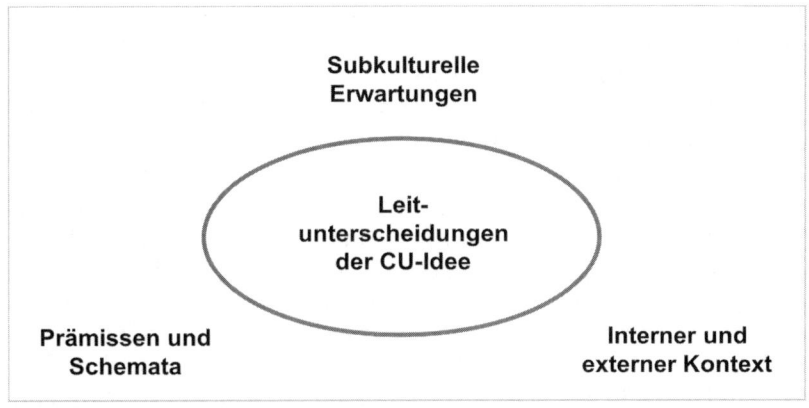

Abbildung 1: Aspekte der Analyse

Kapitel 9 führt die Einzelaspekte zusammen und wendet sie auf die Fallbeispiele an. Die Entwicklungsverläufe werden mit Hilfe zweier komplementärer Entwicklungsmuster kritisch rekonstruiert. Das Schlusskapitel fasst die Ergebnisse zusammen, erörtert Handlungsoptionen für die Praxis und gibt einen Ausblick auf weiterführende Forschungsfragen, die aus den Ergebnissen resultieren.

2.3.2 Empirische Basis für die Hypothesenbildung

Die systemtheoretische Hypothesenbildung stützt sich auf ein weit gefächertes Repertoire an Praxisfällen, die für diese Arbeit rekonstruiert wurden. Ziel des gewählten Vorgehens ist die Verzahnung von Theoriebildung mit der empirischen Auseinandersetzung. Das systemtheoretische Beobachtungsraster formte den Blick auf die Praxis und die Praxis formte den theoretischen Zuschnitt. Mit Hilfe der Rekursionen zwischen Theorie und Praxis kristallisierten sich Schritt für Schritt die verschiedenen Einzelaspekte und Themen heraus, die im Folgenden als Untersuchungsergebnisse vorgestellt werden. So blieb der Forschungsprozess in sich lernfähig.

Rekursives Verhältnis von Theorie und Praxis

Das Verhältnis von Theorie und Praxis ist als wechselseitiges Beobachtungsverhältnis angelegt (vgl. dazu Luhmann, 2000: 473). Die Theorie beobachtet die Praxis aus einer bestimmten Perspektive; in unserem Fall ist dies die Perspektive der Systemtheorie. Gleichsam wird die Theorie der Praxis zum Gegenstand der Beobachtung. Bei ihren Beobachtungen kann wiederum die Theorie sie beobachten:

Ihre Reaktionen auf die theoretischen Rekonstruktionen, die zum Beispiel durch ungewöhnliche Fragen und Beschreibungen, Bilder etc. ausgelöst werden, sind wieder theoretisch interessant. Diese Rekursionen formen ein Beobachtungsschema, das den Einführungsprozess und die damit verbundenen Entwicklungen innerhalb der Sinnbezüge des beforschten Systems nachvollziehbar macht.

Bei der Untersuchung geht es also nicht um eine Bewertung des Vorgehens im Einführungsprozess. Vielmehr geht es um die Frage, warum diese oder jene Einführungsstrategie, dieser oder jener Entwicklungsverlauf für das System in seinen spezifischen Kontextbezügen *Sinn* macht und wie Folgeentwicklungen im Kontext dieser Sinnbezüge erklärt werden können. Weil soziale Systeme ihre eigenen Sinnhorizonte entwickeln, geht es auch nicht um die Sinnkonstruktionen einzelner Personen. Die Aussagen und Meinungen einzelner Personen in den Interviews sind nur der Ausgangspunkt für die Suche nach *subjektunabhängigen Regeln*, wie sich das soziale System reproduziert. Da Sinn vom sozialen System selbst erzeugt wird (vgl. dazu ausführlicher Kapitel 2), ist Sinn von außen nicht direkt zugänglich und muss rekonstruiert werden. Alle Erkenntnisse, die hier gewonnen werden, müssen sich deshalb selbst bescheiden: Es sind *Konstruktionen* aus der Perspektive der Systemtheorie. Ziel dieser Analyse ist deshalb auch nicht die Abbildung einer objektiven Wahrheit über die Entwicklungsdynamiken im Einführungsprozess strategischer Lernarchitekturen, sondern die theoriegeleitete Generierung anderer Selbstbeschreibungen, die der Praxis als Inspiration dienen können, ihre eigene Selbstorganisation neu zu beobachten.

Qualitative Methoden
Für die Analyse sozialer Sinnkonstruktionen ist ein qualitatives Vorgehen sinnvoll (vgl. Froschauer und Lueger, 2003; Kühl und Strodtholz, 2002; Flick et al., 1991). Die Entwicklungsdynamiken werden in Verbindung mit ihren kontextuellen Bedingungen rekonstruiert. Die Eingebundenheit des Forschers in die Deutungs- und Interaktionsprozesse der Organisation ist bei diesem Vorgehen unvermeidbar und sogar explizit erwünscht (vgl. dazu auch Glaser und Strauss, 1993; Glaser und Strauss, 1998). Die subjektive Wahrnehmung und die Teilnahme der Forscherin am Gestaltungsprozess wurden in dieser Untersuchung deshalb nicht als Störquelle, sondern als unvermeidbares und vor allem wertvolles Moment des Forschungsprozesses anerkannt. Die vielfältige Feldpräsenz der Forscherin förderte die Exploration vielfältiger Perspektiven (zum

Beispiel die Sicht der Lernverantwortlichen, der Geschäftsbereiche, der Vorstandsbereiche sowie die Beraterperspektive) und erleichterte schließlich die Interpretation der gewonnenen Aussagen. Die Offenheit der Methodenwahl und die Offenheit der Methoden selbst sind weitere wichtige Prinzipien der qualitativen Forschung, um situationsangemessen auf den Forschungsgegenstand reagieren zu können. So konnte das Vorgehen im Verlauf der Untersuchung flexibel angepasst werden, wenn sich der Forschungsgegenstand änderte oder sich neue Aspekte ergaben.

Kontinuierlicher Zugang zum Forschungsfeld
Die vorliegende Analyse basiert auf einem sehr facettenreichen und kontinuierlichen Zugang zum Forschungsfeld. Die Datenerhebung erstreckte sich über einen Zeitraum von zweieinhalb Jahren, so dass sich direkte Feldbeteiligung und reflexive Rückzugsphasen abwechselten. Auf diese Weise konnten vielfältige Eindrücke über die Entwicklungsdynamik und ihre zugrunde liegende soziale Logik gewonnen werden.

Das gewonnene empirische Material setzt sich zusammen aus:

- *Regelmäßiger Beobachtung und Dokumentation von Gruppendiskussionen*
  Im Rahmen des Corporate University Learning Networks wurden die in halbjährlichem Abstand stattfindenden Gruppendiskussionen verfolgt und ausführlich dokumentiert. Im Abstand von sechs Monaten diskutierten Corporate-University-Verantwortliche von bis zu 24 führenden DAX-Unternehmen die Entwicklungen und Problemfelder ihrer Lernfunktionen. Die Gruppendiskussionen dienten als wertvolle Quelle, Entwicklungsdynamiken über einen längeren Zeitraum zu verfolgen.

- *21 qualitativen Experteninterviews*
  Des Weiteren wurden 21 Experteninterviews mit Corporate-University-Verantwortlichen, operativen Managern, Mitarbeitern aus dem Vorstandsressort sowie anderen Lernverantwortlichen geführt. So konnten die verschiedenen Sichtweisen auf den Einführungs- und Entwicklungsprozess der Corporate University offengelegt werden. Die Experteninterviews bildeten die Basis für die ausführlicheren und im Text rekonstruierten Fallstudien.

- *Felderfahrungen in Beratungsprojekten*
  Im Rahmen von Beratungsprojekten sammelte die Autorin in der Rolle als Expertenberaterin weitere Eindrücke über den Einführungs- und Entwicklungsprozess von Corporate Universities, die als weitere Hintergrundinformationen dienten. Eigene Ideen konnten mit den beteiligten Praktikern diskutiert und in der Praxis ausprobiert werden.
- *Weiterem empirischen Material: Pressearchivrecherche, Online-Befragung, quantitative Studien*
  Um den internen und externen Unternehmenskontext mit seinen Marktveränderungen, Strukturverschiebungen, Führungswechseln und strategischen Neupositionierungen im Zeitverlauf besser zu verstehen, wurden zusätzliche Daten (Pressemitteilungen, Zeitungs- und Zeitschriftenartikel etc.) in Pressearchiven recherchiert.

  Darüber hinaus flossen Daten einer Online-Befragung ein, die als wertvolle Hintergrundinformation dienten. In dieser elektronischen Umfrage, die die Autorin im Rahmen der Vorbereitung der ersten ECLF-Konferenz gemeinsam mit Roland Deiser durchführte, gaben 68 europäische Chief Learning Officers Auskunft über die strategische Rolle der Lernfunktion, die Beziehungsgestaltung mit internen und externen Interessengruppen sowie zukünftige Herausforderungen (vgl. Gebauer, 2005b).

  Neben dem ECLF-Survey wurden weitere quantitative Studien über Corporate Universities sowie über die strategische Ausrichtung der Personalfunktion hinzugezogen (vgl. zum Beispiel Corporate University Xchange, 2002; Wimmer et al., 2002; Supply Management Group, 2003; Lawler und Mohrmann, 2003).

Schrittweise Zuspitzung der relevanten Themen und Aspekte
Für die Analyse stand so ein vielfältiges Datenmaterial über den Einführungs- und Entwicklungsprozess deutscher Corporate Universities zur Verfügung. Die Kontinuität des Forschungsprozesses ermöglichte es, auch Feldveränderungen und -dynamiken in die Theoriebildung mit einzubeziehen. Durch das Oszillieren zwischen direkter, teilnehmender Feldbeobachtung, offener Befragungen und reflexiver Theoriearbeit kristallisierten sich im Laufe der Zeit die relevanten Themen und Aspekte heraus. Dies waren zum Beispiel die unterschiedlichen Interessen und Interpretationen im Einfüh-

rungsprozess, die strategische Nutzung der Idee als Managementmode, die Bewältigung von Paradoxien und Konflikten sowie die Unterscheidung von zwei komplementären Einführungsmustern. Die Wahl offener Erhebungsmethoden, wie zum Beispiel der offenen leitfadengestützten Experteninterviews oder der explorativen Beobachtung, verhinderte eine zu frühe Festlegung. Ersten Vermutungen und Ideen wurde genauer nachgespürt. Die Fragen, die Wahl der Interviewpartner und die Auswahl von Beobachtungsmöglichkeiten wurden im Verlauf des Forschungsprozesses angepasst und erweitert.

Entwicklung des Forschungsprozesses
Rückblickend stellt sich der Forschungsprozess als ein kontinuierlicher Lernprozess dar: Ausgangspunkt war die systemtheoretisch geleitete Idee, dass verschiedene Perspektiven im Einführungsprozess ein Klima unterschiedlicher Erwartungshaltungen erzeugen, die zu Missverständnissen und Verständigungsproblemen führen können. Während der ersten Interviews stellte sich aber heraus, dass die Interviewpartner nur sehr ungern über Schwierigkeiten, Akzeptanzprobleme oder gar Missverständnisse berichten wollten. Sie zogen es vor, den Einführungsprozess und die Arbeit der Corporate University als Erfolgsgeschichte zu präsentieren. Dies galt im Besonderen für die Corporate-University-Verantwortlichen, weniger ausgeprägt aber auch für die Gesprächspartner anderer Bereiche. Ganz andere Eindrücke ergaben sich hingegen in den Gruppendiskussionen, in denen die Probleme und Schwierigkeiten bei der Einführung von den Corporate-University-Verantwortlichen viel deutlicher geäußert wurden. Unter „Peers" und in einer weniger offiziellen Diskussionsrunde fiel es offensichtlich leichter, die Erfolgsrhetorik aufzugeben. So rückte die anfänglich als Störung erlebte Erfolgsrhetorik als ein besonderes Kennzeichen im Einführungsprozess in den Vordergrund.

Eine weitere Feststellung in den ersten Interviews und Gruppendiskussionen waren auffällig viele Brüche und Zielkorrekturen in den Anfangszeiten. Oftmals gingen sie von Personenwechseln aus. Die mangelnde personelle Kontinuität aber erschwerte eine Rekonstruktion der genaueren Zusammenhänge im Hinblick auf die Frage, wie es zu den Brüchen gekommen war. Es fehlten Informationen. Die Erinnerungen waren einseitig, verblasst oder sie waren bereits mit den heutigen Zielsetzungen in Einklang gebracht worden, um das eigene Wirken als erfolgreich darzustellen. Deshalb erschien es sinnvoll, sich die Einführung nicht nur aus Sicht des *gegenwärtig* zuständigen Corporate-University-Verantwortlichen anzusehen, sondern auch die *damals* zuständigen Verantwortlichen nach ihren Erfahrungen zu befragen (also danach, wie sie sich *heute* an den Einführungsprozess erinnern). Es wurde ein Unternehmen gefunden, in dem drei Corporate-University-Leiter für ein Gespräch zur Verfügung standen, die zu unterschiedlichen Zeitpunkten für die neue Einheit zuständig gewesen waren.

2.3.3 Untersuchte Fallunternehmen

Die Untersuchung beschränkte sich auf deutsche Unternehmen. Die Auswahl der Unternehmen richtete sich nicht nach Branchenzugehörigkeit, Größe oder Internationalisierungsgrad. Das entscheidende Kriterium für die Selektion war der Versuch eines deutschen Unternehmens, eine Corporate University zu etablieren. Es handelt sich bei den untersuchten Unternehmen um große Konzerne mit 20.000 bis zu 500.000 Mitarbeitern, weil diese besonders affin auf die Idee reagierten. Dennoch unterscheiden sich die untersuchten Unternehmen in ihrer strategischen Ausrichtung und ihrer Geschichte.

Publikumsgesellschaften

Den größten Anteil bilden große Publikumsgesellschaften, die sich durch eine lange Tradition einer arbeitsteilig-funktionalen Binnendifferenzierung auszeichnen. Oft handelt es sich um ehemals staatliche Unternehmen, die im Zuge von Deregulierung privatisiert wurden. Diese Unternehmen gründeten ihre Corporate University in der Regel nach einer Phase der Dezentralisierung, zum Beispiel einer Umstrukturierung in strategische Geschäftsfelder, die das Unternehmen mit einer neuen Binnenkomplexität und neuen Koordinationsanforderungen konfrontierte.

Familien- oder gründergeführte Unternehmen

Bei drei der untersuchten Unternehmen handelt es sich um Großunternehmen, die von einer Familie oder von Gründern geführt werden oder lange Zeit geführt wurden. In zwei der Unternehmen wurde die Corporate-University-Idee in der Übergangsphase zu einer Fremdführung als strategische Kommunikationsplattform bemüht, unter anderem um die bisher über persönliche Beziehungen realisierte Steuerung zu professionalisieren.

Jüngere Unternehmensverbünde
Bei zwei der untersuchten Unternehmen handelt es sich um relativ junge Unternehmen, in denen aus einem Zusammenschluss etablierter Einzelunternehmen eine neue Gesamteinheit entstanden ist. Diese Unternehmen zeichnen sich durch eine dezentrale Unternehmenskultur mit zahlreichen und einflussreichen Partikularinteressen aus. Der Energiedienstleister EnBW entstand zum Beispiel aus dem Zusammenschluss von Energiewerken. Das Versicherungsunternehmen ERGO vereint als Holding verschiedene, zuvor unabhängige Einzelmarken unter seinem Dach. Gründungsanlass für eine Corporate University waren hier die Nutzung von Synergiepotentialen sowie der Wunsch nach Vereinheitlichung und Standardisierung über die Gesellschaften hinweg.

Die Tabelle auf der folgenden Seite zeigt exemplarisch die Rahmendaten einiger der untersuchten Fallunternehmen, die einer Veröffentlichung zugestimmt haben.

Anonymisierung
Allen teilnehmenden Unternehmen wurde Anonymität zugesichert und eingehalten. Die hier mit Namen genannten Unternehmen haben der Veröffentlichung ihres Falles formell zugestimmt.

Unternehmen	MA-Anzahl[6]	Gründung	Gründungsziele der CU	Interview mit
EnBW	13.000	2000	• Personal- und Managemententwicklung • Post-Merger-Integration	CU-Leiterin
ERGO	50.000	2001	• Zentrale strategische Plattform zur Realisierung von Synergiepotentialen • Managemententwicklung	CU-Leiter
Infineon	40.000	2001	• Wissensmanagement • Managementkonferenzen	CU-Leiter 3 Führungskräfte und Mitarbeiter aus anderen Geschäftsbereichen
Lufthansa	90.000	1998	• Strategische Plattform zur Integration der dezentralen Bereiche • Potentialträgerentwicklung	3 CU-Leiter
Siemens	475.000	1997	• Globale Managemententwicklung zur Strategievermittlung	CU-Leiter 2 Senior Manager aus den Geschäftsbereichen

---

[6] Stand der Mitarbeiterzahlen: 02/2006

3 Theoretische Grundlagen: Organisationen als soziale Systeme

Die Analyse fußt auf den Überlegungen der neueren soziologischen Systemtheorie. Einige Aspekte der Theorie, die für die Entwicklung von Organisationen als soziale Systeme und deren Entwicklungsfähigkeit relevant sind, werden in diesem Kapitel vorgestellt und ihre Bedeutung für die Fragestellung erörtert.

Neben konstruktivistischen Denkfiguren wie der operativen Geschlossenheit, der Autopoiese und der Nichttrivialität komplexer Systeme werden das Formenkalkül Spencer-Browns und das systemtheoretische Kommunikationsverständnis vorgestellt, das Luhmann für seine reflexive Theorie sozialer Systeme verwendet (Abschnitt 3.1). Diese noch abstrakte differenz- und kommunikationstheoretische Betrachtung bildet die Grundlage für die Analyse des Einführungsprozesses.

Die allgemeinen Überlegungen zu sozialen Systemen werden für Organisationen spezifiziert. Organisationen bilden für Corporate Universities die primäre Umwelt, in der sie sich ausdifferenzieren. Die theoretischen Grundlagen bereiten die Beantwortung von zwei Fragen vor, um die sich die Analyse des Einführungsprozesses immer wieder dreht. Die erste fragt nach den Möglichkeiten und Grenzen der Entwicklung der Entwicklungsfähigkeit: Wie entwickelt eine Organisation ihre Entwicklungsmechanismen und wie kann eine Corporate University sie dabei unterstützen? Der zweite Fragekomplex betrifft die Einführung der Lernfunktion. Auch diese ist ein struktureller Entwicklungsprozess: Wie differenziert sich eine Corporate University als Lernfunktion in der Organisation und wie wird sie dabei beobachtet?

3.1 Spezifik sozialer Systeme

Der erkenntnistheoretische Ausgangspunkt dieser Arbeit ist die Einsicht, dass alle Erkenntnis beobachterabhängig ist. Diese Überlegungen gehen auf den radikalen Konstruktivismus zurück.

3.1.1 Konstruktivistische Denkfiguren

Errechnung von Wirklichkeit
Das Fundament bereiten relativierende Einsichten der Neurobiologie über die objektive, individuelle Erkenntnisfähigkeit. Demnach haben kognitive Systeme keinen direkten Zugriff auf die Welt. Die Wirklichkeit ist das Ergebnis eines komplexen, strukturdeterminierten Rechenprozesses im Gehirn, der quantitative sensorische Reizungen in qualitative Empfindungen transformiert (vgl. Maturana, 1987). Die Interpretation der Reize hängt von den Strukturen des informationsverarbeitenden Systems ab. Wahrnehmungsinhalte sind demzufolge Ergebnisse interner, strukturdeterminierter Umsetzungs- bzw. Rechenprozesse innerhalb eines operativ geschlossenen Systems, das keinen direkten Zugang zur Welt hat, sondern ankommende neuronale Reize nach selbst entwickelten Kriterien deutet und bewertet. „Die Vorstellung von Wahrnehmung als einem Input-Verarbeitungs-Output-Modell ist damit hinfällig. Die Umwelt, die wir wahrnehmen, ist unsere Erfindung" (Foerster, 1985: 25). Für Menschen gilt dies sowohl für die Wahrnehmung ihrer (äußeren) Umwelt als auch für die Beobachtung ihrer selbst. Ihre kognitiven Fähigkeiten erlauben es ihnen, *reflexive Beschreibungen* von sich selbst und ihren Erkenntnisprozessen anzufertigen. Die „Psyche" eines Menschen oder die „Identität" eines sozialen Systems sind folglich Ergebnisse eines selektiven Beobachtungsprozesses.

Autopoiese
Bei lebenden Systemen ist die wahrnehmungsrelevante Struktur nicht vorgegeben, sondern sie wird vom System und in Bezug auf seine relevante Umwelt selbst erzeugt (vgl. Varela et al., 1974). Entscheidend sind hier weniger die selbst erzeugten Elemente, sondern vielmehr die *autopoietisch erzeugte Struktur*, mit der das System seine Elemente als Einheit selbst organisiert. Während einzelne Elemente absterben oder ausgetauscht werden können, gewinnt das System seinen Eigenwert durch diese selbst hervorgebrachte Ordnung, die die Elemente in ein bestimmtes Verhältnis zueinander setzt. Diese Struktur bestimmt auch die Beobachtung der Umwelt und von sich selbst. Die Art und Weise, wie sich die Teile zueinander organisieren, macht das System und seine Art, sich auf die Umwelt zu beziehen, einzigartig. Indem es sich auf einige wenige Beziehungsmöglichkeiten zwischen den Elementen beschränkt, reduziert es Komplexität und unterscheidet sich so von seiner ungleich komplexeren Umwelt.

Operative Geschlossenheit und strukturelle Kopplungen
Durch Selbstorganisation schließt sich das System von seiner Umwelt ab und schafft damit seine Existenzgrundlage. Diese operative Schließung wirft das System bei allem, was es beobachtet, auf sich selbst zurück. Gleichzeitig ist sie Bedingung dafür, dass ein System überhaupt eine Beziehung zu seiner Umwelt aufbauen kann: „Alle autopoietischen Systeme sind auf Grund ihrer Geschlossenheit offene Systeme" (Krüll et al., 1987: 12).

Kein lebendes System bezieht sich also direkt auf seine Umwelt, sondern es bezieht sich nur selbstreferenziell auf seine eigenen Zustände. Die internen Rechenprozesse formen sein Bild von der Umwelt. Im Laufe seiner Entwicklungsgeschichte bildet ein System konsensuelle Interaktionsbereiche zu seiner Umwelt. Das System aktualisiert lediglich einige bestimmte Kausalitäten und ignoriert andere Interaktionsmöglichkeiten. Diese „strukturellen Kopplungen" (vgl. Maturana, 1987) prägen die Systemstruktur und das Bild, das das System von seiner Umwelt hat, sie determinieren das System aber nicht. Die komplexitätsreduzierenden Interaktionsmuster, die einem äußeren Beobachter wie konstante Eigenschaften erscheinen können, sind nicht statisch, sondern müssen aktiv durch Wiederholung reproduziert werden. Oder sie werden im Hinblick auf neue umweltbezogene Erfahrungen modifiziert. Zu viel Neues kann die eingespielte Selbstorganisation allerdings stören, das System konfrontiert sich mit anderen Möglichkeiten, so dass die überlebenskritische Umweltgrenze zu verschwimmen droht.

Nichttriviale Maschinen
Als komplexe Systeme können autopoietische Systeme ihre Verknüpfungsmöglichkeiten jederzeit variieren. Sie verarbeiten Außeneinwirkungen gemäß ihrer aktuellen Struktur und in Bezug auf vergangene Erfahrungen. Ihre Reaktionen sind deshalb nicht kalkulierbar, weil sie ihren Zustand jederzeit ändern können. Im Vergleich zu berechenbaren Trivialmaschinen sind autopoietische Systeme nichttriviale Maschinen (vgl. von Foerster, 1985), für die Umweltreize lediglich Perturbationen bzw. Störungen darstellen: Sie sind lernfähig, nicht berechenbar und deshalb auch nicht durch gezielte Interventionen steuerbar. Jedes Unternehmen ist eine nichttriviale Maschine, auch wenn es im Laufe seiner Entwicklungsgeschichte gelernt hat, sich als berechenbar zu beschreiben und von anderen auch so beobachten zu lassen.

Welche Strukturen ein System ausbildet, hängt davon ab, wie es seine Umweltbeziehungen gestaltet. So generieren lebende Systeme im Laufe ihrer Entwicklung ein viables Erfahrungswissen über ihre relevanten Umwelten und darüber, wie man in diesen bisher überleben konnte. Die Tatsache des Überlebens belegt nicht, dass das Wissen *wahr* ist, sondern nur, dass es *nützt*. Darüber, ob dieses Wissen der Realität entspricht und ob es in Zukunft das Überleben sichern wird, kann keine Aussage gemacht werden.

Kritik am Konstruktivismus
Luhmann schließt an den Diskurs des radikalen Konstruktivismus über die Erfindung von Wirklichkeit, das Prinzip der Autopoiese und die damit verbundenen Überlegungen zur Selbstreferenzialität, Strukturdeterminiertheit, operativen Geschlossenheit sowie zur strukturellen Kopplung kognitiver Systeme an. Für unsere Analyse sind diese Elemente wichtig, weil sie die operative Geschlossenheit und den Selbstbezug lebender Systeme verdeutlichen, die in jedem Entwicklungsprozess greifen. Jede neue Idee, mit der sich ein Unternehmen beschäftigt, ist das Resultat eines strukturdeterminierten Beobachtungsprozesses und wird gemäß diesen Strukturen verrechnet.

Für die Erklärung des Zustandekommens sozialer Bezüge reichen die Überlegungen des radikalen Konstruktivismus Luhmann zufolge allein nicht aus. Wenn psychisch-organische Systeme so radikal selbstbezüglich operieren wie vom radikalen Konstruktivismus postuliert, sind Außenbezüge höchst unwahrscheinlich. „In sich selbst, sozusagen als Zwischenstück der eigenen Gedankenverknüpfungen, findet das Bewusstsein immer nur eigenes Bewusstsein, aber kein anderes Bewusstsein. Wie kann es dann jemals auf die Idee kommen, dass es ‚ichgleiche' Phänomene in der Außenwelt gibt?" (Luhmann, 1988: 897, zitiert von Bardmann, 1994). Ohne soziale Bezugspunkte kann der Aufbau sozialer Sinnstrukturen wie das Zustandekommen und die Aufrechterhaltung von Interaktionssystemen, Organisationen oder gesellschaftlichen Funktionssystemen sowie deren Beziehungen untereinander nicht erschöpfend erklärt werden.

Einen weiteren Kritikpunkt sieht Luhmann darin, dass der radikale Konstruktivismus seine erkenntnistheoretischen Einsichten nicht auf sich selbst anwende. Mit seinem Postulat, dass es keine Außenbezüge gebe, tut die Theorie so, als kenne sie die Welt. Aber auch die Wissenschaft ist ein autopoietisches System und hat keinen direkten Zugang zur Welt (vgl. Luhmann, 1994: 511). Luhmann versucht die Schwachstellen des Konstruktivismus zu überwinden, indem er sich auf das differenzlogische Formenkalkül Spencer-Browns bezieht. Dieses ermöglicht, Paradoxien mitzudenken, die in der Theoriebildung bisher durch die Subjekt-Objekt-Trennung vermieden wurden. Das Formenkalkül ist auch für die Untersuchung der Einführung von Corporate Universities hilfreich. Es schärft den Blick dafür, dass der Einführungsprozess ein systeminterner Ausdifferenzierungsprozess ist, der an die Logik des Unternehmens anknüpft und nur in diesem Kontext seine Eigenarten gewinnt.

3.1.2 Theorie des Beobachtens: Laws of Form

Die Form der Unterscheidung: Beobachten und Bezeichnen
Ausgangspunkt des Formenkalküls sind die Basisoperationen von Unterscheidung (Distinction) und Bezeichnung (Indication). Jede Erkenntnis beginnt mit einer Unterscheidung, die von einem Beobachter getroffen wird. Mit Hilfe von Unterscheidungen bildet er „Formen". Die Unterscheidung markiert eine Grenze in der Form und erzeugt damit Innen- und Außenseite (vgl. Luhmann, 1993: 199). Die getroffene Unterscheidung „in-formiert" die Form. Sobald eine Unterscheidung getroffen wurde, kann der Beobachter eine der beiden Seiten bezeichnen (Indication), sie also mit einem Zeichen, einem Merkmal oder einer Marke als Signal versehen. Diese Seite wird zur Innenseite der Unterscheidung, die in der Folge durch weitere Unterscheidungen immer weiter ausdifferenziert werden kann. Unterscheidungen können sich aufeinander beziehen und als Ausdrücke Sinn erzeugen (die Bedeutung von Sinn für soziale Systeme wird an späterer Stelle wieder aufgegriffen).

Unterscheidung und Bezeichnung sind folglich beobachterabhängig. Ohne ein Motiv sind sie nicht denkbar (vgl. Simon, 1993: 44). Der Beobachter bestimmt, warum er „so und nicht anders" unterscheidet und warum er „dies und nicht jenes" bezeichnet. Von außen betrachtet verweisen jede Unterscheidung und jede Bezeichnung auch auf den Beobachter und sein Selektionsverhalten. Sie geben Aufschluss über seine Absichten, aber auch dies ist nur eine Beobachtung und kann von anderen Beobachtern anders gesehen werden ...

Durch das wiederholte Bezeichnen entsteht auf der Innenseite der Unterscheidung ein stabiler Eigenwert, der als eine Identität beobachtet werden kann (vgl. Luhmann, 2000: 133). Aber auch wenn die gesamte Aufmerksamkeit des Beobachters auf die bezeichnete Innenseite gerichtet ist, gehören immer beide Seiten zur Form. Hinzu kommt die Unterscheidung selbst, die Innen- und Außenseite voneinander trennt. Die Form besteht also aus drei Teilen. Diese dreiteilige Zweiseitenform ruft immer wieder ins Gedächtnis, dass es eine motivgeleitete Unterscheidung ist, die Innen und Außen voneinander trennt, und dass die Außenseite oder der Kontext der Unterscheidung die konstitutive Bedingung für die Beobachtung und damit letztlich für die Existenz der Innenseite bzw. des Systems ist. Das Mitdenken der Form ist vor allem interessant, wenn die Außenseite selbst nicht unmarkiert, sondern ebenfalls bezeichnet ist. Denn die Beobachtung der Innenseite kann sehr unterschiedlich ausfallen, je nachdem, in welchem Kontext sie beobachtet wird. So macht es beispielsweise einen Unterschied, ob eine Corporate University im Verhältnis zum Unternehmen oder im Verhältnis zu klassischen Universitäten betrachtet wird. Oder ob sie sich selbst im Kontext anderer Corporate Universities beobachtet, mit denen sie im Wettbewerb um Neuheit steht.

Paradoxien: Grundlage jeder Erkenntnis
„Am Anfang steht also nicht Identität, sondern Differenz" (Luhmann, 1984: 112). Die Erzeugung von Inhalten, Sinn und Identität kann streng genommen immer nur im Zusammenhang mit der sie umschließenden Form gesehen werden. Die Sinnproduktion schließt immer etwas anderes aus, das verborgen bleiben muss. In der Alltagswahrnehmung sehen wir von diesem logischen Tatbestand – wie von vielem „anderen" – der Einfachheit halber ab und beschränken uns auf die Innenseite der Unterscheidung. Hier erscheinen uns die selbst erzeugten Merkmale als feste Eigenschaften oder wir meinen, das „Wesen der Dinge" erkennen zu können. Der konstitutive Kontext und die immer mitkommunizierte Paradoxie eines „Es könnte auch anders sein" werden weitgehend ausgeblendet, um nicht unnötige Verwirrung zu stiften.

Jede Unterscheidung gründet auf einem Paradox. Die Unterscheidung teilt die Einheit der Paradoxie in zwei Seiten, die sich widersprechen oder zu Widersprüchlichem auffordern. Eine Aussage kann wahr oder falsch sein und dieser Widerspruch kann nicht synthetisiert werden. „Paradoxien sind, von welcher Unterscheidung aus immer man sie konstruiert, der Form nach ein unlösbares Problem" (Luhmann, 2000: 131). Sie können aber verdeckt werden, indem man zum Beispiel den Beobachter aus einer Aussage herausrechnet. Epimenides' Satz „Alle Kreter lügen" ist dann wahr, wenn man Epimenides als Beobachter draußen lässt. Schließt man ihn ein, wird er falsch (und damit wieder wahr usw.).

Re-entry: Selbstbeobachtung blinder Flecken
Die Paradoxie der Unterscheidung kommt im Moment der Unterscheidung in sich selbst nicht vor. Sie ist das durch sie selbst ausgeschlossene Dritte und kann vom Beobachter im Verwendungsmoment nicht beobachtet werden. Sie ist der „blinde Fleck" (vgl. von Foerster, 1985), den er nur in der Rückschau selbst oder mit Hilfe eines zweiten Beobachters wieder einführen kann (vgl. Luhmann, 1992: 204).[7] Ein solcher „Re-entry" braucht also Zeit. Das durch Einschluss ausgeschlossene, unsichtbar gewordene Dritte kann so in das Eingeschlossene wieder hineingeholt werden. Jetzt können Innen- und Außenseite der Unterscheidung beobachtet werden und vor allem auch der Schnitt, der beide voneinander trennt. Neben der Beobachtung 1. Ordnung, in der Beobachter auf die Welt Bezug nehmen, spricht der Re-entry die Beobachtung 2. Ordnung an, die Beobachtung des Beobachtens durch sich selbst oder jemand anderen. Aber auch diese reflexive Beobachtung ist beobachterabhängig und kommt über ihren blinden Fleck nicht hinaus. Sie operiert mit der gleichen Naivität wie die Beobachtung von Welt. Denn auch hier muss der Beobachter zunächst einen Beobachter unterscheiden, den er beim Unterscheiden beobachtet, ohne dass er im Moment der Unterscheidung seine Referenz kritisch überprüfen kann. „Wir kommen also nicht um die Einsicht herum, dass etwas unbeobachtbar wird, wenn etwas beobachtbar wird, und jedenfalls die Welt unbeobachtbar bleibt" (Luhmann, 2000: 127).

Es gibt keine Außenposition. Wissen von der Welt an sich kann nicht erzeugt werden, sondern nur differenzbezogenes Wissen. „Anfang und Ende sind dasselbe – und nicht dasselbe; und dazwischen (oder inzwischen) ordnet sich die Welt zu aufgebauter Komplexität" (Luhmann, 1992: 202). Diese Überlegung ermöglicht drei Einsichten für die Produktion von Wissen:

---

[7] Eine weitere Möglichkeit zur Bearbeitung der Paradoxie ist die Aufstellung bestimmter Regeln zur Paradoxievermeidung. Luhmann lehnt dieses Vorgehen der ontologischen Wissenschaftstradition kategorisch ab (ebd.).

1. Es gibt kein besseres Wissen oder gar ein Überblickswissen, das von Managern oder einer Corporate University verbreitet werden kann, selbst wenn es von anderen Beobachtern erwartet wird. Ebenso wie das Wissenschaftssystem (an das sich Corporate Universities gerne koppeln) produziert auch eine Corporate University einen blinden Fleck, auf den hin sie von anderen beobachtet werden kann.
2. Wissen ist immer selbstbezüglich und abhängig vom Systemkontext. Auch eine Beobachtung 2. Ordnung ist nicht frei davon. Das System kann sich selbst nur in Bezug auf sich selbst beobachten.
3. Die Denkfigur des Re-entry bzw. der Beobachtung 2. Ordnung ist die Voraussetzung für die Entwicklung der Entwicklungsmechanismen. Dies sind Entwicklungen, die die eigene Struktur bzw. die Form eines Systems betreffen. Ein System muss sein eigenes Unterscheidungsverhalten beobachten, um festzustellen, dass es außer dem, was es tut, auch etwas anderes tun könnte. Diese Beobachtung kann es aber nur mit den vorhandenen Beobachtungswerkzeugen machen.

Sinn: Verweisungshorizont für unrealisierte Möglichkeiten
Für soziale Systeme (wie für psychische im Übrigen auch) spielt Sinn eine wichtige Rolle. Jedes soziale System bestimmt und erneuert sich im Medium Sinn. Sinn ist keine normative Kategorie, sondern ein selbst erzeugtes Konstrukt eines Beobachters.

Sinn aktualisiert bestimmte Möglichkeiten auf der Innenseite und legt das System damit fest. Gleichzeitig kreiert das System mit seiner Sinnproduktion nichtaktualisierte, aber potentiell bestimmbare Möglichkeiten auf der Außenseite (vgl. Luhmann, 1984: 100). Der aktualisierte Sinn erzeugt damit einen Verweisungshorizont für Anschlussoperationen. Die Vergänglichkeit des Aktuellen erzeugt eine Spannung, die als Anschubenergie für Entwicklungen genutzt werden kann. Voraussetzung dafür ist die Fähigkeit zu reflexiven Beobachtungen 2. Ordnung. Das System zieht eine (Sinn-)Grenze zwischen Innen und Außen. Es produziert Sinnzusammenhänge auf der Innenseite, um sich später bei dieser Grenzziehung beobachten zu können. Nur aus dieser Perspektive kann es die eigene Sinnproduktion als sinnvoll (zum Beispiel rational) beschreiben.

Um sich selbst zu beobachten, führt das System die Selbstbeobachtung in sich selbst durch. Es nutzt einige seiner Operationen für die Selbstbeobachtung seiner Operationen. „Es zieht eine Grenze zwischen Reflexionsoperationen, die die Unterscheidung von System und Umwelt verwenden, und anderen Operationen, die nur zur Autopoiesis des Systems beitragen, also die Differenz von System und Umwelt (wie der Beobachter sie dann sehen kann) produzieren und reproduzieren" (Luhmann und Fuchs, 1989: 220).

Auch die objektiver erscheinende Sicht eines Externen, wie zum Beispiel die Problemanalyse eines externen Beraters oder einer externen Institution, kommt über diesen blinden Fleck nicht hinaus. Externe Beobachter können auf ihre blinden Flecken hin beobachtet werden. „Die Fremdbeobachtung kann das System, das sie beobachtet, objektivieren; wenngleich auch dies nur durch Vollzug eigener (und damit: strukturabhängiger, unterscheidungsabhängiger) Beobachtungsoperationen" (ebd.). Für das beobachtete System bleibt die Beobachtung einer Fremdbeobachtung in jedem Fall eine selbstreferenzielle Beobachtung. Es kann die Fremdbeobachtung nur im Selbstbezug beobachten.

Einführung als Differenzierungsprozess
Die Überlegungen des Formenkalküls schärfen den Blick auf den Einführungsprozess. Es handelt sich um eine Systemdifferenzierung: Ein soziales System entsteht, wenn es sich als Beobachtersystem selbst von seiner Umwelt unterscheidet. In unserem Fall handelt es sich um ein Unternehmen, also eine Organisation, die sich vor allem auf das Wirtschaftssystem als seine von ihr unterschiedene Umwelt bezieht. Die Einführung einer Corporate University bedeutet, dass ein weiteres Subsystem innerhalb der Unterscheidung Unternehmen/Umwelt unterschieden wird. Die Gesamtheit der Elemente wird nicht einfach auf der Innenseite neu oder anders aufgeteilt. Es wird auch nicht einfach etwas von der Außenseite auf die Innenseite gezogen, auch wenn der im Alltag verwendete Begriff einer „Einführung" diesen Eindruck vermittelt.[8] Vielmehr *wiederholt* sich die System/Umwelt-Unterscheidung im System, diesmal allerdings nicht als Re-entry (also durch die Beobachtung der Grenze zwischen Unternehmen und System), sondern durch die Differenzierung von systeminternen Operationen. Durch die Unter-

---

[8] Auch wenn der Begriff theoretisch gesehen verwirrt, sprechen wir im Verlauf der Arbeit trotzdem von Einführung. Denn dies ist die Aufgabe, die die Praxis sich stellt und die unter diesen Vorzeichen in der Organisation beobachtet wird.

scheidung Corporate University/Unternehmen entsteht ein neues Beobachtersystem, das sich selbst durch diese Grenzziehung als Einheit beobachten und in der Folge weiter ausdifferenzieren kann. All dies vollzieht sich auf der Innenseite der Unterscheidung Unternehmen/Umwelt. Eine Corporate University ist deshalb nicht losgelöst vom Unternehmen. Sie muss die Operationen des Gesamtsystems nachvollziehen.

Subsysteme können sich auf verschiedene Art und Weise differenzieren. Kennzeichnend für die Ausdifferenzierung einer Corporate University ist die funktionale Unterscheidung. Sie übernimmt eine bestimmte Aufgabe des Gesamtsystems (die Entwicklung der Entwicklungsfähigkeit), für deren Bearbeitung sie sich professionalisiert.[9] Was dies im Einzelnen bedeutet, wird in Kapitel 7 diskutiert. An dieser Stelle folgen einige kommunikationstheoretische Grundlagen, die für die Analyse des Einführungsprozesses benötigt werden.

3.1.3 Kommunikation als Basisoperation sozialer Systeme

Die formal-logischen Überlegungen Spencer-Browns sagen noch nichts über die Besonderheiten sozialer Systeme und ihre Erkenntnis- und Entwicklungsfähigkeit aus. Luhmann zufolge bestehen soziale Systeme nicht aus einer Ansammlung von Menschen. Vielmehr reproduzieren sie sich durch Kommunikation. Durch Kommunikation entsteht eine neue Systemebene, für die Menschen bzw. psychische Systeme eine Umwelt bilden. Kommunikation schließt an Kommunikation an und so entsteht nach und nach eine soziale Ordnung, die wir als soziale Systeme beobachten können. Kommunikation wird zum Dreh- und Angelpunkt für das Entstehen, die Aufrechterhaltung und Veränderung sozialer Systeme.

Kommunikation als rekursive Informationserarbeitung
Kommunikation ist kein asymmetrischer Prozess verstehender Informations*ver*arbeitung, wie es im Sender-Empfänger-Modell (vgl. Shannon und Weaver, 1949) vorgesehen ist. Vielmehr ist sie eine

---

[9] Inwieweit die Aufgabe der Entwicklung der Entwicklungsfähigkeit an eine Funktion delegiert werden kann und welche Rolle eine Corporate University zur Erfüllung dieser Aufgabe übernehmen kann, wird in der Folge noch zu klären sein (vgl. dazu vor allem Abschnitt 3.4).

differenzierende und rekursive Informations*er*arbeitung (vgl. Baecker, 2005: 22) unter Bedingungen doppelter Kontingenz.

Schon die konstruktivistischen Überlegungen haben gezeigt, dass Information keine Substanz ist, die durch eine inhaltliche Qualität etwas über die Welt und ihre Zustände „transportiert". Das System erzeugt sie selbst durch interne Rechenprozesse. Jede Information ist das Resultat eines beobachterabhängigen Selektionsprozesses. Ein Beobachter greift eine *bestimmte* Möglichkeit aus einem Möglichkeitsraum heraus. Diese Option muss einen Unterschied zu seinen eigenen Operationen machen, um zur Information zu werden. Informativ ist dabei auch die Selektion, also der *Ausschnitt*, der vom Beobachter gewählt wird. Die Auswahl informiert über den Möglichkeitsraum, aus dem ausgewählt wurde (und gibt damit entweder Aufschluss über den Beobachter oder über die Ordnung, die er den Dingen zuschreibt).[10] Die Selektion einer Information erzeugt einen Aha-Effekt. Jede Information ist die Beobachtung eines Unterschieds, der hinreichend groß sein muss, um wahrgenommen zu werden. Eine Information ist ein Unterschied, der für einen Beobachter einen Unterschied macht (vgl. Bateson, 1983).

Kommunikation: Information, Mitteilung und Verstehen
Komplizierter wird es, wenn Informationen nicht nur selektiert, sondern zwischen zwei Beobachtern „ausgetauscht" werden sollen. Verwirft man das triviale Sender-Empfänger-Modell und nimmt die erkenntnistheoretischen Überlegungen des Formenkalküls ernst, realisiert sich Kommunikation in einer Synthese der drei Selektionen Information, Mitteilung und Verstehen. Alle drei Komponenten können als Selektionen beobachtet werden und haben dadurch einen Informationswert (vgl. Luhmann, 1984: 191ff.): Ein Beobachter (Alter) wählt aus einem Möglichkeitsraum eine Information. Um

---

[10] Baecker zufolge weist schon Shannon in seiner mathematischen Kommunikationstheorie darauf hin, dass Informationen nicht über den Gegenstand informieren, sondern über die Wahrscheinlichkeit, dass von einem vorliegenden Element auf das Vorhandensein anderer Elemente geschlossen werden kann. Demnach liefern Informationen keine Aussagen über das beschriebene Element oder den beschriebenen Zustand, sondern sie umschreiben das Ausmaß einer Ordnung. „Eine Information wird nicht daran gemessen, was man weiß, sobald man eine Nachricht erhält, sondern daran, was man außerdem herausfindet, sobald man sie erhält!" (Baecker, 2005: 19).

diese seinem beobachtenden Gegenüber (Ego) mitzuteilen, muss Alter ein Mitteilungsverhalten wählen, also eine zweite Selektion treffen. Bei der Selektion der Information bezieht sich Ego auf seine Umwelt (Fremdreferenz), bei Selektion der Mitteilung auf sich selbst (Selbstreferenz). Watzlawick et al. unterscheiden an dieser Stelle zwischen dem Inhalts- und Beziehungsaspekt einer Mitteilung. Die Art und Weise, wie die inhaltliche Selektion vermittelt wird, kann vom Gegenüber als zusätzliche Information über mögliche Motive, Zuschreibungen, Erwartungen und Erwartungserwartungen interpretiert werden (vgl. Watzlawick et al., 1990).

Selektives Verstehen wird realisiert, wenn Information und Mitteilung als Unterschied beobachtet werden. Ego schreibt Alter eine wie auch immer interpretierte Kommunikationsabsicht zu. Dabei kann mal die Selektion der Information, mal die Selektion der Mitteilung oder aber auch die Differenz zwischen beiden besonders ins Gewicht fallen. Beim Verstehen geht es also nicht um die Annahme oder die richtige Decodierung der selektierten Information. Verstehen bedeutet nicht unbedingt Begreifen. Auch Missverstehen ist Verstehen. Wie die selektierten und mitgeteilten Informationen interpretiert werden, hängt ganz von den Unterscheidungsgewohnheiten des Empfängers ab und diese Selektionsleistungen werden Alter wiederum zur Information. Gerade Missverständnisse regen zu neuen Kommunikationen an, um diese auszuräumen, zu bestätigen usw.

Für das Verständnis des Einführungsprozesses ist diese Denkfigur wichtig. Die Einführung hängt im Wesentlichen davon ab, wie sie in der Organisation beobachtet, was dem Gegenüber zur Information (zum Beispiel die selektierten Ansätze und Methoden) und was ihm zur Mitteilung wird (zum Beispiel Aspekte des Einführungsverhaltens).

Soziale Systeme konstituieren sich durch Kommunikation
Durch die Synthese entsteht eine rekursiv-geschlossene Einheit, die als Kommunikation beobachtet werden kann. Diese emergente Ordnungsebene kann durch keines der beteiligten Individualsysteme allein realisiert werden. Kommunikation setzt psychische, organische und biologische Prozesse und Fähigkeiten voraus, sie kann aber nicht auf diese Systeme zurückgeführt werden. „Die Mitteilung selbst ist zunächst eine Selektionsofferte. Erst die Reaktion schließt die Kommunikation ab, und erst an ihr kann man ablesen, was als Einheit zustande gekommen ist" (Luhmann, 1984: 212).

Jetzt wird deutlich, warum eingangs von Menschen als Umwelt von sozialen Systemen die Rede war. Trotzdem sind Menschen für soziale Systeme überlebenskritisch. Beide stehen zueinander in einem Verhältnis intersystemischer „Interpenetration" (vgl. Bateson, 1983). Jedes System stellt dem jeweils anderen die eigene Komplexität zur Verfügung. Über ihre psychischen Systeme versorgen Menschen soziale Systeme mit Wahrnehmungsfähigkeit und Bewusstsein, soziale Systeme organische/psychische mit Kommunikationsfähigkeit.[11]

Doppelte Kontingenz
Kommunikation wird nicht durch einen motiviert handelnden Sender ausgelöst, der beim Empfänger ein bestimmtes Verständnis bewirken will. Vielmehr ist Kommunikation ein symmetrischer, rekursiver Prozess, der keinen intendierten Anfang und kein intendiertes Ende hat: Sie läuft schon, bevor sie beginnt. Es kann nicht ausgemacht werden, wer die Kommunikation auslöst: Alter, der durch seine Selektionen zum Verstehen einlädt, oder Ego, der so versteht, wie er versteht, und sich so verhält, wie er sich verhält, und damit wiederum Alter Stoff zum Verstehen liefert ...

Kommunikation kommt in Gang durch die Situation doppelter Kontingenz, also durch die doppelte Unsicherheit, die entsteht, wenn zwei Beobachter sich aus welchem Grund auch immer begegnen: Keiner weiß, was vom jeweils anderen zu erwarten ist. Jeder kann sich so, aber auch anders verhalten und jeder weiß dies von sich selbst, aber auch von seinem Gegenüber. Paradoxerweise macht gerade diese doppelte Unwahrscheinlichkeit des Gelingens Kommunikation wieder wahrscheinlicher: „Wenn zusätzlich zur eigenen Verhaltensunsicherheit auch die Verhaltenswahl eines anderen unsicher ist und vom eigenen Verhalten abhängt, entsteht die Möglichkeit, sich genau daran zu orientieren und im Hinblick darauf das eigene Verhalten zu bestimmen" (Luhmann, 1984: 166). Jeder wartet darauf, dass der andere etwas tut, das als Information und Mittei-

---

[11] Als gegenseitige Umwelt sind beide Systemtypen voneinander abhängig. Deshalb wird der Mensch als Umwelt von sozialen Systemen auch nicht abgewertet. Im Gegenteil: Als Umwelt kann der Mensch an sich komplexer und ungebundener gedacht werden und ist mit größeren Freiheitsgraden als soziale Systeme ausgestattet, insbesondere was Irrationalitäten und Immoralitäten betrifft (vgl. Luhmann, 1984: 289).

lung zu verstehen ist. Man beobachtet einander und kommuniziert stillschweigend, dass man nicht kommuniziert. Doch diese Unbestimmtheit hält keiner lange aus (vgl. Baecker, 2005: 94). Irgendwann wird irgendetwas, ein Wimpernzucken, ein Räuspern, eine Handbewegung, einem der Beobachter zu Information und Mitteilung, er verhält sich dazu, sein Verhalten bleibt nicht unbemerkt und lädt zu Anschlusskommunikationen ein usw. „Auf diese Weise kann eine emergente Ordnung zustande kommen, die bedingt ist durch die Komplexität der sie ermöglichenden Systeme, die aber nicht davon abhängt, dass diese Komplexität auch berechnet, auch kontrolliert werden kann. Wir nennen diese emergente Ordnung soziale Systeme" (Luhmann, 1984: 156f.).

Erwartungsstrukturen
Kommunikation ist seltsam paradox: Ihre grundsätzliche Unbestimmtheit fordert Beobachter dazu heraus, sie zu bestimmen, und diese Bestimmungsversuche bilden den Ausgangspunkt für Folgekommunikationen. Nur über die Bestimmung des Unbestimmten kann sich das System Zugang zu überraschenden Entwicklungsimpulsen verschaffen. Ein wichtiger Mechanismus für diese variable Form der Möglichkeitsbegrenzung sind rekursive Erwartungsstrukturen, an denen sich die Kommunikation orientiert. Verhaltenserwartungen bekommen einen wichtigen Strukturwert in der Kommunikation. In der sozialen Kommunikation wird immer etwas erwartet, auch wenn es nur vage Vermutungen darüber sind, mit welchem Verhalten man es zu tun bekommen wird. Strukturen sozialer Systeme bestehen aus komplementären Erwartungen. Das Netz selbstreferenzieller Erwartungsstrukturen konditioniert den Spielraum, schafft gleichzeitig aber neue, subtile Variations- und Koordinationsmöglichkeiten für Kommunikation. Erwartungen sind Strukturen „auf dem Sprung" (Baecker, 2005: 88), sie stellen auf Enttäuschung ab (vgl. Baecker, 1999). In der Prüfung erwartet der Prüfling bestimmte Erwartungen, aber weil diese Erwartungserwartung von den Prüfern erwartet wird, verlangen diese plötzlich etwas anderes. Und wenn der Prüfling sich dies schon gedacht hat, ist er auch darauf vorbereitet – oder eben nicht (und auch dies kann vom Gegenüber erwartet werden).

Beobachtung von Kommunikation als intendierte Handlung
Eine weitere Unwägbarkeit der Kommunikation besteht darin, dass sie im Vollzug nicht beobachtet werden kann. Kommunikationssysteme versuchen deshalb, ihre eigene Komplexität durch nach-

trägliche Zuschreibungen zu trivialisieren. Sie beschreiben sich als Handlungssysteme, um sich selbst überhaupt als Einheit beobachten und beschreiben zu können (vgl. ebd.: 226).

Plötzlich wird ein neues Thema in der Organisation beobachtet: Es gibt Kommunikationen über die Lernfähigkeit von Organisationen. Eine Absicht wird beobachtet und bestimmten Personen zugeschrieben. Diese lassen sich diese Absicht zuschreiben, weil sie denken, dass man es von ihnen erwartet. Es wird eine Grenze System und Umwelt gezogen: Die Innenseite der Unterscheidung wird mit dem Namen Corporate University bezeichnet. All dies gibt Anlässe genug, um von außen über die Einführung, Absichten und geheimen Fahrpläne zu spekulieren: Was haben die vor? Wer steckt dahinter? Welche blinden Flecken haben die? Wie können wir uns dazu verhalten? Retrospektiv wird also ein Sender ausgemacht (dies kann je nach Beobachter eine Corporate University, das Topmanagement, die Belegschaft usw. sein), dem eine Kommunikationsabsicht unterstellt wird, mit der er den Empfänger behandelt. Das symmetrische Verhältnis von Information, Mitteilung und Verstehen wird „gekippt". Es sieht so aus, als werde die Kommunikation durch die Intention des Senders gesteuert.

Die Zurechnung auf Handlungen hat den Vorteil, dass sich Systeme selbst beschreiben können. Handlungen sind einfacher zu erkennen, weil sie mit dem Akteur eine Adresse finden. Es muss nicht ständig geprüft werden, ob, wie und wer die Mitteilung verstanden hat. Handlungen werden besser erinnert als die eher haltlose Kommunikation. Sie können in eine chronologische Reihenfolge gebracht werden, um reflexive Bezüge zu ermöglichen: „Kommunikation ist die elementare Einheit der Selbstkonstitution, Handlung ist die elementare Einheit der Selbstbeobachtung und Selbstbeschreibung sozialer Systeme" (ebd.: 241). Diese reduzierende Selbstreflexivität aber ist es, die neue Entwicklungspotentiale für das soziale System birgt. Sie ist die Voraussetzung dafür, dass das System über Selbst- und Fremdreferenz neue Informationen über sich und seine Umwelt generieren kann.

Soziale Systeme entwickeln Erwartungsstrukturen, die gut ineinandergreifen und die sich in zirkulärer Verschränkung weiterentwickeln. Das entstehende Muster prägt die Art und Weise, wie man sich gegenseitig beobachtet und wie man das Verhalten des Gegenübers erklärt und bewertet. Es ist gar nicht so einfach, aus diesem Muster auszubrechen. Auch wenn eine Einzelperson oder eine Abteilung sich anders verhält, wird dies mit denselben Erwartungsstrukturen interpretiert, es wird als Impuls in die aktuellen Sinnkonstrukte eingebaut.

Auch die Einführung einer Corporate University ist ein symmetrischer Kommunikationsprozess. Die Einheit differenziert sich in einen gegenseitigen und erwartungsgetriebenen Beobachtungsprozess aus, auf den kein Beteiligter einen direkten Einfluss hat.

3.2 Die Organisation als relevante Umwelt der Corporate University

Systeme erzeugen ihre Entwicklungsimpulse durch Pendelbewegungen zwischen operativer Schließung und Selbstbeobachtung und verarbeiten sie gemäß ihren Erwartungsstrukturen. Sie legen sich auf Bestimmtes fest, um sich im Unterschied zu ihren Umwelten beobachten zu können. Sie überraschen sich mit neuen Informationen, die sie für ihre Weiterentwicklung nutzen oder die sie wieder verwerfen.

Doch nicht jedes soziale System ist gleich. Es gibt Interaktionssysteme, Organisationen und gesellschaftliche Funktionssysteme. Diese Sozialsysteme erfüllen in der Gesellschaft unterschiedliche Funktionen. Ihre Entwicklung bedingt sich gegenseitig. Hier stehen Organisationen im Vordergrund. Sie bilden die relevante Umwelt für eine sich ausdifferenzierende Corporate University. Der folgende Abschnitt diskutiert ihre Entstehungsbedingungen und deren Besonderheiten.

3.2.1 Organisationen in funktional differenzierten Gesellschaften

Moderne Organisationen gewinnen im Zuge des Übergangs vom Schichtenmodell hin zu funktionalen Differenzierungsformen der Gesellschaft an Bedeutung. Die funktionale Differenzierung bringt verschiedene Funktionalsysteme hervor, die ungleich und zugleich gleich sind. Sie sind gleich, weil kein Subsystem dem anderen übergeordnet ist, und ungleich, weil jedes Teilsystem sich um spezifische Problemstellungen kümmert, für die es seine eigene Logik entwickelt, die es blind für die Logik der anderen macht. „Funktionssysteme sind in ihrer Ungleichheit gleich" (Luhmann, 1997: 613). Vor dem Gesamthorizont gesellschaftlich vermittelter Kommunikation haben sich thematisch fokussierte Subsysteme ausdifferenziert, die sich um bestimmte Aufgaben- und Problemstellungen wie zum Beispiel um die Erzeugung von Wissen, Beschäftigung mit ästheschen Werten, Fragen der Macht, der Gesundheit oder Erziehung kümmern. Unternehmen orientieren sich an der Logik des Wirtschaftssystems, das für die zukünftige Bedürfnisvorsorge zuständig ist und Ressourcen unter dem Primat der Knappheit behandeln muss.

Verlust einer allgemein gültigen Gesamtrationalität
Durch die funktionale Spezialisierung entstehen wechselseitige Abhängigkeiten. Kein Teilsystem kommt ohne das Wissen des anderen aus. Jedes System hat aus jeweils seiner Perspektive eine Vormachtstellung, aber keines kann das Ganze in sich reflektieren. Kein Teilsystem kann deshalb die Weisungsfunktion für die Gesamtheit (also die Gesellschaft) für sich beanspruchen. Im Gegensatz zu hierarchisch strukturierten Ordnungsformen verlieren funktional differenzierte Gesellschaften ihr steuerndes Zentrum, von dem aus alle laufenden Teilaktivitäten mit Hilfe eines allumfassenden Überblickswissens koordiniert werden können. Die Idee einer gesellschaftlichen Gesamtrationalität löst sich zugunsten einer Vielzahl von Teilrationalitäten auf. Kommunikationen über wissenschaftliche Erkenntnisse, Geld, Glaube, Neuigkeiten, Werte, Ästhetik oder Krankheiten setzen sich auch über traditionelle Raumaufteilungen hinweg und verbreiten sich global (Luhmann, 1997: 186).

Integration differenzierter Systeme
Doch wie können die Teilrationalitäten ohne ein steuerndes Zentrum noch zu einem Ganzen integriert werden? Luhmann rollt die Frage der Integration am Beispiel der gesellschaftlichen Differenzierung auf, seine Überlegungen können aber auf andere Systemtypen übertragen werden. Auch moderne Organisationen stehen vor der Frage, wie sie ihre Teilsysteme integrieren. Grundsätzlich gilt: Subsysteme können nicht integriert werden, sondern sie integrieren sich selbst. Integration ist nicht das Resultat von Durchgriffskausalitäten. Mit ihr ist die selbst organisierte Reduktion jener Freiheitsgrade von Teilsystemen gemeint, die aufgrund der Unterscheidung zwischen Gesamtsystem (zum Beispiel der Gesellschaft, der Organisation) und Umwelt überhaupt möglich sind (vgl. ebd.: 603).

Ein zentraler Mechanismus zur gegenseitigen Abstimmung zwischen den Subsystemen sind *strukturelle Kopplungen*. Jedes Subsystem bildet selektive Erwartungsstrukturen gegenüber seinen Umwelten heraus. Das können soziale Systeme wie andere Subsysteme, das Gesamtsystem, aber auch seine Mitglieder, also psychische Systeme, sein. So sind Eigentum und Vertrag Mechanismen der strukturellen Kopplung zwischen den Funktionalsystemen Wirtschaft und Recht, die Universität koppelt das Wissenschafts- und Erziehungssystem (vgl. ebd.: 776ff.) oder das Kapital ermöglicht die strukturelle Kopplung von Wirtschaftssystem und Unternehmen (vgl. Baecker, 2001). Innerhalb von Organisationen legen die jeweils etablierten Entscheidungsstrukturen fest, wie die Subsysteme strukturell gekoppelt sind. So reguliert beispielsweise die hierarchische Ordnung in der Regel die selektiven Beziehungen zwischen oben und unten. Häufig sind Kopplungen an formale Stellen oder Rollenbeschreibungen gebunden (zum Beispiel koppelt die Rolle des Projektmanagers die Perspektiven verschiedener Fachdisziplinen selektiv und integriert diese durch ein entsprechendes Reporting in die hierarchische Ordnung).

Selektionsfähigkeit als gesellschaftliche Funktion von Organisationen
Organisationen ermöglichen, trotz Interdependenzen, in einer funktional differenzierten Gesellschaft handlungsfähig zu werden. Im Gegensatz zu anderen sozialen Systemen sind sie in der Lage, Entscheidungen zu treffen und diese als ihre eigenen zu kommunizieren. Diese Selektionsfähigkeit erlaubt es ihnen, sich auf bestimmte Probleme zu konzentrieren. Mit Hilfe von Entscheidungen, die an Entscheidungen anschließen und neue Entscheidungen provozieren, entwickeln sie bestimmte Formen der Problembearbeitung.

Es entsteht eine Ordnung, über die Funktionssysteme nicht verfügen. Während die Gesellschaft nach dem Prinzip der Inklusion operiert, können Organisationen durch Exklusion entscheiden, wer Mitglied wird und wer nicht, welche Aufgaben bearbeitet werden und nach welchen Regeln dies geschehen soll (vgl. Luhmann, 2000: 393). Durch Organisationen versorgt sich die moderne Gesellschaft also mit Stabilität und hinreichend lokaler Fähigkeit, Unsicherheit in Form von Irritationen zu absorbieren. Ihre Ignoranz immunisiert sie gegen zu viele Außeneinflüsse und dies macht sie entscheidungsfähig.

In Organisationen können sich auch verschiedene Funktionslogiken überlagern. Unterschiedliche Wissensarten können unter einem Dach zusammengebracht werden, und die interdisziplinären Differenzen können zu neuen Veränderungsimpulsen führen. Um ihre Lernfähigkeit zu steigern und gegenseitigen Abhängigkeitsverhältnissen gerecht zu werden, kann es für Organisationen sinnvoll sein, sich mit Organisationen anderer Funktionssysteme strukturell zu koppeln. So steckt im Begriff der Corporate University auch die Idee, eine bestimmte Stelle einzurichten, um die vorrangig ökonomisch ausgerichtete Organisation enger mit der Funktionslogik des Wissenschaftssystems zu verkoppeln (vgl. dazu Kapitel 6.3).

3.2.2 Organisationen als „Entscheidungsmaschinen"

Organisationen werden selektionsfähig, indem sie mit einer speziellen Form der Kommunikation operieren – sie reproduzieren sich durch Entscheidungen. Eine Entscheidung zeichnet sich dadurch aus, dass beide Seiten der Form grundsätzlich bezeichnet werden können. Um etwas entscheiden zu können, müssen beide Seiten als Alternativen beobachtet werden. Vor der Entscheidung ist nicht klar, welche Seite Innenseite und welche Seite Außenseite der Unterscheidung werden wird. Erst im Moment der Entscheidung wird eine Seite der anderen Seite vorgezogen und bezeichnet. „Die Entscheidung bezeichnet diejenige Seite der Alternative, die sie präferiert" (Luhmann, 2000: 132). So können in einer Finanzkrise verschiedene Optionen, wie zum Beispiel „Kostensenkung durch Personalabbau" oder „Erhöhung der Preise", als sinnvolle Alternativen beobachtet werden, auf die man hauptsächlich setzt. Als dritte Alternative könnte eine Verbindung beider Maßnahmen beobachtet werden, je nachdem, wie viele Möglichkeiten man im Entscheidungsprozess zulassen will. Alle weiteren Optionen, wie die „Investition in neue Märkte" u.v.m., bleiben in diesem beispielhaften Entscheidungsprozess außen vor.

Jede Entscheidung ist eine strukturdeterminierte Beobachtung. Rationale Entscheidungen sind deshalb unmöglich. Immer selektiert ein Beobachter einige wenige Alternativen aus unzählig vielen Optionen. Voraussetzung dafür ist eine konstitutive Entscheidung, die eine Innenseite gegenüber einer unmarkierten Außenseite markiert. Beim Kreuzen der Grenze kann dann auch die Außenseite bezeichnet werden: Soll man eher das eine oder das andere bezeichnen? Die von der Entscheidung beobachtete „Form der Alternative" ist so gebaut, dass man sie nicht entscheiden kann: Wie kann eine Alternative richtig sein, wenn sie ihre Gegenseite zwangsläufig ausschließen muss, um sich überhaupt als Alternative bestimmen zu lassen?

Entscheidungen sind unentscheidbar

Komplementär zu traditionellen Entscheidungstheorien, die das Problem der Entscheidung als ein Problem der richtigen oder besten Wahl behandeln, besteht die Spezifik von Entscheidungen gerade in ihrer prinzipiellen *Unentscheidbarkeit* (vgl. von Foerster, 1985). Es gibt keine rationalen, berechenbaren Entscheidungen. Gäbe es eine beste Lösung, was gäbe es dann noch zu entscheiden? Schließlich wüsste man, was man zu tun hätte. Entscheidungen benötigen also, um Entscheidungen zu sein, Unsicherheit (vgl. Luhmann, 1993: 287). Doch die Frage nach dem Entweder-oder lenkt den Beobachter davon ab, die Form der Entscheidung selbst ins Visier zu nehmen. Das der Form zugrunde liegende Paradox bleibt unbeobachtet und damit bleibt im Verborgenen, dass die Entscheidung gar nicht entschieden werden kann.

Diese Paradoxie der Entscheidung kann nicht gelöst oder synthetisiert werden. Sie entspringt dem im Formenkalkül angesprochenen Problem der Beobachtung, dass immer etwas ausgeschlossen werden muss, um etwas unterscheiden und bezeichnen zu können. Die Entscheidung entfaltet die Paradoxie lediglich. Sie bezeichnet die eine Seite und lässt die andere außen vor, damit es weitergehen kann. Diese Fixierung von Kontingenz ist aber nicht in Stein gehauen. Die Außenseite der Entscheidung wird nicht unerreichbar. Sie kann grundsätzlich jederzeit bezeichnet werden. Gefahr („was tun?") wird lediglich in Risiko („es könnte auch anders sein") überführt (vgl. ebd.: 169ff.). Zweifel an einer Entscheidung sind immer dann vorprogrammiert, wenn man von der einen (bezeichneten) Seite zur anderen (potentiell bezeichenbaren) Seite oszilliert oder die Grenzziehung selbst durch einen Re-entry wieder eingeführt wird. In der Selbstbeobachtung des eigenen Entscheidungsverhaltens bzw. in der Wiedereinführung des durch Einschluss Ausgeschlossenen liegt das Potential, den eigenen Horizont zu erweitern und die Entscheidungsstrukturen in der Organisation zu verändern. Hier liegt der Hebel für eine Lernfunktion, um eingefahrene Richtungen zu flexibilisieren.

Wer entscheidet?
Entscheidungen realisieren sich in der Kommunikation und deshalb kann auch kein Einzelner etwas entscheiden. Ein Mensch kann zwar etwas für sich entscheiden. Dies bleibt in der Organisation aber unwirksam, solange dieses Verhalten nicht von anderen Beteiligten als Entscheidung beobachtet wird. Allerdings sind Entscheidungen Beobachtungen, von denen in der Regel erwartet wird, dass einzelne Personen die Verantwortung für ihre Konsequenzen übernehmen. Erst die Beobachtung dieser Erwartungserwartung bringt Entscheider dazu, sich selbst als Entscheider zu sehen: Der Vor-

standsvorsitzende erwartet, dass von ihm eine Entscheidungen erwartet wird. Deshalb lässt er sich diese zurechnen und verhält sich entsprechend. „Derjenige handelt, der als Handelnder behandelt wird." Er ist gut beraten, „wenn er sich im Wege der Voweganpassung darauf einstellt und entsprechende Erklärungen, Motive zum Beispiel, bereithält" (Luhmann, 2000: 124).

3.2.3 Unsicherheitsabsorption

Durch Entscheidungen, die an Entscheidungen anschließen und gleichsam neue Entscheidungen provozieren, konstruieren Organisationen Entscheidung um Entscheidung ein rekursiv-geschlossenes „Entscheidungsnetz", das ihre Art zu handeln bestimmt. Durch ihre Entscheidungspraxis können sie sich reflexiv als einzigartig beobachten oder ihre Identität von anderen beobachten lassen und die anderen bei dieser Beobachtung beobachten (vgl. Luhmann, 2000: 166).

Funktion von Entscheidungsprämissen
Um nicht ständig alles neu entscheiden zu müssen und sich vor zu viel Unsicherheit zu schützen, entscheiden sich Organisationen für bestimmte Entscheidungsprämissen, an denen sie ihre Anschlussentscheidungen ausrichten. Die Entscheidungsprämissen prägen, was man in und von der Organisation erwartet. Man bewegt sich im Rahmen der Entscheidungsprämissen, alles andere erscheint unmöglich. Die Prämissen geben die grobe Richtung vor und werden in ihrer Verwendung nicht mehr geprüft. Sie schränken den Möglichkeitsraum zunächst ein, um Folgeentscheidungen Raum zu geben. Mit der Entscheidung für bestimmte *Kommunikationsabläufe und strukturgebende Weisungsketten* zwischen den Subsystemen (welche Kommunikationswege müssen eingehalten werden, um zu entscheiden?), für *regulative Entscheidungsprogramme* (unter welchen Bedingungen muss noch entschieden werden?) sowie in den *Entscheidungen über Personen* (wer eignet sich am besten zur Entscheidung?, wem trauen wir am meisten zu, dass er die Effekte der Entscheidung absehen kann?, wer wird am Ende für die Folgen der Entscheidung verantwortlich gemacht?) halten Organisationen ein bestimmtes Maß an Unsicherheit draußen, um im Inneren handlungsfähig zu werden.

Gleichsam erhält sich die Organisation die Flexibilität, ihre Entscheidungspraxis zu verändern. Entscheidungen sind nicht durch Entscheidungsprämissen determiniert. Sie sind an die Prämissen lose gekoppelt: Man kann Zweifel an den Zielen äußern, sich widersetzen, andere Mittel ausprobieren, Entscheidungen verzögern oder andere Entscheidungsnotwendigkeiten sehen. Wie die Entscheidung ausfallen wird, bleibt ohnehin unbestimmt. Je mehr Abweichungen eine Entscheidungsprämisse provoziert, umso wahrscheinlicher ist es, dass die Brauchbarkeit der zugrunde liegenden Prämisse überprüft wird.

3.2.4 Funktion von Rationalität

Auch Rationalität ist das Ergebnis systeminterner Entscheidungen. Rationalität ist nicht von außen vorgegeben, vielmehr bringen Organisationen ihre eigene *Systemrationalität* durch Entscheidungen selbst hervor, die dann wieder die Grundlage für Entscheidungen bildet usw. Es gibt keine allgemein gültige Rationalität. Auch die Behauptung, Ziele, Hierarchien oder Funktionsbestimmungen seien der Organisation von außen aufgezwungen, ist nicht haltbar.

Kausalität reduziert Komplexität
Rationalität orientiert sich am Medium Kausalität, mit dem soziale Systeme Formen bilden. Wieder selektiert ein Beobachter einige Möglichkeiten, die er als „Ursachen" und „Wirkungen" bezeichnet und in eine asymmetrische Beziehung bringt: Zuerst die Ursache, dann die Wirkung. Das Ursache-Wirkungsschema reduziert Komplexität. Das Schema Kausalität reduziert Unsicherheiten, die mit jeder Entscheidung verbunden sind. Das System selbst und die Umweltbezüge erscheinen trivialer, als sie sind. Diese Vereinfachung hilft dem System, handlungsfähig zu werden (vgl. dazu Baecker, 1999: 107).

Die Trivialisierung von Entscheidungsprozessen kann auch die Motivation für Umsetzungsentscheidungen verbessern. Vor allem in Organisationen, die gelernt haben, sich gegen Unsicherheiten weitestgehend zu immunisieren, ist dies häufig der Fall. Es werden besonders einfache, plausible und attraktive Alternativen ausgewählt und unattraktiven Alternativen gegenübergestellt. Störender Zweifel wird eliminiert, damit der notwendige Optimismus und die Energie für eine Umsetzungsentscheidung entstehen. „Thus the consideration of two alternatives can provide stronger grounds for action than the consideration of a single alternative, if one of the two alternatives is obviously unacceptable" (Brunsson, 1985: 24).

Rational wird eine Entscheidung aber nicht vor, sondern immer erst nach ihrer Entscheidung. Soziale Systeme erklären ihre zufälligen Handlungen retrospektiv als rational, um sich nach innen und außen rechtfertigen zu können. „Wenn ich etwas gemacht habe, von dem andere denken sollen, es sei vernünftig, bringe ich die Rationalität ins Spiel" (Weick, 2001: 125). Für Organisationen sind rationale Selbstbeschreibungen besonders relevant, weil sie sich über ihre rational begründete Handlungsfähigkeit gesellschaftlich legitimieren. Aufblitzende Widersprüche und Unsicherheiten werden vorzugsweise informell oder kulturell bearbeitet, um die Rationalitätsprämisse nicht anzutasten (vgl. dazu Baecker, 1999: 102ff.). Organisationen entwickeln lieber eine „heimliche" Kultur für den Umgang mit Irrationalitäten, Widersprüchen, Abweichungen und Unerwartetem, um von ihrer Autopoiese und Selbstreferenzialität abzulenken. „In der Außendarstellung wird man nicht zugeben können, dass die Zentrale das wirkliche Geschehen nicht effektiv kontrollieren kann, dass es sich um ein Labyrinth oder um ein ‚Garbage-can' handelt und dass von rationalem Entscheiden keine Rede sein kann" (Luhmann, 2000: 432). Gerade Unternehmen, die einen bestimmten Ausdifferenzierungsgrad erreicht haben, tun viel, um die Rationalitätsprämisse aufrechtzuerhalten. Auch wenn diese intern aufgrund widersprüchlicher Alltagserfahrungen nicht mehr zu halten ist, tun sie es doch wenigstens, um den beobachteten Erwartungen der Außenwelt zu entsprechen. „Rationalität ist eine Form, mit der man sich entschuldigen kann" (Luhmann, 2000: 173).

Willkür wird Einzelpersonen zugerechnet
Auch die Möglichkeit, Entscheidungen Einzelpersonen zuzuschreiben, hilft, Entscheidungen zu „entparadoxieren". Die Willkür der Entscheidung geht auf den Entscheider über. Die Entscheidung ist rational, nur die Person ist unberechenbar. Erfolglose Entscheidungen werden als individuelle Fehlleistungen, Motivationsdefizite oder Interessendivergenzen psychologisiert, um die Organisation als rational beobachten zu können. Diese Form der Unsicherheitsabsorption hat für alle Beteiligten Vorteile: Für Nichtentscheider werden Entscheidungen berechenbarer, denn sie können durch die Wahl einer besonders kompetenten Person indirekt beeinflusst werden. Man traut dem Manager zu, wenig Fehler zu machen, und die die Konsequenzen seiner Entscheidungen zu kennen. Der Entscheider wiederum gewinnt an Macht und Anerkennung. „Die Entscheidung vergeht, er bleibt" (ebd.: 137). Die Unbestimmtheit, das Mysterium der Entscheidung, wird in der Praxis durch die Zuordnung von Entscheidungen zu Personen, die Bindung der Entscheidungen an Zwecke sowie durch Hierarchien „demystifiziert": Ent-

scheidungen erklären sich dann scheinbar aus einem übergeordneten Plan oder entspringen einem vorgegebenen Machtgefüge (vgl. ebd.: 425f.).

Die Überlegungen zur Systemrationalität Luhmanns bringen Ansätze der rationalen Unternehmens- und Strategieplanung in Erklärungsnot (vgl. zum Beispiel Selznick, 1957; Chandler, 1962; Ansoff, 1965, sowie kritisch Mintzberg et al., 1999). Das rationale Modell samt seinen Planbarkeits- und Berechenbarkeitsphantasien, das Strategieentwicklung zu einem analytischen Kopfprozess werden lässt, ist nur eine mögliche Form der Unsicherheitsabsorption. Theoretisch gesehen verliert es seinen universalen Anspruch (vgl. Wimmer und Nagel, 2002; Wimmer und Kolbeck, 2001). Dies muss in der Praxis aber unbedingt tangieren, vorausgesetzt, die trivialen Konstruktionen funktionieren.

Zwischenergebnis
Die noch abstrakten theoretischen Ausführungen zeigen: Moderne Organisationen sind nicht primär dafür geschaffen, sich ständig zu verändern. Vielmehr liegt ihr gesellschaftlicher Nutzen in ihrer Fähigkeit, sich durch Entscheidungen auf die Bearbeitung bestimmter Problemlagen zu konzentrieren, diese mit einer bestimmten Rationalität zu bearbeiten und die damit verbundenen Widersprüche, Unentscheidbarkeiten und Unsicherheiten geschickt zu verdecken. Gleichzeitig entwickelt sich eine Organisation mit jeder Entscheidung, die sie trifft, weiter. Sie lernt mit jeder Entscheidung. Sie erzeugt Wissen, das ihr hilft, neue Situationen zu bearbeiten. Sie entscheidet sich für Entscheidungsprämissen und bestimmt damit die strategischen Leitplanken, in deren Rahmen ihre Entwicklung stattfindet. Diese Strukturen entscheiden über die Entwicklungsfähigkeit der Organisation. Sie legen fest, wie mit Unsicherheit umgegangen wird. Die Entwicklungsmechanismen einer Organisation sind deshalb auch nicht durch eine Lernfunktion bestimmt, sondern durch die Entscheidungsprämissen bzw. das inhärente Muster der Unsicherheitsabsorption.

Eine Lernfunktion, die diese Entwicklungsmechanismen zugunsten ihrer Entwicklungsfähigkeit verändern will, muss den Re-entry fördern. Sie muss die Organisation dazu bringen, ihre gut eingespielten Entscheidungsprämissen selbst zu beobachten, um andere, brauchbarere Optionen auszuloten. Diese Wiedereinführung des Ausgeschlossenen aber widerspricht der gesellschaftlichen Funktion der Organisation, Ungewissheiten zu absorbieren, Rationalität vorzuhalten und Abweichungen zu verhindern. Eine Lernfunktion, die die Entwicklung der Entwicklungsmechanismen fördern will, hat es folglich mit einer widersprüchlichen Aufgabe zu tun. Sie muss die Organisation dazu motivieren, das eigene Bearbeitungsrepertoire und die damit verbundene Rationalität in Frage zu stellen, mit der sie sich gesellschaftlich legitimiert.

4 Ein unmöglicher Auftrag: Grenzen der Gestaltung der Entwicklungsfähigkeit

Die Überlegungen zur Unprognostizierbarkeit künftiger Entscheidungen zeigen, dass jede Entscheidung und damit jeder Entwicklungsschritt, den eine Organisation vollzieht, mit Unsicherheit verbunden ist. Entwicklung folgt keiner rational-verlässlichen Intention oder Planung. Auch wenn die Organisation durch die Entscheidung für Prämissen sowie die Verwendung kausaler Schemata und personaler Zu- sowie rationaler Rückrechnungen viel für die „Entparadoxierung" tut, kann sie dieses Grundproblem nicht lösen. Wenn aber jede Entwicklung Unsicherheit benötigt und sie nur im Nachhinein als planbar beschrieben werden kann, welche Möglichkeiten haben Organisationen dann überhaupt, mit einer Corporate University ihre eigene Entwicklung in eine bestimmte Richtung zu lenken und die dafür notwendigen Entwicklungsmechanismen gezielt zu gestalten?

Für die Analyse des Einführungsprozesses ist dies in zweierlei Hinsicht relevant. Zum einen ist es die Aufgabe einer Lernfunktion, die Selbstentwicklungsfähigkeit der Organisation gezielt zu forcieren. Zum anderen ist die Einführung selbst ein intendierter Entwicklungsprozess, der mit Unsicherheiten rechnen muss.

In diesem Kapitel geht es zunächst um den ersten Aspekt, also um die Möglichkeiten und Grenzen der gezielten Beeinflussung der organisationalen Entwicklung sowie der gezielten Gestaltung der Entwicklungsmechanismen. Wie entwickeln sich Organisationen und wie entwickeln sie ihre eigenen Entwicklungsmechanismen? Wie aussichtsreich sind gezielte Eingriffe in die „Evolution der Evolution" (Luhmann, 1997: 504), die darauf abzielen, die Organisation „nicht nur entwicklungstauglich, sondern entwicklungsfähig zu machen" (Baecker, 2004: 272)? Während im vorangegangenen Kapitel vor allem mit differenz- und kommunikationstheoretischen Elementen der Systemtheorie gearbeitet wurde, nähern wir uns dieser Frage nun aus evolutionstheoretischer Sicht.

4.1 Organische Systementwicklung

Wir beginnen mit der Entwicklung von Organisationen. Wie alle sozialen Systeme lernen auch Organisationen von selbst, ohne Einflussnahme von außen. Durch den operativen Umweltabschluss konfrontieren sie sich ständig mit noch unbestimmten, irritierenden

Möglichkeiten, die sie als Entwicklungsimpuls nutzen können. Weil das, was *ist*, auch *anders* sein könnte, kann die naturwüchsige Evolution immer und überall stattfinden. „So gesehen sind Zufälle Gefahren, Chancen, Gelegenheiten" (Luhmann, 1997: 450). Plötzlich verhält sich ein Kunde anders und das wird in der Organisation registriert. Man erklärt sich das abweichende Verhalten, reagiert nicht wie üblich sondern entscheidet sich ausnahmsweise einmal für ein anderes Vorgehen. Führt dieses Experiment zum Erfolg, kann es weiter geprüft werden und zu der generellen Entscheidung führen, das alte Verfahren zugunsten des neuen aufzugeben. Diese ständig mitlaufenden Selbstentwicklungsprozesse sind keine bewusst intendierten Entwicklungsprozesse. Sie gehören zum natürlichen Driften des Systems, das unbemerkt einfach „passiert". Der Sinn einer solchen Entwicklung kann erst im Nachhinein rekonstruiert werden (vgl. Wimmer, 2004: 209ff).

4.1.1 Evolution sozialer Systeme

Luhmann beschreibt diesen Prozess der evolutionären Entwicklung anhand des Dreischritts der rekursiv aufeinander bezogenen Mechanismen Variation, Selektion und Restabilisierung (vgl. ebd.: 413ff.). Durch Variation variiert das System seine Kommunikationen. Eine kleine Modifizierung des bisher eingespielten Zusammenwirkens von Information, Selektion und Verstehen genügt, um einen Überraschungseffekt zu erzeugen. Es passiert also nicht spontan etwas Neues, sondern das System weicht *selbst* von der gewohnten Reproduktion seiner Elemente ab (vgl. Luhmann, 1997: 461). Die Variation macht einen Unterschied, weil sie der bisherigen Systemrealität widerspricht. Für die beobachtete Abweichung können nun Sinnbezüge *selektiert* werden. Diese beziehen sich immer auf die Erwartungsstrukturen des Systems. Überraschende Informationen können aber auch fallen gelassen oder explizit abgelehnt werden, weil eine Veränderung der Struktur nicht akzeptabel erscheint. Bewährt sich eine selektierte Erwartungsstruktur, kann sie vom System in die eigene Selbstorganisation integriert und als stabiler Zustand aufrechterhalten werden. Aber auch wenn eine selektierte Struktur abgelehnt wird, muss das System für Stabilisierung sorgen. Zumindest bleibt das Wissen um die verschenkte Möglichkeit (vgl. ebd.: 487). Sobald eine Variation selektiert wird, ist nichts mehr, wie es war. Das System muss Umgangsformen finden, wie es mit dem neuen Wissen verfährt.

Lern- und Entwicklungsintentionen als Resultat von Zurechnungen
Der Begriff Lernen ist hier trügerisch. Aufgrund seiner pädagogischen Wurzeln unterstellt er eine bestimmte Absicht.[12] Man lernt fürs Leben, für die Schule oder für die Eltern, aber immer lernt man für irgendetwas. Lernen hat ein Ziel und endet mit dem Erreichen oder Nichterreichen dieses Vorhabens. Nüchtern betrachtet gibt es aber keinen Anfang und kein Ende von Lernprozessen. Variation, Selektion und Restabilisierung stehen zueinander in einem zirkulären Verhältnis. Um einen anderen Zustand zu stabilisieren, braucht es eine Variation. Damit eine Abweichung beobachtet werden kann, erfordert dies einen davon unterscheidbaren stabilen Zustand usw. „Der dritte Faktor der Evolution ist mithin Anfang und Ende zugleich, ist ein Begriff für ihre Einheit, die, weil es auf Strukturveränderung hinausläuft, als dynamische Stabilität beschrieben werden kann" (ebd.: 428). Anfang und Ende eines Entwicklungsprozesses können erst a posteriori durch eine Beobachtung 2. Ordnung festgemacht werden: Erst in der Rückschau war es der Vorstand, der die Unternehmensentwicklung durch eine Corporate University revolutionierte, oder der Seminarteilnehmer, der durch das Training mehr weiß als vorher.

Pläne als Nahrung für die Systemevolution
Jedes System kann versuchen, seine Entwicklungen zu planen, zum Beispiel durch bestimmte Lernprogramme, Veränderungsinitiativen oder durch die Einführung einer Corporate University. Die Pläne, die Systeme von ihrem erinnerlich gebliebenen Zustand ableiten, bestimmen aber nicht ihre Entwicklung. Vielmehr gehen sie als Variation in die Evolution ein. Sie werden zur „Nahrung" für die Evolution. Die naturwüchsige und eher langsame Evolution erfährt

---

[12] Die synonyme Verwendung der Begriffe Evolution, Entwicklung und Lernen ist verwirrend. Alle drei Begriffe beschreiben denselben unplanbaren, durch Unsicherheit gekennzeichneten evolutionären Entwicklungsmechanismus. Die Begriffe unterscheiden sich aber in der Intentionalität, die der Entwicklung zugeschrieben wird. Aufgrund ihrer Herkunft aus der Biologie, der Individualentwicklung sowie der Pädagogik sind sie unterschiedlich konnotiert. Während die biologische Evolution noch als natürlich-ungeplanter Selektionsprozess verstanden wird, folgt eine Entwicklung einem immanenten Reifungsplan mit einer Fortschrittslogik. Dem Lernen wird meist ein Lernziel durch einen Außenstehenden unterstellt (sei das nun das eigene Über-Ich oder eine Autoritätsperson).

dann eine Beschleunigung. Der Ausgang dieser geplanten Entwicklungen ist aber genauso wenig vorhersehbar wie die naturwüchsige Evolution. Variation, Selektion und Stabilisierung konditionieren sich nicht. Es kann weder vorhergesagt werden, ob eine Variation selektiert wird, mit welchen Sinnbezügen sie ausgestattet wird noch ob diese Selektion vom System angenommen oder abgelehnt wird. Das System kann sich nicht beim Entwickeln beobachten und es kann diesen Prozess nicht steuern. Allerdings können Pläne, Ziele, Intentionen im Nachhinein so erinnerlich bleiben, dass sie zu den erreichten Resultaten passen. Es scheint dann so, als habe man das gewollt, was passiert ist (vgl. dazu Brunsson und Olsen, 1993).

4.1.2 Widersprüche zur Systemrationalität

Es wäre auch naiv, zu denken, Lernen und Entwicklung seien grundsätzlich etwas Positives. Auch wenn man in der modernen Gesellschaft dem Neuen gern ungeprüft den Vorzug gibt, bedeutet jede Entwicklung einen Widerspruch zur gelebten Systemrationalität. Jede Variante bedeutet ein „Nein" zum vorhandenen und selbst erzeugten Sinnangebot.[13] Für Organisationen ist dies besonders folgenreich, weil sie sich über ihre Rationalität formal legitimieren. Nehmen Verunsicherungen überhand, droht ein Orientierungs- und Sinnverlust. So gesehen sind Innovationen „töricht", es sei denn, man verfügt bereits über eine gesicherte Lösung (vgl. Luhmann, 2000: 219). Während sich das Alte schon bewährt hat, bringt das Neue keine Garantie für Erfolg. Gerade für Organisationen, von denen erwartet wird, in einem hohen Maße berechenbar zu sein, macht es Sinn, neue Optionen zu ignorieren, auch wenn sie so Lernchancen verpassen.

Im vorangegangenen Kapitel wurde bereits im Zusammenhang mit dem Formenkalkül diskutiert, dass die selbstreflexive Entwicklung von Entscheidungsprämissen einen Re-entry voraussetzt. Dabei wird das durch die Entscheidung Ausgeschlossene wieder in die Unterscheidung eingeführt. Die Organisation bestimmt ihre Alternativen im Selbstbezug. Reflexive Kommunikationsanlässe stimulieren diese Selbstbeobachtung des eigenen Unterscheidungsverhal-

---

[13] Die Möglichkeit zur Negation garantiert die Sprache. Denn diese erlaubt es, Sinn mindestens zweifach zu kommentieren: in Ablehnung und Annahme (vgl. ebd.: 462).

tens. Die Organisation konfrontiert sich damit, dass sich die (im Moment) bestimmten Möglichkeiten im Rahmen von (noch) unbestimmten Optionen bewegen und dass gerade in der Grenzüberschreitung das Potential für Innovationen verborgen liegt. Die eigene Entscheidungsrationalität wird damit wieder kontingent. Es wird sichtbar, dass die Organisation die Regeln, denen sie sich fügt, selbst bestimmt hat.[14]

Das für Lernprozesse notwendige Zulassen eines „organisatorischen Schlendrians" (ebd.: 349) ist deshalb auch eine Bedrohung für die Organisation. So fällt es vielen Unternehmen noch leicht, eine neue Führungskultur zu bestimmen. Aber schon die Gegenüberstellung der Soll-Kultur mit dem gelebten Ist führt zu emotional unangenehmen Befindlichkeiten. Die derzeit gültige Praktik sieht im Licht der neuen Möglichkeiten schlechter aus. Einerseits ist die Wiedereinführung der Form in die Form die einzige Möglichkeit, sich die eigene Form zugänglich zu machen. Gleichsam läuft die Organisation durch diesen Schritt Gefahr, den eigenen Boden unter den Füßen zu verlieren.

Widersprüche zwischen Erneuerungs- und Kontrollbedürfnissen
Gezielte Entwicklungsversuche bekommen es mit einem unlösbaren Widerspruch zu tun: „Lernfreundliche" Umgebungen müssen gezielt Unsicherheiten fördern, aber gerade dies verhindert die Illusion, die Dinge im Griff zu haben. Das Hin und Her zwischen dem, was gerade möglich ist, und dem, was noch möglich wäre, bringt die Organisation ins Stocken. Laufend würde mitgeteilt, „man wisse nicht, ob die Ziele noch stimmen und ob die Weisungen sachlich gerechtfertigt sind" (ebd.: 431). In praxi erzeugt die *Prämisse der*

---

[14] „Man kann die Abweichung verstecken. Man kann sie gleichsam unbeabsichtigt vollziehen oder sie nicht erkennen. Man kann sie mit Hinweisen auf eine durchaus rechtstreue Grundeinstellung verzieren oder mit Zeichen großzügiger Weitsichtigkeit, der es auf solche Bagatellen nicht ankommt. Man kann sie als Symbol für einen hohen Status im System verwenden; oder man kann die Gründe der Abweichung, die ihr eine übersehbare Begrenzung geben, durchsichtig machen. In all diesen und anderen Ausdeutungen wird der Verstoß so stilisiert, dass er die Erwartungssicherheit im Allgemeinen nicht gefährdet und das Vertrauen nicht erschüttert, dass im Großen und Ganzen und, worauf es ankommt, sachgemäß gehandelt wird. Man muss im Abweichen durch Manipulation von Symbolen Loyalität in Aussicht stellen" (Luhmann, 1964: 310f.).

Paradoxie des Entscheidens ein Gefühl der Ohnmacht und Unsicherheit. Unternehmen benötigen eine „illusion of control" (Langer, 1975; Dermer und Lucas, 1986). Sie müssen sich zumindest gegenüber Investoren, Kunden, Lieferanten etc. als vertrauensvoller Mitspieler empfehlen. Das klassische Strategiemodell zerstreute Zweifel an der Rationalitäts- und Steuerungsprämisse, indem es Entwicklungsprozesse trivialisierte. Jeder Versuch zur Steigerung der Lernfähigkeit deckt diese Vereinfachung wieder auf und bedroht die Organisation in ihrem Selbstverständnis. Die Interventionen einer Corporate University können die Organisation schnell überfordern und Gegenreaktionen auslösen.

4.2 Entwicklung der Entwicklungsmechanismen

Nicht nur die Organisation entwickelt sich, sondern im Laufe der Zeit entwickelt sich auch die Art und Weise, wie sich die Organisation entwickelt. Das Entwicklungspotential sozialer Systeme hat sich im Laufe der gesellschaftlichen Evolution durch eine zunehmende Verschärfung der Differenzierung von Variation, Selektion und Restabilisierung entwickelt (vgl. Luhmann, 1997: 498ff.). „Auch Evolution evolviert, und sei es nur in dem Sinne, dass ihre Mechanismen (Variation, Selektion, Restabilisierung) ihren Zusammenhang verändern oder rekursiv auf sich selbst eingesetzt werden: Variation der Variabilität, Selektion der Selektivität etc." (Fuchs, 1999: 37). Die Variation nimmt aufgrund sprachlicher Differenzierungsmöglichkeiten (die Möglichkeit, „Nein" zu sagen), kommunikativer Verbreitung (die Explosion der Kommunikationsmöglichkeiten durch Schrift) und Vervielfältigung (die Vergleichbarkeit durch den Buchdruck) zu. Die zunehmende Variation lässt die Selektionsmechanismen wichtiger werden. Aber auch bei den Regeln der Selektion schwinden die Gewissheiten. Gültige Ordnungen wie die Religion, die Wahrheit oder die Staatsgewalt in der Moderne werden brüchig.

4.2.1 Irritierbarkeit der Organisation

Eine ähnliche Evolution der Entwicklungsmechanismen ist in modernen Organisationen zu beobachten. Die traditionelle, funktional-hierarchische Organisation war so gebaut, dass sie Störungen möglichst draußen hielt. Lediglich die Spitze beschäftigte sich mit Variation und ihr wurde die Willkür gestattet, um zu entscheiden. In kundenorientierten Organisationsformen mit ihren zahlreichen Umweltkontaktstellen und autonomen Spielräumen, um „Nein" zu sagen, vervielfältigen sich dagegen die Variationsmöglichkeiten. Die Selektions- bzw. Entscheidungsmechanismen werden zum Dreh- und Angelpunkt des Überlebens einer Organisation. Aber während die Art und Weise der Entscheidungsverfahren durch das hierarchische Modell lange Zeit feststand, muss eine Organisation die Regeln, nach denen sie Varianten selektiert und verarbeitet, den situativen Anforderungen anpassen. Das Ergebnis dieser Entwicklung ist „ein hochgradig irritierter Typ von Kommunikation, der im Problem der Selektivität sein unruhiges Zentrum hat, während sowohl die Anlässe und Aufgabenstellungen für organisiertes Arbeiten als auch die Rahmensetzungen und Selbstverständlichkeiten einem mehr oder minder raschen Wandel unterliegen" (Baecker, 2005: 250).

Entwicklungsmechanismen sind systemabhängig
Ob, wie und in welchem Ausmaß eine Abweichung einen Unterschied macht, hängt davon ab, wie in der Vergangenheit mit Unsicherheiten umgegangen wurde. Nicht die Natur entscheidet über die Systemrelevanz einer Mutation. Es kommt auf die systemintern entwickelten Variations-, Selektions- und Stabilisierungsmechanismen an und auf ihr Verhältnis zueinander. Die Art und Weise der strukturellen Umweltkopplung und die daraus resultierenden Selbst- und Fremdbeobachtungsmöglichkeiten entscheiden über das Ausmaß an Varianten, die der Organisation zur Selektion zur Verfügung stehen. Bleiben Umweltkontakte vor allem der Spitze vorbehalten? Oder sorgt die Organisation für vielfältige Beobachtungsmöglichkeiten an ihren Grenzen?[15] Grundsätzlich gilt: Je irritationsbereiter sich eine Organisation gibt, umso größer ist die Chance, dass Varianten selektiert werden. „Kleinzufälle [können] aneinander Halt finden und eine Variation [kann] sich auf eine gerade ablaufende andere mit abstützen" (Luhmann, 1997: 462).

Eine Organisation ist umso entwicklungs- bzw. lernfähiger, je größer ihre Bereitschaft ist, ihre eigenen Erwartungen enttäuschen

---

[15] Doch auch der Versuch, die Evolution über die Hierarchie in den Griff zu bekommen, ist nicht vor ungeplanten Anschlussentwicklungen gefeit. Als Steuerungsversuch setzt er sich der Beobachtung aus und bietet Stoff für Kontroversen: Die Vorgaben laden ein zu der Beobachtung, dass die Dinge doch ganz anders sind. Anweisungen werden dann offiziell in Frage gestellt oder zumindest die Unfähigkeit des Managements in Kaffeepausen verspottet.

zu lassen. Wimmer beschreibt die organisationale Lern- bzw. Entwicklungsfähigkeit deshalb auch als das *Ausmaß an Irritierbarkeit* (vgl. dazu Wimmer, 2004: 211). Wie selektierte Variationen intern verarbeitet werden, hängt von der historisch gewachsenen Bereitschaft des Systems ab, die eigenen Erwartungen enttäuschen zu lassen. Die „Irritationsbereitschaft" einer Organisation kann deshalb auch nicht von heute auf morgen neu gestaltet werden. Variationen können eher *normativ* oder *kognitiv* bearbeitet werden. Nur weil eine Störung besonders heftig oder häufig ist, führt dies nicht zwangsläufig zur kognitiven Überprüfung und Modifizierung der etablierten Erwartungen. Die Enttäuschung der Erwartung sittsamen Verhaltens kann eine normative Erwartung zum Beispiel noch verstärken. Man droht mit Züchtigung oder anderen Strafen, um Unsittlichkeiten ein für alle Mal zu unterbinden (vgl. Luhmann, 1984: 436).

Enttäuschungsbereite Strukturen steigern das Irritationspotential
Wie bereits angesprochen, regulieren Organisationen das Ausmaß an Ungewissheit, mit dem sie sich konfrontieren, durch Entscheidungen über Entscheidungsprämissen. Oder sie richten sich nach bestimmten Konventionen, die sich im Laufe der Zeit inoffiziell, also „kulturell", entwickelt haben (vgl. Luhmann, 2000: 239ff.). Entschiedene und nichtentscheidbare, aber gelebte Entscheidungsprämissen lenken die Aufmerksamkeit auf bestimmte Möglichkeitshorizonte, in denen sich die Organisation irritieren lässt. Sie legen fest, wie mit diesen Irritationen verfahren wird. Alles andere ist ausgeschlossen und unmöglich. Mit der Entwicklung von Entscheidungsprämissen stecken Organisationen den Rahmen ab, an dem sich ihre Entwicklung orientiert. Die Entscheidungsprämissen sind das im Laufe ihrer Entwicklungsgeschichte erworbene *Wissen über den Umgang mit Unsicherheit*. Durch Entscheidungen über ihre Aufstellung (zum Beispiel streng hierarchische oder dezentralisierte Entscheidungskompetenz), ihren Führungsstil (Unterdrückung oder Förderung von Kommunikation), die offiziell gültigen Strategieentwicklungsprozesse (top-down/bottom-up) bestimmen Organisationen ihre Entwicklungsmechanismen.

Ansatzpunkt für die Veränderung des Selbsterneuerungspotentials sind folglich die organisationalen Entscheidungspraktiken. Diese müssen zugunsten der eigenen Enttäuschungsbereitschaft verändert werden, immer mit dem Blick darauf, dass die Organisation ihre Autopoiese als Einheit fortsetzen kann.[16] „Um evolutionsfähig zu werden, muss das Unternehmen ‚Nein' zu sich selber sagen können und dieses Nein produktiv, also selektiv behandeln und auf seinen fruchtbaren Einbau in die bereits vorhandenen Strukturen hoffen können" (Baecker, 2004: 272).

Doch wie können die Entscheidungsroutinen gezielt verändert werden? Schließlich stellt sich Evolution ihre Zukunft nicht vor, sondern sie passiert einfach. Ereignisse schließen an vergangene Ereignisse an und erst im Nachhinein wird die Veränderung diagnostiziert. Wenn dies für die Evolution gilt, so muss dies auch für die Evolution der Evolution zutreffen. Kann die Organisation überhaupt etwas dafür tun, ihre Entwicklungsfähigkeit zu beeinflussen? Haben es Corporate Universities mit einer unmöglichen Aufgabe zu tun, wenn sie dafür stehen, die Entwicklungsfähigkeit der Organisation gezielt zu gestalten und sie damit berechenbarer zu machen?

4.3 Gestaltungsgrenzen der „Evolution der Evolution"

Die schnelle Antwort auf diese Frage lautet: Weil soziale Systeme in der Lage sind, sich selbst zu beobachten und Sinn zeitlich zu konstruieren, können sie zumindest *versuchen*, Einfluss auf ihre eigene Entwicklung und ihre Entwicklungsfähigkeit zu nehmen. Allerdings haben sie keine Gewissheit über den Ausgang dieser Steuerungsversuche. Organisationen sind zudem immer an ihren aktuellen Zustand gebunden. Sie können keine großen Sprünge machen und sich nur schrittweise entwickeln.

4.3.1 Selbststeuerung sozialer Systeme

Die Voraussetzung für Steuerung ist die Unterscheidung von Vergangenheit und Zukunft. Soziale Systeme können beobachten, dass künftige Entwicklungsanforderungen nicht mehr zu gegenwärtig beobachteten Entwicklungsmechanismen passen. Auf der Basis des beobachteten Status quo imaginiert das System einen gewünschten

---

[16] Die Aufrechterhaltung der Einheit ist die Bedingung dafür, dass entwicklungsrelevante Impulse überhaupt aufgegriffen werden können. Die widersprüchlichen Anforderungen an Stabilität und Erneuerung müssen deshalb in ein ausgewogenes Verhältnis zueinander gebracht werden.

Zustand. Jeder Versuch der steuernden Einflussnahme beruht folglich auf einer systemintern getroffenen und wiederum beobachteten Unterscheidung. Steuerung soll die Differenz dieser Unterscheidung in eine bestimmte Richtung minimieren (vgl. Luhmann, 1988: 324ff.). Die Entwicklungsrichtung wird dabei durch die Einführung von Zeit festgelegt: Gegenwärtig beobachtbaren Operationen wird ein Planziel gegenübergestellt. Die zugrunde gelegte Unterscheidung beeinflusst die Beobachtung des Ist- und des Soll-Zustands.[17]

Doch der Ausgang von Steuerung kann nicht vorhergesagt werden. Auch Steuerung ist Kommunikation. Sie realisiert sich erst, wenn ein Verhalten als Steuerungsversuch wahrgenommen wird. Es gibt keine Sicherheit darüber, welches Verhalten als Steuerung beobachtet bzw. „erlebt" und wie es interpretiert wird. Das Gegenüber kann andere Unterscheidungen und bei der Bewertung andere Kriterien verwenden. Sparprogramme, vom Management zwecks Profitmaximierung getroffen, werden von der Belegschaft unter ethischen Gesichtspunkten beobachtet. Oder sie werden im Hinblick auf persönliche Profilierungsinteressen betrachtet. Oder es wird verglichen, was eine andere Führung getan hätte. Auch das Interpretationsspektrum bei der Einführung einer Corporate University ist breit gefächert: Gut gemeinte Koordinationsversuche werden von den Geschäftsbereichen als Hilflosigkeit des Managements interpretiert, das den Bezug zum Rest der Organisation verloren hat. Eine andere Möglichkeit ist, dass sie als eine willkommene Möglichkeit für aufstrebende Personaler interpretiert werden, sich strategisch beim Vorstand zu positionieren. Oder sie werden als Geringschätzung der bisherigen Praktiken oder als Angriff auf die eigene Entscheidungsautonomie und Ressourcen gewertet.[18]

Weil sich Steuerung in der rekursiven Beobachtung realisiert, kann sie nicht von außen an ein System herangetragen werden. Sie

---

[17] Das Ziel, lernfähig zu werden, lässt die Organisation heute träge erscheinen, der Wunsch nach Integration lenkt die Aufmerksamkeit auf Traditionen der Sequentialität, die Forderung nach mehr Planung kann sich an die Vergangenheit nur noch chaotisch erinnern.

[18] Steuerung wird etwas wahrscheinlicher, weil soziale Systeme im Laufe der Zeit wechselseitig aufeinander bezogene Steuerungserwartungen ausbilden. Steuerung wird erwartet und erwartet, dass sie erwartet wird, usw. Es spielt sich ein, wo man sich fügt und wo man empfindlich reagiert.

realisiert sich immer innerhalb des (Steuerungs-)Systems. Erst im Nachhinein wird einer Person oder einer Abteilung eine Steuerungsabsicht unterstellt und die Steuerung asymmetrisiert (vgl. dazu Abschnitt 3.1.3). „Die Steuerung des Systems ist also immer Selbststeuerung, ob sie nun mit Hilfe einer intern konstruierten Unterscheidung von Selbstreferenz und Fremdreferenz sich auf das System selbst bezieht oder auf seine Umwelt. [...] Ein Beobachter kann das anders sehen, er kann es aber selbst nicht anders machen" (ebd.: 334). Aus dieser Sicht verschiebt sich die Frage „Wer steuert mit welchen Effekten?" hin zur Frage der *Einheit*, die sich selbst steuert. Auch die gezielte Gestaltung der Entwicklungsmechanismen durch eine Corporate University entsteht in einem rekursiven Beobachtungsprozess. Die Steuerungsabsicht wird der Corporate University erst a posteriori zugeschrieben. Tatsächlich aber kann die Corporate University das Ruder nicht in die Hand nehmen. Die beobachteten Interventionsversuche durch eine Corporate University bewirken, was sie bewirken; niemand hat direkten Einfluss darauf. Ihr „Effekt" entsteht in einem gegenseitigen Beobachtungsprozess und wieder kommt es darauf an, *von wem* die Veränderung *wie* beobachtet, erklärt und bewertet wird.

4.3.2 Gestaltungsspielraum einer Corporate University

Jede Steuerung gründet auf einem Paradox: Steuerung ist nicht konstitutiv für die Selbstorganisation des Systems, sie wird durch Selbstorganisation erst möglich. Aber gerade weil dies so ist, ist Steuerung unmöglich. Wenn aber Systeme nicht gezielt steuerbar sind, wie kann eine Corporate University dann auf die Entwicklung der Lernmechanismen überhaupt Einfluss nehmen? Und welche Form von Steuerung ist für die Einführung einer Corporate University besonders Erfolg versprechend?

Luhmann empfiehlt allen steuernden Instanzen, bescheidener zu werden. Aus dieser Perspektive muss sich auch eine Corporate University die „Tragik der toten Hände" (Luhmann, 1989: 6) eingestehen. Sie muss anerkennen, dass sie nichts bewirken kann, damit sie etwas bewirken kann. Interventionen zur gezielten Steigerung der Lernfähigkeit müssen sich flexibel gegenüber den selbst gesteckten Zielen und Plänen verhalten, um der Ereignishaftigkeit der ablaufenden Selbstorganisation des Systems Rechnung zu tragen. Eine steuerungspessimistische Haltung hilft der Lernfunktion, handlungsfähig zu werden. „Praktisch bedeutet dies nicht Lähmung des Steuerungswillens, nicht Laissez-faire, sondern Bescheidenheit im

Steuerungsanspruch, Offenheit für Überraschungen im Steuerungsprozess, Flexibilität im Umgang mit eigenen und fremden Positionen und Perspektiven, Sensibilität für die unkontrollierbaren Empfindlichkeiten der Umweltsysteme" (Bardmann, 1991: 29). Die Erfahrung lehrt, dass direktive Steuerungsversuche und die damit verbundenen Allmachtsphantasien in hochkomplexen Systemen oft zu einer ergebnislosen Sisyphos-Arbeit führen: Sie scheitern, erzeugen Bedarf an neuen, nachsteuernden Maßnahmen, die wiederum scheitern, usw. In bestimmten Konstellationen kann dies zu einem zwanghaften, selbstreferenziellen Reformismus führen, der unterm Strich aber ergebnislos bleibt (vgl. dazu die empirischen Studien von Brunsson, 1993).

Dezentrale Kontextsteuerung als Alternative?
Bezogen auf die Steuerbarkeit sozialer Systeme scheiden sich die Geister. Willke zufolge können es sich moderne Organisationen angesichts der zunehmenden Wandlungsanforderungen nicht leisten, ihre eigene Entwicklung der naturwüchsigen Evolution zu überlassen (vgl. Willke, 2001b). Das rein marktförmige Prinzip der dezentralen Geschäftsfeldgliederung führt zu Bereichsegoismen, die sich nach und nach gegenseitig die eigene Lebensgrundlage zerstören. Benötigt wird ein Integrationsmechanismus, der die auseinanderdriftenden Systeme auf gemeinsame Rahmenbedingungen verpflichtet. Zum Wohl des Gesamtganzen müssen sich die Teilsysteme freiwillig selbst beschränken.

Willke sieht die Systemumwelt als einen alternativen Ansatzpunkt zur Beeinflussung der Entwicklungsfähigkeit sozialer Systeme. Die „reflexive dezentrale Steuerung der Kontextbedingungen aller Teilsysteme und autonome Selbststeuerung der internen Prozesse jedes einzelnen Teilsystems" (Willke, 1992: 341) könne die naturwüchsige Evolution in Bahnen lenken. Dafür empfiehlt er den Aufbau bereichsübergreifender „Verhandlungssysteme", in denen sich die Repräsentanten der Subsysteme in einem reflexiven, intersystemischen und gleichberechtigten Diskurs über die gemeinsamen Rahmenbedingungen verständigen.

Diese Überlegungen passen zu der Corporate-University-Idee. Mit einer Kommunikationsarchitektur schafft sie die notwendigen Rahmenbedingungen für einen intersystemischen Diskurs, sei dies nun in fachlicher (zum Beispiel durch Communities of Practice) oder in unternehmerischer Hinsicht (zum Beispiel in Form von Strategiedialogen). Sie sorgt für den Aufbau der repräsentativen Verhandlungssysteme, in denen sich die autonomen Teilbereiche dialogisch auf für alle verträgliche Kontextbedingungen einigen. Das Management hat in diesem Spiel die Aufgabe, den dezentralen Steuerungsprozess zu supervidieren und zu koordinieren. Die Corporate University liefert die dafür notwendige Infrastruktur.[19]

Aber wie aussichtsreich ist dieser Ansatz tatsächlich? In der systemtheoretischen Debatte wurde die Idee der dezentralen Kontextsteuerung als „Verzweiflungskonzept" heftig kritisiert (vgl. Luhmann, 1997: 777; ferner auch Ulrich, 1994, sowie die Luhmann-Scharpf-Debatte: Luhmann, 1989; Scharpf, 1989). Die Kritik richtet sich zum einen gegen die Wiedereinführung des Akteurs in die systemtheoretische Konzeption, der jetzt in der Umwelt des Systems verortet wird. „Cartesisch bleibt mithin das intervenierende System, es ist der Akteur, der eine Art Nahsicht auf ein in prekärer Lage befindliches System hat, aber nicht durchgreifen kann auf dieses Objekt, sondern auf ein anderes: die Umwelt" (Fuchs, 1999: 42).[20] Nicht haltbar ist auch die Annahme, die Teilrationalitäten eines Systems könnten mit Hilfe eines Repräsentantensystems über die Kontextbedingungen gesteuert werden. Die Gesamtrationalität eines Systems (zum Beispiel einer Organisation) kann nicht in einem repräsentativen Verhandlungssystem abgebildet werden. Wir haben es mit zwei unterschiedlichen Systemtypen zu tun. Verhandlungssysteme sind Interaktionssysteme. Entscheidungen, die im Verhandlungssystem getroffen werden, haben keinen direkten Zugriff auf die Organisation.[21] Repräsentative Interaktionssysteme haben höchstens eine irritierende Wirkung auf den Gesamtzusammenhang. „Selbst einfache Interaktionssysteme, wie zum Beispiel Sitzungen, Konferenzen, schließen die Möglichkeit der planmäßigen Festle-

---

[19] In diesem Zusammenhang versteht man die Vorstellung von einer Corporate University als Steuerungsinstrument auch besser: Indem sie die Kommunikationsinfrastruktur bereitstellt, liefert sie dem Management in dieser Denkweise das Instrumentarium zur dezentralen Steuerung der Organisation.

[20] Ähnliche Vermischungen von Selbstorganisation und Fremdorganisation findet man auch in Ansätzen zum evolutionären Management (vgl. Malik, 1993; kritisch dazu Kieser, 1994).

[21] Luhmann bezieht sich in dieser Debatte auf gesellschaftliche Funktionssysteme und die Unmöglichkeit, eine Organisation mit Wirkung auf ein Funktionalsystem sprechen zu lassen. Weder sei es möglich, in einem Verhandlungssystem die Gesamtrationalität des Systems abzubilden, noch, über Entscheidungen innerhalb des Verhandlungssystems auf das Gesamtsystem einzuwirken.

gung von Handlungen effektiv aus. [...] Wenn man von Selbststeuerung sprechen wollte, müsste man sagen, sie verringert den Unterschied von Meinungen. Aber gerade das kann nicht geplant werden" (Luhmann, 1989: 7).

Verhandlungssysteme können die angemahnte intersystemische Integration also nicht leisten. Ein System wird nicht koordiniert, sondern es koordiniert sich selbst. Die notwendige Integration wird, so Luhmann, durch *strukturelle* Kopplungen gewährleistet (vgl. Abschnitt 3.1.1). Autopoietische Systeme legen sich auf bestimmte Interaktionsbereiche fest und strukturieren ihre Umweltbeziehungen selektiv. Sie reduzieren ihre Freiheitsgrade, um sich in das Gesamtganze zu integrieren. „Obwohl es keine Möglichkeit des Durchgriffs auf Strukturentwicklungen von außen mehr gibt, spielt eine wesentliche Rolle, mit welchen Irritationen ein System sich immer und immer wieder beschäftigen muss – und welche Indifferenzen es sich leisten kann" (Luhmann, 1997: 780).

Trotzdem können Verhandlungssysteme einen Unterschied für das System machen, allerdings nur in Form von beobachtbaren *operativen* Kopplungen. Voraussetzung dafür ist allerdings, dass diese operativen Kopplungen im System wahrgenommen werden. Anders als strukturelle Kopplungen sind operative Kopplungen nicht unbedingt notwendig, sie erhöhen aber die wechselseitige Irritation. Diese Operationen beziehen sich nicht auf Kausalitäten, sondern auf ausdifferenzierte Strukturen, Identitäten usw. Durch eine operative Kopplung entsteht ein neues Kommunikationssystem, das, im Gegensatz zu strukturellen Kopplungen, nur dann strukturrelevant wird, wenn es beobachtet wird.

Vor diesem Hintergrund kann die Frage nach den Einflussmöglichkeiten einer Corporate University präziser beantwortet werden. Das Beispiel der Einführung von Strategiedialogen verdeutlicht dies. Das Ziel dieser übergreifenden Dialogveranstaltungen ist es, die Aktivitäten des Topmanagements und der miteinander konkurrierenden Geschäftsbereiche besser aufeinander abzustimmen. Voraussetzung dafür ist, dass es die „verhandelnden" Bereiche gibt, die integriert werden sollen. Sie müssen ausdifferenziert und über strukturelle Kopplungen aufeinander bezogen sein. Zwischen Topmanagement und den Teilbereichen wird dies in der Regel über die hierarchische Ordnung gewährleistet. Auf horizontaler Ebene strukturiert das Konkurrenzverhältnis zwischen den Geschäftsbereichen oft die Interaktionen. Der Strategiedialog ist ein neues Kommunikationsereignis zwischen den eingeladenen Verhandlungspartnern.

Die Veranstaltung schafft auf verschiedenen Ebenen neue Beobachtungsmöglichkeiten, die das Gesamtsystem irritieren können, die aber die strukturellen Kopplungen nicht unbedingt tangieren müssen. Zum einen ergeben sich während der Veranstaltung neue Beobachtungsmöglichkeiten. Die ausgewählten Repräsentanten tauschen ihre Sichtweisen aus und einigen sich vielleicht sogar auf ein gemeinsames Vorgehen und auf bestimmte Rahmenbedingungen. Alle Beteiligten gewinnen neue Informationen über die anderen. All diese Beobachtungen sind Impulse, die für die Entwicklung genutzt werden können. Aber man muss gar nicht unbedingt Teilnehmer sein, um etwas Neues zu erfahren. Auch für einen Außenstehenden (sei dies ein Subsystem, ein Team oder eine Einzelperson), kann die Beobachtung, dass da eine Veranstaltung stattfindet, einen Aha-Effekt haben: Es ist informativ, zu sehen, welche Personen sich da an einen Tisch gesetzt haben, um sich miteinander abzustimmen. Wer wurde eingeladen und wer nicht? Welche Themen wurden behandelt, welche wurden ausgespart und was wurde wohl entschieden? Welche Folgen wird das Ganze haben, was wird wie gewöhnlich nicht passieren und warum ist dies eigentlich so?

Operative Kopplungen können also für das Gesamtsystem äußerst informativ sein, sofern sie beobachtet werden. „Operative Kopplungen können strukturelle Kopplungen nicht ersetzen. Sie setzen sie voraus. Aber sie verdichten und aktualisieren die wechselseitigen Irritationen und erlauben so schnellere und bessere Informationsgewinnung in den beteiligten Systemen" (Luhmann, 1997: 788). Eine Corporate University kann folglich die Entscheidungsmechanismen nicht selbst gestalten, sie kann aber eine Kommunikationsarchitektur anbieten, die Selbstbeobachtung fördert und das Irritationspotential erhöht. Die neuen Selbstbeschreibungen und die Einführung der neuen Interaktionssysteme werden als Entwicklungsimpulse weiterverwertet (oder auch nicht).

Es bleibt also dabei: Die gezielten Gestaltungsmöglichkeiten der Evolution der Evolution sind begrenzt. Die Steuerungsversuche einer Corporate University gehen als Variationen in die Systemevolution ein. Sie können den Rahmen, dem sie entspringen, also ihre konstitutiven Unterscheidungen, nicht sprengen. Aus diesem Grund sind auch keine Revolutionen von ihnen zu erwarten. Im Spiel wechselseitiger Selektionen ist der Ausgang ihrer Interventionen nicht prognostizierbar.

5 Einführung einer Corporate University: Ein rekursiver Beobachtungsprozess

Wenn also weder die Entwicklung noch die Gestaltung der Entwicklungsfähigkeit von einer Corporate University gesteuert werden kann, wofür steht dann die Einführung dieser Spezialfunktion? Welche Funktion und Bedeutung hat sie für die Organisation?

Eine Corporate University entfaltet ihre Wirksamkeit in einem organisationsinternen, rekursiven Beobachtungsprozess. Die Einheit gewinnt ihre Bedeutung nicht nur durch das, was sie tut, sondern diese ist dadurch bedingt, wie, im Hinblick worauf und mit welchen Motiven ihr Entstehungsprozess in der Organisation beobachtet wird. Sie gerät aus verschiedenen Gründen ins Visier: Sie kann auf alternative Selbstbeschreibungen beobachtet werden. Aus diesem Blickwinkel bekommt sie eine diagnostische Funktion. Ihre Interventionen, aber auch ihre Ausdifferenzierung als Einheit sensibilisieren für alternative Entwicklungsmuster (Abschnitt 5.1). Darüber hinaus trivialisiert die Corporate-University-Idee die Unwägbarkeit reflexiver Entwicklungsprozesse. Sie tut so, als habe sie den eigentlich unsicheren und emotional heiklen Prozess der Entwicklung der Entwicklungsfähigkeit im Griff (Abschnitt 5.2). Die Einführung einer Corporate University kann aber auch als Steuerungsabsicht beobachtet werden. Ihr Einführungsverhalten wird je nach der Vorgeschichte einer Organisation auf eine bestimmte Art interpretiert (Abschnitt 5.3).

5.1 Diagnostische Funktion einer Corporate University

Die Lernfunktion kann die Entwicklungswahrscheinlichkeit erhöhen, wenn sie Varianten zur bisherigen Unsicherheitsabsorption erzeugt. Sie hat dann zwar keine gestaltende, aber sie bekommt eine diagnostische Funktion für die Organisation. Die Organisation gewinnt neue Informationen über sich, die sie als Varianten für ihre Selbstentwicklung nutzen kann. Diese diagnostische Funktion realisiert eine Corporate University durch ihre Interventionen (das Schaffen von neuen Möglichkeiten zur Selbstbeobachtung und das Liefern alternativer Selbstbeschreibungen). Aber auch die Ausdifferenzierung der neuen Einheit wird der Organisation in dieser Hinsicht zur Information. Die Lernfunktion steht symbolisch für alternative Entwicklungsmechanismen, hinsichtlich deren sie beobachtet werden kann.

Fördern reflexiver Selbstbeobachtungsprozesse
Eine Corporate University kann eine Organisation aktiv mit neuen Selbstbeschreibungen versorgen. Zum Beispiel macht sie selbst Vorschläge für alternative Steuerungsmodelle oder sie liefert neue Ansätze, den eigenen Status quo zu erklären. Oder sie fördert neue Kommunikationsstrukturen, die eine reflexive Beschäftigung mit dem eigenen Muster der Unsicherheitsabsorption fördern. Dies kann entweder auf Personenebene (zum Beispiel durch eine reflexive Managemententwicklung) oder auf sozialer Ebene (zum Beispiel durch den Einbau von Reflexionsschleifen in Arbeitsprozesse oder strategische Dialoge) geschehen. Sie unterbricht den operativen Fluss, damit einzelne Personen oder die Organisation prüfen können, wo sie stehen. Als Beobachtersystem kann eine Corporate University die Blindheit des Systems zwar nicht erhellen; sie weiß es nicht besser. Sie kann aber ihre eigenen (strukturabhängigen) Beobachtungen zur Verfügung stellen, um diese im Hinblick auf die verwendeten Unterscheidungen beobachten zu lassen und damit etwas Neues einzuschleusen. Durch eine solche Lernarchitektur fördert sie die Variantenbildung im System und macht Entwicklungen wahrscheinlicher. Als Einheit verkörpert die Corporate University eine Wandelarena (vgl. Ruegg-Stürm, 2003: 288). Sie ist ein vom Alltagsgeschäft abgegrenzter Bereich, in dem die Organisation ihre eigene Form beobachten und mit alternativen Bestimmungsmöglichkeiten experimentieren kann.

Dies ist keine triviale Aufgabe. Organisationen verhalten sich bei der Selbstbeobachtung und Selbstbeschreibung oft sehr konservativ. Selbst wenn sich die operative Realität eines Unternehmens weiterentwickelt hat, haftet dieses an seinen alten Selbstbeschreibungen. Abweichende Erfahrungen werden ignoriert oder sie werden in die alte Logik einsortiert. Meistens hinken die Schemata der Selbstbeobachtung und -beschreibung der operativen Realität ein wenig hinterher (vgl. Luhmann, 1980). So bestätigen sich Organisationen gern in ihren Selbstbeschreibungen. Verfügen sie über ein vorrangig rationales Bewältigungsmuster, werden sie Neuentwicklungen gewohnheitsmäßig eher dem Topmanagement, der Strategieabteilung oder einer Corporate University zurechnen. Auch ungeplante Entwicklungen, die zufällig ins Visier geraten, werden wahrscheinlich in diese gewohnten Erwartungs- und Zurechnungsschemata einsortiert werden.²² Häufig beschreiben sich Organisationen noch mit den traditionellen, hierarchischen Schemata, auch wenn sie operativ schon seit etlichen Jahren mit Alternativen zum hierarchischen Modell experimentieren. Erst wenn die Steuerungserwartungen zunehmend enttäuscht werden oder frustrierende Umsetzungserfahrungen nicht mehr allein auf persönliche Fehlentscheidungen oder menschliches Unvermögen zurückgeführt werden können, kommt es langsam zu einem grundlegenderen Umdenkprozess. Die eigene Identität wird dann neu erfunden. Eine Corporate University, die ihre Diagnosefunktion ernst nimmt, fördert die kritische Überprüfung dieser Schemata: Passen die Selbstbeschreibungen noch zur operativen Realität oder sind andere Formen angebrachter?

Allerdings erschwert die Selbstreferenzialität den Übergang von einer Form zur nächsten. Als interne Funktion ist eine Corporate University Teil des Spiels. Organisationen sind bei der Bildung und Verarbeitung von Varianten immer an ihren gegenwärtigen Zustand gebunden. Auch eine Corporate University kann Selbstbeobachtungen und -beschreibungen nur von den gerade praktizierten Regeln ableiten. Dies ist gerade dann schwierig, wenn es wie bei der Entwicklung der Entwicklungsmechanismen darum geht, den eigenen Rahmen, also das eigene Entwicklungsmuster, zu überschreiten. Die Katze beißt sich in den Schwanz. Neue Selbstbeobachtungen der eigenen Entwicklungsfähigkeit werden mit dem gegenwärtig aktuellen Entwicklungsmuster verarbeitet. Erst wenn die Abweichungserfahrungen überhandnehmen, „kippt" die alte Form und bereitet den Weg für eine neue.²³

---

²² Das begründet auch, warum Unternehmen sich erstaunlich blind gegenüber den Ergebnissen zur prozesshaften Strategieentwicklung verhalten. Die Einsichten, dass Strategien in einem undurchsichtigen Prozess des „muddeling through" (Lindblom, 1959) entstehen, stoßen in der Praxis auf wenig Begeisterung. Es wird bevorzugt, intern und extern (zum Beispiel gegenüber Investoren) an der Gültigkeit rationaler Modelle festzuhalten (vgl. Schreyögg, 1998: 43).
²³ Bei der Frage des Übergangs bleibt Luhmann im Rahmen seiner Evolutionstheorie erstaunlich ungenau. Wie genau es zum Übergang von einer Differenzierungsform zur anderen kommt, bleibt in diesem Theoriestrang eigentlich unklar (vgl. hierzu die Kritik von Kuchler, 2003). Die Angebote zur Erklärung des Übergangs, die Luhmann in seiner Differenzierungstheorie macht, sind, so

Eine weitere Schwierigkeit besteht im Transfer der diagnostischen Einsichten, die in der „Wandelarena" gewonnen werden. Wie können die Erfahrungen aus diesem Sonderbereich für das Alltagsgeschehen relevant werden? Trotz struktureller Ähnlichkeiten ist ein einfacher Wissenstransfer zwischen den beiden Welten nicht möglich.[24] Die in der Wandelarena erzeugten Varianten werden nur dann relevant, wenn sie beobachtet werden. Wir haben es mit einem komplexen, wechselseitigen Beobachtungsprozess zu tun, auf den die Lernfunktion keinen Einfluss hat (vgl. dazu Abschnitt 4.3.2).

Corporate University symbolisiert alternative Entwicklungsmuster
Aber nicht nur die Interventionen einer Lernfunktion, auch die Ausdifferenzierung der neuen Einheit kann der Organisation zur Information werden. Als abgegrenzte Einheit steht eine Corporate University symbolisch für Alternativen der Entwicklungsfähigkeit. Die bloße Präsenz der Lernfunktion sensibilisiert dafür, dass es neben den derzeit verwendeten Unterscheidungen auch Alternativen gibt. Sie führt vor Augen, dass die Entwicklungsmechanismen momentan zwar bestimmt sind, potentiell aber auch anders bestimmt werden können.

Als Subsystem repräsentiert eine Corporate University also einen Prüfmechanismus, der die Frage mitlaufen lässt, ob die eigenen Beobachtungswerkzeuge noch zur Selbstorganisation und den Umweltbedingungen passen. Konflikte mit der betriebswirtschaftlichen Rationalität, die darauf angelegt ist, das Unbestimmbare draußen zu halten, bleiben da nicht aus (vgl. dazu Baecker, 2004). Rein strukturell ist einer Corporate University damit in die Wiege gelegt, dass sie stört und für diese Störungen in der Organisation nicht immer geliebt wird. Dies ist auch ein Grund, warum Corporate Universities

---

Kuchler, eher dialektischer Natur und nicht mit den evolutionstheoretischen Überlegungen in Einklang zu bringen.
[24] Dies wird oft unterschätzt. So bleibt auch bei Ruegg-Stürm ungenau (ähnlich wie bei Willkes Konzept der dezentralen Steuerung), wie ein „Kompetenztransfer" zwischen Wandel- und Alltagsarena geschehen soll. Ruegg-Stürm nennt eine möglichst große Ähnlichkeit der beiden Arenen, regelmäßige Feedbackprozesse, Einbezug möglichst vieler Mitarbeiter sowie Reflexion als Bedingungen für den sukzessiven Kompetenzumbau in der Alltagsarena. Die gegenseitigen Beobachtungs- und Zuschreibungsprozesse zwischen dem operationell geschlossenen Teilsystem „Wandelarena" und dem Gesamtsystem finden hier aber keine explizite Berücksichtigung.

nach einer kurzen Euphoriephase häufig als nutzlos abgewertet werden. Die widersprüchliche Notwendigkeit von Stabilisierung einerseits und Weiterentwicklung andererseits wird in unterschiedlichen, voneinander abgegrenzten Bereichen verortet und die Paradoxie damit „entfaltet".

Die Präsenz einer Corporate University offenbart einen unlösbaren Konflikt, vor dem das moderne Management heute steht. Einerseits muss es alles Alte auf den Prüfstand stellen, um das Unternehmen in turbulenten Zeiten überlebensfähig zu machen. Andererseits steht das Management symbolisch für das gerade praktizierte Muster der Unsicherheitsabsorption und jede Kritik am Bestehenden bedeutet eine Kritik an sich selbst (vgl. Baecker, 1999). Es ist eine hochsensible Frage, wer als Protagonist für die Aufgabe der Entwicklungsfähigkeit gewählt wird: Wie viel Aufmerksamkeit will man einem Beobachtungssystem schenken, das einem das eigene Unterscheidungsverhalten vorhält, Alternativen aufzeigt und damit die operativen Abläufe stört? Für eine Organisation kann es Sinn machen, ihre Corporate University mit schwachen oder schlecht vernetzten Führungskräften zu besetzen, die Einheit durch Reorganisationen zu entmachten oder durch häufige Führungswechsel Desorientierung in der Einheit zu erzeugen.

Vor dem Hintergrund einer Theorie des Beobachtens symbolisiert die Corporate University die Entwicklungsfähigkeit der Organisation; die Kommunikation kann sich an etwas orientieren. Die Bemühungen zur Entwicklung der Entwicklungsfähigkeit werden beobachtet und in der Organisation zum Thema. Ob diese Bemühungen „richtig" (also im Sinne der Corporate University) verstanden und wie sie bewertet werden, ist dabei zweitrangig. Hauptsache, die Entwicklungsfähigkeit wird zum Thema.

5.2 Trivialisierung des Umgangs mit Nichtwissen

Im Hinblick auf ihre diagnostische Funktion erhöht eine Corporate University die Komplexität und die Unsicherheit, indem sie Alternativen ins Spiel bringt. Auf der anderen Seite trägt die Corporate-University-Idee aber auch dazu bei, die Entwicklung der Entwicklungsfähigkeit als beherrschbar zu trivialisieren.

Die Idee steht dafür, dass die Entwicklungsmechanismen gestaltbar sind. Sie verspricht Handlungsfähigkeit im Zusammenhang mit einer an sich unberechenbaren Aufgabe. In diesem Punkt passt die Idee zum rationalen Bewältigungsmuster. Als „Transformationsriemen" beherrscht sie unvorhersehbare Entwicklungen. Ähnlich wie die Magie (vgl. dazu Fuchs, 2004) repräsentiert die Lernfunktion eine Technik, die das, was der Organisation tagtäglich entgeht und die Quelle für ihre Entwicklungsfähigkeit ist, kontrolliert zugänglich machen kann. Sie verdeckt, dass diese „immanente Untertunnelungsarbeit" (ebd.) nicht ohne Unsicherheiten zu haben ist.

Die Corporate-University-Idee selbst ist also auch ein Mittel der Unsicherheitsabsorption. Sie absorbiert Unsicherheiten, die entstehen, weil Unternehmen sich einem verstärkten Wandlungsdruck und damit einhergehenden Unwägbarkeiten ausgeliefert sehen. Interessant ist in diesem Zusammenhang, welche Unternehmen sich für die Corporate-University-Idee interessierten. Die Wahl der Lösung sagt viel über die Problembeschreibung sowie über das zugrunde liegende Bewältigungsmuster aus, das eine Organisation im Laufe ihrer Entwicklungsgeschichte hervorgebracht hat: Welches Problem meint eine Organisation zu haben, so dass die Corporate-University-Idee ihr als adäquate Lösung erscheint? Oder anders gefragt: Warum richtet die Organisation die Beschreibung ihrer Probleme an der Lösung „Corporate University" aus?

Zur Beantwortung dieser Frage ist es hilfreich, nicht nur nach dem Vermögen einer Corporate University, sondern nach ihrem Unvermögen bzw. nach ihren blinden Flecken zu fahnden: Was weiß und kann eine Corporate University *nicht*, um von bestimmten Organisationen als geeignete Lösung für den Umgang mit Nichtwissen gewählt zu werden?[25] Welches „Schweigepotential" (Fuchs, 2004) verspricht eine Corporate University, hinsichtlich dessen sie beobachtet werden kann? Es ist gewiss kein Zufall, dass sich vorrangig große Publikumsgesellschaften mit einer hierarchisch-bürokratischen Tradition für die Corporate-University-Idee interessierten: Sie passte zu ihrer Art der Unsicherheitsbewältigung. Die Vorstellung von einer Corporate University als einer machtnahen, zentral organisierten Sonderfunktion zur Steuerung der Entwicklungsfähigkeit entsprach ihrem funktional-arbeitsteiligen und hie-

---

[25] Luhmann und Fuchs tun Ähnliches für die Untersuchung der externen Beratung. Auch hier ist es aufschlussreicher, nicht nach dem vermeintlich besseren Wissen von Beratern zu fragen, sondern nach dem Nichtwissen, hinsichtlich dessen die Beratung im Unternehmen beobachtet wird (vgl. Luhmann und Fuchs, 1989: 225).

rarchisch strukturierten Bewältigungsmuster und den damit verbundenen zentralistischen Steuerungsvorstellungen (vgl. dazu ausführlicher Abschnitt 8.3.).[26] Die Corporate-University-Idee ist aber noch aus einem weiteren Grund für diesen Unternehmenstypus attraktiv: Der Aufbau einer internen Beratungseinheit macht unabhängiger von bisher extern erworbenen Beratungsleistungen.[27] Als interne Beratungseinheit verspricht eine Corporate University, die Ressource Beratung im Hinblick auf Kosten, angesprochene Themen, Wirksamkeit und Ausbreitung besser zu kontrollieren. Eine interne Einheit, die aus den eigenen Entscheidungspraktiken hervorgeht und den hierarchischen Weisungsketten unterliegt, hat weniger Spielräume; von ihr sind keine großen Sprünge zu befürchten. So ist hierarchisch reguliert, wie viel Aufmerksamkeit der Einheit zuteil wird und wie viel Unruhe sie stiften kann. Auch die verantwortlichen Personen sind der Organisation über etablierte Erwartungsstrukturen und Karrieremöglichkeiten stärker verpflichtet. Sie werden im Zweifelsfall ausgetauscht (vgl. zur Funktion von Beratung auch Abschnitt 5.1.3).

Als Subsystem kann eine Corporate University nicht ausbrechen, um eine Außenperspektive einzunehmen. Sie muss sich auf die Form des Unternehmens beziehen. Es ist daher anzunehmen, dass es einer internen Einheit deutlich schwerer fällt, die Organisation über ihre blinden Flecken zu informieren. Sie ist der „Sprache" des Unternehmens verpflichtet und in die systeminternen Erwartungshaltungen verstrickt. Letztlich ist die Einheit ein Produkt der Organisation.

---

[26] Diese Sichtweise sensibilisiert auch für funktionale Äquivalente, also für die Frage, wie andere Unternehmen vergleichbare Problembeschreibungen und Lösungsansätze entwickelt haben.
[27] Externe Beratung hat insbesondere für fremdgeführte Unternehmen eine große Bedeutung. Da in vielen dieser Unternehmen Eigentum und Unternehmensführung strikt voneinander getrennt sind, verfügt das Management nicht mehr über eine ultimative Autorität (vgl. Hartmann, 1959), sondern muss seine Entscheidungen über Rationalität und Professionalisierung legitimieren. Dies führte zu einem Anstieg des Bedarfs an externer Beratung, die sich zunächst in den USA und seit den achtziger Jahren auch in Deutschland zusammen mit diesem Unternehmenstypus koevolutionär entwickelte (vgl. Faust, 2000).

5.3 Corporate University als beobachtete Steuerungsabsicht

All das, was eine Corporate University unternimmt, wird beobachtet und gerade darin besteht ihr Potential, die Organisation zu anderen Selbstbeobachtungen zu bringen. Es wird nicht nur beobachtet, *was* sie tut, sondern auch, *wie* sie es tut. Ihre Aktivitäten werden im Hinblick auf ihre *inhaltliche Selektion* analysiert: Welche Themen werden aufgegriffen und welche nicht? Welchen Fokus wählt die neue Einheit? Und schließlich: Welche Intention verfolgt sie damit? Aber ihr Verhalten im Einführungsprozess wird auch im Hinblick auf ihre *Beziehungsangebote* beobachtet: Wie kommuniziert sie ihre Anliegen? Mit wem verbündet sie sich und was heißt das für uns? Warum wird gerade diese Einführungsstrategie gewählt und nicht eine andere? Welche Machtverhältnisse unterstellt mein Gegenüber und wie verhalte ich mich dazu? Usw.

Kontextabhängige Interpretation der Einführung
Die Selektionen Information, Mitteilung und Verstehen orientieren sich dabei immer an den bisherigen Erwartungsstrukturen des Systems. Alles dreht sich im Kreis und orientiert sich an den eingespielten Bewältigungsmustern in der Organisation: Schon die Wahl der Einführungsstrategie hängt davon ab, was überhaupt als mögliche Lösung in Frage kommt. Die Auslegung der Idee geschieht wiederum in Bezug auf das System usw. So macht es einen Unterschied, ob die Corporate-University-Idee in einer Publikumsgesellschaft oder in einem familiengeführten Unternehmen aufgegriffen wird. Die untersuchten Fälle belegen, dass Unternehmen, die auf eine über Jahrzehnte etablierte rational-hierarchische Steuerungstradition zurückblicken, die Einführung einer Corporate University eher als zentral-intentionalen Steuerungsversuch interpretieren. Anders kann dies in Familienunternehmen aussehen, weil diese eher intuitive oder evolutionäre Entscheidungspraktiken pflegen.

In Publikumsgesellschaften hat sich die strategische Führungsebene von der operativen Geschäftswelt dagegen oft weit entfernt. Alle Energie des Managements fließt in die Beschäftigung mit neuesten Ideen und Konzepten, die mit der operativen Ebene nur noch wenig zu tun haben. So kann sich das Management auf der „Talk-Ebene" gegenseitig in seinen rationalen Steuerungsphantasien bestätigen, obwohl die operativen Einheiten tagtäglich andere Erfahrungen machen (vgl. Brunsson, 1985). Paradoxerweise bestätigt dieses Verhalten am Ende die zugrunde liegende Rationalitätsprämisse. Es entsteht der Eindruck planvoller Veränderung, obwohl sich tatsächlich relativ wenig verändert. In einem solchen Klima kann es schnell passieren, dass die Einführung einer Corporate University als eine weitere Steuerungsabsicht der „Talk-Ebene" zugerechnet und entsprechend argwöhnisch von der operativen Ebene beäugt wird.

Zwischenergebnis
Die Möglichkeiten einer Corporate University, die Entwicklungsfähigkeit der Organisation zu gestalten sind also sehr viel bescheidener, als das Konzept suggeriert. Ihre Interventionsmöglichkeiten bestehen darin, neue Selbstbeobachtungsmöglichkeiten zu schaffen. Die Lernfunktion lenkt die Aufmerksamkeit auf die eigene Entwicklungsfähigkeit, sie liefert neue Unterscheidungen für die Selbstbeobachtung und -beschreibung der eigenen Selbstorganisation und sie sorgt für günstige Rahmenbedingungen, damit diese Beobachtungen wieder in die Evolution einfließen.

Die zentral-intentionalen Steuerungsversprechen, die gern metaphorisch vermittelt werden, sind theoretisch gesehen überhöht. Die Trivialisierung macht die Idee aber insbesondere für große, bürokratisch organisierte Unternehmen attraktiv, weil sie ihren rationalen Steuerungsbedürfnissen entspricht. Paradoxerweise adressiert die Corporate-University-Idee dabei jene Steuerungsprobleme, die durch eine direktive Steuerungspraxis entstanden sind. Es entsteht also ein selbstreferenzieller Teufelskreis: Das Problem wird mit „mehr desselben" bekämpft.

Eine gezielte Evolution der Evolution erfordert, so wurde gezeigt, eine paradoxe Selbstbescheidenheit. Viele Corporate-University-Ansätze berücksichtigen bei der Gestaltung ihrer konkreten Interventionen theoretische Prinzipien der Selbststeuerung oder eines evolutionären Managements. Ihre eigene Einführung aber schlossen sie in diese Überlegungen nicht ein. Sie taten so, als sei die Lernarchitektur auf dem Reißbrett plan- und umsetzbar. Künftig sollten Lernfunktionen diese Haltung überdenken: Denn sie können ihre Interventionen besser platzieren, wenn sie sich ihre begrenzte Wirksamkeit eingestehen und sie mit einrechnen. Mit einer zentralistischen Einführungsstrategie wird eine Lernfunktion zu einem gefundenen Fressen für zentralistische Steuerungsphantasien und sie produziert Widerstände. Die Wahrscheinlichkeit ist hoch, dass ihr Alternativwissen über die organisationale Selbstorganisation als vermeintlich „besseres Wissen" abgelehnt wird.

6 Neue Blicke auf die Selbsterneuerung: Leitunterscheidungen und Bildsprache der Corporate-University-Idee

Corporate Universities bearbeiten das Problem des Nichtwissens. So unterschiedlich die einzelnen Ansätze im Detail auch sind, ihnen ist gemein, dass die Organisation eine Funktion ausdifferenziert, die sich auf diese Aufgabe spezialisiert. Dieser Ausdifferenzierungsprozess wird in der Organisation beobachtet. Der neue Bereich lenkt die Aufmerksamkeit auf die eigene Entwicklungsfähigkeit. Die Beobachtung der Corporate-University-Idee und ihrer Einführung liefert Anlässe, ihre Lern- und Entwicklungsfähigkeit neu bzw. *anders* zu beobachten. In diesem Kapitel interessiert, im Hinblick worauf die Corporate-University-Idee inhaltlich beobachtet werden kann: Welche Ideen werden eingebracht? Welche Leitunterscheidungen liegen diesen Ideen zugrunde? Und welche impliziten Vorstellungen transportieren die mitgelieferten Bilder und Metaphern?

In Abschnitt 6.1 werden die Grundideen von Corporate Universities und ihre Funktion innerhalb der Organisation dargestellt. Die konzeptionellen Widersprüche verschiedener Ansätze werden beispielhaft an dem frühen Ansatz von Jeanne Meister und dem jüngeren Konzept von Heiko Hilse erörtert. Die zahlreichen Corporate-University-Modelle mit ihren prototypischen Szenarien werden nicht auf ihre inhaltlichen Details, sondern auf die zugrunde liegenden Leitunterscheidungen untersucht. Das hier gewählte Vorgehen folgt der These, dass die Unterscheidungen die Selbstbeobachtung der eigenen Entwicklungsfähigkeit in der Organisation prägen (vgl. Abschnitt 6.2). Darüber hinaus kann die Corporate-University-Idee aber auch im Hinblick auf die mitgelieferten Bilder und Metaphern beobachtet werden. Abschnitt 6.3 diskutiert, welche Besonderheiten und Irritationen durch die Einführung der Universität als einer am Wissenschaftssystem orientierten Organisation in die Sphäre der Wirtschaft entstehen.

6.1 Grundidee von Corporate Universities

Die Corporate-University-Idee entsteht als eine Antwort des defizitären amerikanischen Bildungssystems. Sie geht auf die Gründung erster firmeninterner Trainingszentren in den USA seit den späten fünfziger Jahren des 20. Jahrhunderts zurück. Diese entstanden als eine Antwort auf gestiegene Qualifikationsanforderungen einer immer wissensintensiver werdenden Produktion und gleichzeitige Defizite des amerikanischen Bildungssystems. Die Ausbildung an amerikanischen High Schools und Colleges, die auch heute noch den größten Anteil im amerikanischen Hochschulwesen ausmachen, waren wenig praxisnah und spezialisiert, so dass es an Fachwissen mangelte. Insbesondere technisch orientierte Unternehmen begannen, die Ausbildung ihrer Mitarbeiter selbst in die Hand zu nehmen, um diese Qualifikationsdefizite auszugleichen (vgl. Eurich, 1985). Hochschulabsolventen sollten schnell in die firmenspezifischen Arbeitsprozesse eingearbeitet werden. Auch während ihrer Tätigkeit sollte das produktionsrelevante Wissen immer wieder aufgefrischt werden. In diesem Zusammenhang leuchtet auch die später gewählte Bezeichnung Corporate University ein, denn man versuchte nichts anderes, als die defizitär empfundene staatliche Bildung durch firmeninterne Ausbildungsmaßnahmen im Unternehmen selbst sicherzustellen.

Frühe Ideen einer Corporate University
Zu Beginn dieser Entwicklung ging es um individuelle Wissensvermittlung, um Störungen, Fehler und Abweichungen in der Produktion zu vermeiden. Man erkannte aber auch die Wichtigkeit des Managements für den Erfolg der Organisation. So begann man seit den sechziger Jahren, sich verstärkt um die Ausbildung des Managements zu kümmern. In den Anfangszeiten ging es zunächst darum, das Verhaltensspektrum von Führungskräften durch Verhaltensregeln einzuschränken, um das Gesamtgeschehen besser kontrollieren zu können. Nichts sollte dem Zufall überlassen werden. Beispielsweise wurden bei General Electric detaillierte Verhaltenserwartungen und -regeln gelehrt, die in so genannten „Blue Books" akribisch festgehalten waren (vgl. Tichy, 1993). In den nächsten Jahren entwickelten sich die neuen Lerneinheiten weiter und gewannen im Zuge steigender Wandlungsanforderungen und der damit einhergehenden steigenden Bedeutung eines „lebenslangen Lernens" und der Entwicklung des Human Resource Managements als strategischer Erfolgsgröße an Bedeutung. Um den neuen Anforderungen einer „Wissensgesellschaft" (vgl. etwa Spinner, 1994; Bell, 1985, u.v.m.) gerecht zu werden, beschäftigte man sich neben dem Training einzelner Personen mehr und mehr auch mit anderen Möglichkeiten, um Entwicklungen, Innovationen und Transformationen in der Organisation zu unterstützen.

Evolutionäre Entwicklung der Lernarchitekturen in den USA
Auch wenn die Entwicklungen der innovativen Lernarchitekturen bei Vorreiterunternehmen wie General Electric und Motorola in der Managementliteratur später wie eine Revolution rekonstruiert wurden, entwickelten sich die Lernarchitekturen schrittweise. Verfolgt man die Erfahrungsberichte über die Entwicklung dieser Corporate Universities (vgl. Tichy, 1993; Wiggenhorn, 1993; Baldwin et al., 1997) erfährt man, wie langwierig und konfliktreich die Veränderung der Entwicklungsmechanismen war. Sowohl bei General Electrics als auch bei Motorola erstreckte sich die Entwicklung über einen Zeitraum von mindestens zehn Jahren und geriet immer wieder in Konflikt mit den tradierten Formen der Unsicherheitsbewältigung und den zugrunde liegenden Entwicklungsvorstellungen (vgl. Gebauer, 2005a). Wiggenhorn, Vice-President der Motorola University, beschreibt die langwierige Entwicklung und die Revision der Lernprämissen:

> *„Motorola University did not suddenly appear beside or in place of an existing corporate training department. It has evolved during a ten-year expedition marked by well-meaning mistakes, unfounded assumptions and a growing appreciation for the performance of change in all of our work and non-work lives. And we will, driven by our charter, continue to evolve. [...] In 1980 we still thought that we could provide x amount of training for a limited period and then rest until the next wave of change, or need, or technology necessitated another booster shot. By 1989, we had a training department that had learned to focus on the needs of the organization. By 1989, senior officers had to come to see education as an indispensable investment. By 1989, we were working closely with schools at every level. Educators understood that Motorola was serious about education"* (Wiggenhorn, 1993: 150f.).

Erst Anfang der neunziger Jahre begann man in der Managementliteratur, diese neuen Einheiten mit dem Label Corporate University zu versehen. Die neue Bezeichnung half an diesem Punkt, das Neue vom Alten zu unterscheiden. Sie markierte eine Trendwende des Stellenwerts von Lernen und Entwicklung für das Erreichen der Unternehmensziele. Möglichkeiten zum „lebenslangen Lernen" (vgl. zum Beispiel Jarvis, 2001) sollen den Einzelnen nun zu höherem und problemlösungsorientiertem Engagement motivieren und in der Summe die Wandlungsfähigkeit der Gesamtorganisation steigern. Als wertschöpfendes Investment soll die Erneuerungs- und Lernfähigkeit ganz neue Aufmerksamkeit erfahren – vor allem in den höheren Führungskreisen. Als viel zitiertes Vorbild gilt auch heute noch Jack Welch, der die firmeninterne Corporate University als ein zentrales Instrument zur Unternehmensführung und -entwicklung nutzte. Vermutlich geht ein Teil der Attraktivität der Corporate-University-Idee auf die schillernde Persönlichkeit von Jack Welch und die enge Anbindung von „Crotonville" an das Topmanagement zurück.

6.1.1 Unterscheidung von „alt" und „neu"

Der Begriff Corporate University wurde von der Managementberaterin Jeanne Meister eingeführt (vgl. Meister, 1994). Sie beschreibt das Neue an Corporate Universities durch die Abgrenzung von traditionellen Lernvorstellungen. Mit der Differenzierung von „alt" und „neu" wählt sie die einfachste und für jede Reform konstitutive Unterscheidung und kündigt damit einen für Managementmoden typischen Paradigmenwechsel an (vgl. dazu Abbildung 2).

Abgrenzung von Corporate Universities zu traditionellen Lernformen

Traditionelle Personalentwicklung		Corporate University bzw. strategische Personalarbeit
Reaktiv	**Haltung**	Proaktiv
Dezentral organisiert	**Organisation**	Zentral organisiert
Training des Einzelnen	**Ansatzpunkt**	Arbeit mit organisatorischen Einheiten (Arbeits- und Projektteams, Kunden, Lieferanten)
Klassenraum-Training, Vermittlung abstrakten Wissens	**Lernformen**	Aktionsbasiertes Lernen orientiert an Themen des Geschäfts
Einmaliges Auffrischen von Wissen	**Vorgehen**	Kontinuierliches Lernen durch längere Programme
Training als Kostenfaktor, der klein gehalten werden muss	**Nutzen**	Lernen als Investment, dessen ROI evaluiert werden muss
Operativ	**Fokus**	Strategie

Abbildung 2: Abgrenzung von der traditionellen Personalentwicklung (in Anlehnung an Meister, 1998: 22f).

Meister kritisiert „alte" Lernansätze, die weder die Anwendungsrelevanz noch den Transfer des Erlernten in ausreichendem Maße thematisieren. Stillschweigend werde davon ausgegangen, dass die abstrakte und von der konkreten Tätigkeit losgelöste Vermittlung von Fertigkeiten automatisch zur Produktivitätssteigerung führt. „Somewhere in this process, the thinking goes, these workers become transformed into more productive and committed employees" (Meister, 1998: 20). Corporate Universities hingegen, so Meister, greifen aufkommende Transferprobleme auf und versuchen über praxisnähere Methoden Lernen und Geschäft näher zusammenzubringen und die Lernsituationen realer zu machen. Zudem führt Lernen nur dann zur nachhaltigen Wertsteigerung, wenn es nicht einmalig verabreicht wird, sondern als kontinuierlicher Prozess, also als lebenslanges Lernen, angelegt ist. Im Zuge dieser Entwicklungen, gepaart mit den neuen Möglichkeiten der Informationstechnologie, wird die Corporate University für Meister von einem physikalischen Ort mehr und mehr zu einer Metapher für die Gesamtheit aller Lernprozesse im Unternehmen (vgl. Meister, 1998: 33).

Auch wenn die Definition des Neuen durch die negative Abgrenzung vom Alten sofort einleuchtend erscheint, besteht das Neue hier nicht in einem qualitativen Umdenkprozess, sondern lediglich in der Besetzung des Gegenpols. Grundprämissen, wie zum Beispiel ein rationales Strategieverständnis, bleiben dabei unangetastet: Strategisches Lernen wird als hierarchisch-kaskadierte Wissensvermittlung verstanden; dafür werden Lernbedarfe von der Geschäftsstrategie abgeleitet, um langfristige Lernpläne für Einzelne und Teams zu entwickeln. Es handelt sich hier weniger um einen Paradigmenwechsel als vielmehr um eine Pendelbewegung innerhalb desselben Denkmodells.

6.1.2 Integration widersprüchlicher Systemebenen

Die Gegenüberstellung und eindeutige Bewertung von alten und neuen bzw. richtigen oder falschen Lösungen ist jedoch naiv. Widersprüche oder Unvereinbarkeiten in der Organisation werden so lediglich durch einen Seitenwechsel bearbeitet. Die *dezentrale* Personalentwicklung wird *zentralisiert,* der *operative* wird durch einen *strategischen* Fokus ersetzt, das organisationale Lernen wird anstelle des individuellen Lernens gefördert oder die Vermittlung gesicherten Wissens wird durch aktionsorientierte, explorierende Wissensbildungsprozesse ersetzt. Aber auch wenn diese auf Eindeutigkeit setzende Rhetorik vordergründig überzeugt und für die notwendige Aufbruchstimmung sorgt, reicht ein einfaches Oszillieren zwischen gegensätzlichen Polen angesichts hoher Wandlungserfordernisse nicht aus. Und mehr noch: Die Suche nach dem besten Prinzip führt unweigerlich zur Formulierung seines Gegenteils. Je nach Umstand werden die Vorteile von Zentralisation oder Dezentralisation, Selbstorganisation oder Kontrolle, formaler oder informaler Organisation, Reduzierung auf Kernkompetenzen oder der Taktik „Alles aus einer Hand" auf der einen Seite und die Nachteile auf der jeweils anderen Seite hervorgehoben. Bei Managementmoden ist es nur eine Frage der Zeit, wann ein Prinzip positiv oder negativ bewertet wird. Das Problem bzw. die Lösung wird mal auf der einen, mal auf der anderen Seite der Unterscheidung verortet. Die Paradoxie wird ins Oszillieren gebracht (vgl. dazu auch Luhmann, 2000: 303ff.).

Integrationsnotwendigkeiten rücken in den Vordergrund
Hilse schlägt deshalb ein Beobachtungsraster vor, das stärker auf die Notwendigkeit der *Integration* der verschiedenen Systemebenen abhebt. In Bezug auf ein systemtheoretisches Organisationsverständnis beschreibt er verschiedene zu integrierende Wirkebenen in der Organisation, die mit Hilfe einer entsprechenden Lern- und Kommunikationsarchitektur in einem Sowohl-als-auch-Modus zusammengebracht werden können (vgl. Hilse, 2001a). Er beschreibt die Corporate-University-Idee anhand eines Spannungsfeldes von fünf zweipoligen Achsen, in dem sich die Aufgaben von Corporate Universities bewegen. Auf der *Prozessachse* versuchen Corporate Universities mit praxisintegrierenden Lernmethoden das Lernen mit dem Geschäft zu koppeln. Ziel ist es, den Praxistransfer des Gelernten, die Inhaltsrelevanz sowie das organisationale Lernen zu steigern. Auf der *Inhaltsachse* sieht Hilse die Aufgabe von Corporate Universities in der Überwindung der klassischen Trennung von Strategiekonzeption und operativem Geschäft. Es ist ihre Aufgabe, „eine institutionalisierte Verbindung zwischen Strategieprozess auf der einen Seite und der in den operativen Prozessen und Mitarbeitern verborgenen Intelligenz auf der anderen Seite herzustellen" (Hilse 2001: 158). In ihrer Vermittlerrolle wird die Corporate University damit zu einer Stellgröße im Strategieentwicklungsprozess. Eng damit verbunden ist die *Systemachse*, auf der individuelles und organisationales Lernen in ein ausgewogenes Verhältnis zueinander gebracht werden müssen, um einerseits für Anschlussfähigkeit individuellen Wissens, andererseits für ein ausreichendes Maß an Varianz zum Zwecke konstruktiver Irritation zu sorgen. Auf der *medialen Achse* müssen Unternehmen ein ausgewogenes Verhältnis zwischen Face-to-Face- und virtueller Kommunikation finden und auf der *institutionellen Achse* die Zusammenarbeit mit Institutionen des Wissenschaftssystems bestimmen (siehe Abbildung 3).

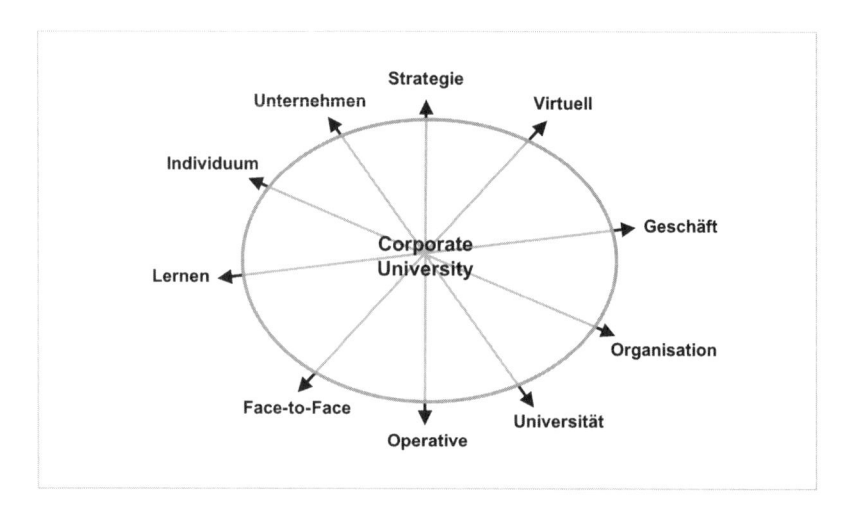

Abbildung 3: Fünfachsenmodell zu strategischen Lernarchitekturen von Hilse (2001a)

Hilse zufolge besteht die zentrale Aufgabe von Corporate Universities darin, die Pole der einzelnen Dimensionen in ein neues Verhältnis zueinander zu setzen und sie damit als Einheit zu integrieren.[28] Integration wird allerdings nicht als Harmonisierung oder als Synthese verstanden. In Anlehnung an ein systemisches Organisationsverständnis geht es Hilse zufolge darum, adäquate Bearbeitungsformen zu finden, um die widersprüchlichen Anforderungen zum Beispiel zwischen zentral/dezentral, strategisch/operativ, Individuum/Organisation usw. auszubalancieren, ohne diese grundsätzlich beseitigen zu können.

Anders als bei Meister geht es also nicht darum, sich für einen der beiden Pole zu entscheiden, sondern um die Integration von Widersprüchen, die automatisch durch die Ausdifferenzierung einer Organisation entstehen. Solche Widersprüche sind in der eindeutigen, am rationalen Modell orientierten Argumentation Meisters gar nicht vorgesehen. Hilse hingegen verbindet mit der Corporate-Univer-

---

[28] Statt von einer strategischen Lernarchitektur wird deshalb auch von einer integrierenden bzw. einer integrierten Lernarchitektur gesprochen. Beide Begriffe sprechen die gesamtorganisationale Perspektive der Corporate University an.

sity-Idee erste Ansatzpunkte, sich vom überkommenen rational-hierarchischen Strategiemodell zu verabschieden.

Organisationale Widersprüche für Entwicklungsprozesse nutzen
Aus dieser Sicht hat eine Lernfunktion die Aufgabe, grundlegende organisationale Dilemmata zu bearbeiten, die in modernen Organisationen aufgrund des hohen Differenzierungsniveaus besonders spürbar werden. Paradoxien können nicht vermieden oder miteinander versöhnt werden. Die Beobachtung des „einen" ruft zwangsläufig das „andere" auf den Plan. Die Bestimmung einer „steuernden Zentrale" kreiert eine „widerständige Dezentrale", die „smarte Strategie" unterscheidet sich vom „Sumpf des Operativen" usw. Gerade die Differenz beider Seiten sorgt für Irritationen und darin liegt das Potential für Entwicklung. Die selbst gezogenen internen und externen Systemgrenzen sind die Ressourcen für die organisationale Entwicklung: „Grenzen sind für Lernprozesse so wichtig, weil sie Orte der Begegnung mit anderen Denkweisen und damit mit anderen Wirklichkeitssichten sind" (Deiser, 1995: 310). Die angesprochenen organisationalen Widersprüche erfahren hier also eine grundlegende Umdeutung. Sie sind kein hinzunehmendes oder zu durchbrechendes Übel, sondern sie werden zur notwendigen Voraussetzung für Entwicklung. Die balancierende Bearbeitung der organisationalen Dilemmata ist für die Steigerung der Entwicklungsfähigkeit ein wichtiger Ansatzpunkt.

Diese Grundidee einer Corporate University entspricht dem bereits dargestellten systemtheoretischen Entwicklungsverständnis. Sie ist wertvoll, um zu beschreiben, welche Rolle eine Corporate University idealerweise einnehmen sollte. In der Praxis aber, in der nach wie vor rationale Denkmodelle vorherrschen, kann ein solches Verständnis nicht vorausgesetzt werden. Das Potential des Integrationsansatzes verpufft, wenn es vor dem Hintergrund rationaler Denkmodelle interpretiert wird. Der grundlegende Unterschied zwischen dem frühen Ansatz von Meister und dem systemtheoretischen Vorschlag von Hilse wird dann verwischt.

Die Fallbeispiele in den folgenden Kapiteln werden zeigen, dass es einen Unterschied für den Einführungsprozess macht, wie eine Corporate University auf diese Integrationsnotwendigkeiten reagiert. Der Entwicklungsverlauf hängt davon ab, welche Umgangsformen die neue Lerneinheit im Zuge ihrer Ausdifferenzierung und internen Positionierung zur Bearbeitung dieser Widersprüche findet und wie dies in der Organisation ankommt.

6.2 Inhaltliche Leitunterscheidungen

Neben diesen eher konzeptionellen Grundideen entstanden in den neunziger Jahren eine Reihe eingängiger beschreibender Modelle und Systematisierungen, die in der praxisnahen Management- und Beraterliteratur veröffentlicht wurden. Diese Modelle illustrieren verschiedene Szenarien für Corporate Universities in der Organisation. Real existierende Corporate Universities werden in verschiedene Untergruppen sortiert und in ihrer Funktion, ihrem Interventionsrepertoire, den vermittelten Inhalten und den Didaktiken unterschieden (vgl. dazu auch Andresen, 2003: 236). Oft orientiert sich die Anordnung an einer evolutionären Reihenfolge. Die Modelle zeichnen so auch prototypische Entwicklungsgeschichten nach.

Vor allem aber liefern die Systematisierungen einige grundlegende Unterscheidungen für die Beobachtung von Lernen und Entwicklung in der Organisation. Meist beziehen sich diese Unterscheidungen auf lern- oder organisationstheoretische Überlegungen, die über die populärwissenschaftliche Managementliteratur als neue Beobachtungskriterien Eingang in den praktisch orientierten Diskurs finden. Aus der hier gewählten systemtheoretischen Perspektive finden diese Unterscheidungen Eingang in die Organisation, indem sie beobachtet werden. Sie prägen die internen und externen Selbstbeschreibungen der Organisation, sofern sich die Kommunikation an ihnen orientiert. Die Unterscheidungen geben eine grobe Richtschnur für die Selbstbeobachtung der eigenen Lern- und Entwicklungsprozesse. Sie schaffen Orientierung und beeinflussen das Lernverständnis der Beteiligten (vgl. dazu ausführlicher Kapitel 9).

Die zugrunde liegenden lerntheoretischen Überlegungen werden in den Corporate-University-Modellen aber nur sehr oberflächlich behandelt; die Implikationen dieser Unterscheidungen kommen nicht zum Tragen. Wie für Managementmoden typisch, haben wir es bei den meisten Modellen – Ausnahmen bestätigen die Regel – eher mit starken Vereinfachungen ohne große Tiefenschärfe zu tun. Die verwendeten Schlagwörter wie organisationales Lernen, Action-Learning, Wissensmanagement usw. werden oft ohne weitere Erklärungen oder theoretische Fundierung verwendet, und es bleibt dem Einzelnen überlassen, wie er diese Begriffe interpretiert. Auch wissenschaftliche Gepflogenheiten, wie das Transparentmachen von Quellen und Bezügen, können in den praxisnahen und auf persönliche Profilierung zielenden Abhandlungen nicht vorausgesetzt werden. Oftmals kopieren Autoren bestehende Ansätze zu großen Teilen und besetzen das Konzept mit ihrem eigenen Namen, um im

Diskurs persönlich Erwähnung zu finden. Zusammenhänge zwischen den einzelnen Überlegungen sind deshalb nur schwer, höchstens mit detektivischer Akribie nachzuvollziehen.

Baukastenmodell von Andresen (2003)
Auch Andresen kritisiert die mangelnde wissenschaftliche Fundierung der Modelle, die aus ihrer Sicht konstruierte *Beschreibungsmodelle* sind. Im Gegensatz dazu erarbeitet sie ein umfassenderes *Erklärungsmodell* für Corporate Universities und bezieht sich dabei auf die Strukturationstheorie sowie den radikalen Konstruktivismus (vgl. Andresen, 2003: 277ff.). Die theoretische Auseinandersetzung mit verschiedenen Lernniveaus und Interventionsebenen (Person, Gruppe, Organisation), die eng verbunden mit zahlreichen empirischen Bezügen und Eindrücken ist, läuft auf ein Baukastenmodell hinaus (siehe Abbildung 4).

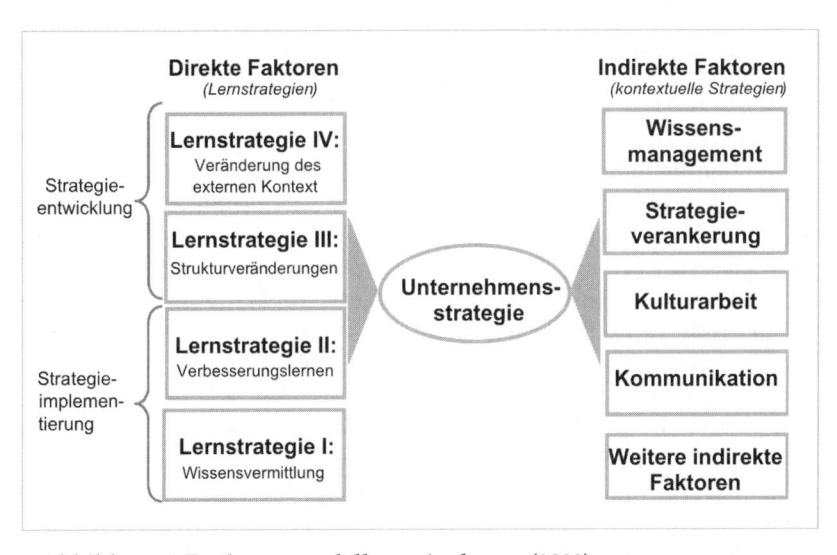

Abbildung 4: Baukastenmodell von Andresen (2003)

Dieses besteht aus vier *Lernstrategien* und weiteren *kontextuellen Strategien* von Corporate Universities, mit denen Einfluss auf die Unternehmensstrategie genommen werden kann. Den Lernstrategien, die von rein individuellem Lernen (Lernstrategie I) über Verbesserungslernen (Lernstrategie II) und der Neuformulierung von Strukturen (Lernstrategie III) bis hin zur Einflussnahme auf den externen Kontext (Lernstrategie IV) reichen, schreibt Andresen *direkte* Einflussmöglichkeiten auf die Unternehmensstrategie zu. Über die indirekten Faktoren, bestehend aus Wissensmanagement, Verankerung von Mission, Vision und Strategie, Unternehmenskulturentwicklung und Kommunikationsförderung, hat die Corporate University ihrer Ansicht nach weitere *indirekte* Einflussmöglichkeiten auf die Unternehmensstrategie (vgl. ebd.: 278). Mit Hilfe des Baukastenprinzips soll die Lernarchitektur einer Corporate University individuell für die jeweiligen internen und externen Bedingungen des Unternehmens maßgeschneidert werden können (vgl. ebd.: 465).

Der Wert von Andresens Arbeit besteht in erster Linie in der sehr detaillierten und erstmals theoriegeleiteten Beschreibung der verschiedenen Interventionsansatzpunkte sowie ihrer Einflussmöglichkeiten und Dynamiken auf der Ebene der Person und der Organisation. Das aus wissenschaftlicher Sicht hochinteressante Modell vermeidet die für Managementmoden so typische naive Vereinfachung und normative Wertung. Es enthält keine implizite Reifungslogik oder die bewertende Unterscheidung in „alt" und „neu", die bestimmte Lernstrategien bevorzugt. Je nach Bedarf und Kontext können Unternehmen die für sie adäquate Lernstrategie wählen bzw. zu einer Gesamt-Lernarchitektur zusammenstellen. So wird die Wahrscheinlichkeit, dass die kontextbezogene Lösung zur Organisationsrealität passt, erhöht. Zudem wird dem Bedürfnis, Bewahrungs- und Erneuerungsaktivitäten auszubalancieren, Rechnung getragen. Andererseits aber gibt das Modell keine Antworten darauf, wie diese „ideale" Lösung realisiert werden kann. Die Frage, wie das Soll zum Ist wird, bleibt offen. Implizit wird unterstellt, dass das jetzt besser geplante und angepasste Reformvorhaben eins zu eins umgesetzt werden kann. Reformdynamiken, soziale, erwartungsgetriebene Zuschreibungsprozesse, die im Einführungsprozess wirksam werden, sind hier nicht berücksichtigt.

Auch wenn die Kritik an den Beschreibungsmodellen berechtigt sein mag – für die Analyse des Einführungsprozesses sind die verschiedenen Corporate-University-Modelle dennoch interessant. Denn es sind diese normativen Modelle, an denen sich die reflexive Kommunikation über das eigene Entwicklungsmuster orientierte. Die Modelle reduzierten Komplexität, gaben Orientierung bei der Selbstbeobachtung und dienten Managern, Corporate-University-Verantwortlichen und Beratern zur gemeinsamen Verständigung über die inhaltlichen Ziele und die Ausgestaltung der Lernfunktion. Im Spiegel der neuen Norm erscheinen die eigenen Erneuerungsroutinen in einem neuen Licht, es werden andere Unzulänglichkeiten beobachtet, die zu anderen Veränderungsinitiativen führen. Bei der folgenden Diskussion einzelner Modelle geht es deshalb auch nicht um „richtig" oder „falsch" und es geht auch nicht um die Erarbeitung eines neuen, besseren, idealtypischen Modells. Vielmehr werden die zugrunde gelegten konstitutiven Unterscheidungen herausgearbeitet, an denen sich die Auseinandersetzung mit der eigenen Selbstentwicklungsfähigkeit entzündete. Die Unterscheidungen werden vor dem Hintergrund des systemtheoretischen Entwicklungsverständnisses ausführlich diskutiert und ihre Implikationen bewertet.

6.2.1 Reproduktion und Exploration

„Ich glaube, die University ist eher so etwas wie ein Magnet, der mit zweipoligen Stromenden ungeordnete Teile ab und an in Ordnung bringt und ab und an auch wieder in Unordnung" (leitender Managemententwickler).

Prototypenmodell von Fresina (1997)
Die erste Unterscheidung bezieht sich auf das Lernniveau. Mit reproduzierender Wissensvermittlung und der Schöpfung und Exploration neuen Wissens unterscheiden viele Corporate-University-Modelle zwischen zwei verschiedenen Lernformen. Während es bei der Reproduktion um das Bewahren und die Aufrechterhaltung der bestehenden Leistungsprozesse geht, stehen bei der Exploration Innovationen im Mittelpunkt. Ein Modell, das diese Unterscheidung besonders betont, ist das von Fresina (1997). Mit der Differenzierung dreier idealtypischer Prototypen schärft Fresina das Bewusstsein für die Lernziele, die in der Aufbauphase und während der Weiterentwicklung einer Firmenuniversität implizit zugrunde gelegt werden. Die drei Prototypen lassen sich entlang einer Achse von Aktivitäten zur Beibehaltung des Alten (Prototyp I: „Reinforce and Perpetuate"), Durchsetzung und Motivation für Neues (Prototyp II: „Manage Change") bis hin zur Entwicklung von Neuem (Prototyp III: „Drive and Shape") beschreiben.[29]

---

[29] Zu einem Modell mit ähnlichen Unterscheidungen kommen Baldwin, Danielson und Wiggenhorn, die sich vorrangig auf eigene Erfahrungen bei der Entwicklung der Motorola University beziehen (Baldwin et al., 1997). Sie unterscheiden mit „employee development", „imminent business needs" und „unknown business development" zwischen drei Stufen, die sich ebenfalls durch die „Vermittlung vorhandenen Wissens" oder den „Umgang mit Nicht-

Die Lernziele unterliegen nach Fresina keiner wertenden Norm, vielmehr hängt es von den sich über die Zeit verändernden Bedürfnissen des Unternehmens ab, an welchem Prototyp dieses sich orientiert. Hat ein Unternehmen zurzeit eine „Winning Formula", die es durch Mitarbeiter- und Gruppentraining erhalten und reproduzieren will? Verfolgt das Unternehmen das Ziel, Mitarbeiter zu einmaligen Veränderungen zu motivieren, um die Organisation einmal neu auszurichten und sie im Anschluss erneut zu stabilisieren? Oder sieht das Unternehmen aufgrund eines turbulenten Marktumfelds die Notwendigkeit, sich auf kontinuierlichen Wandel einzustellen und dafür seine Irritationsfähigkeit zu erhöhen? Fresina empfiehlt Unternehmen, sich an einem Prototyp zu orientieren und bei Bedarf Aspekte der anderen zu integrieren.

Unterscheidung von Lernniveaus
Die zugrunde liegende Leitunterscheidung in Fresinas Modell ist die Unterscheidung verschiedener Lernniveaus. Jedes Unternehmen muss in Abhängigkeit von seinen Umwelten ein geeignetes Irritationspotential finden, das durch seine Entscheidungspraxis bestimmt wird. Die Lernniveaus verlaufen vom Pol „Vermittlung von Wissen" bis hin zum Pol „Erkundung von Nichtwissen": Was soll so bleiben, wie es ist, und wo wird etwas grundsätzlich Neues benötigt? Fresinas Sichtweise erinnert an die Lernstufenmodelle aus der Lerntheorie (vgl. Abbildung 5). Diese Modelle befassen sich mit der Frage, wie viel verlernt werden muss, um lernen zu können. Die Stufen gehen vom punktuellen Veränderungslernen innerhalb des gesteckten Rahmens, über Double-loop-Lernen, das die zugrunde gelegten Prämissen in Frage stellt, bis hin zum Deutero-loop-Lernen, bei dem es um das Lernen des Lernens, also um die Entwicklung der Entwicklungsmechanismen, geht. Damit verbunden ist auch die Frage nach der Bereitschaft, Unsicherheiten in Kauf zu nehmen (vgl. Piaget, 1975; Argyris, 1976; Bateson, 1983, sowie auch Baecker, 2003, u.v.m.).

---

wissen" unterscheiden lassen. Wie Fresina auch stellen die Autoren die drei Stufen in Zusammenhang mit der Veränderungsdynamik der externen Umwelt: Während sich Stufe 1 vor allem bei geringen Umweltturbulenzen eignet, werden bei einer stärkeren Veränderungsdynamik die höheren Stufen 2 oder 3 aktiv. Die notwendige Ausbalancierung zwischen Reproduktion und Exploration findet hier allerdings keine Erwähnung.

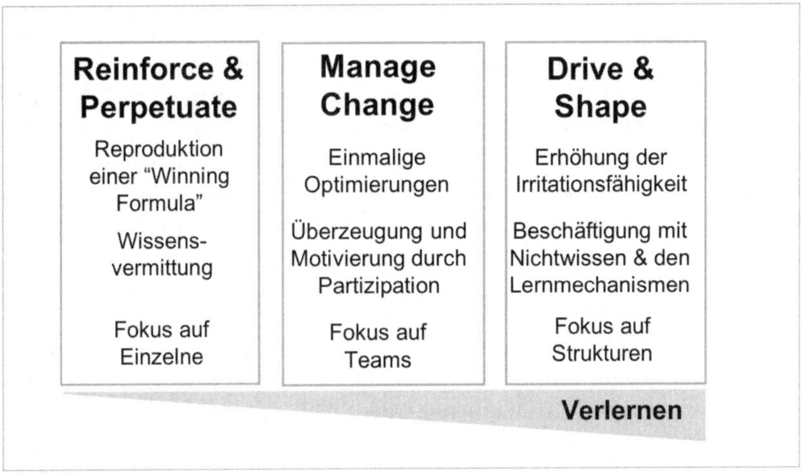

Reinforce & Perpetuate	Manage Change	Drive & Shape
Reproduktion einer "Winning Formula"	Einmalige Optimierungen	Erhöhung der Irritationsfähigkeit
Wissens-vermittung	Überzeugung und Motivierung durch Partizipation	Beschäftigung mit Nichtwissen & den Lernmechanismen
Fokus auf Einzelne	Fokus auf Teams	Fokus auf Strukturen

Verlernen

Abbildung 5: Ausmaß des Verlernens in Fresinas Modell

Exploitation und Exploration
Die in den Szenarien getroffenen Unterscheidungen erinnern auch an das Konzept von Exploitation und Exploration (vgl. March, 2001; March, 1991). Aus dieser Perspektive wird deutlich, dass es nicht um eine eindeutige Entscheidung für eine der beiden Seiten geht, sondern jede Organisation für eine sorgsame Ausbalancierung der Pole sorgen muss.

Lernen entsteht March zufolge durch einen Selektionsprozess. Unternehmen lernen, indem sie fortwährend Handlungsalternativen prüfen, die zur Bewältigung ihrer Aufgaben mal besser und mal schlechter funktionieren. So entwickelt die Organisation ein Wissen darüber, welche Optionen Erfolg versprechen und welche nicht. Durch Wiederholung und punktuelle Optimierungen werden erfolgreiche Alternativen schnell zur unhinterfragten Routine und damit zum Wissen in der Organisation. Weniger Erfolg versprechende Alternativen werden übergangen, aussortiert und letztlich vergessen. So entsteht auf der Kehrseite dieses Wissens immer auch ein Nichtwissen, das die ausgeschlossenen Alternativen vorhält. Mit der Unterscheidung zwischen Exploitation und Exploration verortet March, ob Lernen sich als Verbesserungslernen auf der Seite des „schon Gewussten" oder als experimentierfreudiges Lernen auf der Seite des „noch nicht Gewussten" abspielt. Mit Exploitation beschreibt er die Ausnutzung und Weiterentwicklung von bereits vorhandenem bzw. erzeugtem Wissen. Hierunter fallen Lernprozesse wie Prozessoptimierungen, Effizienzsteigerungen, Standardisierungen etc. All diesen Maßnahmen ist gemein, dass sie das Bestehende erhalten und schrittweise verbessern, ohne aber grundsätzlich andere Alternativen in Betracht zu ziehen. Exploration hingegen meint die Beschäftigung mit dem eigenen Nichtwissen, also das Herausfinden und Experimentieren mit Alternativen und Informationen, die man noch nicht kennt, die aber künftig Erfolg versprechend sein könnten.

Balancierung von Stabilität und Erneuerung
Beide Pole müssen im Unternehmen sorgsam ausbalanciert werden. Die Überbetonung einer Seite bedroht ihr Überleben. Bei exzessiver Exploration droht March zufolge die „Scheiternsfalle". Ständig experimentiert man mit neuen Alternativen, ohne eine davon mit einer gewissen Frustrationstoleranz zu vertiefen. „Man scheitert, versucht was Neues, scheitert abermals, da das Neue wie vieles Neue wahrscheinlich wieder nicht funktioniert, man lässt also erneut davon ab und beginnt wieder etwas Neues usw." (ebd.: 28). Auf der anderen Seite führt die selbstverliebte Beschränkung auf Exploitation schnell in die „Kompetenzfalle". Man konzentriert sich auf die Optimierung ehemals erfolgreicher Alternativen und lehnt andere viel versprechende Optionen unüberlegt ab, ohne sie auf ihr künftiges Potential hin zu überprüfen. Für die Ausbalancierung gibt es kein Patentrezept – jedes Unternehmen muss für sich herausfinden, wie es den Umgang mit dem eigenen Wissen und Nichtwissen gestalten muss. „Wir wissen, dass es irgendwo in der Mitte liegt, aber kein Mensch weiß, wo die Mitte ist" (ebd.: 28). So werden Unternehmen, die in einem relativ stabilen Umfeld agieren, eher auf Verbesserungslernen setzen, während Unternehmen in turbulenten Märkten ihre Explorationsfähigkeit ausbauen müssen.

Wissen und Lernen als Gegensätze
Als Gegensatzpaare sind Exploitation und Exploration schwer harmonisierbar. Die Beschäftigung mit vorhandenem Wissen blockiert das Experiment mit Nichtwissen und die Beschäftigung mit Neuem stellt das Bestehende in Frage. Exploration als strategisches Lernen setzt folglich immer auch voraus, dass bestehende, ehemals erfolgreiche Routinen verlernt werden. Simon diskutiert Lernen und Wissen deshalb als eigentlich unvereinbare Gegensätze. Denn während Organisationswissen alle geprüften und etablierten Prozeduren und Alternativen umfasst, müssen diese, um Neues zu lernen, in Frage

gestellt und verändert bzw. „ver-lernt" werden. „Wo Wissen bewahrt wird, wird Lernen verhindert" und umgekehrt (vgl. Simon, 1997: 156). Bezogen auf das Formenkalkül Spencer-Browns bilden Wissen und Nichtwissen eine Form. Wissensproduktion auf der Innenseite lässt auf der Kehrseite dieses Wissens zwangsläufig auch das Nichtwissen anwachsen. Das Übertreten der Grenze zum Nichtwissen ist ohne Zweifel und Unsicherheiten am eigenen Wissen nicht zu haben.[30] Baecker schlägt deshalb vor, „die Frage nach der *Operation des Lernens* nicht auf der Ebene des positiv gewerteten Lernens, zu dem dann letztlich nur aufgefordert und ‚motiviert' werden kann, sondern auf der Ebene eines ambivalent gewerteten *Verlernens* zu stellen, das eigene Prozesse einer darauf eingestellten Kommunikation erfordert" (Baecker, 2003: 192). Folglich geht es beim Lernen vor allem um das Verlernen von Routinen, die in der Vergangenheit einmal erlernt wurden, und darum, an ihre Stelle eine andere, neue Routine treten zu lassen. „Es geht darum, mit Mitteln einer negativen Rückkopplung auf einen Prozess der negativen Rückkopplung zu reagieren, das heißt zu *verhindern, dass Abweichungen verhindert werden*" (ebd.).

Warum es so schwerfällt, einmal als sinnvoll erklärte Handlungen aufzugeben, erklärt Karl Weick mit seinen Überlegungen zum Sensemaking. Einmal als vernünftig definierte Sinnkonstruktionen finden Eingang in die kollektiven und individuellen Identitätskonstrukte und trotz neuer, divergenter Erfahrungen wird an diesen Sinnkonstruktionen festgehalten (vgl. Weick, 1995; Weick, 1993). Erfolgreiches Lernen in der Gegenwart vermindert die Lernfähigkeit von Organisationen in der Zukunft. In der Gegenwart werden Muster und Routinen etabliert, die die Flexibilität und damit die Wahrscheinlichkeit für künftige Veränderungen senken (vgl. Kühl, 1997: 8ff.).

---

[30] Hier offenbart sich ein wesentlicher Unterschied eines systemischen Wissensverständnisses zu substanzbezogenen Wissenskonzeptionen. Letztere begreifen Wissen als eine sehr gehaltvolle, aber prinzipiell endliche Ressource oder „Stoff", den es kognitiv zu verarbeiten gilt. Aus systemtheoretischer Sicht ist Wissen hingegen Resultat einer Beobachtung, die zwischen Wissen und Nichtwissen unterscheidet. Wissen ist deshalb nur denkbar im Kontext von Nichtwissen.

Unsicherheit und Nichtprognostizierbarkeit von Lernprozessen
Auch wenn Fresina die theoretischen Bezüge und die herausgearbeiteten implizierten Widersprüche nicht explizit diskutiert, spricht er doch die Schwierigkeit der Balancierung von Bewährtem und Neuem an, die für das systemtheoretische Entwicklungsverständnis zentral ist. Eine Corporate University eigne sich besonders für Unsicherheit erzeugende Explorationsprozesse. Zwar könne diese Explorationsarbeit auch in anderen Abteilungen geleistet werden, die Etablierung einer Corporate University stelle aber mehr als andere Abteilungen einen geschützten, klar umrissenen und definierten Bereich dar, in dem explorierende Lernprozesse professionell unterstützt und neben dem internen Wissen auch externe Informationen für den Lernprozess genutzt werden können. Die Universität wird so zu einem „Labor", in dem neue Fragen gestellt, Zweifel geäußert und Neues ausprobiert werden kann. Systemisch formuliert, kann sich die Organisation in einem *Schutzraum* mit Störungen und Zweifeln versorgen, ohne damit gleich die Gesamtorganisation und ihre etablierten Leistungsprozesse zu verunsichern.

Bearbeitung der Paradoxie Stabilisierung vs. Erneuerung
So verstanden, bekommt die Corporate University eine wichtige Rolle für die Bearbeitung der Paradoxie von Stabilität und Erneuerung. Die Paradoxie wird durch interne Systemdifferenzierung entparadoxiert: Die Corporate University ist nun (zumindest symbolisch) für die Erneuerung zuständig, der Rest für die Aufrechterhaltung des Bestehenden.[31] Die Stabilität der Leistungsprozesse ist gewahrt und deshalb traut man sich in der Universität etwas Neues. Die Corporate University hat folglich eine stabilisierende Funktion für die unter Wandlungsdruck geratene Organisation.

Doch welche Form der Balancierung zwischen Verbesserungslernen und experimentellem Lernen gefunden wird, hängt davon ab, wie groß die Bereitschaft der Organisation ist, sich auf Unsicherheiten und Unannehmlichkeiten einzulassen, die mit dem Umgang mit Nichtwissen und durch den Zweifel an der bisher gültigen Systemrationalität entstehen. Beim Verbesserungslernen befindet man sich

---

[31] Freilich kann man sich darüber auch wieder streiten und diese Arbeitsteilung in Frage stellen. Auch dies hat Auswirkungen auf die Wahrnehmung der eigenen Entwicklungsfähigkeit und kann die Systementwicklung beeinflussen.

scheinbar auf der sicheren Seite. Die grundlegenden Entscheidungen sind gefällt, werden kollektiv getragen und nicht mehr in Frage gestellt. Man versucht lediglich, die einmal eingeschlagene Richtung zu optimieren und der Aufgabenstellung immer besser anzupassen. Wenn die Grundunterscheidungen zwischen „richtig" und „falsch" einmal getroffen sind, stehen auch die Chancen der Planbarkeit nicht schlecht. Verlässt man diese Seite aber und beginnt aus einer Metaperspektive an ihr zu zweifeln und neue Fragen zu stellen, so begibt man sich auf weitaus dünneres Eis. Mit dem Interesse am eigenen Nichtwissen steigt die Unsicherheit, denn das durch Entscheidungen fixierte Risiko verwandelt sich erneut in Gefahr. Plötzlich ist alles wieder offen: Aus unzähligen Alternativen müssen einige beobachtet, ausprobiert, verfolgt oder verworfen werden – ohne eine Sicherheit, wohin dies alles führen wird.

Die Beschäftigung mit dem eigenen Nichtwissen wird deshalb subjektiv auch als emotional unangenehmer Prozess erlebt. Innerpsychisch fühlt man sich sicherer und wohler, wenn man weiß, was zu tun ist; und deshalb neigen Organisationen genauso wie Menschen dazu, sich an das zu halten, was sie kennen – auch wenn es eigentlich angemessener wäre, nach Handlungsalternativen zu suchen. Die Beschäftigung mit Nichtwissen ist problematisch. Insbesondere dann, wenn Nichtwissen, Fehler oder Abweichungen einzelnen Personen zugeschrieben und entsprechend sanktioniert werden, ist es cleverer, sich als „wissend" und nicht als „unwissend" zu präsentieren. Besonders das Management ist darauf getrimmt, das eigene Wissen zu verteidigen, weil es selbst symbolisch für diese „Weltsicht" einsteht (vgl. Baecker, 1999: 192ff.).

Das Maß an verkraftbarer Unsicherheit ist folglich ein ausschlaggebender Punkt für die Gestaltung einer Lernarchitektur, der in den Modellen, die sich auf die Unterscheidung Exploration/Exploitation beziehen, nicht explizit thematisiert wird. Die Möglichkeiten zur Steigerung der Lernfähigkeit können vor diesem Hintergrund realistischer eingeschätzt werden. Explorationslernen benötigt geschützte und vertrauensvolle Rahmenbedingungen, die ein langsames und schrittweises Herantasten an das Neue erlauben. Ein solcher entschleunigender Auswertungsmodus kann aber schnell in Konflikt mit den auf Beschleunigung angelegten Leistungsprozessen und den Arbeits- und Leistungsgewohnheiten der Lernenden geraten.[32] Die Nichtprognostizierbarkeit von geraten.[32] Die Nichtprognostizierbarkeit von Explorationsprozessen und die darin angelegte Unsicherheitserzeugung stellen Corporate Universities vor ein Legitimationsproblem, wenn sie sich als Labor verstehen. Denn sie stehen unter hohem Druck, den Nutzen ihrer Angebote gemäß der Logik der ökonomischen Rationalität zu belegen, wozu auch Prognosen über die Lernergebnisse gehören. Die Positionierung als serviceorientierte Einheit, die sich an der Zufriedenheit ihrer Kunden messen lässt, ist deshalb auch nur schwer mit der Positionierung als „Labor" zu vereinbaren. Eine Einheit, die sich selbst zum Labor für Explorationsprozesse erklärt, muss zudem damit rechnen, dass sie für die unvermeidliche Unsicherheit und Irrationalität in diesen Entwicklungsprozessen verantwortlich gemacht wird. Dies kann auch ihren Einführungs- und Entwicklungsverlauf empfindlich beeinflussen.

6.2.2 Individuelles und organisationales Lernen

Eine weitere Unterscheidung, die im Zusammenhang von Corporate Universities immer wieder getroffen wird, ist die Unterscheidung von individuellem und organisationalem Lernen. Weil traditionelle Lernansätze sich vorrangig mit dem individuell-kognitiven Lernen auseinandersetzen, legen viele Corporate-University-Ansätze ein besonderes Augenmerk auf das organisationale Lernen.

---

[32] In der Praxis äußert sich die Ablehnung oft durch Unzufriedenheit am Lernsetting, an der Güte der Trainer, Moderatoren, an Zweifeln an der Kompetenz der CU-Mitarbeiter oder an der Servicebereitschaft der Lernfunktion. Die Teilnehmerzufriedenheit lässt deshalb auch keine Rückschlüsse auf die Lernerfolge zu. Meist werden wissensvermittelnde Lernsettings als angenehm und wirkungsvoll erlebt. Die klar vorgegebenen Lernziele, die in Explorationsprozessen erst noch herausgefunden werden müssen, schaffen Orientierung und vermitteln Professionalität. Explorationsfördernde Programme hingegen führen aufgrund der scheinbaren Ziellosigkeit, die als emotional unangenehm erlebt wird, schnell zu Unzufriedenheiten. Meyer unterscheidet deshalb zwischen „happy" und „unhappy" Learning. In einer Studie zeigt er allerdings, dass explorationsfördernde Programme von den Teilnehmern im Nachhinein – insbesondere aufgrund der intensiven und unsicheren Suchprozesse – als sehr bedeutsam und wirkungsvoll in Erinnerung blieben, während den anderen Programmen keine nachhaltigen Effekte zugeschrieben wurden (vgl. Mayer, 2003).

Stufenmodell von Deiser (1998)
Für die Unterscheidung individuelles/organisationales Lernen soll hier exemplarisch die Systematisierung von Deiser vorgestellt werden. Er unterscheidet zunächst vier verschiedene Corporate-University-Typen entlang der Pole Exploitation bis hin zur Exploration und beschreibt deren Logik sowie die notwendige Rolle des Topmanagements: Als Profit-Center geht es der Lernfunktion in erster Linie darum, aus den unternehmensinternen Wissens- und Erfahrungsbeständen Profite zu generieren. Das Topmanagement agiert als Aufsichtsrat. Die Corporate University als *„Qualifikationszentrum"* trainiert wettbewerbskritische individuelle Fähigkeiten und ist darauf angewiesen, dass das Topmanagement die dafür notwendigen Ressourcen zur Verfügung stellt. Als *„Standardisierungsmotor"* sorgt sie für die Reproduktion und den Transfer vorhandener „Core-Practices". Organisationales Wissen wird in Form von Standards, Arbeitsprozessen und Regeln, die vom Management definiert werden, weitergegeben und geprobt. Als *„strategische Drehscheibe"* versteht sich die Corporate University hingegen vor allem als Plattform für die Entwicklung und Umsetzung der Unternehmensstrategie. Sie wird zu einem Kerninstrument der strategischen Führung des Topmanagements, das sich selbst als Architekt und Protagonist des Wandels sehen muss.

Darüber hinaus beschreibt Deiser ein Modell mit fünf Stufen, die sich bezüglich ihres Grades der Verknüpfung von Lernen und Praxis sowie ihrer Verzahnung von individuellem mit organisationalem Lernen unterscheiden. Mit der Unterscheidung von individuellem und organisationalem Lernen spezifiziert Deiser den Ansatzpunkt der Intervention. Die ersten Stufen sehen vornehmlich in der einzelnen Person den Ansatzpunkt für Veränderung. In den höheren Stufen wird mehr und mehr die Organisation als eigenständige Interventionsebene berücksichtigt. Ab Stufe 3 verortet Deiser einen „echten Paradigmenwechsel" im Verständnis von Lernen, da sich hier der Fokus von individuellem auf organisationales Lernen verschiebt, dem er eine eigenständige Dynamik zuschreibt. In dieser Stufe werden individuelle Lernprozesse mit strategischen Change-Initiativen verknüpft und so wird integratives Organisationslernen möglich. Individuelles und organisationales Lernen greifen ineinander, weil Lernen nicht mehr in vom Geschäft abgelösten Trainingsseminaren stattfindet, sondern im Sinne von Action-Learning flankierend zu realen Veränderungsthemen. Lernprozesse auf personaler Ebene werden mit organisationalen Veränderungen gekoppelt. In Stufe 4, die in etwa Fresinas Prototyp III entspricht, wird der Fokus von der reinen Implementierung des kulturellen und organisatorischen Wandels auf die Verknüpfung mit strategischen Geschäftsinitiativen erweitert. Lernarchitekturen dieser Stufe gestalten Lernprozesse in Projekten, in denen Mitarbeiter reale Business-Probleme lösen. Arbeit und Lernen gehen ineinander über, mit dem Unterschied, dass die Projektarbeit durch Just-in-time-Lernprozesse angereichert wird. Auf diese Weise wird, so Deiser, die Ergebnisqualität gesteigert und die Lern- und Wettbewerbsfähigkeit der Organisation erhöht (vgl. Deiser 1998: 44-46). Ab Stufe 4 sind Lernen und Geschäft fast vollständig miteinander verschmolzen.[33]

Wie bei Fresina hängt die Wahl des Modells vom jeweiligen Unternehmenskontext der Strategie ab. Implizit enthält das Modell von Deiser aber eine wertende Evolutionsdynamik. In logisch aufeinander aufbauenden Stufen werden Lernen und Geschäft sowie individuelles und organisationales Lernen immer stärker verzahnt. Die fünfte Stufe stellt schließlich den höchsten Entwicklungsgrad einer Lernarchitektur dar. Hier werden sogar Partner aus der Unternehmensumwelt in den Strategie- und Lernprozess integriert.[34]

Ansatzpunkte für Interventionen
Mit der Einführung der Unterscheidung von individuellem und organisationalem Lernen thematisiert Deiser den Transfer- und Umsetzungsaspekt in Lern- und Wissensprozessen zwischen Individuum und Organisation. Die Unterscheidung von Individuum und Organisation macht darauf aufmerksam, dass organisationale Entwicklungsprozesse nicht die Summe individueller Lernerfahrungen sind und Individuum und Organisation in keinem direkten Aus-

---

[33] Vergleichbare, nur leicht modifizierte Modelle legen auch Heuser (1999), der die Evolutionsphasen von Corporate Universities nochmals herausstellt, sowie Lucchesi-Palli und Vollath (1999) sowie Rademakers und Huizinga (2000) vor.

[34] Andresen bemerkt hier Ähnlichkeiten zu bereits bestehenden Modellen der Personalentwicklung: Einsiedler zum Beispiel unterscheidet zwischen vier sehr ähnlichen Grundrichtungen der Personalentwicklung: klassisches Bildungswesen, Teamentwicklung/klassische Organisationsentwicklung, Entwicklung des Humankapitals durch Zusammenarbeit über die Funktionsbereiche hinweg, Organisationsentwicklung entlang der Wertschöpfungskette über die Unternehmensgrenzen hinweg (vgl. Andresen 2003: 259, die sich auf Einsiedler, 1995, bezieht).

tauschverhältnis zueinander stehen. Wir haben es mit zwei Systemebenen zu tun, die strukturell gekoppelt sind und die sich ihr Wissen wechselseitig zur Verfügung stellen. Eine Lernfunktion muss die Nahtstelle sorgsam gestalten, um Lernen effektiv zu machen. Störungen im Kommunikationsfluss bzw. bei einem vermeintlichen Wissensübertrag erscheinen vor diesem Hintergrund in einem neuen Licht. Sie sind nicht ausschließlich auf individuelle Lerndefizite zurückzuführen, sondern auf die Passung bzw. Nichtpassung sozialer Erwartungsstrukturen und individueller Beiträge. *Verständnis*probleme werden jetzt zu *Verständigungs*problemen.

Transferprobleme zwischen Individuum und Organisation
In der Organisationstheorie ist die Unterscheidung zwischen individuellen und organisationalen Entwicklungsprozessen keine Neuheit. Schon in den späten siebziger Jahren begann man, das Lernen der Organisation als eigenständige Qualität zu betrachten, und interessierte sich für das Zusammenspiel zwischen Individuum und Organisation. Erste Arbeiten übertrugen behavioristische Ansätze zum individuellen Lernen auf die Organisation. Nach und nach wurden diese Trivialvorstellungen durch Einsichten der Kognitionsforschung, des Konstruktionismus, Konstruktivismus und schließlich auch der neueren soziologischen Systemtheorie erweitert und grundsätzlich revidiert (vgl. dazu Bruder, 1993). Besonders interessant sind in diesem Zusammenhang die recht frühen Untersuchungen von March und Olsen (vgl. March und Olsen, 1979).

Der Übertrag ihrer zunächst behavioristischen Lernvorstellungen auf die Organisation stößt sie auf die Frage nach den zahlreichen Störungen, zu denen es in ihrem Modell des „Wahlverhaltenszyklus" kommt.[35] Die Beschäftigung mit den Störungen veranlasste sie dazu, sich von den behavioristischen Trivialvorstellungen zugunsten eines kognitionstheoretischen Modells zu lösen. So erklären sie Unterschiede zwischen individuellem „Wissen" und „Verhalten" mit sozialen Rollenerwartungen. Auch wenn der Einzelne etwas „besser" weiß, handelt er in der Organisation eher erwartungskon-

---

[35] Nach diesem Modell kommt es zu einer Art Dominoeffekt zwischen Individuen, Organisation und Umwelt: Individuelle Kognitionen beeinflussen das Verhalten und dies wirkt sich auf das organisationale Entscheidungsverhalten aus. Die organisationalen Entscheidungen beeinflussen die Umwelt und die Umwelteffekte beeinflussen wiederum individuelle Kognitionen usw.

form. Auch die Organisation neigt selbst eher dazu, individuelle Verhaltensänderungen zu ignorieren, statt ihre Gewohnheiten zu ändern. Ähnliches trifft für den Umgang mit der Umwelt zu – Organisationen verhalten sich ihr gegenüber oft ignorant und gemäß ihrer Erwartungsstrukturen „abergläubisch".

Anderen Ansätzen zum organisationalen Lernen fehlt eine differenzierte Betrachtung der Schnittstellen zwischen den Systemebenen. Sie können Transferschwierigkeiten nicht erklären. Ein Beispiel hierfür ist der handlungstheoretische Ansatz zur „lernenden Organisation" von Argyris und Schön (1999), der aufgrund seiner großen Popularität die Vorstellungen vieler praktizierender Lernverantwortlichen prägte. Handlungen in Organisationen basieren den Autoren zufolge weniger auf explizit benennbaren und überprüften Überlegungen, sondern auf subjektiven und emergenten Handlungstheorien ihrer Mitglieder. Diese impliziten „theories in use" konstituieren sich in der Auseinandersetzung mit der Organisation und in ihnen sind Werte, Normen und Zielsetzungen der Organisation eingebettet. Die Brauchbarkeit individueller Handlungsstrategien wird kontinuierlich überprüft und bei Bedarf werden sie in unterschiedlichem Maße durch Single-, Double-, oder Deutero-Loop-Learning modifiziert. Organisationslernen hängt gemäß dieser Konzeption von der Modifikation der mentalen Modelle der beteiligten Akteure ab. Individuelle Handlungsstrategien entwickeln sich den Autoren zufolge zwar im Kontext der Organisation. Ansatzpunkt für Interventionen bleiben aber Einzelne und Teams, die ihre mentalen Modelle anpassen sollen. Die kritische Selbstreflexion individueller Handlungstheorien wird hier zur notwendigen Voraussetzung für organisationale Lernprozesse.

Im Alltag ist es schwer, sich das Organisationslernen als eine eigenständige emergente Ordnungsebene vorzustellen. Ähnliches gilt für das Produkt des Lernens, das Wissen. „Vielen fällt es schwer, sich überhaupt organisationales Wissen vorzustellen, also Wissen, das nicht in den Köpfen von Menschen gespeichert ist, sondern in den Operationsformen eines sozialen Systems. Organisationales oder institutionelles Wissen steckt in den personenunabhängigen, anonymisierten Regelsystemen, welche die Operationsweise eines Sozialsystems definieren" (Willke, 2000: 17).

Die Störanfälligkeit des wechselseitigen Austauschprozesses zwischen Einzelnen und der Organisation – letztlich eine Folge der operativen Geschlossenheit autopoietischer Systeme – kann eine triviale Lernkonzeption, die Individuen und Organisation in ein hierarchisches Verhältnis zueinander setzt, nicht befriedigend erklären und sie führt zu unbefriedigenden Gestaltungsoptionen. Individuelles Wissen wird in der Organisation nur dann relevant, wenn es von anderen Organisationsmitgliedern als ernst zu nehmendes Wissen beobachtet wird. Es hängt von den Erwartungsstrukturen der Organisation ab (vgl. Kapitel 3), wie individuelle Beiträge verstanden werden. Systemerwartungen und individuelles Wissen müssen zueinander passen und gleichsam so unterschiedlich sein, dass beide Ebenen sich gegenseitig irritieren. In Organisationen koppelt die Stelle mit ihren Aufgabenprofilen und Qualifikationsanforderungen Organisationsmitglieder mit der Organisation. Um Wandel zu ermöglichen, müssen Lernarchitekturen Lernprozesse sowohl auf organisationaler Ebene (zum Beispiel in Form von neuen Arbeitsanforderungen, Aufgabenbeschreibungen, Organisations- und Kommunikationsstrukturen, Personal- und Rekrutierungsprozessen etc.) als auch auf individueller Ebene (zum Beispiel durch strategisch ausgerichtetes Training, persönliche Reflexionsmöglichkeiten etc.) initiieren. Lernen muss sich in den Regelsystemen einer Organisation niederschlagen und nicht nur in den Köpfen von Personen. „Die Kernfrage ist, wie sich Intelligenz in einer Organisation als Organisation einbauen lässt, so dass die Organisation selbst in ihren Geschäftsprozessen, Infrastrukturen und Suprastrukturen intelligent wird" (Willke 2001: 58).

Die Unterscheidung legt für eine Corporate University andere Maßnahmen nahe. So kann sie sich vor allem auf Schulungs- und Reflexionsangebote für Mitarbeiter beschränken. Oder sie versucht, durch ihre Interventionen auf die Kommunikations- und Entscheidungsfindungsprozesse der Organisation einzuwirken. Dies aber setzt eine klare Rollenverteilung zwischen Management und Corporate University voraus.

6.2.3 Unterscheidung zwischen Hierarchieebenen

Andere Ansätze systematisieren Corporate Universities nach den angesprochenen Zielgruppen und unterscheiden dabei vor allem hierarchisch, also zwischen Management und Mitarbeitern.

Portfoliomodell von Stauss
Das Modell von Stauss ist ein Beispiel hierfür (vgl. Stauss, 1999). Er beschreibt das Spektrum von Corporate Universities anhand verschiedener Zielgruppen und ordnet diesen entsprechende Lerninhalte und Methoden zu. Angefangen beim Topmanagement diffe-

renziert er Lernmaßnahmen für Führungskräfte bis hin zu Mitarbeitern und Externen. Als weitere Dimension fügt er den Spezialisierungsgrad der Lerninhalte hinzu und kommt so zu einer Unterscheidung von fünf Prototypen: die Corporate University als Top-Management-Lesson, als Trainingsabteilung, als Treiber für organisationale Entwicklung, als Learning-Lab und als Bildungsanbieter für externe Kunden.[36]

Der Selektion bestimmter Zielgruppen liegen bestimmte Interventionsvorstellungen zugrunde. Die auf das Topmanagement fokussierten Corporate Universities gehen nach Stauss davon aus, dass die Qualifikation der hierarchisch höchsten Stufe den meisten Mehrwert schafft, da das Management den größten Einfluss auf die Entscheidungsfindung und damit auf Veränderungs- und Lernprozesse in der Organisation hat. Die Prototypen Trainingsabteilung, organisationale Entwicklung und Learning-Lab adressieren mittlere Führungskräfte und Mitarbeiter. In der Corporate University als Trainingsabteilung geht es weitestgehend um klassische, auf den einzelnen Mitarbeiter fokussierte Wissensvermittlung. Im Vergleich dazu zielt der Prototyp organisationale Entwicklung auf die Umsetzung einer strategiegerechten Unternehmenskultur. Visionärer wird es im so genannten Learning-Lab, das sich auf die Generierung von neuem, unternehmensspezifischem Wissen konzentriert. Neben einzelnen Mitarbeitern werden auch Projekt- und Arbeitsteams sowie Externe in den Lernprozess mit einbezogen. Im Learning-Lab sieht Stauss Möglichkeiten zur Realisierung der „lernenden Organisation". Im fünften Prototyp, dem Education-Vendor, stellt sich eine Corporate University als Wissensanbieter für externe Kunden auf, wie es zum Beispiel von der Motorola University praktiziert wird.

Leider bleibt die Einteilung in fünf Prototypen sehr ungenau. Die Verbindung zwischen den einzelnen, hierarchisch unterschiedenen Zielgruppen wird nicht thematisiert. So wird nicht klar, wie es zur Integration der verschiedenen Perspektiven kommt, zum Beispiel wie das Topmanagement in die Lernprozesse des Learning-Labs einbezogen wird, oder umgekehrt, wie das Wissen der Belegschaft

---

[36] Ein ähnliches Modell legen Seufert und Glotz vor, die zwischen Top-Management-Lesson, Qualification-Center, Standardization-Engine, Learning-Lab und Education-Vendor unterscheiden (vgl. Glotz und Seufert, 2002). Zur kritischen Auseinandersetzung mit diesem Modell vgl. Andresen (2003: 256f.).

in die Top-Management-Lesson einfließt. Auch die Verbindung zur Unternehmensstrategie bleibt unklar. Generell gibt dieses recht oberflächliche Modell also keine Antwort auf die Frage, wie eine Brücke zwischen Plan und Ausführung geschaffen werden kann. Es orientiert sich am hierarchischen Bewältigungsmuster. Auf der anderen Seite liefert diese Typologie ein vielleicht realistischeres Bild von derzeitig praktizierenden Corporate Universities als andere idealtypische Konzepte.

Hierarchische Segmentierung als Muster der Unsicherheitsabsorption
Interessant ist in jedem Fall die Funktion der Zielgruppendifferenzierung für die Unsicherheitsabsorption in der Organisation. Die hierarchische Segmentierung der Lernprozesse legt fest, wie in der Organisation offiziell mit Wissen und mit Nichtwissen umgegangen wird. Wer diskutiert mit wem über Neues? Wo werden Neuerungen angestoßen? Wer lernt was von wem? Und auch: Wer wird aus den Lernprozessen ausgeschlossen, weil er für nicht geeignet oder nicht notwendig erachtet wird?

Welche Zielgruppen in Lernprozesse ein- bzw. aus ihnen ausgeschlossen werden, richtet sich nach den zugrunde gelegten Interventionsvorstellungen. Eine Lernarchitektur, die nur das Topmanagement für strategische Lernprozesse vorsieht, reproduziert implizit das hierarchische Bewältigungsmuster. In dieser Logik bleiben der Umgang mit Nichtwissen und die Entscheidungskompetenz allein der Spitze überlassen und dies kann vom Rest der Organisation beobachtet werden. Dem Topmanagement wird die Macht zugeschrieben, Unsicherheiten letztlich willkürlich zu entscheiden (vgl. dazu Abschnitt 2.4.2 sowie Luhmann, 1997). Die Wahl der Zielgruppe und Methode verrät viel über das vorherrschende Muster der Unsicherheitsabsorption und die entsprechenden Kontroll- und Steuerungsbedürfnisse in der Organisation. Welche Ansatzpunkte sind für Interventionen geeignet? Wo wird „Wissen", aber auch „Nichtwissen" in der Organisation verortet – an der Spitze oder beim einzelnen Mitarbeiter? Und wie viel Selbstkritik und Zweifel kann man den einzelnen Zielgruppen zumuten?

Der Ein- und Ausschluss von Zielgruppen reguliert den Umgang mit Unsicherheit. Bei einer hierarchischen Zielgruppensegmentierung werden nur bestimmte Kommunikationen zugelassen und explorative Lernprozesse damit etwas berechenbarer. Je mehr Kommunikationsmöglichkeiten innerhalb und zwischen den Ebenen zugelassen werden, umso größer ist das Ausmaß an Unbestimmtheit und umso weniger kontrollierbar wird der Lernprozess (vgl. zur Funktion der Hierarchie Baecker, 1999: 183). Auf der anderen Seite schließt eine solche Lernarchitektur bestimmte Zielgruppen aus den Lernprozessen aus. Wichtige Wissensressourcen und Sichtweisen werden nicht genutzt. Die Top-Management-Lesson etwa ermöglicht zwar die Beschäftigung mit Nichtwissen, aber das Management bleibt unter sich. Das rationale Muster bleibt erhalten. Management und die operative Ebene sind voneinander entkoppelt. Die Lernarchitektur macht keinen Unterschied zu den bestehenden Entwicklungsmechanismen.

Auch die Wahl der Lernmethode reguliert die Kommunikationsmöglichkeiten und damit die zugelassene Unsicherheit. Programme für die breite Belegschaft bedienen sich oft individueller Trainingsmaßnahmen, die nur wenig interpersonelle Kommunikation erlauben. In explorativen Lernprozessen, in denen viel Unsicherheit zugelassen werden muss, beschränkt man sich lieber auf kleine Zielgruppen.

Fallbeispiele: Regulierung des Entwicklungsprozesses
Die Kombination von Interventionsansatzpunkt, Lernniveau und Zielgruppe bestimmt, wie viel Unsicherheit zugelassen wird, und sie sagt viel über das Muster der Unsicherheitsabsorption und das Selbstverständnis der Organisation. Das gegenwärtige Bewältigungsmuster der Organisation prägt die Gestaltung der Lernarchitektur. Insbesondere Fallunternehmen mit einer hierarchisch-bürokratischen Tradition taten sich mit der Reflexion ihrer zugrunde liegenden Prämissen schwer. Bei zwei dieser Unternehmen, die ihre Strukturen in einem stabilen, monopolistischen Marktumfeld entwickelten, zeigte sich eine ähnliche Tendenz. Lange Zeit war es unnötig gewesen, die eigene Antwortfähigkeit in Frage zu stellen, denn man konnte sich auf die Bedingungen verlassen. Als sich im Zuge von Marktderegulierungen und fortschreitender Internationalisierung die Umweltbedingungen dann änderten, fiel ihnen ein Umdenken schwer. Das erklärt die Tendenz solcher Unternehmen, die Beschäftigung mit Nichtwissen zu vermeiden oder auf bestimmte Zielgruppen zu beschränken. Zum Beispiel werden persönliche Reflexionsmöglichkeiten und generelle Managementthemen bewusst getrennt, insbesondere auf höheren Hierarchieebenen. Reflexive Selbstbeobachtung beschränkt sich auf die individuelle Ebene in Form von Coachingangeboten.

In einem anderen Unternehmen wurde auch die individuelle Selbstbeobachtung in Form von Coaching nur inoffiziell, man könnte auch sagen heimlich, angeboten:

> *„Was bei uns ja völlig brachliegt, ist das Thema Coaching. Alle wissen, dass sich viele rechts und links ihre Coachings holen, aber das, finde ich, muss einen anderen Stellenwert haben"* (Stimme aus dem Vorstandsbereich).

Die Gruppendiskussionen zeigten, dass in einigen Fällen die Bereitschaft und das Angebot für reflexive Lernprozesse weniger ausgeprägt war, je höher man sich in der Hierarchie bewegte. So verwendete eines der untersuchten ehemaligen Monopolunternehmen zwar in zunehmendem Maße explorative Lernsettings für die bereichsübergreifende Produktentwicklung. Das Topmanagement aber war aus diesem Prozess ausgeschlossen. Für die Spitze schien es unangemessen, an selbst entwickelten Fällen zu lernen, und man wich auf Vorträge hochkarätiger Professoren aus. Eine solche Dynamik ist nicht nur mit der mangelnden Bereitschaft des Managements zu erklären. Die Gestaltung der Lernarchitektur ist das Ergebnis der etablierten rekursiven Erwartungsstrukturen in der Organisation. Auch die Lernverantwortlichen, die Lernarrangements planen, sind Teil dieser Erwartungserwartungen. Einige Gesprächspartner berichteten selbstkritisch, dass sie dem Management in einer Art vorauseilendem Gehorsam Reflexionsmöglichkeiten oft erst gar nicht anboten, um ihm die Selbstthematisierung zu ersparen. Das Management erhielt in diesen Fällen stillschweigend ein Schutzversprechen, das es vor der Beschäftigung mit Nichtwissen bewahrte. Vermutlich erwartete das Management wiederum, dass die Belegschaft von ihm keine Blöße erwartete, und ließ sich deshalb auf dieses Schutzversprechen ein. Die wechselseitigen Erwartungen und Beobachtungsroutinen greifen ineinander. Gepaart mit dem Sicherheitsbedürfnis prägen sie die Lernarchitektur.

6.2.4 Unterscheidung von „zentral" und „dezentral"

Eine weitere Beobachtungsmöglichkeit besteht in der Unterscheidung zwischen zentralen und dezentralen Interessen und der damit verbundenen Frage, wo sich eine Corporate University in der Organisation zwischen zentralen und dezentralen Aktivitäten verortet. Diese Frage wurde von den vorliegenden Ansätzen weniger im Hinblick auf die Gestaltung der Lernarchitektur diskutiert, sondern als Frage, wie sich die Corporate University selbst in der Organisation positionieren muss, um wirksam zu werden.

Auch wenn sowohl die vertikale Integrationsproblematik zwischen „Zentrum" und „Peripherie" als auch die horizontale Integration (also die Frage, wie trotz bestehender Konkurrenzverhältnisse unter prinzipiell gleichberechtigten Subsystemen eine Kooperation im Sinne der strategischen Gesamtziele ermöglicht werden kann) in fast allen Ansätzen zur Sprache kommt, schlägt sich diese Unterscheidung eher implizit in den Zielbeschreibungen nieder, wie zum Beispiel der Forderung einer besseren Verzahnung von Strategie und Operative, der Pflege bereichsübergreifender kultureller Werte, der notwendigen Nutzung und Koordination von dezentral verteilten Wissensressourcen usw. Explizit wird die Unterscheidung zentral/dezentral vor allem, wenn es um die Frage der Positionierung der Corporate University in der Organisation geht. Ende der neunziger Jahre herrschte in der Managementliteratur weitestgehende Einigkeit darüber, dass die zentrale organisationale Einbindung der Corporate University und eine enge Verzahnung mit dem Topmanagement Bedingungen seien, um die Integrations- und Koordinationsanforderungen erfüllen zu können. Vor dem Hintergrund zentral-intentionaler Steuerungs- und Koordinationsvorstellungen schien die Frage, wie die Paradoxie zentral/dezentral zu bearbeiten ist, damit beantwortet.

Corporate University als Marktplatz (Hilse)
Der Ansatz von Hilse ist einer der wenigen, die sich differenzierter mit der Bearbeitung des Widerspruchs zentral/dezentral und den daraus resultierenden Integrationsnotwendigkeiten befassen. Er benennt das Problem der unterschiedlichen Wirklichkeitskonstruktionen und Interessen zentraler und dezentraler Einheiten und hält die zentrale Zusammenführung lokal erzeugter Wissensreserven und Expertisen mit unternehmensübergreifendem, strategischem sowie kulturellem Wissen für eine vorrangige Aufgabe von Corporate Universities (vgl. Hilse, 2001b). Die Unterschiedlichkeit der Wirklichkeitskonstruktionen könne nicht durch eine hierarchische Gegenüberstellung eines besseren strategischen und eines schlechteren operativen Wissens gelöst werden. Vielmehr müssten zentrale und dezentrale Wirklichkeitskonstruktionen so zusammengebracht werden, dass dezentrale Ideen zentral genutzt werden könnten, die spezielle Fachexpertise vor Ort aber auch eine Tiefe entwickeln könne, die zentrale Lerninitiativen nicht erreichen würden. Die Corporate University wird für Hilse zu einem „kommunikativen Marktplatz", auf dem stabilisierendes Wissen und irritierendes Neues in ein Verhältnis zueinander gesetzt werden und so

ein Ausgleich zwischen Orientierung spendenden Bezügen zum bestehenden Wissen einerseits und explorierendem Lernen andererseits hergestellt wird.

Bearbeitung von Paradoxien in der Organisation
Der Widerspruch zentral/dezentral ist das Ergebnis der zunehmenden Ausdifferenzierung von Organisationen. Jede Form von Differenzierung erzeugt Paradoxien und die Organisation muss entsprechende Mechanismen für die Bearbeitung finden (wodurch wieder neue Paradoxien erzeugt werden, die neue Bearbeitungsformen benötigen usw.). In dieser Bewegung liegt die Triebkraft für die organisationale Entwicklung. Die Einheit der Paradoxie wird gespalten und in eine Form mit zwei widersprüchlichen, voneinander abgegrenzten Bereichen gebracht (vgl. dazu Abschnitt 3.1.2). Es entstehen paradoxe Handlungsanforderungen, wie zum Beispiel das Zugeständnis regionaler Entscheidungsfreiräume zur besseren regionalen Anpassung und der gleichzeitige Wunsch nach zentralen Eingriffsmöglichkeiten.

Eine Organisation kann solche Paradoxien auf zwei Arten bearbeiten. Eine Bearbeitungsmöglichkeit besteht in der klaren Entscheidung für *entweder* die eine *oder* die andere Seite. Widersprüchliche Aufgaben können dabei auch hintereinander bearbeitet werden. Im jeweils aktuellen Zustand muss dann allerdings ausgeblendet werden, dass man zuvor genau das Gegenteil gemacht hat. In vielen Unternehmen können wir solche Pendelbewegungen zwischen zentralistischen Führungsanstrengungen auf der einen Seite und Dezentralisierungstendenzen auf der anderen Seite beobachten. Wenn Unternehmen die Nachteile ihres zentralistischen Führungsstils zu spüren bekommen, setzen sie auf Dezentralisierung – bis sie sich im Sumpf der Heterogenität und Vielfältigkeit nach mehr Orientierung, klaren Vorgaben und Führung sehnen, um als Einheit zu überleben. Diese Variante der Paradoxieentfaltung basiert auf der (wenn auch nur in diesem Moment haltbaren) Überzeugung, dass man sich für die beste Lösung entschieden hat. Negative Erfahrungen mit dieser Lösung oder kritische Einwände werden ignoriert oder sogar vergessen.

Die andere Möglichkeit besteht darin, *sowohl* die eine *als auch* die andere Anforderung zu bearbeiten. Dafür müssen zwei Bereiche voneinander unterschieden werden, die durch Kommunikation in ein Verhältnis zueinander gebracht werden. Gleichzeitig sollen sowohl zentrale als auch dezentrale Wirklichkeitskonstruktionen und

Interessenlagen berücksichtigt werden, ohne diese grundlegend harmonisieren zu können. Kommunikation, die zwischen den beiden Seiten vermittelt, ist bei dieser Form der Paradoxiebewältigung sehr wichtig, sie hebt aber auch das Unsicherheitsniveau. Im Vergleich zu eindimensionalen Bewältigungsstrategien erhöht die stärkere Integration dezentraler und zentraler Perspektiven die Komplexität. Zwar erzeugt auch das dezentrale Führungsmodell vielfältige Perspektiven, die aber ohne eine übergreifende Verschränkung voneinander unbehelligt bleiben. Bringt man beide Perspektiven zusammen, werden die widersprüchen Anforderungen kommunikativ aktualisiert. Das Nebeneinander möglicher Alternativen erhöht die Lernchancen, führt aber auch zum Verlust von Kontrolle sowie von Entscheidungs- und Handlungsfähigkeit. Eine Corporate University, die eine integrierende Lernarchitektur zur Verfügung stellt, arbeitet folglich an einer sensiblen Stelle.

Integrationsbedarfe sind heute ein zentrales Thema der Unternehmensführung. Während in den achtziger Jahren viele Wirtschaftsorganisationen Entscheidungskompetenzen dezentralisierten, um ihre Lernfähigkeit über eine marktnahe Antwortfähigkeit zu erhöhen, wurden sie bald mit den Nachteilen dieser einseitigen Lösung konfrontiert. Die Corporate-University-Idee ist ein Versuch (neben anderen Möglichkeiten), neue Bearbeitungsformen für die Paradoxie zentral und dezentral zu finden. Wie kann man irritierende Differenz zulassen und sich gleichzeitig auf Gemeinsamkeiten besinnen? Welche Bearbeitungsformen für ein Unternehmen in Betracht kommen, hängt von seinen historisch gewachsenen Erwartungsstrukturen ab: Wo muss sich eine Corporate positionieren, um die Paradoxie zentral/dezentral zu bearbeiten? Bei einigen der untersuchten Unternehmen zeigt sich eine interessante Entwicklung. Viele Corporate Universities positionierten sich zunächst zentral. Sie identifizierten sich mehr oder weniger mit der Perspektive des Topmanagements und reproduzierten damit das zunächst das klassische Entwicklungsmuster, bei dem die Spitze den Ton angibt. Nach und nach, teilweise bedingt durch Widerstände, Führungswechsel, Restrukturierungen und damit einhergehenden Zielkorrekturen, entstanden nach und nach aber doch noch alternative Bearbeitungsformen, die zentrale und dezentrale Perspektiven stärker ineinander verzahnen (vgl. zu diesen Fallbeispielen Kapitel 10).

6.2.5 Übergreifende Betrachtung

Die Unterscheidungen bilden das Spektrum einer möglichen Lernarchitektur ab. Wenn man das Lernniveau und die Interventionsansatzpunkte zusammenbringt, so erhält man ein Portfolio, in dem die denkbaren Lern- und Entwicklungsformate verortet werden können (vgl. Abbildung 6).[37]

	Individuelles Lernen	Organisationales Lernen
Exploration (Umgang mit Nichtwissen)	Individuelle Selbstbeobachtung (z.B. Coaching, Teamreflexion)	Selbstbeobachtung der Entscheidungsprämissen (z.B. strat. Initiativen & Dialoge, Organisationslaboratorien)
Exploitation (Nutzung von Wissen)	Verbreitung individueller Fertigkeiten (z.B. Training & Mentoring)	Verwertung kollektiver Wissensressourcen (z.B. Wissensmanagement)

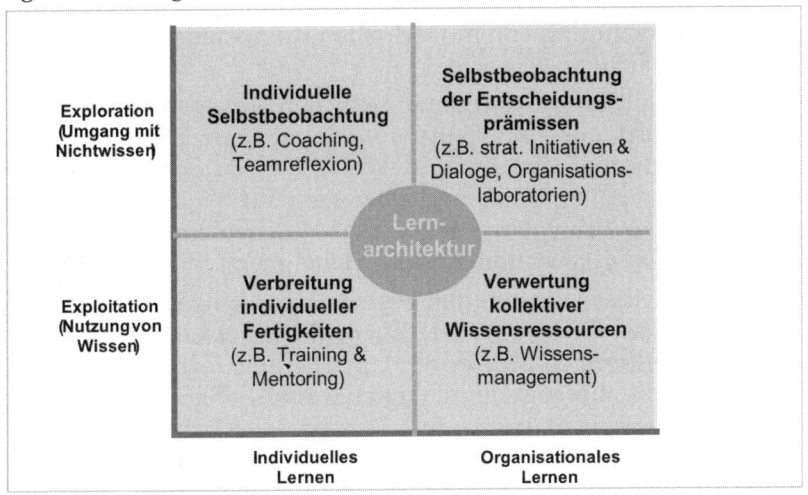

Abbildung 6: Bandbreite einer Lernarchitektur

Innerhalb dieses Spektrums muss eine Lernfunktion Lösungen vorschlagen, die zur Organisation passen und einen Unterschied zum eingespielten Entwicklungsmuster machen. Die Darstellung unterstreicht die vorangegangene Diskussion, der zufolge eine Lernarchitektur alle Dimensionen berücksichtigen muss. Nichtwissen und Wissen sowie individuelles und organisationales Lernen müssen in ein gutes, aufeinander abgestimmtes Verhältnis gebracht werden, das zu den unternehmerischen Fragestellungen, dem Marktumfeld und seinen Dynamiken passt. Wissensvermittlung und Selbstreflexion auf individueller Ebene müssen mit Maßnahmen auf Organisa-

---

[37] Ein ähnliches Portfolio zeichnet Hilse (2001b) auf und skizziert damit verschiedene Szenarien für eine Corporate University. Statt der hier verwendeten Dimensionen „Exploitation" und „Exploration" unterscheidet er zwischen „strategisch" und „operativ" und kommt deshalb zu einem anderen Bild.

tionsebene intelligent kombiniert werden. Geht es zum Beispiel um die Verbreitung und Optimierung des Status in einer Service-Organisation oder um die Neuerfindung des Geschäfts, also um die Exploration neuer Märkte, Produkte oder Technologien? Da es sich bei Personen- und Organisationsebene um zwei verschiede Systemebenen handelt, muss eine Lernarchitektur auch für die Verzahnung dieser Ebenen sorgen. Welche Entwicklungsprozesse begünstigen eine Verzahnung von individuellen Kompetenzen und organisationale Erwartungsstrukturen?

Ähnliches gilt für die übrigen inhaltlichen Unterscheidungen, mit denen die Corporate-University-Modelle arbeiten. Die Unterscheidungen beschreiben die Art und Weise, wie in der Organisation Unsicherheit reguliert wird, und sie zeigen auf, wo eine Lernarchitektur ansetzen kann, um auf die vorhandenen Entwicklungsmechanismen der Organisation Einfluss zu nehmen (vgl. Abbildung 6).

Die Kunst einer Lernfunktion besteht darin, eine Lernarchitektur innerhalb dieses Spektrums zu bauen, die einerseits einen Unterschied zum bisherigen Muster der Unsicherheitsregulierung macht, die andererseits aber anschlussfähig an das bisherige Muster ist und die Organisation nicht überfordert. Wie groß das Irritationspotential einer Lernfunktion für die Organisation ist, kann nicht objektiv bestimmt werden. Es kommt darauf an, wie die Organisation das Spannungsfeld von Exploitation/Exploration, Individuum/Organisation, breite Belegschaft/Elite sowie zentral/dezentral bisher bearbeitet hat und welchen Unterschied die angebotenen Lernformate zum bisherigen Entwicklungsmuster machen (vgl. Abbildung 7).

Exploitation	←Lernniveau→	Exploration
Individuum	←Interventionsebene→	Organisation
Breite Belegschaft	←Zielgruppe→	Elite
Dezentral	←Positionierung→	Zentral

←—— Regulierung von Unsicherheit ——→

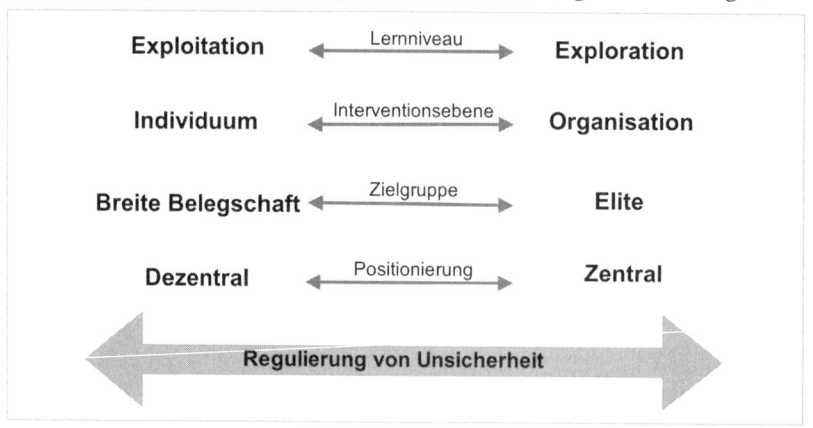

Abbildung 7: Spannungsfeld zur Regulierung des Irritationspotentials

Die ersten drei Ebenen beziehen sich direkt auf die Lernarchitektur: Wie werden Wissen und Nichtwissen ausbalanciert? Welche Ansatzpunkte werden für die Interventionen gewählt, damit individuelles Verhalten und organisationale Erwartungen aufeinander abgestimmt sind, und welche Zielgruppen wählt man für die Lernprozesse aus, damit neue Impulse einerseits strukturrelevant werden können, sie aber andererseits lebensnotwendige Leistungsprozesse nicht grundsätzlich gefährden?

Die letzte Unterscheidung bezieht sich auf die Positionierung der Lernfunktion und damit auf die immer mitlaufende Beobachtung, welchem „Lager" ihre Interventionen zugeschrieben werden: Werden ihr zentralistische Motive unterstellt, sieht man sie als dezentralen Dienstleister oder in einer Zwischenposition? Für Organisationen, die die Paradoxie zentral/dezentral bisher im Entweder-oder-Modus gelöst haben, wird das Irritationspotential besonders hoch sein, wenn eine Lernfunktion sich nicht einer Seite verschreibt, sondern zentrale und dezentrale Perspektiven kombiniert.

Die Veränderung etablierter Muster der Unsicherheitsabsorption ist eine anspruchsvolle Aufgabe. Die Fallbeispiele zeigen: Organisationen, die sich jahrelang durch eine streng hierarchische, regulative Organisationsform gegen Irritationen und Unbestimmbarkeiten immunisiert haben, sind schnell überfordert, wenn sie sich mit zu viel Unwägbarkeiten konfrontieren. An eine selbstkritische Haltung müssen sich diese Unternehmen erst langsam gewöhnen. Sie müssen Selektionsmechanismen entwickeln, um die Unsicherheiten zu bearbeiten. Die Unsicherheitsabwehr äußert sich zum Beispiel in einer eingeschränkten Bereitschaft zu reflexiven Auseinandersetzungen und in der Beschränkung von Lernprozessen auf Personenebene oder auf bestimmte Zielgruppen. Oder die Corporate University wird so positioniert, dass widersprüchliche Perspektiven erst gar nicht aufeinandertreffen. Die Paradoxie zentral/dezentral wird mit einer zentralistischen Einführungsstrategie bearbeitet.

6.3 Die Corporate University als Metapher

„Sachen in Frage stellen, Gedanken äußern, die man nicht im Tagesgeschäft äußert, in Klausur gehen, [...] mal wieder wie ein Student an eine Universität gehen, Ärmel hochkrempeln, Meinungen äußern usw., ich glaube, das war schon so die Idee" (Stimme aus der Corporate University).

„Why be so bold as to call it a ‚university'?", fragt Meister. Für sie ist der Begriff Corporate University nichts weiter als eine wirkungsvolle Metapher für eine neue Philosophie des „lifelong learning" in

Unternehmen, die den visionären, zukunftsgerichteten Charakter des Projekts betont. „They wanted a strategic umbrella to systematize the training effort, centralize its design, development and administration, apply consistent measures, become a ‚new product laboratory' for experimenting with new ways for employees to learn, and reap the cost efficiencies of a shared services model of delivering education. More importantly, they wanted the university metaphor to provide the image for the grand intent of the initiative: promising participants and their sponsors that the corporate university will prepare them for success in their current job and future career" (Meister, 1998: 34f.).

Aber im Übertrag der Universitätsmetapher steckt mehr als die ruckredenartige Ankündigung eines Paradigmenwechsels. Im Vergleich zu den neuen konzeptionellen Ideen, die mit der Corporate-University-Idee in die Organisation hineingetragen werden, legt die Metapher subtil bestimmte Vorstellungen von der systeminternen Wissensproduktion und dem Wunsch nach Lernfähigkeit nahe. Zum Abschluss dieses Kapitels soll deshalb noch etwas näher auf die verwendete Bildsprache eingegangen werden, um ihre Bedeutung für die Selbstbeobachtung zu erörtern.

Funktion von Metaphern
Schachtner zufolge verbinden Metaphern anschlussfähig Bekanntes mit ungewohnt anderem. Indem Konventionelles aus seinen gewohnten begrifflichen Bezügen herausgelöst und in einen neuen Bedeutungsrahmen eingebettet wird, kommt es zu Irritationen. Durch den Übertrag eines Objekts in einen anderen Objektbereich und die damit artikulierte potentielle Verwandtschaft der Dinge entsteht Vertrauen und Orientierung für neue Konstruktionen im Unbekannten. Metaphern „strukturieren Unvertrautes, indem sie Vertrautes übertragen, und konstruieren somit Wirklichkeit. [...] Metaphern stellen Modelle von Wirklichkeit dar, die als solche bestimmte Aspekte von Wirklichkeit verdunkeln und gleichzeitig andere erhellen" (Schachtner, 1999: 18). Die metaphorisch vermittelten Konstruktionen sind implizit, so dass die neuen Unterscheidungen unaufdringlich ihren Weg in einen neuen Bereich finden und die Wahrnehmung der beteiligten Akteure beeinflussen. Die Dekontextualisierung schafft den für Entwicklungen notwendigen Spielraum für Mehrdeutigkeit und Variation, ohne sich dabei gänzlich vom Erfahrungswissen abzukoppeln. Sie sorgt damit für die notwendige

Balance zwischen Altem und Neuem, zwischen Wunsch und Wirklichkeit.

Die Wahl von Metaphern lenkt unsere Aufmerksamkeit und Vorstellungen. Gerade in Entwicklungsprozessen, an denen eine Vielzahl von Interessengruppen beteiligt sind und deren Ausgang man noch nicht genau absehen kann, können Metaphern eine wichtige, sinnstiftende Funktion übernehmen. Die Wahl eines bestimmten Bildes kann gleich zu Beginn eines Gestaltungsprozesses Kontroversen auslösen, die das gemeinsame Verständnis schärfen und dem Veränderungsvorhaben Konturen geben: Was soll eine Universität im Unternehmen? Wie wird in der Universität gelernt, geforscht und was davon ist nützlich für uns? Aber es wird auch gefragt: Wie wurde bisher bei uns gelernt und was unterscheidet die universitäre Wissensproduktion von unserer? Was verbinden wir mit dem Begriff Universität und was werden andere – also interne Abteilungen, das Management, Kunden, Lieferanten und Investoren – wohl damit verbinden?

Die Corporate-University-Metapher kann eine leitbildähnliche Funktion übernehmen. Sie stellt den wahrnehmungs- und handlungsleitenden Orientierungsrahmen dar, der die Auseinandersetzung mit dem Thema Lernen strukturiert und die Aufmerksamkeit auf bestimmte Lern- und Erneuerungsaspekte lenkt. Leitbilder bieten Spielraum für die Projektion vielzähliger, divergenter Wünsche und Vorstellungen. Ihre Unschärfe ermöglicht das Nebeneinander ganz unterschiedlicher, teils auch widersprüchlicher Annahmen, Interessen und Erwartungen (vgl. Dierkes und Marz, 1994). Für die Entwicklung einer Lernarchitektur entlang der Organisationsgrenzen fördert die gemeinsame Bildsprache die interdisziplinäre Zusammenarbeit und Verständigung zwischen den Wissenskulturen in der Organisation.[38]

"[...] das Etikett Corporate University löst ja zunächst einmal die Frage aus: Was kann das überhaupt sein? Das ist ja nicht belegt und das kann man als Nachteil sehen oder als Chance. [...] Wir haben über dieses Label versucht zu sagen, wir

---

[38] Leitbilder entfalten ihre entwicklungsfördernde Wirksamkeit, indem sie in der Vergangenheit Machbares mit zukünftig Wünschbarem in einem Bild miteinander verbinden. Die eingebaute und mitkommunizierte Widersprüchlichkeit erzeugt eine in die Zukunft gerichtete Aufmerksamkeit, die sich gleichzeitig an den realen Bedingungen orientiert. „Leitbilder sind Phänomene im Zukunftshorizont, von denen man heute schon spricht" (Breuer, 2002: 24).

machen andere Sachen. [...] Und die Programme, die wir fahren, sind immer damit assoziiert" (Stimme aus der Corporate University).

6.3.1 Konnotationen der Universitätsmetapher

Durch die Corporate-University-Metapher wird der traditionelle Universitätsbegriff, der bestimmte, wertgetriebene Assoziationen über „Forschung", „Wissen" und „Lernen" nahelegt, aus dem Wissenschaftssystem herausgelöst und in den Bereich der Privatwirtschaft eingeführt.[39] Das Zusammendenken von zwei Organisationstypen so unterschiedlicher Herkunft provoziert zwangsläufig Irritationen und widersprüchliche Konnotationen. Was soll eine Universität im Unternehmen? Wer muss zurück auf die Schulbank? Ist das etwas Elitäres, eine Auszeichnung, zu lernen? Droht die Gefahr studentischen Schlendrians? Ist der Begriff nicht etwas überzogen? Was können wir von Universitäten lernen? Usw.

Erinnerungsinseln und Schutzräume für Erneuerung
Die Einführung der Universität in das Unternehmen betont die Seite des Forschens und Lehrens,[40] und dies in einer Welt, in der man lange Zeit vor allem darauf bedacht war, das Bestehende zu erhalten, in einer Welt, in der man deswegen etwas ist, weil man weiß, was und wie man etwas tut. Die Frage nach der Entstehung von Neuem geht auch weit über die individuelle Wissensvermittlung hinaus. Die Aufmerksamkeit wird von Wissen auf Nichtwissen gelenkt.

Die Gegenständlichkeit der Metapher hilft, das schwer und nur im Nachhinein beobachtbare Lernen besser ins Visier zu nehmen.[41]

---

[39] Das Bild von einer Lernarchitektur, das im Zusammenhang mit Corporate Universities oft genannt wird, funktioniert nach ähnlichen Prinzipien. Der eher unkontrollierbar erscheinende und organisch ablaufende Vorgang des Lernens wird in den Kontext der Architektur gestellt und weckt hier Vorstellungen der kunstvollen, aber auch planbaren Modellierbarkeit von in den Grundmauern der Organisation eingelagerten Lernprozessen.
[40] Dies gilt zumindest für Deutschland, wo mit universitärem Lernen vor allem Forschung und weniger Lehre assoziiert wird.
[41] Als psychologischer Begriff beschreibt Lernen Veränderungen von Verhalten oder Kognitionen, die optimiertes Verhalten oder verbesserte Handlungsstrategien in Form von „Wissen" zum Ergebnis haben. Während der Prozess des Lernens sich in einer „Black Box" der Beobachtung entzieht, kann der Erwerb

Organisationen haben ein schlechtes Gedächtnis für punktuelle Veränderungen. Anders als Arbeitsroutinen werden Veränderungen nicht ständig wiederholt. Die „Universität" in der Firma fungiert als eine „Erinnerungsinsel", mit der sich die Organisation für ihre Selbsterneuerung sensibilisiert. Das eigene Lernen wird neu rekonstruiert.

„Was wir merken, ist, dass Lernen immer schlechter greifbar wird. Also früher war eine Woche Seminar und das konnte man messen. Heute ist es ein Stückchen E-Learning und ein Stückchen Wissensmanagement und andere Informationen und man kann es gar nicht mehr greifen, wann eigentlich gelernt wird" (CU-Leiterin).

Das flüchtige Lernen wird durch die gegenständliche Metapher greifbarer. Es bekommt einen eigenen Ort in der Organisation.[42] Wie die Wissenschaft, die durch ihren theoretischen Zugang einen Abstand zur „Welt" bekommt,[43] distanziert sich die Organisation in ihrer Universität von sich selbst, um das eigene Lernen besser beobachten zu können. In der Universität kann sie sich selbst zum Forschungsgegenstand machen, um etwas Neues über sich zu erfahren. Der geschützte Raum erlaubt Experimente, ohne die laufende Reproduktion zu gefährden. Ähnlich wie es die Wissenschaft für die Gesellschaft tut, verspricht die Corporate-University-Idee im Unternehmen einen Schutzraum für den Umgang mit Neuem. „Es geschieht mit gutem Grund, dass die Wissenschaft als ein sorgfältig markiertes System in der Gesellschaft ausdifferenziert ist, so dass sie dort ihr neues und ungewisses Wissen und Nichtwissen pflegen kann, ohne damit gleich den Rest der Gesellschaft zu behelligen" (Baecker, 1999: 83).

Die Auseinandersetzung mit der Wissenschaft bzw. ihren Organisationen ermöglicht noch eine weitere Analogie: Luhmann verzeichnet für die Wissenschaft ein zunehmendes Reflexivwerden.

---

von „Wissen" zumindest im Nachhinein vergleichend rekonstruiert werden (vgl. Simon, 1997: 148).
[42] Die Corporate-University-Metapher unterscheidet sich hier deutlich vom Bild der „lernenden Organisation". Letztere unterstreicht vor allem die Dezentralität, Flüchtigkeit und Zufälligkeit von Innovationsprozessen, die „überall" stattfinden sollen (vgl. dazu Kühl, 1998).
[43] „Die Wissenschaft darf ihrem Gegenstand nicht auf den Leim gehen, sie darf sich durch ihn nicht missbrauchen lassen. Sie muss hinreichend Fremdheit dazwischenlegen, und das eigensinnige Unterscheidungsvermögen ihrer Theorie gibt ihr diese Möglichkeit" (vgl. Luhmann, 1992: 645).

Seit Mitte des vergangenen Jahrhunderts stellt die Wissenschaft vermehrt ihre eigenen Beobachtungswerkzeuge und Methoden in Frage. Implizit steckt im Einverleiben der Universität also auch ein Wunsch nach Reflexionsfähigkeit, um die eigene Form (also die eigenen Entwicklungsmechanismen) zur Diskussion stellen zu können.

Entwicklung des Universitätsbegriffs
Die Ursprünge der Universität reichen bis ins späte Mittelalter zurück, ihre Entwicklung wurde von der Kirche beeinflusst. Die ersten Universitäten gingen im 8. Jahrhundert aus Kloster- und Domschulen hervor, die sich als Schulen abkoppelten. In Italien wurden Universitäten mit fachlichem Schwerpunkt auf Recht, Medizin, Theologie und Philosophie gegründet. Die Päpste beanspruchten zunächst die Schutzherrschaft über die neuen Anstalten. Die nationale Ausrichtung wurde in übergreifende inhaltliche Fakultäten des Rechts, der Medizin, der Theologie und (untergeordnet) der Kunst überführt. Diese Fakultäten verliehen erstmals akademische Grade. Die Vormacht der Landesfürstentümer und die humanistische Bewegung lockerten seit dem 15. Jahrhundert die Bindung zwischen Kirche und Universität. Der Schwerpunkt verlagerte sich – ähnlich wie bei der Entwicklung von Corporate Universities – vom anfänglichen Sammeln, Ordnen und Vermitteln von Wissen erst langsam hin zur Forschung, also zur Wissensproduktion. Zudem bemühte man sich in den neuen natur-, staats-, geistes- oder wirtschaftswissenschaftlichen Fakultäten um eine größere Anwendungsbezogenheit. Akademische Seminare für Studenten sollten mehr Gelegenheit zur Erprobung des neuen Wissens geben. Durch die Einrichtung von Kliniken und Laboratorien insbesondere in den Naturwissenschaften und in der Medizin wollte man die Forschung und Ausbildung praxisnäher gestalten. Lange Zeit war die Universität nur für eine Elite zugänglich. Gelehrt wurde nur, um das neueste Wissen möglichst schnell einer privilegierten Schicht zuteil werden zu lassen, die dieses Wissen dann weiteren Prüfungen unterziehen kann. Werte wie Interessenfreiheit, Wahrheitssuche und Freiheit der Forschung wurden zu identitätsstiftenden Elementen der abendländischen Universität und fanden in den wissenschaftlichen Disziplinen und Methoden ihren Ausdruck. Das implizierte auch eine gewisse Ungerichtetheit des Forschungsprozesses, der notwendigerweise auf Zufälle angewiesen ist und sich von Planbarkeitsphantasien verabschieden muss. Landfried, Präsident der Hochschulkonferenz, konstatiert: „Nur die volle geistige Unabhängigkeit der durch For-

schung, Lehre und Studium Lernenden erlaubt diesen jene Offenheit wissenschaftlicher Erkenntnis, die stets in ‚Erwartung des Unerwarteten' stattfindet und Grundlage der meisten echten Innovationen bleibt" (Landfried, 2001, zitiert nach Münch, 2003: 51).

Zweifel an der wissenschaftlichen Wissensproduktion
Mit der Entwicklung des Wissenschaftssystems teilten sich in der Gesellschaft wissenschaftliche und praktische Aufgaben. Beide Bereiche werden in ein hierarchisches Verhältnis zueinander gesetzt: In der Universität wird Wissen generiert, um von Organisationen anderer Anwendungsbereiche wie zum Beispiel Wirtschaftsunternehmen oder politischen Verbänden nutzbringend angewendet zu werden. Dies funktioniert bis heute nur mäßig, weil sich diese Organisationen an ganz unterschiedlichen Funktionssystemen orientieren. Die Wissenschaft operiert nach anderen Spielregeln als zum Beispiel die Wirtschaft oder die Politik. Auch so genannte Anwendungssysteme bringen ihr eigenes, systemspezifisches Wissen hervor. Während Universitäten Wissen entlang der Leitdifferenz „wahr"/„unwahr" produzieren, scheren sich Unternehmen nicht darum, ob Wissen wahr oder falsch ist; es interessiert nur, ob das Wissen zur Bearbeitung der jeweiligen Aufgabenstellung nützlich ist oder nicht. Die Möglichkeiten, Wissen von einem System auf ein anderes zu übertragen, sind deshalb begrenzt. Das Systemwissen des Gegenübers kann jeweils nur als Differenz zum eigenen Wissen wahrgenommen und nach seiner „praktischen Relevanz" bewertet werden (vgl. Luhmann, 1994).

Diese vergleichsweise neuen Überlegungen zur Rolle der Wissenschaft haben aber in unserem Alltagsverständnis wenig Raum. Gemäß einem traditionellen Wissenschaftsverständnis erscheint uns die Wissenschaft als Erzeugerin des einzig wahren und „besseren" Wissens von der Welt, die anderen Anwendungssystemen wie Politik, Rechtswesen, Erziehung oder Wirtschaft übergeordnet ist. Doch der zunehmende Wissensbedarf der Funktionssysteme lässt den Autoritätsanspruch der Wissenschaft in modernen, funktional differenzierten Gesellschaften erodieren (vgl. dazu ausführlicher Abschnitt 7.1.2). Die in der Corporate-University-Metapher vollzogene Kopplung von „Universität" und „Unternehmen", um die eigenen Forschungskapazitäten zu erhöhen, zeigt dies. Es gibt einen Unmut über die Unbrauchbarkeit wissenschaftlichen Wissens für die praktische Anwendung; die hierarchische Ordnung der gesellschaftlichen Wissensproduktion wird als dysfunktional wahrgenommen (vgl. dazu Nicolai, 2000). Je mehr Fragen von den gesellschaftlichen Funktionssystemen an das Wissenschaftssystem gerichtet werden, desto stärker offenbart sich die mangelnde praktische Relevanz und Eigenwilligkeit des wissenschaftlichen Wissens: „Es ist wie bei einem vorweihnachtlich geschmückten Warenhaus: Reichhaltigkeit und Glanz der Auslage beeindrucken, aber wenn man etwas Bestimmtes sucht, findet man es nicht, und man stößt bei hartnäckigem Nachfragen auf die Kalkulation, die entscheidet: solche Artikel führen wir nicht" (Luhmann, 1994: 642).

Die Corporate-University-Metapher verweist Unternehmen auf ihre eigene Wissensproduktion. In dem Bild von einer Universität in der Firma äußert sich Unmut über die geringe Brauchbarkeit wissenschaftlichen Wissens und der Wunsch nach eigenen, anwendungsrelevanten Formen der Wissensproduktion. Indirekt sensibilisiert die Universitätsmetapher für die Systemabhängigkeit und Selbstreferenzialität der Wissensproduktion. Gleichsam zeigt sie im Vergleich zur wissenschaftlichen Produktion von „wahrem" Wissen, wie interessenbezogen die eigene Wissensproduktion doch abläuft.

Universität = interessenfreie Forschung
Wie man die Metapher versteht, hängt vom Kontext ab, in dem sie interpretiert wird. Weil die Bildungssysteme in den USA und Europa sehr unterschiedlich sind, ist davon auszugehen, dass auch die Universitätsmetapher anders verstanden wird. Während man sich in Deutschland auch heute noch einem humanistischen, durch Humboldt geprägten Bildungsideal verpflichtet fühlt, ist das amerikanische Bildungssystem utilitaristisch geprägt.[44] Für Humboldt war die Universität – wörtlich das Ganze, die Gesamtheit, das Universale – ein interessenfreier Ort für Forschung und Lehre zum besseren Verständnis der Welt. Objektive Wissenschaft und subjektive Bildung sollten hier zusammengebracht werden (vgl. Walger, 2000: 9). Universität steht für eine Lehre, die direkt aus der Forschung

---

[44] Zwar wurde die 1636 gegründete Hochschule Harvard noch nach dem Modell englischer und niederländischer Universitäten gestaltet, die eigentliche Triebkraft für den Aufbau des amerikanischen Hochschulwesens im 18. Jahrhundert ging aber von zahlungskräftigen Großindustriellen und Bankiers aus. Das aus Europa importierte humanistische Bildungsideal wurde schnell durch ein utilitaristisches abgelöst.

hervorgeht und die sich von rein wissensvermittelnden Institutionen wie allgemein bildenden Schulen oder fachlich spezialisierten Hochschulen wie Business Schools oder Fachhochschulen deutlich unterscheidet. Der Schwerpunkt liegt weniger in der Vermittlung allgemein gültigen Lehrbuchwissens, sondern vielmehr in der Generierung und Vermittlung neuen Wissens. Interdisziplinarität ist dabei Voraussetzung für die Wissensproduktion, denn die Genese von Neuem wird gerade an den Randzonen der verschiedenen Disziplinen verortet.[45]

Im deutschen Universitätsverständnis stecken einige Grundgedanken, die hierzulande mit der Corporate-University-Idee verbunden werden: zum Beispiel das aktive Zusammenbringen bzw. die Integration verschiedener Perspektiven in übergreifenden Dialogveranstaltungen oder der Fokus auf Exploration statt auf Nutzung und Vermittlung bestehenden Wissens. In den USA ist der Universitätsbegriff ganz anders konnotiert: Amerikanische Universitäten befassen sich vor allem mit der Vermittlung etablierten Wissens.[46] Ähnliches wird auch von einer firmeninternen Universität erwartet. So sind amerikanische Corporate Universities häufiger für die breite Belegschaft zuständig und sie beschäftigen sich seltener mit Wissensvermittlung. Im Vergleich dazu konzentrieren sich deutsche Lernfunktionen stärker auf die Führungskräfte und verfolgen einen elitären Anspruch, der ein hierarchisches Denken impliziert.

---

[45] Die zunehmende Verschulung der Universität steht unter Kritik: „Wo Universitäten dem Universalitätsanspruch nicht mehr genügen oder von vornherein an diesem Anspruch vorbei gegründet werden, trocknet der akademische Boden aus, auf dem große wissenschaftliche Leistungen wachsen sollen" (Mittelstraß, 2002: 1).

[46] Die überwiegende Zahl der Universitäten bzw. Hochschulen in den USA sieht ihren Auftrag nicht im Bereich der Forschung, sondern in der reinen Wissensvermittlung. Nur etwa 125 amerikanische Hochschulen sind mit deutschen, dem Humboldt'schen Bildungsideal entsprechenden Universitäten vergleichbar. Dieser Hochschultyp ist nur einer privilegierten Elite zugänglich. 40% aller Studierenden absolvieren eine zweijährige Collegeausbildung. Im Vergleich zu Deutschland, wo ca. drei Viertel aller Studenten an Forschungsuniversitäten studieren, kommen in Amerika drei Viertel aller Studierenden im tertiären Bildungsbereich mit wissenschaftlichem Arbeiten gar nicht in Berührung (vgl. Kohl, 2002).

Übertragungsschwierigkeiten
Trotzdem taten sich viele deutsche Unternehmen schwer, den Begriff Universität zu übertragen, und wählten andere Bezeichnungen wie Akademie, School etc. für ihre Lerneinheiten, um den eigenen Fokus auf Wissensvermittlung herauszustellen und sich von interessenfreier Forschung abzugrenzen.[47] Während die Kopplung von Forschungsinteressen und Wirtschaftsinteressen in den USA eine Selbstverständlichkeit ist, tut man sich mit der interessenbezogenen Forschung in Deutschland deutlich schwerer. Die Wissenschaft gilt als ein von Wirtschaftsinteressen befreiter Raum. Deutsche Professoren bemängeln die Unbrauchbarkeit der Universitätsmetapher, weil Firmenuniversitäten über keinen interdisziplinären und universalen Fächerkanon verfügen und ihre Inhalte viel zu selektiv nach Nützlichkeit festlegen (vgl. dazu auch Kraemer und Müller, 2001: 5f.). Werte wie die Freiheit von Forschung und Lehre werden, so die Kritiker, nicht gepflegt. Die Forschungsrichtung und -ergebnisse sind durch die jeweiligen Unternehmensinteressen beeinflusst. Stauss schlägt deswegen zum Beispiel vor, zwischen Real Universities (RU) und Corporate Universities (CU) zu unterscheiden (vgl. Stauss, 1999).

Die Ausführungen zeigen, dass in der Universitätsmetapher eine Reihe von Assoziationsangeboten über das Lernen und Lehren stecken, die implizit in den Gestaltungsprozess der neuen Einheiten einfließen. Die Rolle der Universität bzw. der Wissenschaft in der Gesellschaft bringt wertvolle Anregungen für das Funktionsspektrum einer Corporate University in der Organisation. Es geht aber nicht um die Eins-zu-eins-Einverleibung der Universität als Institution. Die Einführung des Begriffs in die Sphäre der Wirtschaft kann eher als eine Art Spiegel verstanden werden, in dem das Unternehmen seine eigene Wissensproduktion begutachten kann. Die Selbstbeobachtung der eigenen Entwicklungsfähigkeit wird so regelrecht institutionalisiert. Dabei spielt es weniger eine Rolle, ob am Ende

---

[47] Die Forschung in den USA wird zu großen Teilen von der Wirtschaft finanziert. Von einem F&E-Gesamtvolumen von 274 Mrd. US-$ im Jahre 2001 fielen 184 Mrd. US-$ auf die Wirtschaft und nur 82 Mrd.US-$ wurden vom Staat bereitgestellt. Die staatlichen Forschungsfördergelder werden dabei zu einem großen Teil für Wehrtechnik (2004 waren es 55%) sowie Gesundheitsforschung (24%) ausgegeben (Bericht der Bundeszentrale für politische Bildung, 2005).

eine Ablehnung oder Annahme der Bezeichnung steht, entscheidend ist die Beobachtung der eigenen Wissensproduktion.

6.3.2 Fallbeispiele: Auseinandersetzung mit der universitären Wissensproduktion

Siemens: Auseinandersetzung mit der Universitätsmetapher
Wie die Universitätsmetapher die Selbstbeobachtung beeinflusst, illustrieren einige Fallbeispiele. Siemens Management Learning setzte sich in der Gründungszeit intensiv mit dem Universitätsbegriff auseinander: Man verglich die eigenen Wissensbildungsprozesse mit den universitären Prozessen der Wissensproduktion und entschied sich ganz bewusst gegen die Bezeichnung Corporate University. Auch heute noch dienen die Gründe und Motive, die damals in die Waagschale geworfen wurden, zur Bestimmung der Lernfunktion. Die Beschäftigung mit dem Universitätsbegriff schärfte das Bewusstsein für die eigene systemabhängige und motivbezogene Wissensproduktion im Unternehmen.

> *„Wir haben es nicht Corporate University genannt, weil uns dabei Teile fehlen, die den Begriff Universität ausmachen. Wir forschen nicht. Wir lehren nur. Universität sollte aber eigentlich forschen. Das Zweite ist: Normalerweise ist eine Universität eine Umgebung, wo Sie Gedanken völlig wertfrei diskutieren können. Das können Sie in einer Corporate University auch nicht. Wenn man unsere Unternehmensstrategie kritisiert, dann ist die Karriere endlich"* (CU-Leiter).

Fallbeispiel: Alternativen zur Wissensproduktion
Auch in einem anderen Fallunternehmen kam es während der Einführung und Neuausrichtung der firmeninternen Corporate University zur Auseinandersetzung mit der universitären Wissensproduktion, die man mit den eigenen Erneuerungsroutinen verglich. Ursprünglich diente die firmeninterne Universität der Einarbeitung neuer Mitarbeiter, um das starke Unternehmenswachstum zu bewältigen. Nachdem sich die Zuwachszahlen in den letzten Jahren aber normalisiert hatten, suchte die Lernfunktion nach einer neuen Funktionsbestimmung. Der Vorstandsvorsitzende erkannte in der Corporate University ein mögliches Instrument, um das Unternehmen auf eine neue Produktentwicklungsstrategie vorzubereiten und einzuschwören. Im Zentrum dieser Strategie stand ein Produktionsverfahren, mit dem es bisher kaum Erfahrungen gab und das ein ganz neues Maß interdisziplinärer, funktionsübergreifender Zusammenarbeit erforderte. Zudem fehlte es auch an emotionaler Bereitschaft, sich auf die neue Produktstrategie einzulassen. Jahrelang

hatte man mit dem anderen Ansatz sehr erfolgreich gearbeitet, warum sollte man diesen nun aufgeben?

So bekam die Corporate University den Auftrag für die Entwicklung eines Konzepts, um eine solide Wissensbasis aufzubauen und den Veränderungsprozess zu begleiten. Neben den Möglichkeiten von Dialogveranstaltungen interessierte den Vorstand das Potential der universitären Wissensproduktion. Wissenschaftliche Lern- und Forschungsprozesse sollten auf ihre Brauchbarkeit überprüft werden. Waren Kolloquien oder Seminare ein geeignetes Format, damit sich Produktentwickler mit externen Experten austauschen und sich wissenschaftlich mit der neuen Entwicklungsmethode beschäftigen konnten? Auch der universitäre Curriculumsdesignprozess wurde unter die Lupe genommen. In Anlehnung an wissenschaftliche Publikations- und Reviewprozesse entstanden Konzepte für eine firmeninterne Fachzeitschrift, in der Mitarbeiter nach einem strengen Reviewprozess Artikel und Prototypen der Entwicklungsmethode veröffentlichen sollten, usw.

Zwischenergebnis

Die ausführliche Diskussion der Grundidee, die Analyse der inhaltlichen Leitunterscheidungen sowie die Interpretation der Corporate-University-Metapher zeigen, welchen Unterschied die Corporate-University-Idee für die Selbstbeobachtung der eigenen Entwicklungsfähigkeit macht. Die Corporate-University-Idee mit all ihren Facetten bietet ein Raster, die eigene Selbsterneuerung in einem anderen Licht zu beobachten. Wie dieses Beobachtungsrepertoire genutzt wird, hängt davon ab, mit welchem Organisations- und Interventionsverständnis es interpretiert wird: Bleibt das rationale Strategiemodell unberührt oder wird eine grundlegende Revision der zugrunde gelegten Prämissen angeregt?

Die Analyse der inhaltlich-konzeptionellen Unterscheidungen stellt heraus, dass es immer um die Variation des Irritationspotentials der Organisation geht. Die system- und lerntheoretische Diskussion der „Stellhebel" Exploration/Exploitation, Individuum/Organisation, die Auswahl der Zielgruppen sowie die zentrale bzw. dezentrale Positionierung zeigen, wie anspruchsvoll Veränderungen an diesen neuralgischen Punkten der Organisation sind. Eine Lernarchitektur muss deshalb anschlussfähig an das gegenwärtig gültige organisationale Entwicklungsmuster sein. Organisationen, die sich jahrelang an stabile Bedingungen gewöhnt haben, tun sich mit einer radikalen Umstellung schwer. Corporate-University-Modelle, die

Veränderungen und Lernen einfach nur positiv bewerten, berücksichtigen dies nur unzureichend. Wie soll eine Organisation Unsicherheiten plötzlich kognitiv verarbeiten können, wenn sie bisher gelernt hat, sich gegen Abweichungen normativ zu immunisieren?

Das immer mitlaufende Risiko, sich durch zu viel Unsicherheit zu überfordern, erklärt auch die Popularität der Metapher von einer „Universität". Die räumliche Metapher suggeriert, dass Irritationen – das Sich-enttäuschen-Lassen – auf einen abgetrennten und geschützten Raum begrenzt werden können. Andere wichtige Leistungsbereiche können dann scheinbar vor zu vielen Veränderungen geschützt werden, so dass die Balance von Stabilität und Erneuerung gewahrt bleibt. Ähnlich wie die Gesellschaft die Beschäftigung mit Nichtwissen in das Wissenschaftssystem verlagert, schafft sich die Organisation einen Spezialraum für Erneuerungsaktivitäten. Sie erhält sich damit die Möglichkeit, Neues abzulehnen, wenn die Veränderungen zu bedrohlich werden („dort wird gelernt, hier wird gearbeitet"). Damit konfrontiert sich die Organisation – wieder ähnlich dem Wissenschaftssystem – aber mit neuen Transferproblemen, denn die Entwicklung der Entwicklungsmechanismen ist nur durch eine Veränderung der Entscheidungspraktiken zu realisieren. Und auf diese hat eine Corporate University keinen direkten Einfluss (vgl. Abschnitt 4 und 3.4).

7 Neue Formen der Binnendifferenzierung: Entstehungskontext der Corporate-University-Idee

Eine Lernfunktion prägt die Entwicklungsfähigkeit, indem sie neue Beobachtungsmöglichkeiten aufzeigt. Die Analyse der Leitunterscheidungen lieferte erste Anhaltspunkte, woran sich die Selbstbeobachtung in der Organisation inhaltlich orientieren kann. Die Bestimmung der Funktion einer Corporate University wird konkreter, wenn man die Problemlagen hinzuzieht, für die sie eine Lösung bietet.

Diese Problemlagen ergeben sich im Spannungsfeld des internen Kontextes (der Organisation) sowie des externen Kontextes (der relevanten Umwelten der Organisation): Die Corporate-University-Idee als eine zentrale Plattform zur Steigerung der organisationalen Selbsterneuerungsfähigkeit entsteht im Kontext gesellschaftlich struktureller Veränderungen, vor allem im Wirtschaftssystem. Wissen und Lernen werden in einer als „hyperturbulent" wahrgenommenen Wissensgesellschaft zu einer überlebenskritischen Ressource. Unternehmen experimentieren deshalb mit neuen Binnendifferenzierungsformen, die allerdings auch neue Integrationsfragen aufwerfen. Ungelöste Steuerungs- und Koordinationsprobleme und die hohe Halbwertszeit von Wissen konfrontieren die Unternehmensführung mit neuen Integrations- und Selektionsaufgaben, die dem Management eine Revision seines Selbstverständnisses abfordern. Die Corporate-University-Idee mit ihren teilweise trivialisierenden Lösungsangeboten kommt in dieser Lage wie gerufen.

7.1 Externer Kontext: Veränderung im Wirtschaftssystem

Ein Großteil der derzeit zu beobachtenden und viel diskutierten Veränderungen im Wirtschaftssystem geht auf die fortschreitende funktionale Differenzierung moderner Gesellschaften zurück (vgl. Luhmann, 1997, ausführlicher Abschnitt 3.2.1). Das Wirtschaftssystem hat in diesem Gefüge primär die Aufgabe, schon heute künftige Bedürfnislagen zu sichern (vgl. Luhmann, 1988). Schon *heute* muss auf möglicherweise *künftig* knappe Ressourcen geachtet werden.[48] Das Wirtschaftssystem operiert mit Geld als generalisiertem Kommunikationsmedium. Zahlungen, die über Preise gesteuert werden, sind die elementaren Kommunikationsformen. Zahlungen animieren unablässig zu neuen Zahlungen. Sie motivieren zu Arbeitsleistungen, damit die eigene Zahlungsfähigkeit gewährleistet ist. Um zu Zahlungen zu motivieren, müssen Leistungen in Form von Produkten oder Dienstleistungen angeboten werden, die relevante Kundenprobleme lösen und nachgefragt werden. Für diese Leistungserstellung kommen im Wirtschaftssystem Organisationen ins Spiel. Ihr Selektions- und Entscheidungsvermögen macht gesellschaftliche Problemlagen gezielt bearbeitbar (vgl. dazu Abschnitt 3.2).

Wirtschaftsorganisationen orientieren sich eng an den Bedürfnissen des Marktes. Durch Selbst- und Fremdbeobachtungsprozesse gleichen sie ihre Leistungsprozesse mit den Relevanzkriterien des Marktes ab. Bei dieser Konstruktion des Marktes als relevanter Umwelt spielen vorrangig wirtschaftliche Kriterien eine Rolle.[49]

7.1.1 Jüngste Entwicklungen im Wirtschaftssystem

Zwei zentrale Treiber für die derzeitig zu beobachtende Veränderungsdynamik im Wirtschaftssystem sind die zunehmende Globalisierung und Innovationen insbesondere im Bereich der Informations- und Kommunikationstechnologien.[50] Die Sprengkraft beider

---

[48] Knappheit „entsteht" in einem selbstreferenziellen, sozialen Zuschreibungsprozess: Die Tatsache, dass heute etwas verbraucht wird, gilt bereits als Indiz, dass es morgen fehlen könnte. „Für den, der zugreift, verringert sich die im Zugriff vorausgesetzte Knappheit. Für alle anderen vergrößert sie sich. Beides geschieht im selben System" (Luhmann, 1988: 181).

[49] „‚Der Markt' ist mithin nichts anderes als eine Grenze, er ist die Wahrnehmung des Konsums aus der Sicht der Produktion und Verteilungsorganisation" (Luhmann, 1988: 73). Im Spiegel des Marktes nehmen Wirtschaftsorganisationen sich selbst und ihre Konkurrenten wahr, und dies lässt die Konsumenten und ihre Bedürfnisse knapp erscheinen.

[50] Luhmann zufolge erlebt die gesellschaftliche Evolution durch die Zunahme von Kommunikationsmöglichkeiten und die damit verbundenen Ablehnungsmöglichkeiten (angefangen von der Sprache, ihren Verbreitungsmedien wie der Schrift, dem Buchdruck und heute der Digitalisierung etc.) einen Quantensprung. Mit steigender Anzahl der Möglichkeiten zur Variation und gleichzeitigem Wegbrechen selektiver Ordnungen kommt es zu einer immer stärkeren

Entwicklungen potenziert sich wechselseitig.[51] Die Auflösung räumlicher Grenzen und nationalstaatlicher Ordnungen sowie die enorme Zunahme von Kommunikationsmöglichkeiten vervielfältigen die Optionen im Wirtschaftssystem und konfrontieren Unternehmen mit zahlreichen neuen Entwicklungsaufgaben.

Unbekannte, widersprüchliche Marktanforderungen
Die Globalisierung zwingt Unternehmen, neues Wissen über internationale Märkte aufzubauen, und dieses Wissen kann schnell in Konflikt mit tradierten Erfahrungen in den nationalen Herkunftsmärkten geraten. Je größer der Aktionsradius und je unterschiedlicher die Märkte von Unternehmen, desto mehr hängt der unternehmerische Erfolg von der Fähigkeit ab, widersprüchliche Ansätze nicht nur koexistieren zu lassen, sondern die differenten Erfahrungen auch als Lernchance zu nutzen. „The new winners are the companies that are sensitive to market or technological trends no matter where they occur, creatively responsive to worldwide opportunities and threats, and able to exploit their new ideas and products globally in a rapid and efficient manner" (Bartlett und Ghoshal, 2002: 132). Das Nebeneinander widersprüchlicher Erkenntnisse und Meinungen erfordert ein hohes Maß an Ambiguitätstoleranz und kann schnell zu Orientierungslosigkeit und Kontrollverlustgefühlen führen.

Verschärfter Wettbewerb
Die Internationalisierung verschärft den Wettbewerb, selbst für Nischenanbieter. Um in gesättigten Märkten zu überleben, benötigen Unternehmen reaktionsfähige, nachfragesensitive Produktionsprozesse, um Überkapazitäten zu vermeiden. Zudem müssen sie sich durch wissensbasierte, maßgeschneiderte Produktlösungen von Wettbewerbern differenzieren, was oft die Integration bereichs- und teilweise auch branchenübergreifender Wissensressourcen erfor-

---

Differenzierung der Evolutionsmechanismen und damit steigt die Sensibilität für Neues (vgl. Luhmann, 1997: 489ff.).
[51] Die fortschreitende Globalisierung forciert die Entwicklungsbemühungen im Bereich der Informationstechnik, raumunabhängige Kommunikations- und Beobachtungsmöglichkeiten zu schaffen. Die Vereinfachung und Zunahme des internationalen Austausches stärkt das Bewusstsein und das Begehren für die unternehmerischen Optionen auf den neuen Märkten.

dert. Nicht mehr die Produktentwicklung, sondern das Verstehen des Kunden als differenziertes, wählerisches und vor allem kontextabhängig handelndes Subjekt steht im Mittelpunkt der Aufmerksamkeit. Die Kundenvorlieben bringen auch andere Operationslogiken ins Spiel, die Wirtschaftsorganisationen bei ihrer Produkt- und Leistungserstellung berücksichtigen müssen. Kundenvorlieben sind unberechenbar und sie konfrontieren Unternehmen mit Kontingenz. Viel deutlicher tritt nun zu Tage, wie schlecht es sich planen lässt, wann welche Bedürfnisse, wo und mit welcher Dringlichkeit in Zukunft zu befriedigen sind. Dafür sensibilisieren sich Unternehmen „freiwillig" durch kürzere Produktentwicklungszyklen und Planungsintervalle sowie durch eine enge informationstechnische Vernetzung mit Kunden und Lieferanten. All diese Maßnahmen verbessern die Reaktions- und Anpassungsfähigkeit. Auf der Kehrseite entstehen durch fehlende Planungssicherheit, eingebaute Störmechanismen und ein enormes Ausmaß an Abweichungsinformationen neue Unsicherheiten, die kommunikativ bewältigt werden müssen. Die Grenzen zwischen der Organisation und ihrer Umwelt drohen zu verschwimmen. Neues gelangt nicht mehr durch geregelte Umweltschnittstellen in die Organisation. Es wird schwieriger, Daten selektiv zu verarbeiten. Schwankungen in der Nachfrage, Lieferengpässe usw. finden durch Informationssysteme direkt und ungefiltert Eingang in den Produktionsprozess. Sie müssen ohne zeitlichen Verzug verarbeitet werden (vgl. Kühl, 1998: 40).

7.1.2 Wissen als Produktivfaktor

„Wissen" als zentrale, aber auch äußerst flüchtige Ressource und die dafür notwendige Lernbereitschaft und -fähigkeit werden im Wettbewerb um Kunden, Innovationen und Produktivität zu einem erfolgskritischen Faktor. Dies ist ein Grund, warum die Corporate-University-Idee so attraktiv ist.

Wissen als „Rohstoff der Zukunft" ist aber nicht ohne weiteres mit anderen ökonomischen Ressourcen (Material, Arbeit, Kapital) zu vergleichen (vgl. dazu Willke, 2001a: 2ff.). Es erfordert eine andere Behandlung. Wissen ist kein Stoff, den man beliebig lang als Vorrat halten kann, um ihn bei Bedarf zu verbrauchen oder weiterzugeben (vgl. Luhmann, 1994: 129). Zum einen ist die Weitergabe von Wissen ein komplexer Beobachtungsprozess mit eingebauten Transferunwahrscheinlichkeiten, die sich aus dem rekursiven Zusammenspiel von Information, Mitteilung und Verstehen ergeben (vgl. Abschnitt 3.1.3). Zum anderen entstehen Innovationen nicht durch den Besitz von Wissen, sondern durch die *Erzeugung von neuem Wissen*, sei dies durch das interaktive Zusammenspiel unterschiedlicher Wissensressourcen (vgl. Nonaka und Takeuchi, 1997: 266) oder durch die Bearbeitung neuer Impulse. Es geht also gar nicht nur um die Verwaltung des vorhandenen Wissens, sondern um die Beschäftigung mit Nichtwissen. „Lernen ist der Prozess, Wissen das Ergebnis" (Willke, 2001a: 39).

Wissen konfrontiert also nicht mit Knappheit, sondern mit dem Problem der Selektion. Die viel besprochene Halbwertszeit von Wissen lässt die Selektionsmechanismen zum Dreh- und Angelpunkt werden. Es muss entschieden werden, welche Daten überhaupt in Betracht gezogen und nach welchen Kriterien sie bewertet werden. Wissen vermehrt und erneuert sich durch komplexe Prüfmechanismen. Es setzt die Bereitschaft voraus, die eigenen Erwartungen auszuwechseln. „Darum ist Wissen so anstrengend. Es stellt auf Enttäuschungen ab" (Baecker, 1999: 90).

Lebenslanges Lernen: Ein neuer Bildungsmarkt
Weil Wissen immer wichtiger wird, muss mehr gelernt werden. Auf der Ebene des Individuums hat dies eine „Neukonfiguration des traditionellen Bildungslebenslaufs" zur Folge (Hilse, 2001a: 152): Die klassische Zweiteilung des Werdegangs in eine Lern- und Ausbildungsphase und eine Berufsphase, in der das im Erziehungs- und Wissenschaftssystem Erlernte zur Anwendung gebracht wird, weicht dem Paradigma des „lebenslangen Lernens" (vgl. Jarvis, 2001). Lernen wird zum natürlichen Bestandteil des Lebens, die Grenzen zwischen Arbeit und Lernen verschwimmen. Das lebenslange Lernen schärft auch das Bewusstsein für die Systemabhängigkeit und Revidierbarkeit des eigenen Wissens. Immer wieder muss überprüft werden, ob das eigene Wissen noch zu den Arbeitsanforderungen passt oder ob es verlernt werden muss. Für den einzelnen Mitarbeiter verlangt dies einerseits eine größere Flexibilität, andererseits steigen die Ansprüche der Organisationsmitglieder an die gebotenen Entwicklungsmöglichkeiten in der Organisation, um die persönliche „Employability" zu erhöhen (vgl. dazu etwa Rump und Eilers, 2005). Wissen bzw. die Möglichkeiten zum Wissenserwerb werden zur Ware, um die konkurriert wird.

Mit der Neubewertung von Wissen als ökonomisches Gut etabliert sich ein Bildungsmarkt, der nicht mehr vom Staat gesteuert wird. Private, durch Wirtschaftsunternehmen geförderte Universitäten, der Aufbau von Firmenuniversitäten sowie das Anwachsen berufsbegleitender Bildungsangebote – all diese Entwicklungen deuten auf eine intensivere Kopplung zwischen Wissenschafts- und Wirtschaftssystem hin. Der Staat hört auf, die Wissenschaft zu dominieren, und auch das konstruierte hierarchische Verhältnis zwischen Wissenschaft und anderen funktionalen „Anwendungssystemen" löst sich auf (vgl. Abschnitt 6.3).

Die Wissenswertschöpfung wird dekonstruiert (vgl. Hilse, 2001a: 152): Wissensspezialisten aus unterschiedlichen gesellschaftlichen Teilbereichen, wie Praxisexperten, Medienpsychologen, Pädagogen, Managementtrainer und Berater, kümmern sich um einzelne Stufen der Wissensproduktion, die wiederum integriert werden müssen. Auch hier müssen Unternehmen neue Selektionsfähigkeiten beweisen: Welche Partner sind für welche Situation geeignet? Wie können die verschiedenen Ressourcen miteinander kombiniert werden? Usw.

Die Neubewertung von Wissen als Ware lässt die „Wissenskonsumenten" kritischer werden. Sie evaluieren selbstbewusst und bewerten. Welches Wissen brauchen wir und welches nicht? Die neue Nachfrageorientierung beeinflusst die Wissensproduktion. Streng nach wissenschaftlichen Methoden erzeugtes Wissen ist in anderen Funktionssystemen schwer anwendbar und gerät in Erklärungsnot (vgl. Luhmann, 1994). Unternehmen präferieren „relevance" statt „rigour" (vgl. Nicolai, 2000). Man beginnt, dem selbst erzeugten Erfahrungswissen mehr zu glauben als der Wissenschaft. Damit reift das Bewusstsein für die systemabhängige Wissensproduktion. Mit Business Schools, Beratungen etc. entsteht eine neue, vermittelnde Sphäre von Lernpartnern, die sich zwar auf wissenschaftliche Forschungsergebnisse bezieht, sich aber an den Relevanzkriterien der Wirtschaftsorganisationen orientiert. Allerdings ist auch dieser Bereich vor Kritik nicht verschont. So stehen Business Schools aufgrund ihrer geringen Serviceorientierung, „One-solution-fits-all"-Lösungen und ihrer Weltfremdheit im Kreuzfeuer der Kritik. Viele Unternehmensberatungen betrachten Strategieentwicklung nach wie vor als eine rein analytische Kopfaufgabe. Insbesondere Expertenberater reproduzieren so das traditionelle Entwicklungsmuster, anstatt es zu hinterfragen. Nach und nach begeben sich auch staatliche Universitäten in dieses Feld. Aufgrund ihrer nationalen Ausrichtung tun sie sich im internationalen Umfeld aber recht schwer (vgl. Stichweh, o.J.).

Unternehmen beginnen, sich für den Umgang mit der heterogenen Partnerlandschaft zu professionalisieren. Mit Corporate Universities oder ähnlichen internen Einrichtungen schaffen sie sich erste Anknüpfungspunkte zum neuen Bildungsmarkt. Sie etablieren tragfähige Arbeitsverhältnisse zu Business Schools und versuchen sie dazu zu „erziehen", ihre Leistungen auf die Unternehmensbedürfnisse auszurichten. Weil kein Lernpartner die benötigte Palette abdeckt, müssen Unternehmen lernen, verschiedene Partner zu kombinieren und den Koordinationsprozess zu managen. Sie bauen Wissen über anschlussfähige Lernpartner auf, die sie in selbst konzipierten Lernsettings einsetzen, usw.[52] Eine Corporate University ist damit auch ein Selektionsinstrument, mit dem sich das Unternehmen selektiv an den neuen Bildungsmarkt koppelt.

7.1.3 Steigender Beratungsbedarf

In Zeiten der Verunsicherung steigt ganz generell der Bedarf an Beratung. Permanent werden Strukturen auf- und abgebaut und die Massenmedien machen dies überall und wiederholt beobachtbar. Moderne Organisationen brauchen Beratung, um mit den Folgen der selbst erzeugten Binnenkomplexität zurechtzukommen (vgl. Wimmer, 2004: 253). Beratung ist ein Mittel, um mit den gestiegenen Selektionsanforderungen umgehen zu können. Fuchs und Mahler zufolge ist Beratung ein Mechanismus der Unsicherheitsabsorption: „sei es im Blick darauf, dass ohne die Tugend der Wohlberatenheit nicht sicher ist, mit welchen Mitteln der Zustand des irdischen Glücks erzielt werden kann, sei es, dass man nicht sicher sein kann, ob das Heil der Seele ohne angeratene, supererogatorische Werke, mithin ohne Umwege und allein durch die Befolgung der Gebote erreicht wird, sei es schließlich, dass die externen Ordnungsgarantien der Welt kollabieren und alle Beobachtungsoptionen in der modernen Gesellschaft kontingent werden" (Fuchs und Mahler, 2000: 349).

Zunächst expandierte der externe Beratermarkt, später bauten Unternehmen interne Beratungs- und Lernfunktionen auf, von denen eine Corporate University eine Variante ist. Insbesondere kapi-

---

[52] Der Bildungsmarkt wird noch von den USA dominiert. Das utilitaristische Bildungssystem ist schon lange eng an Wirtschaftsinteressen gekoppelt. Der Sektor wirtschaftsnaher Wissenschaftsinstitutionen wie zum Beispiel Business Schools, kommerzieller Bildungsanbieter und auch der Beratung hat bereits einen höheren Ausdifferenzierungsgrad als in europäischen Ländern.

talmarktorientierte Unternehmen, die seit jeher unter einem ungleich höheren Professionalisierungsdruck stehen, nutzen Expertenberater, um strategische Entwicklungsfragen zu delegieren. Heute reift ein kritisches Bewusstsein gegenüber Beratern. Man weiß, dass Berater es auch nicht besser wissen, und man will sich nicht abhängig von ihnen machen. Der Aufbau eigener, interner Beratungsabteilungen ist ein Indiz dafür, dass Unternehmen versuchen, die Ressource Beratung besser zu kontrollieren.

Beratung zur Stabilisierung
Auch wenn sich Beratung als Katalysator für Veränderungen empfiehlt, erfüllt sie eine wichtige Sicherheitsfunktion. Sie wirkt der Desorientierung von Organisationen entgegen. Fuchs analysiert die stabilisierende Funktion von Beratung aus systemtheoretischer Sicht. Indem sie im Hier und Jetzt etwas „rät", legt Beratung die auf den Rat folgende „Tat" in die Zukunft. Sie bietet ihr damit einen Aufschub (vgl. Fuchs und Mahler, 2000; Fuchs, 2002; Fuchs, 2004). Implizit vermittelt Beratung die Hoffnung auf Verbesserung und steht selbst für das entsprechende Korrektiv: Die Welt kann morgen besser sein als heute. Beratung verhilft also zu einer Unterbrechung von Ereignissen. Sie führt zu einem Zwischenstopp. Riskante Entscheidungen werden verschoben, um in der Zukunft eine bessere, Glück versprechende Auswahl treffen zu können.

Beratung reduziert Komplexität. Als Schema lenkt sie die Kommunikation auf zwei Optionen: Entweder man nimmt den Rat an oder man lehnt ihn ab. Selbst wenn man den Rat abgelehnt hat, muss man mit diesem Wissen später leben. Beratung birgt also einen Widerspruch: Einerseits konstruiert Beratung die Tat kontingent; sie legt sie in die (noch unbestimmte) Zukunft. Gleichzeitig schränkt sie die möglichen Handlungsoptionen auf zwei Optionen ein: Entweder man befolgt den Rat, oder man lehnt ihn ab. Beratung muss Kontingenz einerseits ausschließen: Schließlich lebt sie von der Vorstellung, dass die Dinge richtig, zumindest „richtiger" angegangen werden können. Auf der anderen Seite muss sie aber jede Form von Determiniertheit ablehnen, denn sie will ja auf alternative „Taten" in der Zukunft verweisen.

Beratung bringt auch Bewegung ins Spiel, allerdings weniger durch ihre laute Rhetorik, sondern vielmehr aufgrund von Metabeobachtungen. Aus Sicht des beratenden Unternehmens kommen zum Beispiel alternative Beratungen in den Blick: Hat man sich schlecht beraten lassen? Wäre ein anderer interner oder externer

Berater besser gewesen? Über diese Fragen schleusen sich Unsicherheiten über die Wahl des Schemas ein. Wer berät uns, welche Beratung wir wählen sollen (vgl. Mohe, 2006)? Aber auch die Beratung für Beratung ist nicht vor Alternativen gefeit. „In diesem Verständnis hat Beratung, wie man sagen könnte, sozial eine doppelte Plausibilität. Sie imponiert auf der Seite der Leute/Organisationen durch die Attraktivität ihrer jeweiligen Inhalte, fungiert aber gesellschaftlich als ein Schema der Ausbremsung reflexiver Temporalisierung. Und darin ist Beratung – in gewisser Weise – ein gnädiges Phänomen" (Fuchs und Mahler, 2000: 365). In Kapitel 8 und 9 wird gezeigt, dass Corporate Universities als eine Form der internen Beratung eine ähnlich januskörfige Funktion in der Organisation übernehmen können. Sie bedienen sich dann einerseits der Rhetorik des Wandels, haben aber unterschwellig eine stabilisierende, nahezu beruhigende Funktion.

7.2 Interner Kontext: Suche nach neuen Formen der Binnendifferenzierung

Um im dynamischen Marktumfeld zu überleben, müssen Unternehmen ihre Umweltsensibilität und ihre interne Antwortfähigkeit steigern, um adäquater auf Veränderungen reagieren zu können. Dafür müssen Formen der internen Differenzierung gefunden werden, um einerseits ihre Variationsmöglichkeiten zu vergrößern. Andererseits braucht die Organisation flexible Selektionsmechanismen, um sich auf veränderte Bedingungen einzustellen. Mit anderen Worten, strikt gekoppelte Strukturzusammenhänge müssen in lose Kopplungen überführt werden und dies erfordert flexible Selektionsmechanismen (vgl. Weick, 1976). Die folgende Analyse zeigt, dass auch diese Umbauprozesse eine wichtige Rolle für die Ausdifferenzierung einer Corporate University spielen.

7.2.1 Krise des hierarchischen Modells?

Die hierarchische Ordnung versagt an dieser Stelle, weil sie mit ihren festen Kopplungen von Weisung und Ausführung und ihrer unbezweifelbaren Unterteilung in „richtig" und „falsch" bzw. „Mögliches" und „Unmögliches" die Variation verringert, statt sie zu begünstigen. Lose gekoppelte Kommunikation wird aufgrund ihrer variationsreichen Unwägbarkeit vermieden und durch strikte Konditionierungen ersetzt (vgl. Baecker, 2003). So kommt es zu einer immer differenzierteren Arbeitsteilung, in der jeder ohne ein

Wort weiß, was er zu tun hat. Organisationen, die intolerant gegenüber Abweichungen sind und Störungen Einzelpersonen zurechnen, tendieren zu einer aversiven Einstellung gegenüber Fehlern. Die Organisation immunisiert sich gegen Enttäuschungen oder lässt sie von funktionalen Spezialabteilungen bearbeiten. In unberechenbaren Situationen, wie sie zunehmend zu beobachten sind, eignen sich zentralistische Führungs- und Entscheidungsfindungsprozesse weniger (vgl. Weick und Sutcliffe, 2003; Weick, 1996; Weick, 1990).[53] Die Bearbeitung von Fehlern, Abweichungen und anderen Irritationen entlang der hierarchischen Weisungskette vergrößert das Ausmaß von Krisen, statt adäquate Lösungen aufzuzeigen: „Fehler auf höheren Ebenen neigen dazu, Fehler von niedrigeren Ebenen aufzupicken und sich damit zu vermischen, was dazu führt, dass die entstehenden Probleme größer werden, schwerer zu verstehen sind und leichter eskalieren" (Weick und Sutcliffe, 2003: 29). Die hierarchisch organisierte Entscheidungsfindung verhindert die Zirkulation von Wissen. Die Spitze hört von den unteren Ebenen nur das, was sie hören will, irritierende, aber überlebenskritische Informationen bleiben oft auf der Strecke. In krisenanfälligen Zeiten müssen Organisationen lernen, sich flexibel auf verschiedene Wandlungsanforderungen einzustellen: „Wenn es normal läuft, kommen die Entscheidungen von oben. Wenn es stürmischer wird, gehen die Entscheidungen auf Wanderschaft und wenn das Schiff zu kentern droht, tritt ein vorher festgelegter Katastrophenplan in Kraft" (ebd.: 30). Unternehmen brauchen eine selbstreflexive Strategie, um in Krisenzeiten nicht reflexartig „mehr desselben" zu tun. Sie neigen dazu, ihre hierarchische, autokratische Führungs- und Entscheidungskultur in Schocksituationen zu verstärken. Sie versperren sich damit den Zugang zu veränderungsrelevanten Informationen. Fachkompetente Mitarbeiter warten dann auf Entscheidungen, statt selbstverantwortlich zu handeln, und die

---

[53] Dies zeigen zum Beispiel Studien zu High-Reliability-Organisationen (vgl. Weick und Sutcliffe, 2003: 27ff.), die besonders achtsam sein müssen, weil kleinste Fehler hohe Risiken bergen. Um ihre Selbst- und Fremdbeobachtungskapazitäten auszubauen, institutionalisieren sie eine regelrechte Detailbesessenheit in Bezug auf Abweichungen und Unerwartetes. Sie vermeiden vorgefertigte Interpretationen, weil diese von größeren Zusammenhängen ablenken. Vor allem aber müssen sie eine Führungskultur etablieren, die dezentral verteiltes fachliches Wissen und Können respektiert und dieses insbesondere im Ausnahmefall zu nutzen weiß (vgl. ebd.: 22).

selbstverantwortlich zu handeln, und die Spitze trifft diese Entscheidungen, ohne über die entscheidungsrelevanten Informationen zu verfügen. „Mit Mauern des Schweigens lässt sich das Unerwartete nicht abblocken" (ebd.: 30).

Das Versagen der Hierarchie veranlasst Unternehmen dazu, mit neuen Formen der Binnendifferenzierung zu experimentieren, die mehr Umweltkontakte zulassen und sich durch eine größere Enttäuschungsbereitschaft auszeichnen als das klassische hierarchische Modell. Neue Steuerungs- und Koordinationsmechanismen wie marktähnliche Bedingungen, Verständigung, Vertrauen oder Wissen rücken in den Vordergrund der Diskussion. Dabei geht es allerdings nicht, wie vielfach missverstanden, um eine grundlegende Ablösung der Hierarchie. Vielmehr wird die weitaus offenere Frage gestellt, welcher Steuerungsmechanismus in welcher Situation am besten passt. Die Auseinandersetzung über neue Unternehmensformen bewegt sich im Rahmen der unbestrittenen hierarchischen Gesamtordnung: „Aus einer Perspektive auf die Gesamtorganisation kann also kaum von einer ‚Krise der Hierarchie', einer ‚Hierarchiesackgasse' oder gar einem ‚Ende der Hierarchie' gesprochen werden. Begriffe wie ‚Enthierarchisierung' oder ‚Dehierarchisierung' führen bei einem Fokus auf die Gesamtorganisation eindeutig in die Irre. Vielmehr haben wir es in den Organisationen mit einem ‚Umbau von hierarchischen Steuerungsinstrumenten' zu tun" (Kühl, 1999: 15).

Spezialfunktionen als Puffer des traditionellen Modells
Eine erste Bearbeitungsform für die zunehmenden Störungen im hierarchischen Modell ist die Ausdifferenzierung von Spezialfunktionen. Diese funktionale Differenzierung entsteht, um die Nachteile des hierarchischen Modells wie zum Beispiel seine Marktblindheit und Binnenfokussierung, die wenig flexible Antwortfähigkeit etc. zu kompensieren. Es werden Spezialabteilungen für Aufgaben der internen Entwicklung (zum Beispiel für Personalführung, die Strategieentwicklung, das Controlling etc.) sowie für Aufgaben der externen Beziehungsgestaltung (zum Beispiel für Marketing, Unternehmenskommunikation, Investor Relations etc.) eingerichtet.

Auch eine Corporate University gehört zu diesen Spezialfunktionen. Sie fängt Störungen und Abweichungen auf, um die Grundprämissen der klassischen Organisationsform trotz zunehmender Unsicherheiten weitestgehend aufrechtzuerhalten. Sie entlastet das Management, indem sie es bei den zunehmenden Entwicklungsaufgaben unterstützt, die im klassischen Modell nicht vorgesehen sind (man ging ja von stabilen Umweltbedingungen aus). Das Management wird so zunächst von einem grundlegenden Umdenken verschont. Die neuen Aufgaben scheinen delegierbar und es kann sich nach wie vor auf die Verwaltung und Kontrolle der Normalabläufe konzentrieren.

Diese funktionale Differenzierung in Spezialfunktionen wird heute äußerst kritisch gesehen, weil sie notwendiges Managementwissen zersplittert: „Diese Form der Arbeitsteilung zwischen Experten in den Stabsbereichen und dem Linienmanagement führte in vielen wichtigen Fragen der Unternehmensführung dazu, dass das entscheidungsrelevante Management-Know-how bei formal einflusslosen Stabsmitarbeitern lag, während sich die eigentlichen Entscheidungsträger um ganz andere Fragen kümmerten und oftmals wenig Energie für das qualitative Zustandekommen unternehmensrelevanter Leitentscheidungen aufwendeten" (Wimmer, 2004: 118). Auch eine Corporate University muss sich dieser Kritik stellen. Das Problem des Nichtwissens wird mit Hilfe einer Funktion gelöst. Damit verbreitet sie implizit die entlastende Vorstellung, dass die schwierigen Entwicklungsaufgaben delegierbar sind. Gerade diese versteckte Botschaft, so eine hier verfolgte Überlegung, macht sie so attraktiv.

7.2.2 Neue Formen der Binnendifferenzierung zur Steigerung der Enttäuschungsbereitschaft

So unterschiedlich die unternehmerischen Antwortversuche im Einzelfall auch sein mögen, ihnen ist gemein, dass sie

- sich besser gegenüber alternativen Handlungsoptionen durch eine Vervielfachung struktureller Kopplungen mit ihren Umwelten sensibilisieren und
- ihre Selektions- bzw. Entscheidungsfähigkeit durch die Dezentralisierung von Entscheidungskompetenz optimieren (vgl. ebd.).

Die voranschreitende Ausdifferenzierung in Spezialfunktionen, die in vielen Großkonzernen lange Zeit das vorherrschende Bewältigungsmuster war, versagt heute an vielen Stellen. Die hohen, wettbewerbsschädigenden Kosten und ihre Trägheit sind unter turbulenten Bedingungen untragbar. Während die funktionale Differenzierung das hierarchische Modell durch problemabsorbierende „Pufferleistungen" stabilisierte, stellen drei Trends der organisationalen Binnendifferenzierung dieses Muster heute grundsätzlich in Frage. Allerdings erfordern diese Veränderungen die Revision der Steuerungs- und Führungsinstrumente (vgl. dazu ausführlich Wimmer, 2005: 59ff.):

1. Das Prinzip der strategischen Geschäftsfeldgliederung
Bei dieser neuen Form der Organisationsstruktur wird das marktförmige Prinzip in das Unternehmen hineinkopiert. Die strukturelle Differenzierung verläuft nicht entlang fachlicher Funktionen, sondern eigenständiger unternehmerischer Einheiten. Ausgestattet mit eigener Kosten- und Entscheidungsverantwortung kümmern sich diese Subsysteme nur noch um bestimmte Kundenprobleme oder -gruppen. Die selbstähnlichen Einheiten agieren wie „Unternehmen im Unternehmen". Die ständige Marktkonfrontation sensibilisiert für relevante Veränderungen im Feld, die aufgrund der marktnahen Expertise zeitnah qua Entscheidung bearbeitet werden können. Gerade große Unternehmen profitieren von dieser Differenzierungsform, weil sie ihre Größenvorteile mit den Flexibilitätsvorteilen kleinerer Unternehmen kombiniert. Allerdings birgt die prinzipielle Unabhängigkeit der unternehmerischen Einheiten auch die Gefahr des egoistischen Selbstbezugs und der Verselbständigung bereichsspezifischer Interessenlagen und Realitätskonstruktionen. Der Blick fürs Ganze gerät aus den Augen.

2. Das Prinzip der Geschäftsprozessoptimierung
Aber nicht nur die Struktur, sondern auch die tradierte Form der arbeitsteiligen *Arbeitsorganisation* entlang von Fachfunktionen, die insbesondere in langlebigen, fremdgeführten Unternehmen zu einem hohen Ausdifferenzierungsgrad führte, steht heute zur Disposition. In dynamischen Umwelten können es sich Unternehmen nicht leisten, überlebensrelevante Fragen an Spezialabteilungen zu delegieren. Die zeit- und kostenintensive Arbeitsteilung zwischen Wissen erzeugenden Expertensystemen und einem auf Kontroll- und Verwaltungsaufgaben konzentrierten Management ist nur noch historisch, aber nicht mehr vom Ergebnis her zu rechtfertigen. Das eingefahrene Muster erweist sich in turbulenten Märkten als zu unflexibel. Unternehmen experimentieren deshalb mit Formen der Arbeitsorganisation. Ein Beispiel ist die Einführung sich selbst organisierender Teams, die in sich abgeschlossene Aufgaben flexibel bearbeiten. Eine weitere Möglichkeit besteht im konsequenten Aufräumen historisch gewachsener Arbeitsprozesse, die vom Ergebnis her ganz neu aufgerollt und in Kernprozessen oder projektförmigen Arbeitsstrukturen neu zusammengefasst werden,

Arbeitsstrukturen neu zusammengefasst werden, statt in funktionale Zuständigkeitsbereiche zergliedert zu werden.

3. Die Konzentration auf Kernkompetenzen
Der dritte Trend besteht in der Konzentration auf Kernkompetenzen. Statt alle Leistungen selbst zu erbringen und sich so von der Umwelt relativ unabhängig zu machen, versuchen Unternehmen heute, sich auf die Leistungen und Fähigkeiten zu konzentrieren, die sie einzigartig machen. Andere, weniger wichtige oder unprofitable Tätigkeiten verlagern sie in ihre Umwelt (vgl. Prahalad und Hamel, 1991). Es entstehen neue interorganisatorische Partnernetzwerke, an die das Unternehmen sich fest(er) koppelt, weil es auf sie angewiesen ist. Diese neue Abhängigkeit macht die Kernorganisation empfindlicher für Umweltstörungen, auf die sie keinen direkten Einfluss hat. Zudem geraten die natürlichen Grenzen der Organisation in Gefahr zu verschwimmen. Es kostet ungleich höheren Aufwand, um das Innen vom Außen zu unterscheiden (vgl. Kapitel 7.1.1).

Bewältigung transnationaler Herausforderungen
Entlang dieser drei Trends ist die Unternehmensführung gefragt, eine günstige Organisationsform zu finden, die den jeweiligen unternehmerischen Anforderungen entspricht. Organisationsgestaltung meint heute aber mehr als das Design der Organisationsstruktur. Sie betrifft zum Beispiel auch die Gestaltung der Managementprozesse und die Organisationskultur. Dies gilt insbesondere für international operierende Unternehmen, die der Vielfalt und den teils widersprüchlichen Anforderungen der Gesamtorganisation, der dezentralen Geschäftsfelder und regionalen Märkte gerecht werden müssen. Sie müssen eine Lösung finden, die einerseits zu ihrem Branchenumfeld, andererseits aber auch zu ihrer Entwicklungsgeschichte, also ihrem „administrativen Erbe", passt. Anforderungen an die Effektivität, die Anpassungsfähigkeit und die Fähigkeit zur Wissensdiffusion, die zuvor im Entweder-oder-Modus gelöst wurden, müssen heute in mehrdimensionale Strategien integriert werden.[54] Bartlett und Goshal nennen diesen Idealtypus das

---

[54] Bartlett und Goshal unterscheiden mit multinationalen (Lokalautonomie), globalen (zentrale Nutzung von Skaleneffekten) und internationalen Unter-

transnationale Modell: „In the emerging international environment, therefore, there are fewer and fewer examples of industries that are pure global, textbook national, or classical international. Instead, more and more businesses are being driven by simultaneous demands for global efficiency, national responsiveness, and worldwide learning. These are the characteristics that we call a *transnational industry*" (Bartlett und Goshal, 1987: 12). Statt sich einmal auf ein bestimmtes Muster der Organisationsführung festzulegen, muss immer wieder überprüft werden, ob die Lösungsalternativen noch situationsgerecht sind. Durch „flexible Zentralisation" und „gesteuerte Dezentralisierung" werden die bisher komplementären Spielarten der Unternehmensführung intelligent kombiniert. „Therefore, instead of centralizing or decentralizing assets, the transnational makes selective decisions" (Bartlett und Ghoshal, 2002: 68). So wird zum Beispiel von Fall zu Fall entschieden, welche Ressourcen und Kompetenzen unbedingt im Heimatland bleiben sollten, weil sie zu den Kernkompetenzen des Unternehmens gehören und eine wichtige identitätsstiftende Bedeutung haben. Andere, weniger bedeutsame und arbeitsintensive Aktivitäten werden vielleicht zentralisiert, aus Kostengründen aber in Niedriglohnländern angesiedelt, um ein Höchstmaß an Effektivität zu realisieren. Wieder andere Leistungsprozesse werden dezentralisiert, weil die Vorteile der Produktanpassung die Skalenpotentiale überwiegen oder weil man ein Marktsegment vor globalen Irritationen schützen will. Idealerweise entsteht ein integriertes Netzwerk mit wechselseitigen Abhängigkeiten, die die gegenseitige Kooperation forcieren (vgl. ebd.: 69). Transnationale Unternehmen entscheiden je nach Marktlage über die jeweiligen Freiheitsgrade bei der lokalen Anpassung. Lokale Wissensressourcen und zufällig entstehende Ideen werden in übergreifenden, aber nicht zwangsläufig zentralistisch aufgestellten Centers of Excellence auf ihr Potential geprüft.

Die Corporate-University-Idee als Folge neuer Differenzierungsformen
Organisationen tun also bereits viel, um ihre Lern- und Entwicklungsfähigkeit zu verbessern. Sie tun dies primär nicht durch die Ausbildung einer Lernfunktion. Vielmehr bauen sie ihre Entschei-

---

nehmen (Schwerpunkt liegt auf dem Transfer von Innovationen) drei dominante Strategien der Binnendifferenzierung (vgl. Bartlett und Goshal, 1987: 10).

dungspraktiken und die selektiven Verknüpfungen grundlegend um. Die Corporate University ist nur ein Element in diesem Spiel. Mit ihren Angeboten, die entstehende Vielfalt besser zu koordinieren und die dafür notwendigen Führungsstrukturen zu etablieren, ist die Corporate-University-Idee bereits eine Folge dieser Entwicklung der Entwicklungsfähigkeit. Sie bietet eine Antwort auf die Frage, wie ein Unternehmen mit der zunehmenden Vielfalt, die mit der Ausdifferenzierung autonomer Geschäftsfelder, der Internationalisierung und den zunehmenden Abhängigkeiten von externen Partnern entsteht, umgehen kann. Sie ist eine Lösung für die gestiegenen Selektionsanforderungen in der Organisation. Eine Corporate University baut die dafür erforderlichen Kompetenzen und Strukturen auf. Sie schafft ein Forum, in dem die neuen Fragen der Unternehmensführung und der strategischen Ausrichtung zur Sprache kommen: Wie und von welcher Stelle kann das Schiff geschaukelt werden? Wie können Strategien umgesetzt werden, wenn die Spitze nicht mehr allein das Sagen und das Wissen für sich gepachtet hat? Wie können die Teilrationalitäten auf ein geteiltes Sinnangebot zusammengeführt werden, damit das Ganze mehr wird als die Summe seiner Teile? Welche Führungsstrukturen, Managementkompetenzen und welche Führungskultur sind für dieses Navigieren erforderlich? Und welche externen Wissensressourcen werden für diesen Lernprozess gebraucht?

Das Besondere an der Corporate-University-Idee ist, die neuen Problemlagen durch eine Funktion bearbeiten zu lassen. Dies hat auch eine unsicherheitsabsorbierende Funktion: Scheinbar kann der Rest doch erst mal so bleiben, wie er ist.

7.3 Neudefinition von Steuerung und Führung

Die neuen Formen der Binnendifferenzierung erfordern ein anderes Selbstverständnis beim Management, das für Entscheidungen und die Entscheidung über Entscheidungsprämissen zuständig ist. Bestand die Aufgabe von Managern zuvor in der Vorgabe und der Kontrolle fixer Regeln, müssen sie heute immer wieder überprüfen, ob die einmal gesetzten Rahmenbedingungen noch zu den externen Marktanforderungen und zur internen „Gemengelage" passen. Dies stellt höhere Ansprüche an ihre Fähigkeit, mit ständig präsenter Kontingenz umzugehen und diese mit Hilfe geeigneter Selektionsmechanismen für Selbstentwicklungsprozesse zu nutzen. Ständig blitzt auf, dass die Dinge nicht nur so, sondern auch anders sein können. Manager müssen trotz gestiegenen Kontingenzbewusstseins entscheidungsfähig bleiben. Weil Entwicklungsprozesse wichtiger für die Existenzsicherung werden, können diese langfristig nicht an Spezialfunktionen wie die Strategieentwicklung, die Personal- und Organisationsentwicklung oder eine Corporate University delegiert werden. Sie sind Aufgabe des Managements.

Die neuen Anforderungen haben Konsequenzen für die Steuerungs- und Führungsvorstellungen. Management heißt nicht Erstellen und Ausführen von Plänen, sondern mit Unerwartetem zu rechnen und damit umzugehen. Planabweichungen, Interessenpluralitäten sowie widersprüchliche Ideen, die zuvor eher als Zufälle, Störquellen oder Querulantentum abgetan und als individuelles Versagen interpretiert wurden, müssen aufmerksam beobachtet und ihr Informationsgehalt auf Verwertbarkeit überprüft werden (vgl. Gebauer et al., 2004). Statt Handlungsanweisungen in weiser Voraussicht und durch ein „besseres" Wissen zu legitimieren, müssen Manager gezielt für Kommunikationsanlässe sorgen, um das in der Vielfalt der Perspektiven eingelassene Wissen zusammenzubringen und verwertungsbezogen zu integrieren. Legitimierten Manager ihre übergeordnete Position und die Vorgabe einer Befehls-Gehorsams-Struktur bisher durch ihren scheinbar exklusiven Wissenszugang, ist dies heute aufgrund der zunehmenden Kontingenzerfahrungen unglaubwürdig. Keiner kann das komplexe und widersprüchliche Zusammenspiel in der Organisation überschauen und dies ist nicht nur für das Management, sondern für alle Beteiligten beobachtbar. In Zeiten der Pluralität legitimiert sich das Management nicht mehr über den *Besitz* von Wissen, sondern es beweist sich im Umgang, also der *Selektion von Nichtwissen*.

Diese neuen Bedingungen lassen die Besonderheiten von Führung als einer Spezialform von Kommunikation (vgl. Wimmer, 1989: 150) und die damit verbundene limitierte Steuerbarkeit deutlicher zu Tage treten. In stabilen Verhältnissen gelang es noch relativ mühelos, eine feste Ordnung mit Hilfe kommunikationsfeindlicher Hierarchien aufrechtzuerhalten und Zweifel und Widerspruch auszuschließen. Diese trivialen Kontrollvorstellungen sind in dynamischen Umwelten nicht mehr haltbar. Kommunikation ist das entscheidende Führungsinstrument und öffnet der Unbestimmtheit Tür und Tor: „Kontrollieren heißt Kommunizieren, und Kommunizieren heißt, die Kontrolle aus der Hand zu geben. Anders geht es nicht" (Baecker, 1994: 57).

Die Funktion einer Corporate University leitet sich aus diesen Notwendigkeiten ab. Eine strategische Lernfunktion kann das Management auf diesen Umstellungsprozess vorbereiten und sie kann das Management unterstützen, die notwendigen Gelegenheiten und Auszeiten für die notwendigen Explorationsprozesse zu etablieren.

7.3.1 Abschied vom heroischen Erfolgsmanagement

Die Verlagerung der Managementaufmerksamkeit von Wissen auf Nichtwissen und die Entzauberung der Spitze als kontrollierender Instanz entzieht auch dem Bild vom „heroischen" Manager den Boden. Dieser fühlte sich durch eine Sonderausstattung an Wissen, Intuition und überzeugendem Charisma in der Lage, über das Schicksal der Organisation zu entscheiden. Die Erwartungshaltungen an einen Steuermann als Lenker des Geschehens, von dessen persönlichen, analytischen und strategischen Kompetenzen alles abhängt, verlieren an Glaubwürdigkeit (vgl. dazu Wimmer, 1995: 77). Die Unsicherheit steigt: Wie ist das Schiff zu schaukeln? Die Personalisierung von Erfolg und Misserfolg, die Unterscheidung von einem willensstarken und entscheidungsfähigen Oben und einem willigen und leistungsbereiten Unten entparadoxierte die widersprüchliche Lage und beruhigte alle Beteiligten. „Der heroische Manager übernimmt die Paradoxie, ohne sie einzugestehen, und behauptet sich selbst als die Lösung. Sein Glanz ist der Glanz, der die Paradoxie unsichtbar macht. Seine Macht ist die Macht, die sich aus dem Versuch aller anderen ergibt, der Paradoxie nicht ins Angesicht schauen zu müssen. Sein Charisma ist das Charisma, mit dem alle anderen besiegeln, den Widersprüchen, denen sie in der Arbeit begegnen, nicht auf den Grund gehen zu wollen. Sein Heldentum ist der Schlussstein einer paradoxen Weltkonstruktion" (Baecker, 2003: 50).

Heute aber ist die Organisation stärker auf sich selbst zurückgeworfen, wenn es schwierig wird oder wenn Probleme und Scheitern eine Adresse suchen. Unternehmen befinden sich in einer Übergangssituation. Trotz der immer noch vorhandenen Erwartungen einer heroischen Inszenierung[55] ernten bescheidenere, beharrliche

---

[55] Viele Topmanager sehen sich zu einer dramatischen Selbstinszenierung vor Kapitalgebern und Analysten gezwungen. Kaum zu erreichende Qualitäts- und Leistungserwartungen des Kapitalmarktes werden durch die persönliche Inszenierung kompensiert. Aufgrund der Entkopplung von Kapitalmarkt und realwirtschaftlicher Lage gelingt dies erstaunlich gut (vgl. dazu Wimmer, 2004:

Führungspersönlichkeiten heute schon mehr Erfolg (vgl. die Studie von Collins, 2003). Solche Manager verfügen über ein ausgeprägtes Bewusstsein für das gegenseitige Angewiesensein und honorieren die Leistungen und Erfolge anderer mehr als ihre eigenen. Anders als heroische Manager rechnen diese Führungspersönlichkeiten ihre Erfolge weniger sich selbst zu und sie suchen für Misserfolge auch nicht die Schuld in ihrem Umfeld. Vielmehr erklären sie langfristige Erfolge mit glücklichen Umständen, auf die sie keinen Einfluss hatten und die sie „lediglich" genutzt haben. Für Misserfolge hingegen übernehmen sie persönlich die Verantwortung und reflektieren die Ursachen des Scheiterns. Solche Manager verfügen offensichtlich über ein ausgeprägtes Bewusstsein für Kontingenz, Pluralität, Interdependenzen und Komplexität und verstehen sich deshalb selbst auch nicht als omnipotente Macher.[56]

7.3.2 Integration multipler Perspektiven

Eine Problematik trivialer Steuerungsvorstellungen ist, dass sie eine Einwegkommunikation nahelegen, die für die Gesamtsteuerung eigenständiger Teilbereiche unadäquat ist. Die Wahrscheinlichkeit ihrer Ablehnung ist einfach zu hoch. Eine direktive Steuerung würde die Autonomie und Entscheidungsfreiheit der Bereiche gefährden und unproduktive Widerstände und Mikropolitiken erzeugen. Deshalb müssen Integrationsmechanismen gefunden werden, die der Pluralität von Interessen, Perspektiven und Wissensbeständen gerecht werden, ohne die Gesamtorganisation aus den Augen zu verlieren (vgl. Wimmer und Nagel, 2002). Auch zwischen den Subsystemen muss ein Dialog angeregt werden, damit jeder über das Leistungspotential der jeweils anderen Bereiche im Bilde ist und Synergiepotentiale sichtbar werden.

---

29) und macht sich erst langfristig bemerkbar (vgl. die Studie von Collins, 2003: 46).

[56] Besonders plastisch werden die unterschiedlichen Kontrollvorstellungen in den Titeln der Autobiographien von Jack Welch und dem eher unbekannten John Cullman von Philip Morris, dessen Unternehmen zu den Spitzenperformern zählte: Während in „Control Your Destiny or Someone Else Will" der autokratische Führungsstil Jack Welchs gefeiert wird, bezeichnet sich Cullman nur bescheiden als „A Lucky Guy" und verweist damit auf Kontingenz (der Hinweis auf das Buch von Cullman stammt von Collins, 2003: 52).

Auf der formalen Ebene können Berichts- und Controllingsysteme die Aufmerksamkeit auf besonders wichtige, gemeinsame Größen und Kennzahlen lenken. Eine Lernarchitektur unterstützt die Integration, indem sie Dialoge mit den verschiedenen Teilbereichen und Organisationsmitgliedern initiiert. Gemeinsame Wert- und Sinnangebote, persönliches Commitment und das Gefühl der Zusammengehörigkeit werden reaktualisiert (vgl. Bartlett und Ghoshal, 2002: 203ff.). In der Übergangsphase kann eine Lernfunktion dazu beitragen, dass strategische Weichenstellungen zum „administrativen Erbe" des Systems passen und nicht auf dem Reißbrett passieren.

7.3.3 Kontinuierliche Überprüfung strategischer Leitentscheidungen

Das Management braucht eine selbstreflexive und spielerische Haltung gegenüber sich selbst und den eigenen Entscheidungen. Es muss stets kritisch prüfen, ob die eigenen Entscheidungsprämissen noch zu den Bedingungen passen (vgl. Wimmer, 2004: 88ff.). Im Sinne des Formenkalküls müssen Unternehmen lernen, sich selbst als Form zu beobachten, also sich selbst „als etwas Bestimmtes in unmittelbarer Nähe zu etwas Unbestimmtem" zu sehen (Baecker, 2004: 4). Zu dieser „Navigation der Formen" gehört die kritische Prüfung der Beobachtungsrichtung und der verwendeten Beobachtungsinstrumente (vgl. Wimmer und Nagel, 2002). Manchmal kann es relevanter sein, sich auf das Innenleben der Organisation zu konzentrieren, manchmal ist es aufschlussreicher, die externe Wettbewerbssituation in den Blick zu nehmen. Oder man riskiert einen Blick über den Tellerrand und informiert sich über nützliche Erkenntnisse aus anderen Funktionalsystemen. In anderen Situationen ist es sinnvoller, die Zukunft im Bezug zur Vergangenheit zu imaginieren, um daraus wertvolle Entscheidungshilfen zu gewinnen. „Management ist nicht mehr Paradoxieausbeutung der Hierarchie, sondern Institution und Initiation der Selbstbeobachtung der Organisation. [...] Es ergreift Partei, aber es ergreift Partei mit Blick auf die andere Seite der Differenz. Wenn sich die Einheit der Organisation noch irgendwo ereignet, dann im Management" (Baecker, 1999: 194).

Das Management erfüllt eine ambivalente Aufgabe. Einerseits steht es symbolisch für den Status quo der jeweils gewählten Form der Kontingenznegation. Andererseits muss es diese Regeln dauernd anzweifeln. Die Einrichtung periodischer Auszeiten für Beobachtungen 2. Ordnung (vgl. Wimmer und Nagel, 2002: 75) helfen hier, der widersprüchlichen Anforderung gerecht zu werden, einerseits zu den eigenen Entscheidungen zu stehen und sie andererseits ständig zu hinterfragen. Eine Corporate University bietet zum Beispiel einen geschützten Raum für Explorationsprozesse. Der Selbstzweifel wird durch die Lernfunktion institutionalisiert.

7.3.4 Entwicklung als Führungsaufgabe

Um den zentrifugalen Kräften und Bereichsegoismen entgegenzuwirken, steigt die strategische Bedeutung übergreifender, integrierender Spezialfunktionen. Sie können dem Management ihre Führungsaufgaben zwar nicht abnehmen, aber sie können die Bewältigung komplexer Steuerungsaufgaben unterstützen. Eine Lernfunktion kann zum Beispiel bereichsübergreifende, intelligente Führungsinstrumente und entsprechende Kommunikationsstrukturen etablieren.

Neben einem wirksamen Controlling werden Wissensmanagement sowie eine bereichsübergreifende Personal- und Managemententwicklung zu Erfolgsfaktoren (vgl. Wimmer, 2004: 123). „Many companies we studied had consciously upgraded their personnel function from a low-level, isolated staff responsibility, focused on the administration of salary and benefit programs, to a central responsibility of all line managers supported by qualified specialists and sophisticated systems integrated into the mainstream decision-making process" (Bartlett und Ghoshal, 2002: 212). Die klassische Personalfunktion muss sich von administrativen Aufgaben mit Hilfe effektiverer technologiegestützter Prozesse und Outsourcing entlasten, um als Strategischer Partner einen Beitrag zur Wertschöpfung zu leisten (vgl. dazu exemplarisch Ulrich, 1997; Scholz, 1999). Boudreau und Ramstad fordern in diesem Zusammenhang, dass ein Human Resource Management – ähnlich wie das strategische Marketing oder der Bereich Finanzen – zu einer strategischen „decision science" werden. Der Bereich muss verständliche Frameworks und Erklärungsmodelle bereitstellen, die dem Management helfen, Entwicklungs- und Talententscheidungen besser zu treffen (vgl. Boudreau und Ramstad, 2005).

Entwicklung des Managements als Führungsaufgabe
Eine wichtige Aufgabe der Personalfunktion besteht heute darin, das Management auf seine neuen Führungsaufgaben vorzubereiten. Dieser neue Stellenwert der *Managemententwicklung* ist meist der

Hauptgrund für die Ausdifferenzierung einer dezidierten Lernfunktion, die sich um diese Aufgabe kümmert. Es ist allerdings ein Trugschluss zu glauben, diese Entwicklungsaufgabe könne an eine Spezialfunktion delegiert werden. Vielmehr wird die Entwicklung von Leistungs- und Entscheidungsträgern zu einer wichtigen Führungsaufgabe, für die sich das Management selbst verantwortlich fühlen muss. Sie kann weder einzig und allein einer Lernfunktion anvertraut noch einem natürlichen „darwinistischen" Selektionsprozess überlassen werden.[57] Hierin besteht wie bereits erörtert das Paradox jeder Lernfunktion, die Alternativen zum eingespielten Entwicklungsmuster aufzeigen will: Sie steht dafür, die Aufgabe der Entwicklungsfähigkeit zu übernehmen. Aber um wirksam zu werden, muss sie gleichsam vermitteln, dass dies keine zu delegierende, sondern eine Managementaufgabe ist.

Reflexive Managemententwicklung
Die Form der individuellen Managemententwicklung muss neu überdacht werden. Manager müssen auf die verschiedenen Rollenanforderungen als „business manager", „country manager", „functional manager" oder „top executive" vorbereitet und zugleich auf eine gemeinsame „transnationale" Perspektive eingeschworen werden. Topmanager sind in diesem Spiel „the leaders who shape the complex interactions among the three groups – and who can identify and develop the talented executives a successful transnational organization requires" (Bartlett und Ghoshal, 2002: 232).

In Zeiten des Wandels ändern sich auch die Ansichten darüber, welche Verhaltensweisen (die im Alltag in der Regel als persönliche „Eigenschaften" beobachtet werden) einen Manager erfolgreich machen und welche nicht. Einmal erfolgreiches Managerverhalten sollte nicht einfach vervielfältigt und in Kompetenzmodellen als Erwartung adressiert werden. Einmal erfolgreiche Verhaltensstrategien garantieren nicht, dass sie auch in Zukunft erfolgreich sein werden. Management kann nicht antrainiert werden. Führungskräf-

---

[57] Management wird wie eine angeborene Eigenschaft behandelt oder zumindest als eine, die man schwer vermitteln kann: „Management is treated like sex: You'll figure it out" (Mintzberg, 2004: 200). Dieser darwinistische „Survival-of-the-fittest-Ansatz" glaubt, dass Leistungsträger sich auf dem Weg nach oben allein durchschlagen müssen. Die natürliche Auslese sorgt automatisch dafür, dass nur die besten Manager an die Spitze gelangen.

te müssen das Potential verschiedener Führungsstile kennen lernen, um von Fall zu Fall zu entscheiden, welches Verhalten angemessen ist.[58] Die Fokussierung auf Erfolg verhindert die langfristige Auswertung von Misserfolgen, die für kontinuierliche Revisionsprozesse aber notwendig wird. Der wertvolle Informationswert von Scheiternserfahrungen und Fehlern (vgl. Weick und Sutcliffe, 2003; Gebauer et al., 2004) bleibt für die Management- und Organisationsentwicklung dann ungenutzt.[59] Wenn von Potential- und Leistungsträgern lückenlose Erfolgskarrieren erwartet werden, wird einer fehlerfeindlichen Kultur Vorschub geleistet. Top-Performer werden es tunlichst vermeiden, Misserfolge, Scheitern und Zweifel zu thematisieren. Eine kritische Reflexion über Führungsstile, Analysehilfsmittel und Steuerungsinstrumente wird ausgespart. Gerade in neuen, unübersichtlichen und verunsichernden Situationen besteht die Gefahr, dass alte Erfolgsrezepte und Verhaltensstrategien „blind" übertragen werden und dann erst recht zu Misserfolgen führen. Nicht selten versagen Führungskräfte kurz nach einer Beförderung, weil sie ihr zuvor erfolgreiches Verhaltensrepertoire nicht kritisch reflektieren und auf die neue Situation einfach übertragen (vgl. McCall, 1998).

Die Managemententwicklung, die durch eine Lernfunktion angeboten wird, muss also selbst reflexiv werden, um Manager auf ihre neuen Aufgaben vorzubereiten. Sie muss ihre eigenen Prämissen überprüfen, die sie implizit auch dem Management vermittelt. So bestehen Managemententwicklungsprogramme oft aus anspruchsvollen Maßnahmen „on the job". Sie bestehen aus Rotationsprogrammen, in denen Jungmanager die verschiedenen Bereiche der Organisation kennen lernen. Die Divise ist: Je mehr man sie auf Trab

---

[58] Gerade bei mehrdeutigen Anforderungen wird spürbar, wie nahe Stärken und Schwächen beieinander liegen. Entscheidungsfreudigkeit kann auch als autokratisch und direktiv erlebt werden, Innovationsfreudigkeit als Unbeständigkeit, Risikobereitschaft als Unberechenbarkeit oder Teamfähigkeit als Unentschiedenheit und unkritisches Mitläufertum umgedeutet werden (vgl. McCall, 1998: 37).

[59] Die Unterscheidung von Erfolg und Misserfolg ist beobachterabhängig. Die Beobachtung und Bewertung von Erfolg bei der Entwicklung von Potentialträgern, die schnell von Position zu Position wechseln, sind fragwürdig. Oft gilt schon ein abgeschlossenes Projekt oder eine Implementierung als Erfolgsindikator. Langfristige Aspekte finden keine Berücksichtigung.

hält, umso mehr lernen sie. Phasen des Müßiggangs und der selbstkritischen Reflexion passen nicht in das Bild eines dynamischen Leistungsträgers. Manager brauchen jedoch Zeitfenster, in denen sie ihre vielfältigen Erfahrungen aus einer anderen Perspektive beobachten, organisationalen Dilemmata und ihren persönlichen Organisations- und Steuerungsvorstellungen auf den Grund gehen können. Um Manager auf ihre künftigen Führungsaufgaben in volatilen Märkten besser vorzubereiten, sollten Mintzberg zufolge verschiedene Ansätze zur Managemententwicklung miteinander kombiniert werden: „Short courses can provide key inputs: they convey articulated knowledge and can develop certain competencies. Degree courses for practising managers are [...] powerful boosts to management development. Systematic career movements, reinforced by coaching and periodic assessing of progress, foster learning from experience. Action learning, with adequate reflection, strengthens the capacity to do this. And bringing much of this together in a corporate academy, better still in the kind of practice common in Japan, offers powerful possibilities for integration. Even sink or swim has its place: it is sometimes good to sink, just a little, in order to better appreciate swimming" (Mintzberg, 2004: 234).

Zwischenergebnis
Die Ausführungen zeigen: Wir befinden uns in einer Phase des Übergangs von strikt gekoppelten zu lose gekoppelten Organisationsformen. Dies erfordert die Flexibilisierung der Selektionsmechanismen. Eine Lernfunktion kann eine Lernarchitektur vorschlagen, um diesen Übergang zu meistern und beim Management und bereichsübergreifend Lernprozesse anstoßen, um die gestiegene Variabilität selektiv zu verarbeiten und gleichzeitig die verwendeten Selektionsmechanismen in den Blick zu bekommen.

Eine Schwierigkeit besteht in der kollektive Entwicklung eingefahrener Selbstbeschreibungen. Auf der operativen Ebene machen Organisationen oft schon vieles anders (zum Beispiel durch eine Geschäftsfeldgliederung, die Konzentration auf Kernkompetenzen, internationale Expansion usw.). Sie beobachten und beschreiben sich aber häufig noch mit alten Beobachtungsschemata. Sie sehen sich als steuerbare Systeme, obwohl die Spitze längst den Überblick verloren hat und auf das Wissen der Teilbereiche angewiesen ist. Oder sie beruhigen sich durch die Einrichtung neuer Spezialfunktionen, die die gestiegene Unsicherheit bearbeiten.

Die Corporate University ist folglich ein Übergangsphänomen. Als Funktion entspringt sie der funktionalen Arbeitsteilung und sie muss trotzdem Alternativen zu dieser Form aufzeigen.

8 Corporate Universities zur Moderation des Übergangs: Revision trivialer Interventionsvorstellungen

Die erforderliche Neupositionierung des Managements setzt eine grundlegende Revision der Organisationsvorstellungen voraus. Die Entwicklung der Entwicklungsfähigkeit erfordert Wimmer zufolge ein Managementverständnis, das Organisationen als autopoietische und nicht als zweckgebundene Maschinen sieht. „Aus diesem Grunde stehen unsere traditionellen Vorstellungen von Führung, von Hierarchie, von Wandel, letztlich unser herkömmliches Organisationsverständnis selbst mit auf dem Spiel, wenn wir zu Fragen der Lernfähigkeit sozialer Systeme einen angemessenen theoretischen Zugang bekommen wollen, der letztlich auch unserem praktischen Umgang mit diesen Fragen eine tragfähige Orientierung verschaffen kann" (Wimmer, 2004: 204f.).

Doch die Revision der Interventionsvorstellungen in einem selbstreferenziellen System ist ein langwieriger Prozess. Dies erschwert die Arbeit einer internen Lernfunktion; ihr sind die Hände gebunden. Sie bietet Kommunikationsgelegenheiten, um neue Selbstbeschreibungen einzuschleusen. Aber diese neuen Selbstbeschreibungen werden auf die gewohnte Art beobachtet und interpretiert. Im folgenden Kapitel geht es um typische Fallstricke einer Lernfunktion, wenn sie die Interventionsvorstellungen verändern will.

8.1 Selbstreferenzielle Interpretation der Lernformate

Wie die Angebote der Lernfunktion und ihre Einführung beobachtet werden, hängt von der gültigen Systemlogik und den eingespielten Beobachtungsgewohnheiten bzw. Erwartungsstrukturen in der Organisation ab (siehe Abbildung 8): Wenn sich eine Organisation wie eine Maschine beschreibt, ist es wahrscheinlich, dass sie auch ihre Entwicklungsprozesse als steuerbar beobachtet. Eine Corporate University ist aus dieser Perspektive ein Steuerungsinstrument. Wenn dem Management ein Überblickswissen zugeschrieben wird, so wird auch in Formaten, die der Wissensintegration dienen sollen, einseitige Wissensvermittlung von oben nach unten erwartet. Das Bewusstsein für gegenseitige Abhängigkeiten von Wissensressourcen und die Notwendigkeit einer Perspektivverschränkung ist gering und Wissensdifferenzen für Entwicklungsprozesse werden nur bedingt ausgeschöpft.

Trivial	Nichttrivial
Organisation als steuerbare Maschine ⟷	Organisation als soziales, komplexes System
„Entwicklungen sind steuerbar"	„Reformen sind Impulse"
Management verfügt über Überblickswissen ⟷	Bewusstsein für Abhängigkeit von dezentralen Wissensressourcen
„Ich muss mein Wissen vermitteln"	„Ich brauche das Wissen anderer, dafür suche ich den Dialog"
Strategieentwicklung als rationaler, delegierbarer Analyseprozess ⟷	Strategieentwicklung als iterativer Revisionsprozess
„Was sucht die CU im Strategieprozess – ihre Rolle liegt in der Implementierung"	„CU kann mir als Plattform für einen integrierten Managementprozess dienen"

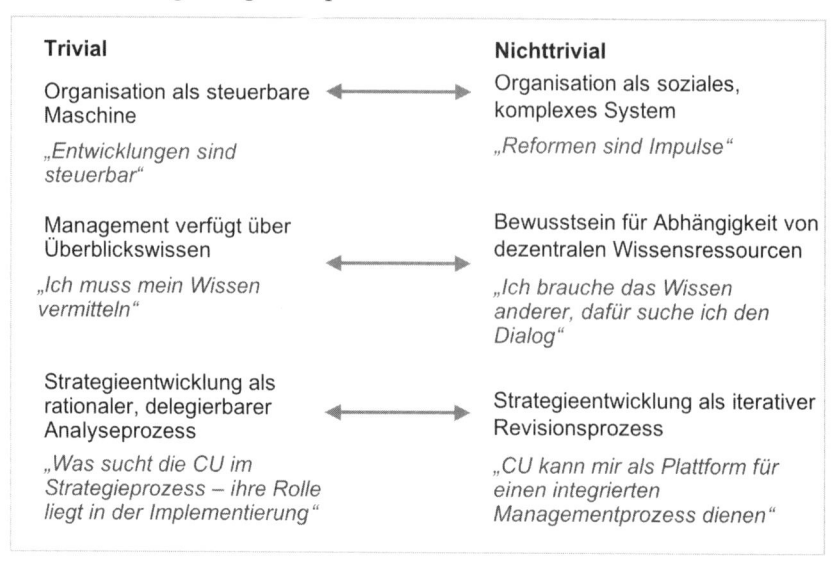

Abbildung 8: Interpretation von Entwicklungsangeboten

In diesem Klima erscheinen die Einführung einer Corporate University und ihre Interventionen schnell als zentralistische Steuerungsabsichten. Vor allem die dezentralen Einheiten werden den Einführungsprozess skeptisch beäugen. Eine Corporate University, die selbst gemäß trivialen Interventionsvorstellungen agiert, wird sich eher dem Topmanagement verpflichtet fühlen und verliert damit ihre vermittelnde Position.

Besonders folgenreich für die Beobachtung der Corporate University in der Organisation ist das Festhalten am Modell der rationalen Strategieentwicklung. Die Fallbeispiele zeigen, dass Organisationen, bei denen Strategieplanung und Umsetzung voneinander entkoppelt sind, die von einer Corporate University beanspruchte Rolle im Strategieprozess nur schwer nachvollziehen können: Warum sollte eine Corporate University dieses allgemein gültige Vorgehen verändern? Die strategischen Kompetenzen liegen doch in der Strategieentwicklungsabteilung, eine Corporate University hat da nichts zu suchen ... Bleiben diese Prämissen unverändert, findet die Corporate University über kurz oder lang einen Platz innerhalb dieses Denkmodells. Sie wird zu einem Instrument der Strategieimplementierung und riskiert, dass ihr zentralistische Steuerungsabsichten zugeschrieben werden.

Fallbeispiel: Einführung von Dialogveranstaltungen
In einem der untersuchten Fallunternehmen erhielt die Corporate University zum Beispiel den Auftrag, einen strategischen Veränderungsprozess zu begleiten. Die Lernarchitektur, die zahlreiche Dialogveranstaltungen und Peer-to-Peer-Reflexionsmöglichkeiten vorsah, verfolgte zwei Ziele: Einerseits sollte sie die Umsetzung eines einheitlichen Strategieplanungsprozesses unterstützen. Schritt für Schritt und von oben nach unten sollten die strategischen Ziele für die Bereiche bis hin zu den einzelnen Mitarbeitern operationalisiert werden. Gleichzeitig beabsichtigte man mit diesem Prozess, die Umsetzung einer neuen, stärker verzahnten Produktionsmethode voranzutreiben.

Beide Zielsetzungen des Lernprozesses bedeuteten einen grundlegenden Umdenkprozess im Unternehmen. Die strategische Neuausrichtung erforderte eine Veränderung der historisch gewachsenen Strukturen. Bisher weitgehend autonom agierende Funktionsbereiche sollten fortan enger zusammenarbeiten. Auch die Formalisierung des Strategieprozesses bedeutete eine fundamentale Umstellung für das Unternehmen, das bisher von seinen Gründern eher über ein gut funktionierendes, informell gewachsenes Beziehungsnetz geführt worden war. Jetzt aber wurde das Unternehmen erstmals von einem Manager geführt, der nicht mehr zur Gründergeneration gehörte und der neue, stärker formalisierte Führungsinstrumente benötigte, um das Unternehmen zu steuern.

Über diesen Weg kam man in der Vorstandsetage überhaupt auf die Idee, die Corporate University für den anstehenden Formalisierungsprozess und zur Strategieumsetzung zu nutzen. Wie so oft kam die Idee von Strategiedialogen ins Spiel, weil sich das Topmanagement mit dem Best-Practice-Unternehmen General Electric und den Führungspraktiken von Jack Welch beschäftigte. Die bereits bestehende firmeninterne Corporate University nutzte dieses plötzliche Interesse in der Vorstandsetage, um sich als strategischer Partner zu positionieren. Sie erarbeitete einen Vorschlag, wie diese Vorstandsziele verwirklicht werden könnten.

Doch während der Umsetzung zeigte sich schnell, wie unterschiedlich die Vorstellungen von Dialogveranstaltungen waren. Während die Lernfunktion an einen grundlegenden integrierten Managementprozess mit Feedback- und Reflexionsschleifen dachte, wünschte sich das Topmanagement eine Veranstaltung, um die Führungskräfte der Geschäftsbereiche auf die neue Strategie einseitig einzuschwören. Die unterschiedlichen Erwartungen prägten die Konzeption und die Realisierung. Bereits im Planungsprozess der Veranstaltungen wollte das Management über ein Audit sicherstellen, dass die teilnehmenden Manager hinter den strategischen Zielen und dem angestrebten Strategieprozess standen. Kritische Stimmen sollten schon zu Beginn ausgeschlossen werden. Auf Anraten der Lernfunktion wurde diese Idee wieder verworfen. Trotzdem wandelte sich die von den Lernverantwortlichen ursprünglich offen und reflexiv angelegte Lernarchitektur Schritt für Schritt zu einem stärker kontrollierten Lernprozess. Zum Beispiel fielen die ursprünglich geplanten Peer-to-Peer-Reflexionsphasen und ergänzende Lernmodule sowie Coachinggelegenheiten nach und nach aus Zeit- und Kostengründen weg.

Diese Entwicklung ist aber nicht einzig dem Senior Management zuzuschreiben, weil es sich zum Beispiel heroisch inszenieren wollte oder ein starkes Kontrollbedürfnis hatte. Auch die Lernfunktion, die teilweise in vorauseilendem Gehorsam die Erwartungen des Topmanagements erfüllte, trug dazu bei, dass die groß angelegte Lernarchitektur am Ende nur einen geringen Unterschied machte. Auch die Teilnehmer nutzten die angebotenen Feedbackmöglichkeiten nur sehr zurückhaltend, so dass am Ende auch die Topmanager enttäuscht waren, wie wenig sie von ihren Managern erfahren hatten.

8.2 Praktische Schwierigkeiten bei der Revision des Steuerungsparadigmas

Doch wie können die zugrunde liegenden Prämissen überhaupt verändert werden? Wie kann die Corporate University einen Unterschied machen, wenn sie (erstens) selbst der alten Logik entspringt und (zweitens) ihre Interventionen immer auf den alten Boden fallen? Die Revision vorhandener Prämissen in der Organisation ist ein mühsamer, unwägbarer und langwieriger Prozess.

Die theoretisch vollzogene Revision der Rationalität samt den damit verbundenen Steuerungs- und Interventionsvorstellungen (vgl. Becker et al., 1992) ist in der Praxis noch lange nicht angekommen.[60] Auch wenn man sich in Expertenkreisen über die Unbrauchbarkeit traditioneller Beobachtungsschemata einig ist und vielerorts vom „evolutionären" oder gar „systemischen" Management die Rede ist, das der Selbstorganisation und Selbstreferenzialität sozialer Systeme Rechnung tragen muss, verwischen sich die Aussagen über Selbstorganisation und Fremdorganisation, wenn es um konkrete Lösungsvorschläge und Managementpraktiken geht (vgl. beispielhaft Malik, 1993; Probst et al., 1997).[61] Das praktische Vorgehen bei Veränderungsprojekten unterscheidet sich dann oft nicht grundlegend von den traditionellen Vorgängern (vgl. Kieser, 1994). In der Praxis verkaufen sich Steuerungshoffnungen offensichtlich besser als Einsichten in die Selbstorganisation. Mit wechselnden Managementmoden und -konzepten und mit entsprechenden sprachlichen Anpassungen ringt man um die beste Lösung – und bestätigt damit absurderweise das rationale Modell.

Es bleibt fraglich, in welchem Ausmaß die Revision der Rationalitätsprämisse in der Praxis überhaupt möglich ist. Nicht alles, was in der Theorie sinnvoll erscheint, erweist sich für die Praxis als nützlich. Auch Luhmann zeigt sich hier eher skeptisch: „Hier wird man abwarten müssen, ob und wie Organisationen mit einer eher experi-

---

[60] Die theoretische Auseinandersetzung mit Störungen und Widersprüchen der Konzepte der rational-hierarchischen Bürokratie (vgl. Weber, 1924; Weber, 1976) und der arbeitsteiligen Fabrik (vgl. Taylor, 1913) führten zur Kritik an den klassischen Konstruktionen. Es entstanden neue Bilder von der Organisation. Erscheint sie zunächst als Trivialmaschine, die dem Plan eines außen stehenden, allwissenden Konstrukteurs sowie einer unvermeidlichen Logik und Rationalität zu folgen hatte, entwickelten sich in der Auseinandersetzung mit dem defizitären Modell neue Metaphern der Organisation als sich selbst hervorbringender, gehirngesteuerter, aber von den Funktionsweisen anderer Organe abhängiger Organismus, später auch als komplexe, von ihrer Umwelt abgeschlossene Informationsmaschine (vgl. Morgan, 1997).
[61] So grenzt Probst beispielsweise das für Manager zu abstrakte und ungreifbare organisationale Lernen vom steuerbaren Wissensmanagement ab: „Die Analyse des organisationalen Lernklimas oder der bestehenden Lerninfrastrukturen bildet eine Vorgehensweise, die für praktische Interventionszwecke nicht selten zu abstrakt ist und daher von Praktikern abgelehnt wird. Statt organisationale Lernprozesse zu verstehen, brauchen Führungskräfte Methoden, mit denen sie organisationale Wissensbestände lenken und in ihrer Entwicklung beeinflussen können. Wir schlagen hierzu einen integrierten Bezugsrahmen des Wissensmanagements vor, der uns als Leitidee für alle gestaltenden Eingriffe in die Ressource Wissen dienen soll" (ebd.: 49).

mentellen Einstellung zu sich selbst und mit der laufenden Umstrukturierung ihres eigenen Gedächtnisses zurechtkommen" (Luhmann, 2000: 430).[62] Organisationen fällt es aus verschiedenen Gründen schwer, sich von den etablierten rationalen Mustern der Unsicherheitsabsorption zu lösen. Das rationale Bewältigungsmuster hat sich über Jahrzehnte bewährt und ist zu einer normativen Erwartungsstruktur geronnen. Die Organisation legitimiert sich über Rationalität gegenüber der Außenwelt und dies ist insbesondere für fremdgeführte Unternehmen von großer Bedeutung (vgl. Abschnitt 4.1.2). Zudem können Prämissen immer nur aus sich heraus weiterentwickelt werden (vgl. Abschnitt 5.1). Erschwerend kommt hinzu, dass rational-triviale Beobachtungsschemata immer wieder reproduziert werden. Dies geschieht zum einen durch die gesellschaftliche Kommunikation und durch organisationsübergreifende berufsgruppenbezogene Netzwerke, auf die eine Organisation nur wenig Einfluss hat. Triviale Zurechnungsmuster werden aber auch oft intern von der Organisation selbst reproduziert. Nicht selten sind Lernfunktionen an diesem Prozess selbst aktiv beteiligt, zum Beispiel durch Gestaltung der Managemententwicklung oder der von ihnen verwendeten Steuerungssemantik im Einführungsprozess.

8.2.1 Begrenzte Wirkungen persönlicher Reflexionsprozesse

Unsere Interventionsvorstellungen sind tief verankert im Alltagsdenken und werden über gesellschaftliche Kommunikation in Form von Geschichten, Märchen, Redewendungen, Metaphern und Ritualen implizit und organisationsübergreifend vermittelt und sind von der Organisation nur schwer zu beeinflussen. Abweichende Alltagserfahrungen werden normativ verarbeitet. Sie gelten nicht als Widerspruch, sondern als Indiz dafür, dass es bessere Tools und Methoden gibt (vgl. dazu Schein, 1996; ausführlicher dazu Kapitel 6).

---

[62] Zwar kann die Theorie zu einem wichtigen „Informanten" für die blinden Flecken der Praxis werden. Ob diese Irritationen vom Gegenüber verarbeitet werden, bleibt ungewiss. Das Beobachterverhältnis zwischen Theorie und Praxis birgt sogar hohe Ablehnungswahrscheinlichkeiten. Fragen nach der Anwendungsrelevanz („Was bringt uns das für die Praxis?") oder naive Ablehnung („Das ist viel zu akademisch!") bringen die Skepsis von Praktikern gegenüber den Beobachtungen der Theorie immer wieder zum Ausdruck.

Deshalb reicht es auch nicht, nur an persönlichen Prämissen zu arbeiten. Persönliche Reflexionsprozesse haben einen zeitlich begrenzten Effekt. Wenn sie nicht zu den organisationalen Erwartungsstrukturen passen, verpuffen sie. Eine Organisation kann ungewöhnliche persönliche Meinungen auch schnell loswerden. Ein visionärer Corporate-University-Leiter kann entlassen, versetzt oder befördert werden. Oder man entscheidet sich von vornherein für ein schwaches, wenig vernetztes oder traditionell agierendes Organisationsmitglied. Die Organisation hat dann wenig Inspirierendes zu befürchten. Für ihren Fortbestand bedeutet dies auch eine Art von Schutz: Sie kann sich sehr einfach der neuen, bedrohenden Ideen entledigen. Die untersuchten Fälle zeigen, dass der Weggang eines Corporate-University-Leiters oder eines Sponsors nicht selten einen Wendepunkt für die Entwicklung einer Corporate University markiert. Ohne die Veränderung der Entscheidungsstrukturen versanden strategische Lerninitiativen und Reflexionsangebote nach Führungswechseln oder sie werden ganz anders interpretiert (vgl. dazu die Fallbeispiele in Kapitel 7). Auch Mintzberg beschreibt dieses Problem für die Managemententwicklung: „Time and time again I have seen wonderful initiatives [...] ended because of a changing of the managerial guard, or because of the departure of the program's own directors: ‚It is not my program' is the all-too-common attitude of those who follow, rather than ‚Is this a worthwhile program?' The management development landscape is littered with the remains of wonderful programs that new people simply did not bother to continue. We don't lack for good ideas in management development so much as people open enough to use them" (Mintzberg, 2004: 221).

Organisationale Prämissen und Funktionsinhaber müssen sich also wechselseitig entwickeln. Ist die Idee zu sehr an ein Organisationsmitglied gekoppelt, erhält sie dadurch zwar eine feste Adresse, reagiert aber empfindlich bei Personenwechseln. Bei den untersuchten Fällen zeigen sich solche Brüche meistens, wenn für die Einführung eine sehr ehrgeizige, strategische Einführungsstrategie gewählt wurde, die nicht zum bisherigen Muster der Unsicherheitsabsorption passte. Insbesondere in der Anfangszeit ist personelle Kontinuität ein kritischer Erfolgsfaktor, für den das Topmanagment Rechnung tragen muss.

8.2.2 Reproduktion trivialer Denkmodelle durch die Lernfunktion

Als Spezialfunktionen haben Corporate Universities selbst auch einen Anteil daran, dass sich das traditionelle Entwicklungsverständnis hält. Die Lernfunktion steht für die Hoffnung, das Problem der Strategieumsetzung an einen Spezialbereich delegieren zu können. Kritische Reflexionsprozesse werden aufgeschoben und das entlastete Management kann sich auf seine Kontrollaufgaben konzentrieren (vgl. Abschnitt 5.2). Darüber hinaus reproduzieren Corporate Universities triviale Interventionsvorstellungen aber auch durch eine bestimmte Gestaltung der Managemententwicklung sowie durch implizite Steuerungsversprechen an das Management.

Viele Corporate Universities sehen in der Managemententwicklung eines ihrer wichtigsten Betätigungsfelder. Dabei entscheiden sie sich oft für eine Zusammenarbeit mit Business Schools oder rotierende On-the-job-Maßnahmen, um Leistungsträgern möglichst vielfältige Erfahrungen zu ermöglichen. Zwei Kalküle sind hier handlungsleitend: Erstens möchte man den internen Kunden möglichst attraktive Angebote machen. Es werden dann in der Regel Programme mit renommierten Business Schools aufgesetzt, die eine hohe Teilnehmerzufriedenheit versprechen, auch wenn das von ihnen angebotene „happy learning" nur wenig nachhaltig ist (vgl. dazu Mayer, 2003a und b). Zweitens geht man davon aus, dass Manager umso mehr lernen, je mehr Erfahrungen sie machen. Dies führt dazu, dass man Potentialträger mit zusätzlichen, herausfordernden Projekten betraut, die ihnen bald keine Zeit zu denken mehr lassen. Beide Annahmen sind problematisch. Die erste reproduziert rationale Denkmodelle, die zweite hält von notwendigen Reflexionsprozessen ab, die für ein kritisches Hinterfragen aber notwendig sind.

Reproduktion trivialer Vorstellungen durch Case-Arbeit
Mintzberg zufolge verfestigt die case-orientierte Ausbildung in Business Schools subtil traditionelle und im Alltagsdenken tief verwurzelte Managementideale und -vorstellungen, ohne dass diese von den Lernenden hinterfragt werden können (vgl. Mintzberg, 2004: 51ff.). Die hohe Reputation, die damit einhergehende Autorität der Business Schools sowie ihr Überlegenheitsanspruch verstärken die unkritische Übernahme der Denkmodelle aus vier Gründen:
- Erstens suggeriert dass praxisferne Setting, Unternehmenssteuerung und Strategieentwicklung seien vorrangig analytische Her-

ausforderungen. Die fehlende Tuchfühlung zum Geschäft scheint für manageriale Entscheidungen nebensächlich. Management wird auf „decision making" reduziert – alle benötigten Daten und Fakten zur rationalen Analyse liefert die Fallbeschreibung. Informationen über die historische Entwicklung und die Traditionen der Organisation oder potentielle Mehrdeutigkeiten, Ambiguitäten und Besonderheiten der Organisation kommen in den meisten Cases nicht vor.

- Die Case-Arbeit simuliert zudem das Vorhandensein eines exklusiven Überblickswissens, zu dem der Manager – in diesem Fall in Form dieser Case-Daten – Zugang erhält. Abhängigkeiten von anderen Wissensressourcen spielen dabei nur eine untergeordnete Rolle. Es hängt von seiner Kompetenz und Technik ab, ob und wie er dieses Wissen richtig einsetzt, um sich für die beste Lösung zu entscheiden. Die Vorstellung eines managerialen Masterwissens wiederholt sich im Lernsetting: Der Professor weiß den besten Weg, den die Studierenden aber erst herausfinden müssen. Nicht selten prägen diese Business-School-Erfahrungen das manageriale Verhalten in den „Pits", „Panels" oder „Gatherings", die ihnen im Unternehmen als Kommunikationsplattform zur Verfügung gestellt werden. Hier ist es dann der Manager, der aus der scheinbaren Position des Wissenden seine Gefolgschaft um dieses Wissen ringen lässt. „To become such a manager, better still a ‚leader' who gets to sit on the top of everyone else, you must first sit still for two years in a business school. That enables you to manage everything" (ebd.: 68).

- Business Schools vermitteln in ihren General-Management-Programmen, dass Analysefähigkeit, Entscheidungsfreudigkeit, Eindeutigkeit und Überzeugungfähigkeit die entscheidenden Kernkompetenzen eines Managers sind. „General Management" und „Leadership" sind für die meisten Business Schools zwei getrennte Fächer. Zeitintensive Reflexionsprozesse lassen sich mit dieser Logik nur schwer vereinen. Sie erscheinen als verschwenderisch und wenig zielorientiert. Die „Boot-Camp"-Situation setzt die Lernenden unter einen enormen Erfolgs- und Leistungsdruck. Ständig müssen sie ihr Wissen und ihre Kompetenz unter Beweis stellen, sich vor anderen behaupten, sich durchsetzen und schneller, intelligenter und gewitzter sein. Die Beschäftigung mit dem eigenen Nichtwissen ist in einem solchen Konkurrenzklima daher eher unwahrscheinlich und im Lernsetting auch nicht vorgesehen.

- Die Konzentration auf die Entscheidungsfindung reduziert die Zuständigkeit von Managern auf die vereinfachende Ebene der Ideenfindung. Die weitaus komplexere, widersprüchliche und aus diesem Grund auch anspruchsvollere Umsetzungsrealität wird ausgeblendet. Die Umsetzung wird zu einer operativen Aufgabe, also zu einem Problem der Belegschaft. Umsetzungsabweichungen erscheinen dann als ein Resultat mangelnder Motivation oder als das Ergebnis von Wissensdefiziten. In der Case-Arbeit lernen Manager, dass sie neben ihren analytischen vor allem rhetorische Fähigkeiten benötigen, um auf persönliche Erfolge zu verweisen und über Ambiguitäten hinwegzutäuschen, anstatt diese einer Bearbeitung zuzuführen.

Mintzberg kommt zu einem vernichtenden Urteil: „These schools may be broadening their students' knowledge about business, but they are narrowing their students' perceptions of management" (ebd.: 66).

Reproduktion des trivialen Modells durch Steuerungsrhetorik
Auch die von Corporate Universities verwendete Steuerungsrhetorik trägt zur Reproduktion traditioneller Steuerungsvorstellungen bei. Mit hochtrabenden Versprechungen, ein „zentraler Transformationsriemen" oder „Veränderungsmotor" zu werden, adressiert die Corporate-University-Idee traditionelle Steuerungsvorstellungen, anstatt diese kritisch zum Thema zu machen. Diese Versprechungen wecken beim Management die Hoffnung, die schwer überschaubare Lage doch noch in den Griff zu bekommen. Gegenteilige Erfahrungen mit neuen Lernformaten lassen die Euphorie schnell abklingen. Die enttäuschenden Umsetzungserfahrungen schüren den Zweifel am Nutzen der neuen Einheit und man bestätigt sich in den traditionellen Entwicklungs- und Planungsformen. Die Corporate-University-Idee konterkariert so die Arbeit an den zugrunde liegenden Prämissen. Sie verschlechtert damit ihre eigenen Einführungsvoraussetzungen. Auch hier zeigt sich einmal mehr die widersprüchliche Rolle einer Corporate University. Sie braucht einen kritischen Abstand zur Selbstorganisation der Organisation. Sie muss die Organisation mit neuen Möglichkeiten zur Selbstbeobachtung und mit neuen Selbstbeschreibungen versorgen, ohne diese besserwisserisch aufzuzwingen.

8.3 Moderation des Übergangs

Die Ausführungen helfen, die Überlegungen aus Kapitel 3 und 4 zu erweitern. Sie zeigen, wie Unternehmen Schritt für Schritt ihre formalen Entscheidungspraktiken von strikten auf lose Kopplungen umstellen. In modernen Wirtschaftsorganisationen überlagern sich heute hierarchische, funktionale und marktorientierte Differenzierungen. Auch wenn die Teilbereiche noch über eine hierarchische Weisungskette miteinander verknüpft sind, agieren sie innerhalb ihrer Verantwortungsbereiche weitestgehend autonom. Organisationen vergrößern dadurch einerseits ihre Flexibilität gegenüber ihrer Umwelt (nicht mehr jede Umweltveränderung wirkt sich auf das gesamte System aus). Sie erhöhen aber gleichzeitig ihre Umweltsensibilität sowie ihre interne Variation, die sie für Innovationsprozesse nutzen können. Diese Umstellung der Selbstorganisation von hierarchischer Fremdsteuerung auf eine weitestgehend autonome Selbststeuerung entlastet das General Management von seinen Kontrollaufgaben. Sie führt aber zu anderen Integrations- und Koordinationsherausforderungen, um die verschiedenen Interessenlagen und immateriellen Ressourcen auf die Gesamtziele auszurichten und unternehmerisch zu nutzen (vgl. Wimmer, 1995). Das Management muss, wie gezeigt wurde, eine neue Rolle finden und die gültigen Selbstbeschreibungen und Interventionsvorstellungen revidieren.

Die Funktion einer Corporate University in diesem Spiel ist widersprüchlich. Sie hat einerseits eine entlastende, stabilisierende, andererseits aber auch eine störende Funktion. Die widersprüchliche Erwartungshaltung muss sorgsam bearbeitet werden, wenn sie den Übergang von einer Form strikter Kopplungen zu einer transformationsfähigen Form loser Kopplung moderieren will.

8.3.1 Entlastende Funktion der Corporate University

Die Corporate University absorbiert Unsicherheit in einer Situation, in der noch niemand weiß, wie es weitergehen kann. Sie puffert Störungen innerhalb der funktional-arbeitsteiligen Logik ab, wie zum Beispiel die zunehmenden Umsetzungsprobleme. Das Management delegiert die Bearbeitung dieser Probleme an die neue Spezialfunktion und zerstreut damit Zweifel an seiner Form der Unternehmensführung: Erst einmal kann alles weitergehen wie gehabt. Stellvertretend wird die interne Einheit zu einem Ort, an dem konflikthafte Auseinandersetzungen über organisationale Dilemmata sichtbar werden und sich entladen (zum Beispiel die widersprüchlichen Interessen zentraler und dezentraler Einheiten, Konkurrenz zwischen den Geschäftsbereichen oder das gleichzeitige Bedürfnis nach Stabilität und Erneuerung).

Als Sonderfunktion bietet die Corporate University zudem einen geschützten Raum, in dem die Grenze zwischen Wissen und Nichtwissen vorsichtig abgetastet werden kann. Im Schutzraum dürfen blockierende Widersprüche zu Tage treten, ohne dass das operative Geschäft davon sofort in Mitleidenschaft gezogen wird (vgl. dazu ausführlicher Abschnitt 6.3). Wie in einem Versuchslabor kann man etwas anderes ausprobieren, ohne im „wahren Leben" gleich darauf festgenagelt zu werden. Die Trennung von Entwicklung und Arbeiten „entparadoxiert" dabei das unvermeidliche Lerndilemma. Die Reproduktion des Bestehenden und die Exploration von Neuem werden auseinandergezogen und in zwei verschiedenen Bereichen bearbeitet. So können das steigende Konfliktpotential und die zunehmende Unsicherheit in modernen Organisationen etwas entschärft werden und das Management kann sich entlasten. Aber die Corporate University wird nun auch eindeutig auf der Seite des Nichtwissens positioniert und muss mit Widerständen ihrer Kehrseite rechnen.

8.3.2 Akzente durch alternative Selbstbeschreibungen

Die Unterscheidung einer eigenständigen Lernfunktion ist aber auch mit der Hoffnung verbunden, jenen Abstand von sich selbst zu bekommen, der notwendig ist, um sich von anderem überraschen zu lassen (vgl. dazu auch Abschnitt 4.3). Es wäre allerdings fatal, anzunehmen, die Lernfunktion könne dem Management die Entwicklungsaufgaben abnehmen.[63] Das Management muss lernen, seine eigenen strategischen Leitentscheidungen immer wieder zur Disposition zu stellen. Eine Corporate University kann diesen fortwährenden Revisionsprozess nur unterstützen. Die Lernfunktion entscheidet nicht über Entscheidungsprämissen. Sie kann die Ent-

---

[63] Die Unterscheidung vom Management ist konstitutiv für die interne Funktionsbestimmung. Klein arbeitet dies für die interne Beratung heraus. Die Unterscheidung Management/Beratung erschwert ihre Bestimmung. Ihr Nutzen jenseits des Entscheidens ist nebulös. Welche Lücke gibt es noch, wenn Manager entscheiden und Mitarbeiter diese Entscheidungen ausführen? (vgl. Klein, 2002: 5 und 80ff.).

scheidungsprämissen dem Management nur in einem anderen Licht vorführen. Sie erleichtert der Organisation den Zugang zu ihren eigenen Prämissen. Zum Beispiel kann sie die aktuelle Selbstorganisation aus ihrer Perspektive überprüfen, im Hinblick auf ihre Entwicklungsfähigkeit bewerten und der Organisation zur Verfügung stellen. Oder sie schafft mit Hilfe von Strategiedialogen, sparten- und unternehmensübergreifenden Lernprojekten neue, inter- und intrasystemische Interaktionsoptionen an den inneren und äußeren Grenzen der Organisation. Sie moderiert also neue Selbstbeobachtungen, die dann wiederum beobachtet werden können usw. Plötzlich werden die divergierenden Interessen und Wirklichkeitssichten in der Organisation zum Thema und suchen nach neuen Bearbeitungsformen. Oder verschiedene Wissensträger stecken die Köpfe zusammen und kommen auf neue Ideen.

Dies ist keine Aufgabe, für die man immer geliebt wird. Die Wiedereinführung der Unterscheidung wird als lästig erlebt. Sie stört das gut eingespielte Getriebe. Deshalb wird eine neue Lernfunktion auch so oft als Störung wahrgenommen. Nur selten erscheinen ihre Interventionen unmittelbar hilfreich. Doch wenn eine Corporate University die Entwicklungsfähigkeit nicht nur innerhalb des einmal gesteckten Rahmens verändern will, muss sie die bestehende Ordnung stören. Sie riskiert dabei, als Besserwisser oder Nichtsnutz abgelehnt zu werden. Die Einheit braucht deshalb ein dickes Fell und ein solides Standbein in der Organisation, um diese ungewünschten Aufgaben zu meistern. Die Einheit braucht Stabilität, um Entwicklungen anstoßen zu können. Sie muss einen sicheren Rahmen und eine verlässliche Struktur bieten, damit sich die Organisation traut, sich mit sich selbst zu beschäftigen. Dazu zählen zum einen finanzielle Sicherheiten, um nicht bei kleinsten Irritationen Opfer von Sparmaßnahmen zu werden. Dazu gehört auch Kontinuität in puncto Führung und Struktur. Weitere Sicherheiten bietet eine gute Verzahnung mit verschiedenen Interessengruppen der Organisation wie den operativen Geschäftsbereichen, den Funktionalbereichen wie Finanzen, Controlling oder der Strategieentwicklung sowie den ehemaligen Teilnehmern, ihren Vorgesetzten und Vorvorgesetzten. Ein breites Multiplikatorennetzwerk macht die Einheit unabhängiger und weniger sensibel für unvorhergesehene Veränderungen in einer relevanten Umwelt wie zum Beispiel einen Führungswechsel an der Spitze.

Um ihre schwierige Aufgabe zu meistern, braucht eine Corporate University auch eine intelligente und reflektierte Einführungsstrategie. Sie muss damit rechnen, bei all dem, was sie tut, argwöhnisch und nach den gegenwärtigen Kriterien beobachtet zu werden. Ein erster sinnvoller Schritt kann zum Beispiel sein, eine gut konzipierte Managemententwicklung an den Start zu bringen. Diese muss die Reflexion der persönlichen und kollektiv geteilten Denkmodelle mit einschließen und darauf achten, dass nicht implizit doch traditionelle Managementideale transportiert werden, wie dies weiter oben für die zugekauften Business-School-Programme gilt. Die Lernfunktion schlägt damit zwei Fliegen mit einer Klappe: Sie bereitet das Management auf seine neue Rolle vor. Gleichzeitig schafft sie sich selbst durch die schrittweise persönliche und kollektive Revision der Interventionsvorstellungen einen Boden für die Interpretation ihrer Ideen.

8.3.3 Von Fremd- zu Selbststeuerung

Die Entwicklung der Entwicklungsfähigkeit der Organisation ist heute für jedes Unternehmen überlebenskritisch und deshalb eine Managementaufgabe. Weil sich Organisationen aber beim Übergang von einer Form zur nächsten schwertun, kann eine Corporate University helfen, diesen Übergang zu moderieren. Geschickt induzierte Störungen treiben die für die Transformation notwendige Koevolution von Operation, Selbstbeobachtung und Selbstbeschreibung voran.

Die Corporate University unterstützt das Management, seine neue Rolle zu entfalten und die eigenen Denkmodelle zu hinterfragen. Sie schafft damit die Voraussetzung für enttäuschungsbereite Bearbeitungsformen. Denn normalerweise neigen Organisationen dazu, sich an die einmal ausgebildeten und jahrelang erfolgreichen Schemata zu gewöhnen. Sie halten an unbrauchbar gewordenen Selbstbeschreibungen fest, um unangenehme Unsicherheiten und Selbstzweifel zu vermeiden. Gerade in Umbruchphasen hinkt das organisationale Selbstverständnis seiner operativen Realität weit hinterher. Vor allem große, fremdgeführte Publikumsgesellschaften tun sich mit der Weiterentwicklung des Selbstverständnisses schwer. Sie haben sich jahrelang an ein hierarchisch-bürokratisches, funktional-arbeitsteiliges Bewältigungsmuster gewöhnt und sie legitimieren sich gegenüber ihrer Außenwelt als steuerbare Maschinen. Die Umstellung der Selbstbeschreibung von Fremdsteuerung auf eine Selbststeuerung käme einem Systemverrat gleich. Die Corporate-University-Idee mit ihren zweideutigen Angeboten kommt in dieser Situation gerade recht.[64] Sie adressiert die Steuerungsprobleme, mit denen sich große Publikumsgesellschaften durch ihren Umbau zunehmend konfrontiert sehen, gibt aber vor, diese auf altem Wege zu bearbeiten. Während inhaltlich-konzeptionell ein grundlegender Musterbruch propagiert wird, erscheint es so, als bliebe die funktional-arbeitsteilige Logik stark ausdifferenzierter Publikumsgesellschaften von diesen Veränderungen unberührt.

Exkurs:
Vorteile familien- oder eigentümergeführter Unternehmen
Anderen Unternehmenstypen, wie zum Beispiel familien- oder eigentümergeführten Unternehmen, kann diese Umstellung unter Umständen leichter fallen. Bedingt durch die ihnen eigentümliche koevolutive Kopplung von Familien-, Unternehmens- und Eigentümersystem weisen sie bereits einige der Muster auf, die heute als Erfolgskriterien moderner Organisationsführung gelten und die ihnen die erforderliche Umstellung erleichtern können (vgl. Wimmer, 2005 et al.: 93ff.; Wimmer et al., 1996).[65] Mit ihrer Vorliebe für intuitive Führungsstrategien und personenzentrierte Aufgabenbeschreibungen haben sich selbst große, langlebige Familienunternehmen schon immer den Prinzipien der strikt rationalen, funktional-arbeitsteiligen Unternehmensführung widersetzt (und sind dafür wegen ihrer Unprofessionalität gerügt worden). Eine Corporate University als Lösung für den Umgang mit Nichtwissen kam deshalb bisher nur für wenige Familienunternehmen in Betracht. Wenn dies der Fall ist, befinden sich diese Unternehmen in der Regel im Übergang zum professionellen Fremdmanagement. Aufgrund der

---

[64] Auch bei den in dieser Arbeit untersuchten Fällen handelt es sich um große fremdgeführte Konzerne, die auf eine lange Tradition einer hierarchisch-bürokratischen Organisationsgestaltung zurückblicken. Ausnahmen bilden zwei eigentümergeführte Unternehmen, die sich allerdings beide im Übergang zu einem Fremdmanagement befanden, als sie sich für die Gründung einer Corporate University entschieden.

[65] Zentrale Kennzeichen sind ein hohes Maß unternehmerischer Verantwortung in allen Teilbereichen der Organisation, große, auch persönliche Kundennähe, geringerer Formalisierungsgrad der Arbeit und Aufgeschlossenheit für Innovationen innerhalb des Produktsegments.

Einheit von Eigentum und Unternehmen hat das Topmanagement in diesen Unternehmen meist ein natürliches Interesse am Überleben des Systems. Es scheint abwegig, Entwicklungsaufgaben an Spezialfunktionen zu delegieren. Sie werden als existenzielle Aufgabe selbst übernommen. Darüber hinaus weisen Familienunternehmen einige weitere Merkmale auf, die sich auf die Bewältigung der neuen Führungsherausforderungen günstig auswirken können. Zwar müssen auch Familienunternehmen sich deutlich marktnäher aufstellen (vor allem, um sich für ganz neue Segmente zu öffnen). Die Umstellung auf autonome Entscheidungsprozesse und dezentralisierte Führungsstrukturen fällt ihnen aber leichter, weil einige strukturelle Bedingungen für die Umstellung auf lose Kopplungen in familiengeprägten Unternehmen schon erfüllt sind: Die unternehmerische Verantwortung liegt hier bereits traditionell meist in den ausführenden Bereichen. Die Führungskräfte antizipieren die strategischen Leitentscheidungen auf der Grundlage guter persönlicher Beziehungen des Topmanagements, agieren aber eigenverantwortlich. Weil die Interaktionen durch familiäre Kommunikations- und Erwartungsmuster geprägt sind, dominiert die direkte Kommunikation und es gibt einen Konsens über die notwendige Zurückstellung von Einzelinteressen zugunsten des Gesamtganzen. Die emotionale Färbung der Kommunikation, Ungerechtigkeitserfahrungen und die Abhängigkeit von schwer beeinflussbaren Größen, wie zum Beispiel von der Gunst, den Vorlieben und Eigenarten des Eigentümers, lassen strikt rationale Formen der Unternehmensführung unglaubwürdig erscheinen – zumindest was den eigenen Betrieb betrifft. Das bedeutet aber nicht, dass Familienunternehmen sich zurücklehnen können. Ihr Handlungsbedarf liegt in der reflexiven Problembearbeitung, der Vermeidung personenbezogener Blindheiten, der Professionalisierung von Nachfolgeregelungen (vgl. Wimmer und Gebauer, 2004) sowie in einem professionellen Paradoxiemanagement (vgl. Wimmer et al., 2004).

Notwendige reflexive Haltung der Corporate University
Um den schwierigen Übergang in Publikumsgesellschaften zu unterstützen, kann eine Corporate University versuchen, den zirkulären Entwicklungsprozess von Operation, Selbstbeobachtung und Selbstbeschreibung zu beschleunigen. Dies erfordert eine spezielle Systemkenntnis und -sicht, um die Irritationen möglichst aussichtsreich zu platzieren. Sie kann einen Raum bieten, um die neuen (Kontingenz-)Erfahrungen auszuwerten. Andernfalls besteht die Gefahr, dass eine Corporate University sich und ihre Verstrickung

in die Zusammenhänge mitreflektiert. Dies können zum Beispiel die implizite Übernahme von Entwicklungsaufgaben im Delegationsverfahren sein, die Hörigkeit gegenüber den Erwartungshaltungen des Managements oder eine starke Serviceorientierung, die keinen Unterschied zum Status quo macht.

Die Lernfunktion muss sich selbst zum Gegenstand der Reflexion machen. Im Vergleich zur externen Beratung, die der Organisation ihre Unterscheidungen schonungsloser vorhalten kann, ist sie als interne Einheit Teil des Spiels. Ihr wird keine Außenperspektive zugetraut. Gleichsam hängt ihre Wirksamkeit aber davon ab, inwieweit sie es schafft, sich von den etablierten Beobachtungsmustern in der Organisation zu lösen. Sie muss der Organisation in ihrer eigenen Entwicklung einen Schritt voraus sein. Dies erfordert eine besondere Diagnosefähigkeit innerhalb der Einheit, die sich selbst in ihre Reflexion mit einschließt. Sie muss sich selbst im Unterschied zur Organisation beobachten, um ihre eigenen Prämissen und ihre Verstrickung in die Organisation zu hinterfragen. Und dies, ohne den Bezug zum System zu verlieren. Neben der Reflexion eigener Planbarkeits- und Steuerungsphantasien erfordert das auch eine bescheidenere Haltung im Hinblick auf die eigenen Einflussmöglichkeiten. Denn nur so kann sie erreichen, in einem darauf gepolten Umfeld nicht als zentral-intentionale Steuerungsabsicht beobachtet und entsprechend behandelt zu werden. Auch wenn sie den Ausgang ihrer Interventionen nicht steuern kann, kann sie doch deren Wirksamkeit wahrscheinlicher machen.

Kunstfertiger Ausbau der Beobachtungsmöglichkeiten
Es ist schwierig, für reflexive Lernprozesse Akzeptanz zu finden. Das auf sich selbst bezogene System ist bekanntlich blind für seine eigene Unterscheidungspraxis. Es ist unwahrscheinlich, dass eine groß angelegte Lernarchitektur mit zahlreichen Reflexions- und Integrationsangeboten in einer funktional-arbeitsteiligen, durch zentralistisch-intentionale Steuerungsvorstellungen geprägten Organisationskultur problemlos Fuß fassen wird. Die Lernfunktion sollte ihre Angebote iterativ, in kontinuierlicher, wechselseitiger Auseinandersetzung mit der Organisation ausdifferenzieren. Sie muss sich wach halten für sich zufällig bietende Gelegenheiten, in denen sie Impulse setzen kann. Das erfordert Bescheidenheit im eigenen Anspruch und in der Vorhersagbarkeit der eigenen Leistungen, auch wenn dies in bestimmten Organisationstypen verlangt wird.

Zwischenergebnis

Fassen wir noch einmal zusammen: Die Corporate-University-Idee entsteht als ein Lösungsangebot, weil Organisationen in funktional differenzierten Gesellschaften zunehmend unter Druck stehen, enttäuschungsbereite Formen der Unsicherheitsabsorption zu finden. Die Organisation muss lernen, eine Form zu finden, um ihr selbst hervorgebrachtes Entwicklungsmuster zu beobachten und es, wenn notwendig, auf veränderte Bedingungen anzupassen. Dies erfordert den Abschied von rationalen Prämissen. In der Praxis fällt dies schwerer als die Revisionen in der Theorie. Ein Grund dafür ist, dass sich Organisationen über Jahre als rationale Betriebe innerhalb des Wirtschaftssystems legitimiert haben. Selbst wenn sie längst mit neuen Binnendifferenzierungsformen experimentieren, hängen sie doch an ihren rationalen Selbstbeschreibungen.

Eine Corporate University macht das Angebot, diesen unwägbaren Prozess des Übergangs von einer strikten zu einer lose gekoppelten Form zu moderieren. Sie kann diesen Prozess zwar nicht steuern und seine Ergebnisse nicht voraussagen. Sie kann die Selbstreflexion aber durch gezielte diagnostische Beobachtungsmöglichkeiten fördern. Sie hilft dem Management, sich die eigenen Entscheidungsprämissen wieder zugänglich zu machen. Dafür braucht sie ein dickes Fell und muss damit rechnen, als störendes, unproduktives Element abgelehnt zu werden. Sie ist in einer widersprüchlichen Lage und ihre Angebote sind zweideutig. Als Spezialeinheit entspringt sie der Logik der funktionalen Arbeitsteilung und weckt entsprechende Hoffnungen auf Entlastung innerhalb der bestehenden Form. Auf der anderen Seite will sie diese Form der Unternehmensführung in eine andere überführen. Sie muss Kunstfertigkeiten entwickeln, um einerseits im Spiel zu bleiben, andererseits aber nicht zum Spielball dieses Spiels zu werden. Wenn sie sich lediglich einen sinnvollen Platz innerhalb des bestehenden Musters sucht, schafft sie nur kurzfristigen Nutzen. Das Entwicklungsmuster bleibt so, wie es ist. Die interne Lernfunktion muss eine gute Position in der Organisation finden, dass sie sich nicht zwischen den Erwartungen der verschiedenen Interessengruppen in der Organisation aufreibt. Die Konfliktlinien, mit denen es eine Corporate University in ihrem Differenzierungs- und Bestimmungsprozess zu tun bekommt, werden deshalb im folgenden Kapitel diskutiert.

9 Zwischen Rationalitätsansprüchen und Profilierungswünschen: Erwartungen und Interessen im Einführungsprozess

Versteht man die Einführung einer Corporate University als rekursiven Beobachtungsprozess (vgl. dazu Kapitel 5), so hängt das wechselseitige Verstehen nicht nur von den inhaltlichen Botschaften (das heißt der Corporate-University-Idee und ihren Unterscheidungen) und dem eigenen Verhalten in der Einführung (das heißt der gewählten Einführungsstrategie) ab. Es kommt auch darauf an, wie und mit welchen Erwartungen die Corporate-University-Idee und die eingeschlagene Einführungsstrategie in der Organisation beobachtet werden. In diesem Kapitel geht es deshalb um typische Erwartungen und Teilrationalitäten verschiedener Subsysteme, die insbesondere in großen Konzernen häufig anzutreffen sind. Neben dem Topmanagement und den operativen Geschäftsbereichen zählen dazu auch die Erwartungen der Lernverantwortlichen selbst.

9.1 Subkulturelle Erwartungen an die Corporate-University-Idee

Innerhalb der Organisation bilden sich Subkulturen, die in Abhängigkeit von ihrer Aufgabe ihr jeweils eigenes Muster herausbilden, wie sie die Welt interpretieren und wie sie über die Veränderbarkeit der Organisation nachdenken. Schein identifiziert mit der „executive culture", der „engineering culture" und der „operator culture" drei Subkulturen, die in Entwicklungsprozessen aufgrund ihrer „tacit assumptions" unterschiedliche Ziele verfolgen und die Ereignisse anders interpretieren (vgl. Schein, 1996). Was die drei Kulturen unter Lernen verstehen, kann sehr unterschiedlich sein. Der Verlauf, das Ergebnis und der Nutzen von Entwicklungsprozessen werden anders beobachtet, erklärt und bewertet. Auch die Lernverantwortlichen bringen ihre Wirklichkeitskonstruktionen und Beobachtungsschemata ein. Sie verfolgen ihre Interessen in Entwicklungsprozessen und sie beobachten das Geschehen auf der Basis ihrer Vorerfahrungen. Sie sind nicht außerhalb, sondern Teil des Systems samt seinen gegenseitig beobachteten Erwartungsstrukturen. Die verschiedenen Erwartungserwartungen korrespondieren oft sehr gut miteinander. Als Subsystem sind interne Entwicklungsabteilungen zum Beispiel nicht frei von hierarchischen Zwängen (wie etwa die externe Beratung). In der Folge werden mit dem Topmanagement, den Geschäftsbereichen sowie den Lernverantwortlichen die Rationalität der drei Subkulturen näher betrachtet, die im Einführungsprozess in besonderem Ausmaß beteiligt sind. Es handelt sich bei den Beschreibungen zwangsläufig um plakative Verallgemeinerungen, die dem Einzelfall nicht immer gerecht werden.

9.1.1 Die Perspektive des Topmanagements

Charakteristisch für das Topmanagement ist eine starke Außenorientierung. Investoren, Märkte und Wettbewerber müssen ständig auf relevante Veränderungen hin beobachtet werden. Insbesondere in großen, stark arbeitsteiligen Organisationen, in denen es wenig Beziehungen zwischen oben und unten gibt, läuft das Management Gefahr, die Tuchfühlung zum operativen Geschäft zu verlieren. Auf dem Weg nach oben löst es sich immer mehr vom operativen, widersprüchlichen und mehrdeutigen Alltagsgeschäft ab.[66]

Topmanager empfinden sich in der eigenen Organisation oft als einsame Helden, die aufgrund der Konkurrenz um Spitzenpositionen gegenüber Gleichgestellten und Untergebenen nur wenig Vertrauen aufbauen können. Sie kompensieren dies durch Beziehungsnetzwerke zu anderen Topmanagern außerhalb der Organisation und engagieren sich in Vorstandskreisen, Aufsichtsratssitzungen etc., wo sie sich gemeinsam in diesem Bild bestätigen. Anders als zum Beispiel für Familienunternehmer erscheint die Belegschaft aus dieser Perspektive schnell wie eine homogene Masse, die nicht über Einzelpersonen, sondern nur noch über professionelle, technisch unterstützte Führungsinstrumente zu steuern ist. Unter ihresgleichen verlieren Topmanager dann aber den Bezug zur interdisziplinären Vielfältigkeit. Abstrakte, meist finanzielle Kennzahlen erscheinen solchen Topmanagern verlässlicher als die persönliche Intuition oder Erfahrung. Wenn sie sich auf Finanzgrößen konzentrieren, beweisen sich Topmanager, dass sie trotz limitierter Einflussmöglichkeiten etwas bewirken können (vgl. dazu Kapitel 7).

---

[66] Fremdgeführte und familien- oder eigentümergeführte Unternehmen sind verschieden. Durch den ideellen Bezug zum Unternehmen und die familienähnlichen, persönlichen Beziehungsstrukturen bleibt die Unternehmensführung in Familienunternehmen meist sehr viel enger verbunden, als dies in fremdgeführten Unternehmen der Fall ist (vgl. Wimmer und Gebauer, 2004; Wimmer et al., 1996).

Fehlende persönliche Vertrauensbeziehungen kompensieren Vorstände durch eine analytische Vorgehensweise.

„Der Führungsstil unseres Vorstandsvorsitzenden ist sehr business- und kundenorientiert. Als CEO muss er versuchen neutral zu sein – das Vieraugengespräch zählt für ihn. Er ist ein sehr analytischer Mensch und verlässt sich da sicherlich auf einige, denen er vertrauen kann. Es ist ja für einen CEO immer schwierig herauszufinden, was wirklich passiert. Deshalb geht er sehr analytisch ran und nutzt mehrere Quellen, aus denen er sich ein Bild macht. Er ist nicht so einer, der emotional irgendwas entscheidet" (Stimme aus dem Vorstandsbereich).

Explorative Lernprozesse wirken auf Topmanager mit einer analytischen, kontrollorientierten Einstellung nicht selten zu ziellos. Dies geht mitunter so weit, dass sie die Ungerichtetheit als Handlungsaufforderung interpretieren, steuernd einzugreifen. Schließlich sind sie dafür verantwortlich zu verhindern, dass die Dinge aus dem Ruder laufen. Auch die Ergebnisse von Lernprozessen werden aus dieser Perspektive oft anders interpretiert als zum Beispiel von Lernverantwortlichen. Zufallsergebnisse erscheinen nicht als Resultat eines offenen, zufallsfreundlichen Prozesses, sondern sie werden auf die manageriale Einflussnahme zurückgeführt. Dies kann so weit gehen, dass brauchbare Ideen als mysteriös verworfen werden, weil sie nicht im legitimierten rationalen Entscheidungsprozess entstanden sind.[67]

Nutzung der Corporate-University-Idee als Managementmode
Diese Haltung beeinflusst auch die Auslegung der Corporate-University-Idee, die als Managementmode genutzt werden kann. Abrahamson zufolge helfen diese „Fads" Topmanagern, ihr rationales Organisationsverständnis auch bei zunehmendem Innovationsdruck aufrechtzuerhalten. Zum einen ist die Einführung einer Corporate University für das Topmanagement eine willkommene Gelegenheit, um sich nach außen als „Fashion-Setter" gegenüber anderen, weniger innovativen „Fashion-Followers" abzugrenzen (vgl. Abrahamson, 1996: 272). Zeitgleich suggeriert das scheinbar wissenschaftlich fundierte Managementkonzept betriebswirtschaftliche Rationalität. Die an sich widersprüchliche Handlungsaufforderung,

---

[67] Baecker zufolge gehörte es „zu dem Mythos des ‚kontrollierenden Managers', dass niemand zugeben konnte, dass Innovationen nur allzu oft durch die Ausbeutung glücklicher Zufälle zustande kommen" (Baecker, 1994: 55).

zugleich innovativ und rational zu handeln, wird bearbeitbar (vgl. Abrahamson und Fairchild, 1999).

Dies spielt insbesondere für Fremdmanager eine Rolle, die im Zuge der Trennung von Eigentum und Unternehmensverantwortung nicht mehr über eine unangefochtene kreditive, sondern lediglich über eine funktionale Autorität verfügen (vgl. dazu Hartmann, 1959). Demnach wird der Führungsanspruch des Managements nicht mehr ohne weiteres akzeptiert, sondern er muss über die Demonstration eines „besseren" Wissens über vorhandene Zusammenhänge und Regeln bewiesen werden. Die Führung steht unter Dauerverdacht: „Wer seine Position auf funktionale Autorität baut, sitzt auf wackligen Stühlen" (Deutschmann, 1993: 66). Nachdem alte Ordnungen zunehmend reflexiv geworden sind, können Managementmoden als „transitory collective beliefs" die verloren gegangene unangefochtene Legitimation temporär kompensieren. Sie bieten ein einfach gestricktes Erklärungsmuster, das seine Gültigkeit über seine Neuheit und seine „Angesagtheit" rechtfertigt (vgl. Abrahamson, 1996: 221).

Lernen als Wissensvermittlung zur Strategieumsetzung
Die Interviews zeigen, dass Strategieentwicklung gerade von Fremdmanagern häufig als rationaler und arbeitsteiliger Prozess begriffen wird. Weil der sequentielle Strategieprozess nicht in Frage gestellt wird, hat die Corporate University auch keinen Auftrag, dieses eingespielte Entwicklungsmuster zu verändern. Das Topmanagement und seine Stabsstellen sind für die strategische Planung verantwortlich, die Belegschaft für die Umsetzung. Denken und Handeln sind streng voneinander getrennt, um die Komplexität der Unternehmensführung ein wenig zu reduzieren. Eine Corporate University hat im Rahmen dieser Prämisse nicht die Funktion, das rationale Bewältigungsmuster weiterzuentwickeln, sondern innerhalb des gesteckten Rahmens die Nachteile des rationalen Planungsprozesses zu kompensieren.

Häufig sind es zwar die enttäuschenden Umsetzungserfahrungen mit dem sequentiellen Strategieprozess, die das Interesse an der Corporate-University-Idee wecken.

> *„Die erste, wichtigste Ambition von Vorstandsseite war, dass er die strategischen Ideen kommunizieren wollte. Dass die Leitenden sich damit auseinandersetzen und sich überlegen, wie sie die selbst herunterbrechen können ins Geschäft. [...] Unser Vorstandsvorsitzender hatte viele Erfahrungen mit Strategieumsetzungsprozessen. [...] Er wusste ganz genau, wenn da nich ein bisschen mehr passiert, dann bleiben das nette, teure Papiere"* (Stimme aus der Corporate University).

Auf der anderen Seite aber festigt die Corporate-University-Idee mit ihren Steuerungssuggestionen die brüchig gewordene manageriale Steuerungslogik. Als Instrument zur Implementierung soll sie die mangelhaften Umsetzungsergebnisse und die schlechte Reaktionsfähigkeit des Entwicklungsmusters ausgleichen, ohne es in Frage zu stellen. Dazu passt, dass Lernen als individuelles Lernen begriffen. Es sollen Qualifikationen aufgebaut werden, die den Mitarbeitern zur Strategieumsetzung noch fehlen. Die Belegschaft soll lernen, was das Topmanagement schon weiß. Dies kann so weit gehen, dass die Corporate University zu einer Bühne wird, auf der sich das Topmanagement heroisch inszeniert.

„Es gibt schon ein sehr großes Bedürfnis, alle Unternehmensbereiche der Strategie unterzuordnen und dass man eben die ganze Company zusammenkriegt unter der Strategie" (Stimme aus dem Vorstandsbereich).

Die Corporate University ist für analytisch denkende und kontrollorientierte Topmanager nicht selten ein Instrument, um die strategischen Leitentscheidungen in Form direktiver Wissensvermittlung zu kommunizieren und deren Umsetzung zu kontrollieren.

„Also das ist jetzt ganz ‚down to earth'. Also die Board Members werden da jetzt ihre Vorträge halten unter der Annahme, dass die Leute dann schon ein bisschen mehr wissen. Also das Ziel, strategische Themen aufzugreifen. [...]

Es geht nicht um die Strategieentwicklung, allerdings wird dies in der Corporate University noch nicht so ganz gesehen. Es geht nicht darum, etwas zu entwickeln, sondern es geht darum, den Leuten etwas zu vermitteln: Was ist die Strategie der Company? Das Strategie-Alignment wird zurzeit nicht durch die Corporate University gemacht. Das sind Extra-Sessions mit dem Management und dem Vorstandsvorsitzenden. Da gibt es andere Kanäle. [...]

Der Vorstand hat ein Interesse an einer Plattform, wo er besser erklären kann, was seine Ziele sind, und auch um das Alignment ein bisschen hervorzuheben. [...] Die Corporate University ist eher ein Kommunikationsmittel vom Board" (Stimme aus dem Vorstandsbereich).

Wie die Idee von der Spitze interpretiert wird, hängt also von der Bereitschaft des Topmanagements ab, sich in seinen eigenen Prämissen enttäuschen zu lassen. Die Zitate aus den Interviews zeigen, dass diese Bereitschaft zum Umdenken beim Topmanagement großer Publikumsgesellschaften nicht immer vorhanden ist.

Diese rationale Erwartungshaltung wird, wie bereits erwähnt, durch die Steuerungsmetaphorik und -rhetorik der Corporate-University-Konzepte noch verstärkt. Es ist verführerisch für Lernverantwortliche, mit diesen Nutzenversprechen beim Management zu werben. Eine kritische Auseinandersetzung mit Erfahrungen bezüglich der Nichtsteuerbarkeit von Organisationen und ihren

Entwicklungsprozessen wird damit verhindert. Die Interessen greifen ineinander und das rationale Bewältigungsmuster verfestigt sich.

9.1.2 Die Perspektive operativer Manager

Ein anderes Bild hat das operative Management, das sich weniger an der Außenwelt orientiert, sondern auf das Innere der Organisation konzentriert. Es ist viel stärker in das operative Alltagsgeschehen verstrickt. Anders als die strategisch-abstrakte und nach außen orientierte Perspektive des Topmanagements verfolgt das operative Management das Ziel, die Leistungsprozesse am Laufen zu halten und diese kontinuierlich zu optimieren. Dazu gehört zum einen, das Bestehende durch die Einhaltung einmal getroffener Pläne, Regeln und Vorschriften zu erhalten. Zum anderen müssen die strategischen Leitentscheidungen realisiert werden. Es geht in erster Linie um die Umsetzung. Zwischenmenschliche Beziehungen dominieren die Arbeit. Teamarbeit und vertrauensvolle Kommunikation haben große Bedeutung. Der Fokus liegt auf dem Konkreten, dem Besonderen, der Einzigartigkeit und auf Details. Die Unternehmensrealität erscheint undurchsichtig und komplex. Regeln bieten allenfalls eine erste Orientierungshilfe. Es reicht nicht, Vorschriften nur einzuhalten, sondern für die auftauchenden Abweichungen und Probleme müssen erfinderisch Ad-hoc-Lösungen gefunden werden, um handlungsfähig zu bleiben. Es wird aber darauf geachtet, dass die alltäglichen Widerspruchserfahrungen nicht nach oben durchsickern. Für die Bearbeitung gibt es keine offiziellen Regeln, sondern kulturelle Umgangsformen. Schließlich will man den Erwartungen des oberen Managements entsprechen. Niemand soll unnötig beunruhigt werden. Auch wenn das operative Management ständig mit schlecht definierten Problemen kämpft, legitimiert es sich nach oben über die erfolgreiche Lösung wohl definierter Probleme.

Priorisierung von Erfahrungswissen

Das in der Praxis generierte Wissen über Widersprüche, Inkonsistenzen und Ad-hoc-Lösungen wird nicht explizit, damit die höheren Hierarchiestufen ihre Kontroll- und Rationalitätsfiktionen weiter aufrechterhalten können. Meist gibt es einen unausgesprochenen Konsens darüber, dass implizites Erfahrungswissen nicht explizit vermittelt werden kann. Es kann durch persönliche Berufserfahrungen *erlernt*, aber nicht *gelehrt* werden. Die hohe Bedeutung von Erfahrungswissen erklärt auch die große Vorliebe der operativen Subkultur für Training-on-the-job-Initiativen und praxisintegrierende Methoden. Off-Site-Seminare werden für das Tagesgeschäft nicht als nützlich erlebt. Operative Manager setzen sie mitunter als Incentives zur Motivation der Mitarbeiter ein. Lernprogramme und -veranstaltungen stehen nicht selten unter Verdacht, operativ nutzlos zu sein. Aus dieser verwertungsorientierten Sicht hilft Lernen, kurzfristige Probleme, wie zum Beispiel die Einführung einer neuen Technologie etc., durch Qualifizierungsprogramme schneller und reibungsloser zu lösen. Zukunftsausgerichtetes, komplexitätserhöhendes, reflexives Lernen erscheint aus operativer Perspektive schnell als Zeitverschwendung und es wird emotional als unangenehm erlebt. Die alltäglichen Drahtseilakte, Widersprüche und Unsicherheiten drohen offiziell zum Thema zu werden. Lernen gilt als Mittel, um Personen und deren (Wissens-)Ressourcen im Sinne der zu lösenden Probleme etwas kalkulierbarer zu machen. Die Vorliebe für Dringliches macht auch Lernen zu einer kurzfristigen und punktuellen Angelegenheit: „Lernen muss man aus dieser Sicht immer nur dann, wenn man in eine problematische Situation gerät, zu deren Bewältigung Fertigkeiten benötigt werden, die man derzeit noch nicht hat" (Loos, 1996: 148).

Stimmen aus den Geschäfts- und Funktionalbereichen
Die Praxisbefunde decken sich mit diesen Überlegungen. Die befragten operativen und funktionalen Manager haben pragmatische Erwartungen an das Lernen. Ob in der Rolle als Teilnehmer an einer Veranstaltung der Lernfunktion oder in der Rolle als Manager, der seine Mitarbeiter zu den Veranstaltungen schickt – ihnen geht es vorrangig um die Förderung des Einzelnen.

> *„Für mich und auch die Mitarbeiter ist es ein Baustein in der persönlichen Weiterentwicklung, also ein Standardbaustein. [...] Das hat sicherlich auch viel gebracht, das in die Hirne der Manager zu bringen".*

Die Vermittlung individueller Fähigkeiten qualifiziert einzelne Mitarbeiter für ihre Tätigkeit, die in der Summe auch dem Unternehmen nutzen.

> *„Das Enrichment der einzelnen Persönlichkeit bringt ab dann der Einheit etwas".*

Neben der bereichsübergreifenden Vernetzung im Konzern stehen persönliche Entwicklungsmöglichkeiten im Vordergrund.

> *„Wenn ein Manager persönlich die Gelegenheit hat, mit sehr kompetenten Leuten weltweit zusammenzuarbeiten, mit einer Top Business School mit super Referenten usw. – das ist einfach eine persönliche Weiterentwicklung und das kommt dem Unternehmen auch wieder zugute".*

Die Lernangebote dienen der persönlichen Positionierung und sie gelten als Incentives.

> „[...] wir haben viele Mitarbeiter, die das mehr als so eine Art ‚Das steht mir zu' gesehen haben. Also ich bin jetzt in der Position. Ich kenne Kollegen, die gehen dahin, und jetzt will ich da auch hingehen, so als Statussymbol. [...] Man muss sehr stark aufpassen, dass es auch als Personalentwicklungsinstrument genutzt wird".

Die persönliche Reflexion der eigenen Praxiserfahrungen gilt als kurzfristig wertvoll für die persönliche Entwicklung und den individuellen Karrierepfad.

> „Dieses Spiegel-Vorhalten für das persönliche Verhalten sowohl als Manager als auch als Kollege, das ist auch ein wichtiger Faktor. Und dies sind Dinge, die man sofort umsetzen kann. [...] Zum Beispiel, wenn sich Manager über ihre Managementrolle bewusster geworden sind oder wenn sie erkannt haben, wo sie stehen und wo sie hinmöchten."

Über den langfristigen Effekt kann man allerdings nur mutmaßen.

> „Was diese persönlichen Momente der Wahrheit für ihre längerfristige Journey helfen, das kann ich nicht sagen".

Es gibt sogar Zweifel an der Transferwahrscheinlichkeit. Entscheidend ist, dass die Erwartungsstrukturen im operativen Alltag zu dem neu Gelernten passen.

> „Ich habe da jetzt vielleicht so ein Diplom rumstehen, aber das sagt letztlich nur aus, dass ich daran teilgenommen habe; was ich persönlich da rausziehe, das liegt nur an mir und wie ich es einsetzen kann, also am Umfeld".

Eine direkte Verbindung zwischen Lernfunktion und Strategieentwicklung wird oft nicht gesehen, auch wenn offene Entwicklungsprozesse grundsätzlich positiv gewertet werden.

> „Den Zusammenhang mit Strategieentwicklung und der Lernfunktion habe ich noch nicht entdeckt. Wäre aber vielleicht eine Sache, die man machen könnte, so mit Open Space. Das könnte ich mir gut vorstellen".

Die Erwartungen an die Managemententwicklungsprogramme sind eher sehr nüchtern. Die befragten Manager wünschen sich flexible Standardprogramme, die der Heterogenität der Bereiche und der Unvorhersehbarkeit der Anforderungen gerecht werden. Wissen entsteht im kommunikativen Prozess.

> „Also eine Strategie ist bei uns im Konzern aufgrund der Heterogenität nur auf sehr generische Art möglich [...]. Die Erwartungen an diese Lerneinheiten sollten nicht zu hoch gesetzt werden. Sie sollten ein gewisses Package an Standards zur Verfügung stellen und die Möglichkeit geben, an neuen Themen zu arbeiten".

Die strategischen Ansprüche der Corporate University werden teilweise sogar als vermessen angesehen.

„[...] ich fand das etwas hochtrabend, das University zu nennen".

Aus Sicht eines funktionalen Managers wird die Lernfunktion ebenso wie der Personalbereich als „eigenbrötlerisch" und geschäftsfern wahrgenommen.

„HR konnte sich schon immer gut mit sich selbst beschäftigen. [...] Das ist so dieses Eigen- und Fremdbild bei den Personalabteilungen. [...] Die nehmen sich selbst immer sehr wichtig und meinen, sie wären für jeden da und für alles zuständig. [...] Die ticken einfach anders als andere Kinder. Vielleicht fehlt denen so ein bisschen die Verbindung zu den normalen Mitarbeitern, also zum Rest des Unternehmens. Die wursteln sehr stark für sich".

9.1.3 Die Perspektive der Lernverantwortlichen

Im Vergleich zu den kurzfristig-pragmatischen Interessen des operativen Managements am Aufbau von Spezial- oder Anwendungswissen haben viele Lernverantwortliche einen anderen Blick auf das Lernen. Aufgrund der Prämisse lebenslangen Lernens ist es ihr Ziel, *langfristige Lernprozesse* zur Ausbildung strategisch relevanter Schlüsselqualifikationen anzustoßen. Diese müssen zwangsläufig universal bleiben, weil die künftig zu lösenden Probleme heute noch nicht bekannt sind. „Bildung ist immer Vorbereitung auf eine Zukunft, die weder der Lernende noch der Lehrende kennen" (Loos, 1996: 150). Auf andere Subkulturen wirkt diese Sichtweise schnell befremdlich. Sie sind auf die Planbarkeit der Unternehmensentwicklung angewiesen. Die Strategieentwicklung macht aus dieser Perspektive einen besseren Job: Sie tut so, als seien strategische Entwicklungen berechenbar.

Glaubwürdigkeitsprobleme als „strategischer Partner"
Ein zentrales Thema für Lernverantwortliche sind Fragen des eigenen Nutzens und Selbstwerts. Auch wenn Manager nicht müde werden, die Wichtigkeit von Lernen und Entwicklung zu betonen, erleben Lernverantwortliche dies als Lippenbekenntnisse. Sie leiden nicht selten unter Glaubwürdigkeitsproblemen. Dies ist vor allem dann der Fall, wenn die Lernfunktion aus der klassischen Personalarbeit hervorgegangen ist. Aus diesem Grund galt die Nähe zum Personalbereich in der Gründungszeit von Corporate Universities als störend. In den Augen vieler Personalverantwortlicher behindern die Akzeptanzprobleme ganz allgemein eine zügige Realisierung eines entwicklungsorientierten Strategischen Human Resource Managements, von dem eine strategische Lernfunktion ein Baustein ist (vgl. zur Entwicklung des SHRM die Studien von Lawler et al., 2001; Wright et al., 1999).

Der Personalbereich wird in vielen Organisationen noch als kostenintensive Querschnittsfunktion wahrgenommen und ist mit einem arbeitnehmernahen, wenig geschäftsorientierten Negativimage belegt. Lernverantwortliche fühlen sich häufig zu wenig in strategische Business-Entscheidungen mit einbezogen. Ihr Fachwissen über organisationale Dynamiken und Entwicklungsprozesse findet zu wenig Gehör. Dies belegen auch die Ergebnisse des ECLF-Surveys. Die Mehrzahl der 68 befragten europäischen Lernverantwortlichen gaben an, keinen festen „seat on the table" bei geschäftsrelevanten Entscheidungen zu haben. Sie gehen aber davon aus, dass sich dies in Zukunft ändern wird bzw. muss. Die Befragung im Rahmen des ECLF erlaubt auch Rückschlüsse auf das Selbstbild von Lernverantwortlichen. Viele von ihnen haben zum Beispiel den Eindruck, von anderen Bereichen wie dem Vorstand, der Strategieentwicklung oder den Geschäftsbereichen weniger gebraucht zu werden als umgekehrt (vgl. Gebauer, 2005b).[68]

Obwohl das Linienmanagement sich der Herausforderungen der Organisationsführung und -entwicklung durchaus bewusst ist, werden Lernverantwortliche aus dem Personalbereich nicht immer als kompetente Ansprechpartner zur Lösung dieser Führungsanforderungen gesehen. Ende der neunziger Jahre klafften die Selbst- und Fremdeinschätzung über die strategische Rolle der Personalarbeit weit auseinander: Während sich knapp 80% aller HR-Verantwortlichen in der Rolle des Geschäftspartners sehen, teilen nur die Hälfte der befragten Linienmanager diese Sichtweise (vgl. SHRM, 1998). Inzwischen haben sich Organisationsentwickler zwar einen besseren Zugang zum höheren und mittleren Management erarbeitet. Ihr Wertschöpfungsbeitrag und der Nutzen ihrer Arbeit werden vom Rest der Organisation aber immer noch in Frage gestellt. Ein Grund dafür ist aus Sicht von Boudreau und Ramstad, dass es der Personalbereich noch nicht geschafft hat, sich als strategisch relevante „decision science" zu entwickeln (vgl. Boudreau und Ramstad, 2005).

---

[68] Zu ähnlichen Ergebnissen kommt eine Studie, in der 104 Personaldirektoren befragt wurden. Zwar gaben 78% der Befragten an, dass die Personalentwicklung heute einen höheren Stellenwert habe als früher und diese (theoretisch) eine wichtige Gestaltungsfunktion habe. Aber fast die Hälfte der Befragten äußerte, dass ihr gestaltender Einfluss bei strategischen Entscheidungen sehr gering sei (vgl. Böning-Consult, 2003).

Stagnation des Strategischen Human Resource Managements
Interessant ist auch, dass HR-Verantwortliche zwar das Gefühl haben, dass sie mehr Zeit für strategische Entwicklungsthemen verwenden, die zeitlichen Aufwände für die verschiedenen HR-Aufgaben in den letzten Jahren aber nahezu gleich geblieben sind (vgl. Lawler und Mohrmann, 2003). Trotz Reformrhetorik hat sich nur wenig geändert: „It appears that somehow the HR organization has managed to maintain a relatively stable orientation despite the amount of change going on around it" (ebd.: 106). Nicht selten sind Lernverantwortliche in den Personalbereichen frustriert: „[...] even though a consensus is emerging about what constitutes high value-added HR activities, HR professionals find themselves having to spend more time on activities that they know to be low in business value" (ebd.: 111). Dies und die geringen Rotationsmöglichkeiten von Lernverantwortlichen innerhalb der Organisation verhindern in einigen Fällen, dass sie das notwendige Erfahrungswissen aufbauen können, um sich für strategische Arbeit zu qualifizieren.

Rechtfertigungsdruck der Lernfunktion
Eine Folge dieses als asymmetrisch erlebten Verhältnisses ist, dass einige Lernverantwortliche das Gefühl haben, sich rechtfertigen zu müssen, um den Wert ihrer Arbeit unter Beweis zu stellen. Laut Sattelberger verhalten sich Personalentwickler oft wie „ein Reh im Scheinwerferlicht" (vgl. Sattelberger, 1996). Mit diesem Anpassungsverhalten verstärken sie die Beziehungsasymmetrie zu den anderen Mitspielern. Der ECLF-Survey zeigt zudem, dass Corporate-University-Verantwortliche vor allem auf persönliche Beziehungen setzen, um die Qualität der Zusammenarbeit und die Vernetzung der Einheit sicherzustellen. Zwar ist die persönliche Beziehungspflege kurzfristig sehr wirksam. Sie macht die Lernfunktionen aber auch abhängig vom unberechenbaren „Goodwill" einzelner Personen. Dies ist besonders riskant, wenn sich eine Corporate University auf einige wenige Machtpromotoren verlässt. Hinzu kommen die Erwartungen des zahlenorientierten Managements, den Nutzen quantitativ nachzuweisen, was für Entwicklungsaufgaben nur mit hohen Zusatzaufwendungen verbunden ist, wenn sie glaubwürdig sein sollen (vgl. dazu Kirkpatrick, 1994; Basarab und Root, 1992). Die Rollenunsicherheit birgt die Gefahr, dass die Lernfunktion entweder eine geschäftskritische Missionarsrolle einnimmt und sich für die Selbstverwirklichungsbedürfnisse der Organisationsmitglieder einsetzt (vgl. dazu auch die Studie von Küpper und

Hanft, 1992). Oder sie macht sich zum blinden Erfüllungsgehilfen der Steuerungsinteressen des Topmanagements und versucht, den kurzfristigen verwertungsorientierten Interessen des operativen Managements zu entsprechen. Statt ein gleichwertiger Partner zu werden, riskiert die Lernfunktion ihre eigenständige Position und sie verliert ihren Mehrwert. Wider besseres Wissen werden dann zum Beispiel Top-down-Entwicklungs- und Restrukturierungsmaßnahmen umgesetzt, statt Vorschläge zu unterbreiten, die der Komplexität und Nichtsteuerbarkeit organisationaler Entwicklungsprozesse gerecht werden. Für den Misserfolg eines solch kurzsichtigen Aktionismus wird die Lernfunktion nicht selten später selbst verantwortlich gemacht. Alles in allem festigt sie das vorhandene Bewältigungs- und Beobachtungsmuster und verhindert die Entwicklung der Selbsterneuerungsfähigkeit.

Rückzug auf sich selbst
Die Anforderungen der Neupositionierung und die tagtäglichen Akzeptanzschwierigkeiten wecken manchmal sogar das Bedürfnis, sich zurückzuziehen, um sich innerhalb der eigenen Subkultur des gemeinsamen Selbstverständnisses zu versichern. Auf Kongressen, Tagungen, Fortbildungen und in den zahlreichen Netzwerken sucht man nach Anerkennung in den eigenen Reihen. Das Gemeinschaftsgefühl kann für die Unterschiede der Problemlagen in den einzelnen Unternehmen desensibilisieren. Empirische Studien zeigen, dass Unterschiede in der strategischen Ausrichtung bei Entscheidungen über Personal- und Entwicklungsprozesse noch eine untergeordnete Rolle spielen (vgl. Lawler und Mohrmann, 2003).[69]

---

[69] Während nur eine geringe Korrelation zwischen der HR-Arbeit und der organisationalen Struktur festgestellt werden konnte, gab es Zusammenhänge zwischen der HR-Arbeit und dem strategischen Fokus bzw. den strategischen Veränderungsinitiativen der Organisation. Ein Bewusstsein für den Wertbeitrag wie „Human Capital", „Wissen", „Lernen" und „Kompetenzaufbau" beim Management wirkt sich günstig auf die Entwicklung der Lernfunktion aus. Bestehende Initiativen zu diesen Themen können vom Personalbereich als Experimentierfeld genutzt werden, um sich als strategischer Partner für Entwicklungsfragen zu positionieren: „[...] initiatives are often the vehicle by which companies develop new capabilities, competencies, and ways of functioning. Through these initiatives, HR develops its own expertise and competencies and also is a business partner in helping the organization perform" (Lawler und Mohrmann, 2003: 109).

Stimmen aus der Corporate University
Um sich als strategischer Partner zu positionieren, versuchen Entwicklungsbereiche häufig, sich von der traditionellen Personalarbeit abzugrenzen. Dies wurde auch von vielen Corporate-University-Konzepten empfohlen. Man distanziert sich von den „Besitzstandswahrern", empfiehlt sich dem Management als Treiber für Veränderungen und als wertschöpfende Einheit. Einige Beispiele illustrieren diese Haltung. In den befragten Unternehmen beurteilte man die Arbeit des Personalbereichs eher kritisch und wenig wertschöpfend. Man grenzte sich eindeutig davon ab.

> *„Der HR-Bereich ist insgesamt nur eine Hilfsfunktion. Er ist mäßig wertschöpfend. Da kann man noch so lange forschen, aber der ist ja nur über eine Vermittlung wertschöpfend. [...] Und diese Vermittlungssituation, die muss man aus meiner Sicht adressieren."*

Rückblickend wurde die Abgrenzung zum Personalbereich als ein wichtiges Erfolgskriterium für die Arbeit einer strategischen Lernfunktion gewertet.

> *„In dem Moment, wo Sie klassische HRler auf diese Stelle setzen oder wenn diejenigen, die das leiten, sehr schnell von HR vereinnahmt werden, ist dieser Weg fast schon unumgänglich."*

In der Gründungszeit schien die Zugehörigkeitsfrage nur eindeutig beantwortbar. Entweder man suchte die Nähe zur Strategie oder zum Personalbereich.

> *„Wenn man sich eher schon allein aus ‚Kuschelgründen' dem P-Bereich zugehörig fühlt, erhöht man dadurch die Distanz zum Strategiebereich. [...] Uns war es immer lieber, dass die Personalentwickler sauer auf uns waren, als dass der Strategiebereich auf uns sauer war."*

In einem anderen Unternehmen hatte die Lerneinheit in ihrer Anfangszeit zwar an den Konzernpersonalvorstand berichtet, bei der Stellenbesetzung hatte man aber Betriebswirtschaftlern den Vorzug gegeben. Die Distanz zur klassischen Personalarbeit war ein wichtiges Differenzierungskriterium gewesen:

> *„Wir haben hier keinen einzigen, der aus der klassischen HR kommt. Das riecht nirgendwo nach Aus- und Weiterbildung [...]. Also wir reden fast nie mit HR, außer dass unser Dekan eine wöchentliche Routine mit dem Personalvorstand hat. Das ist sozusagen ‚as good as it gets' mit HR."*

Mitunter übernahm die Lernfunktion in der Anfangszeit sogar die Perspektive des Topmanagements:

> *„Also ich glaube, Strategieentwicklung hat nichts mit Lernen zu tun. Strategieentwicklung hat sehr viel mit Zahlen zu tun, mit Analysen und mit Planung. Die Umsetzung hat für mich sehr viel mit Lernen zu tun, weil man davon ausgehen*

muss, dass zur Implementierung oder Umsetzung der Strategie ein bestimmtes Verhalten erforderlich ist. Das Delta zwischen Skillset jetzt und Skillset neu, das hat für mich sehr viel mit Lernen zu tun."

Das zwiespältige „Personalerimage" war nicht immer leicht abzustreifen. Viele Corporate Universities taten zu Beginn viel dafür, sich vom Negativimage des HR-Bereichs zu distanzieren. Dieser wurde als „gesellschaftsfern" bewertet, ein arbeitnehmernaher Bereich, der den Ruf hat, in erster Linie „die Leute glücklich machen" zu wollen.

> „Von unserer Denke her sind wir ja keine klassischen HRler, wir sind ja an den strategischen Bereich durchaus anschlussfähig."

In einem Unternehmen wurden die strategischen Entwicklungsthemen deshalb von der betreuenden Personalarbeit getrennt und organisatorisch in den Zentralbereich verlagert, den der Vorstand um sich herum aufbaute. Doch als der Vorstandsvorsitzende das Unternehmen überraschend verließ, wurde dieser Bereich aufgelöst. Die Corporate University wanderte zurück in den Personalbereich. Ein Grund dafür war auch, dass die Geschäftsbereiche nicht verstanden, warum sie zwei Ansprechpartner für Entwicklungsthemen haben sollten:

> „Aber die Schwierigkeit entstand draußen in den Geschäftsbereichen, weil die nicht akzeptieren konnten, dass plötzlich zwei Bereiche für sie zuständig waren, wenn es um irgendwelche People- oder Development-Fragen ging. [...] Für die war das alles zu hoch. [...] University – alles gut und schön, aber die heben doch ab, die sind doch nicht mehr an unserem Business dran, die haben doch einen Vogel."

Andere Beispiele zeigen, dass einige Lernverantwortliche die Corporate-University-Idee strategisch einsetzten, um sich als eine bessere Alternative zur klassischen Personalarbeit in der Organisation zu empfehlen. Ein Indiz dafür ist der auffällige „Wettbewerb um Neuheit": Viele Corporate Universities wollten Trendsetter in Sachen Corporate University sein. Die eine Einheit machte dies an der Einzigartigkeit ihrer Programme fest:

> „Es gibt keine Organisation, die so weltweit ihre Programme durchführt wie wir. Und es gibt auch keine Organisation, die diesen globalen Ansatz von vornherein hat [...]."

Eine andere Lernfunktion bezeichnete ihren herausstechenden strategischen Anspruch als Alleinstellungsmerkmal:

> „In Europa gab es aber kein einziges Vorbild. 1997 haben wir in Europa niemanden gehabt, der auch nur annähernd diesen Anspruch hatte oder auch nur annähernd diese Zielrichtung verfolgte."

Der neue Trend wurde zur persönlichen Profilierung genutzt und dies wurde von anderen beobachtet:

> „Das war so in Mode, macht halt eine Corporate University. Der Leiter war immer einer, der sich gerne positioniert hat als Vorreiter, der dafür ein Gespür hatte, für das, was kommt und sich vielleicht als Trend durchsetzt. Damals merkte man in der Szene, dass man jetzt so was machen musste. Und die einen nennen das Corporate University, die anderen Corporate College [...]."

Die Corporate-University-Mode wurde genutzt, um die Position und Reputation der Personalarbeit ganz allgemein zu verbessern. Diese erfuhr über die Unternehmensgrenzen hinweg eine Aufwertung. Man profilierte sich in organisationsübergreifenden Fachkreisen.

> „Ich glaube, unsere Corporate University hat die Reputation der Personalarbeit deutlich vorangebracht. [...] Es gab Leute, die haben sehr schnell erkannt, dass das eine hochinteressante Sache für das Unternehmen und auch für den HR-Bereich ist. [...] Sie hat wesentlich zur Reputation des HR-Bereichs in Deutschland beigetragen."

Die Corporate University war für einige Lernverantwortliche eine attraktive Gelegenheit, die eigene Arbeit in der Organisation managementnah zu positionieren. Aussagen von Corporate-University-Verantwortlichen sprechen dafür, dass man nur noch auf eine passende Gelegenheit, wie zum Beispiel auf eine anstehende Post-Merger-Integration, einen Vorstandswechsel oder die Ergebnisse einer Benchmarkstudie, wartete, um genügend Argumentationsmaterial und Anhänger für die neue Idee in der Organisation zu finden. Zu einer attraktiven Lösung wurden passende Probleme gesucht.

Corporate Universities standen in der Anfangszeit unter Druck, sich durch „tolle Programme" mit renommierten Business Schools bekannt und beliebt zu machen.

> „Die Corporate University hat sich ihren Ruf in erster Linie mit sehr interessanten Programmen mit Business Schools erarbeitet. Der CU-Verantwortliche hat einen internationalen Touch da reingebracht, er hat auch diesen Netzwerkgedanken stark forciert und hat dadurch einige attraktive Programme in die Welt gesetzt, die einen sehr hohen Bekanntheitsgrad bekommen haben, dadurch dass sie attraktiv waren."

> „Wir haben es geschafft, [...] wir haben rausgefunden, dass die Leute uns wirklich gernhaben. Denn wir gehen nie hin und sagen, wir wollen etwas. Wir kommen immer hin und bringen was. Wir bringen ein tolles neues Programm."

Die Reputation der Lernpartner spielte für Corporate Universities deshalb auch eine entscheidende Rolle bei deren Auswahl.

> *„[...] das ist immer auch noch eine Marke, die man auf so ein Programm aufklebt. IMD kennt jetzt vielleicht nicht jeder, Harvard ist eher bekannt, das gibt der Sache dann noch eine gewisse Reputation. Ob die nun wirklich am Ende besser sind, das sei mal dahingestellt, aber für eine Führungskraft ist das was Besonderes, wenn die sagt, ich bin jetzt mal eine Woche auf dem Harvard Campus."*

Die Zitate zeigen, wie wichtig es für die jungen Lernfunktionen mitunter war, von den anderen Bereichen anerkannt zu werden. Die Verführung war in diesen Fällen groß, den Erwartungen der anderen Bereiche zu entsprechen, vor allem wenn diese besonders mächtig waren. Dies geschah entweder durch die Übernahme der zentralen Perspektive des Vorstands und der machtnahen Bereiche oder durch das Angebot attraktiver Business-School-Programme, die nicht selten kritische Reflexionen aussparen und ein traditionelles und deshalb einfach zu verdauendes Managementverständnis vermitteln (vgl. Abschnitt 8.2.2).

9.2 Corporate University: Akzente im Erwartungskorsett

Die unterschiedlichen Erwartungen im Einführungsprozess an eine Corporate University prägen die Auslegung von Lernangeboten. Die Einführung wird unter ganz verschiedenen Gesichtspunkten beobachtet. Für das Topmanagement ist die Corporate-University-Idee nicht selten eine Einladung, alte Steuerungs- und Größenphantasien mit innovativen Methoden wiederzubeleben. Das operative Management sieht in dem neuen Angebot eher Möglichkeiten zur individuellen Entwicklung und Profilierung, zur Motivation von Mitarbeitern und zur bereichsübergreifenden Vernetzung. Befehle und Steuerungsversuche von oben bedrohen dagegen ihre Autonomie. Lernverantwortliche hoffen, sich von den internen Glaubwürdigkeitsproblemen zu befreien und sich als strategischer Partner enger an das Topmanagement zu koppeln, vor allem wenn sie aus dem Personalbereich stammen. Sie nutzen das fachliche Konzept, um sich in eine einflussreichere Position zu bringen.

Diese Erwartungsdifferenzen sind jedoch in der Regel kommunikativ verdeckt und sie werden nicht offen thematisiert. Die Unschärfe von Leitbildern und Leitkonzepten kann zu Beginn eines fachübergreifenden Gestaltungsprozesses sogar nützlich sein. Widersprüchliche Konstruktionen und Erwartungen können eine Weile nebeneinander koexistieren. Es entsteht der Eindruck von Konsens und das hebt die Veränderungsmotivation (vgl. Dierkes und Marz, 1994; Dierkes et al., 1992). Langfristig aber wirkt sich das unthematisierte

Nebeneinander unterschiedlicher Erwartungen und zugrunde liegender Prämissen negativ auf die Entwicklung der Entwicklungsfähigkeit aus. Die Bereitschaft zur kritischen Selbstbeobachtung und die Auseinandersetzung mit der neu entstandenen Perspektivvielfalt in der Organisation (vgl. Abschnitt 7.2) ist notwendig, um für die neue Lage auch angemessene Selbstbeschreibungen und Bewältigungsformate zu entwickeln.

Ineinandergreifen wechselseitiger Erwartungen
Die Beschäftigung mit den subkulturellen Erwartungen und Interessen zeigt, wie gut die Erwartungen von Topmanagement, operativem Management und Lernfunktion ineinandergreifen (vgl. Abbildung 9).

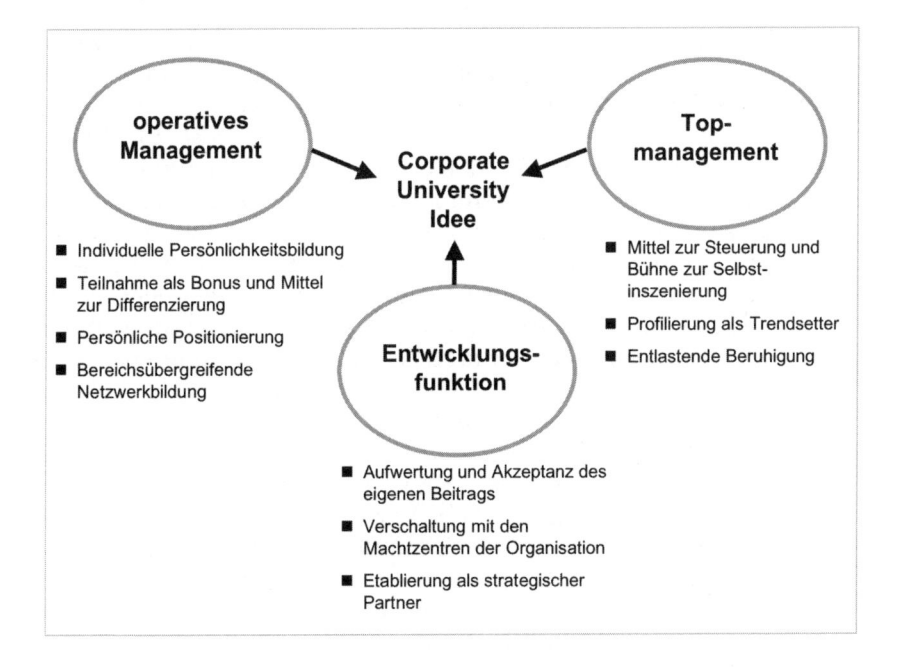

```
        operatives                                        Top-
        Management  →   Corporate   ←    management
                         University
                            Idee
■ Individuelle Persönlichkeitsbildung           ■ Mittel zur Steuerung und
                                                  Bühne zur Selbst-
■ Teilnahme als Bonus und Mittel                  inszenierung
  zur Differenzierung
                                                ■ Profilierung als Trendsetter
■ Persönliche Positionierung    Entwicklungs-
                                  funktion      ■ Entlastende Beruhigung
■ Bereichsübergreifende
  Netzwerkbildung

                    ■ Aufwertung und Akzeptanz des
                      eigenen Beitrags
                    ■ Verschaltung mit den
                      Machtzentren der Organisation
                    ■ Etablierung als strategischer
                      Partner
```

Abbildung 9: Corporate University als Adresse für organisationale Konfliktlagen

Es ist nicht leicht, dieses eingespielte Muster zu verändern. Topmanagement, operatives Management und Lernfunktion sind in ihren Verhaltensweisen und Erwartungshaltungen oft sehr gut aufeinander abgestimmt. Zwischen den internen Interessengruppen kann zu regelrechten Ko-Abhängigkeiten kommen. Auch die Corporate University ist darüber nicht erhaben. Die vorangegangenen Ausführungen zeigen, dass die Lernfunktion nicht außen vor ist, sondern mittendrin. Für die junge Einheit, die sich erst etablieren muss und nicht selten durch ihre Herkunft aus dem Personalbereich unter Rechtfertigungsdruck steht, ist die Verführung groß, die Erwartungen interner Interessengruppen blind zu bedienen, um Akzeptanz zu gewinnen. Ungewollt verspielt sie damit ihre Möglichkeiten, neue Entwicklungsimpulse zu geben, um das etablierte Muster zu irritieren.

Erwartungskorsett der Subkulturen
Ihre eigenen Aufwertungsinteressen veranlassen die Lernfunktion schnell dazu, die beobachteten Steuerungserwartungen des Topmanagements zu bedienen. Es wird dann so getan, als habe man die Gestaltung der Entwicklungsfähigkeit fest im Griff. Besonders in der Gründungsphase bedienten viele Corporate Universities die Steuerungsphantasien des Topmanagements, um die Gunst potentieller Sponsoren zu gewinnen. Man denke hier nur an die häufig verwendeten technisch-instrumentellen Metaphern von einem Transformationsriemen oder Strategiemotor oder an die schillernden Pläne scheinbar omnipotenter Lernarchitekturen. Eine kritische Auseinandersetzung mit den eigenen Steuerungsvorstellungen bleibt der Spitze auf diesem Wege erspart. Die starke Ausrichtung an den zentralen Interessen und die unreflektierte Überzeugung, man könne Lernprozesse nur mit den Macht- und Einflussmöglichkeiten des Vorstandsvorsitzenden anstoßen, weckt darüber hinaus in den Geschäftsbereichen den Eindruck, man habe es bei der Einführung mit einem weiteren zentralistischen Steuerungsversuch zu tun. Gerade in Organisationen, in denen es ohnehin ein eher misstrauisches Beobachtungsverhältnis zwischen Zentrale und Dezentrale gibt, ist Skepsis vorprogrammiert. Die Chancen stehen gut, dass die Einführung einer Corporate University als zentrale Steuerungsabsicht interpretiert und mit entsprechenden Widerständen sanktioniert wird.[70]

---

[70] Erfahrungsgemäß bekommen Corporate Universities diese Widerstände vor allem aus den eigenen Reihen, also von den dezentralen Personal- und Organi-

Oder die Lernfunktion bietet attraktive Business-School-Programme an, um die Teilnehmer zu begeistern. Managern werden damit zeitaufwändige und emotional heikle Reflexionsprozesse erspart und triviale Interventionsvorstellungen reproduziert (vgl. dazu Kapitel 8). Ungewollt konterkariert die Lernfunktion ihre eigenen Einführungsvoraussetzungen. Schließlich ist die kritische Reflexion tradierter Prämissen die Voraussetzung dafür, dass Angebote der Lernfunktion nicht automatisch in das klassische Entwicklungsmuster einsortiert werden und das Management anfängt, seine neue Leadership-Rolle selbst in die Hand zu nehmen (vgl. Abschnitt 8.3.3). Verfolgt eine Corporate University „blind" ihre eigenen Aufwertungsinteressen, stabilisiert sie das eingespielte Bewältigungsmuster, statt es zu irritieren. Für eine konservative Organisation kann es Sinn machen, die Lernfunktion in einer Schwebeposition zu lassen. Es wird verhindert, dass die Erneuerungsfunktion zu schnell Fuß fasst. Ihre Glaubwürdigkeits- und Akzeptanzprobleme kommen da gerade recht. Die Lernfunktion bleibt dann ein schwacher Partner, den man abstoßen kann, sobald es brenzlig wird.

Bearbeitung der Konfliktlinien
Die Lernfunktion muss also alles, was sie tut, sorgsam auf die Waagschale legen. Sie muss eine schwierige Gratwanderung meistern. Einerseits muss sie an die subkulturellen Erwartungen und Interessen andocken, um anschlussfähig zu sein und nicht gleich aus dem Spiel geworfen zu werden. Andererseits muss sie geschickt Akzente setzen, um einen Unterschied zu machen. Dabei muss sie immer auch ihre eigene Motivlage reflektieren, um nicht zum Opfer ihrer eigenen Erwartungen zu werden. Sonst beginnt sie, sich in den Bahnen des alten Bewältigungsmusters zu bewegen, sie wird zum Spielball, anstatt Bälle zu spielen. Wie kann einer Lernfunktion dieser kunstfertige Akt gelingen?

Eine Corporate University wird wirkungslos bleiben, wenn sie versucht, die Konfliktlinien zwischen den Bereichen einseitig zu brechen, zum Beispiel, wenn sie sich zum Diener entweder der zentralen oder der dezentralen Erwartungen macht oder wenn sie sich der Perspektive des Topmanagements verschreibt. Sie setzt keinen Akzent, sondern bewegt sich innerhalb des eingespielten

---

sationsentwicklungsbereichen, zu spüren (vgl. das Beispiel von ERGO in Abschnitt 10.2) – ein Beweis mehr für die Selbstreferenzialität der Lernfunktion.

Akzent, sondern bewegt sich innerhalb des eingespielten Musters. Es wird auch wenig bringen, die gegensätzlichen Motivlagen oberflächlich zu harmonisieren. Die Lerneinheit muss statt dessen eine Position an den Grenzlinien finden. Damit macht sie Widersprüche sichtbar, die bisher durch die Form der Binnendifferenzierung und triviale Selbstbeschreibungen sorgsam verdeckt waren. Diese Widersprüche sind Impulse für die Weiterentwicklung der Selbsterneuerungsmechanismen. Andererseits liefern sie ein explosives Gemisch, das sich im Einführungsprozess schnell stellvertretend an einer Corporate University entladen kann. Die Corporate University läuft Gefahr, eine Adresse für generelle organisationale Dilemmata und Konfliktlagen zu werden. Sie bewegt sich in einem konfliktreichen Spannungsfeld, in dem sie ihre Rolle finden muss. Sie muss eine gute Position finden zwischen:

- *Zentralen Interessen des Topmanagements und dezentralen Autonomnotwendigkeiten:*
  Konzentriert sich die Lernfunktion auf eine der beiden Seiten, verliert sie entweder ihren strategischen Fokus (als Dienstleister für die Geschäftsbereiche, der nur noch Einzelbedarfe bedient oder für punktuelle Probleme bereitsteht). Oder ihr wird mit Misstrauen begegnet, weil sie die zentrale Perspektive des Topmanagements einnimmt und deshalb als dessen Erfüllungsgehilfe beobachtet wird.

- *Steuerungserwartungen des Topmanagements und notwendiger Revision des Interventionsverständnisses:*
  Zieht sich die Corporate University als Lernfunktion selbstreferenziell auf die Perspektive des Personalbereichs zurück, riskiert sie, ihr traditionell angelegtes Negativimage zu verstärken. Eine gemeinsame Sprache wird sie so nicht entwickeln. Es ist wahrscheinlich, dass sie weiterhin mit Akzeptanzproblemen kämpft. Richtet sie sich hingegen nur an den Steuerungserwartungen des Topmanagements aus, bleiben diese unreflektiert. Das Management entwickelt keine andere Beobachtungsperspektive bzw. keine andere Selbstbeschreibung, das gegenwärtige Muster bleibt bestehen.

- *Langfristiger Entwicklungsperspektive und kurzfristigen Verwertungsinteressen der Geschäftsbereiche:*
  Auch hier muss die Lernfunktion beide Erwartungen ausbalancieren. Missachtet sie die Verwertungsinteressen der Geschäftsbereiche, so wird sie ihren Ruf der Weltfremdheit untermauern,

richtet sie sich allerdings nur nach ihren kurzfristigen Bedürfnissen, verfehlt sie ihre strategische Funktion.

Wenn sich die Lernfunktion „zwischen den Stühlen" positioniert, wird sie zu einem Ort, an dem widersprüchliche zentralen und dezentralen Interessenlagen sichtbar und thematisiert werden. Diese konfliktgeladene Position macht die Einführung und Entwicklung einer Corporate University zu einem fortwährenden Drahtseilakt, der die Gefahr birgt, von einer bestimmten Seite vereinnahmt zu werden.

Zwischenergebnis
Die Auseinandersetzung mit den subkulturellen Erwartungen im Einführungsprozess einer Lernfunktion liefert einen neuen Interpretationsrahmen, innerhalb dessen eine Corporate University ihre eigene Einführung, ihre Positionierung sowie ihre Interventionen kritisch reflektieren kann. Es wurde deutlich, dass die aufgabenbezogenen Realitätskonstruktionen der verschiedenen Subkulturen einen Einfluss darauf haben, wie die Einführung einer Corporate University interpretiert wird. Die Steuerungsinteressen des Topmanagements, die verwertungsbezogenen Interessen des operativen Managements sowie die Aufwertungsinteressen der Lernfunktion und die damit verbundenen Interventionsvorstellungen bleiben aber meist latent und kommen im Einführungsprozess nicht zur Sprache. Die konzeptionelle Unschärfe, die Metaphorik der Corporate-University-Idee sowie die Aufwertungsinteressen der Lernfunktion tragen dazu bei, dass diese Erwartungsdifferenzen und -widersprüche verdeckt bleiben. Auch wenn dies zu Beginn der Einführung eine motivierende Wirkung haben kann, wirken sich der fehlende gemeinsame Erwartungshorizont sowie die fehlende Enttäuschungsbereitschaft gegenüber den eigenen Erwartungen aber langfristig kontraproduktiv aus.

Das asymmetrische Beziehungsverhältnis zwischen Entwicklungsbereich und den anderen Subkulturen verhindert die kritische Reflexion zugrunde liegender Denkmodelle. Wenn sich die Lernfunktion einer bestimmten Perspektive verschreibt, vereinfacht sie zwar kurzfristig ihre Lage. Sie verspielt aber ihre Chancen, allen Beteiligten neue Beobachtungsmöglichkeiten und Selbstbeschreibungen anzubieten. Positioniert sie sich jedoch zwischen den Perspektiven, kann sie die Konfliktlinien einer Bearbeitung zuführen. Sie muss aber immer damit rechnen, dass sich das darin liegende Konfliktpotential explosiv an ihr entlädt.

10 Mit oder gegen die Systemevolution: Folgedynamiken zentral-intentionaler und organisch-offener Einführungsstrategien

Die vorangegangenen Kapitel haben die zentralen Einflussdimensionen im Einführungsprozess erörtert: Dazu zählen die Grenzen, die Entwicklungsfähigkeit zu gestalten, die Leitunterscheidungen der Corporate-University-Idee, die die Selbstbeobachtung der Entwicklungsfähigkeit prägen, die gestiegene Binnenkomplexität in der Organisation und die damit notwendige Revision tradierter Selektionsmechanismen sowie trivialer Steuerungsmodelle. Ein weiterer Aspekt waren die häufig gut aufeinander abgestimmten subkulturellen Erwartungen, die die gegenseitige Beobachtung im Einführungsprozess prägen und die Einführung eines neuen Entwicklungsansatzes erschweren. Bleibt die empirische Frage, welchen Verlauf verschiedene Vorgehensweisen im Einführungsprozess genommen haben. Welche Gemeinsamkeiten und Unterschiede können rückschauend beobachtet werden?

Diese Frage kann nur im Nachhinein und in Berücksichtigung der Kontextbedingungen rekonstruiert werden. Interne und externe Entwicklungsdynamiken wie zum Beispiel Führungswechsel, Krisen usw. müssen Berücksichtigung finden. In den folgenden drei Abschnitten werden die jeweils verfolgten Einführungsstrategien rekonstruiert und zwei komplementäre Muster herausgearbeitet, die der strukturierten Diskussion der Fälle dienen. Wie haben sie sich auf den Entwicklungsverlauf einer Corporate University „ausgewirkt"? Zwei ausführliche Fallrekonstruktionen zeigen exemplarisch, welchen Einfluss die gewählte Einführungsstrategie auf den weiteren Entwicklungsverlauf einer Lernfunktion haben kann (Abschnitt 10.3).

10.1 Zentral-intentionale und organisch-offene Einführungsstrategien

Bei den untersuchten Fallunternehmen zeichnen sich zwei charakteristische Interventionsstrategien ab. Entlang der Empfehlungen der gängigen Managementliteratur verfolgten viele Fallunternehmen eine zentral-intentionale Einführungsstrategie. In der Boomzeit des Corporate-University-Trends galt eine enge Anbindung an den Vorstand und die Abgrenzung von der klassischen Personalarbeit als Erfolgsgarant. Von einer einflussreichen Position schien die „Lernarchitektur" beliebig gestaltbar. Es wundert nicht, dass vor allem Unternehmen, die eine gewisse Affinität zu diesem Interventionsverständnis hatten, sich für die Idee interessierten. Doch wie immer sind es die Ausnahmen, die besonders aufschlussreich sind. Bemerkenswert ist, dass es einige Einführungsversuche gibt, die von Anfang an einen offeneren, organischen Ansatz verfolgten. Zudem gibt es andere Unternehmen, die ihre Taktik im Verlauf ihres Bestehens änderten und von einer zentral-intentionalen auf eine organisch-offene Strategie umschwenkten.

Wodurch zeichnet sich dieses organisch-offene Vorgehen aus? Anders als bei der zentral-intentionalen Vorgehensweise, die sich durch eine anspruchsvolle, strategische Planung auszeichnet und rhetorisch überzeugend wie eine Revolution angekündigt wird, wirkt die organisch-offene Einführungsstrategie eher unscheinbar und bescheiden. Die einzelnen Aktivitäten scheinen zufallsabhängig zu sein und man vermutet hinter ihnen keinen Masterplan. Oft sind es sehr konkrete, operative Anforderungen, die den Ausgangspunkt für die Entwicklung einer Lernfunktion bilden. Ein eigenes Selbstverständnis als strategische Lernfunktion bildet sich erst später heraus. Erst im Nachhinein fügen sich die einzelnen Elemente wie Puzzleteile zu einem Bild zusammen. Während bei der zentral-intentionalen Einführungsstrategie die Zukunftsplanung auf dem Papier im Vordergrund steht, zeigen sich die Früchte des organisch-offenen Vorgehens erst später. Deshalb sind die so entstandenen Lernfunktionen in der Fachwelt bisher nur wenig beachtet worden. Erst heute, nach einigen Jahren der Reifezeit, wird deutlich, was sich auf leisen Füßen entwickelt hat. Auch in der vorliegenden Arbeit wurde diese Einführungsstrategie eher zufällig entdeckt.[71]

Während die zentral-intentionale Einführungsstrategie mit einer zukunftsorientierten Planung und entsprechenden Steuerungsmaßnahmen der naturwüchsigen Systemevolution entgegenwirkten, misst eine organisch-offene Einführungsstrategie der natürlichen

---

[71] Die Datenerhebung konzentrierte sich zunächst auf Unternehmen, die für ihre strategischen Corporate-University-Aktivitäten bekannt waren und ihr Vorhaben öffentlichkeitswirksam vermarkteten. Eher zufällig wurde die Forscherin auf abweichende Fälle mit organisch-offener Einführungsstrategie aufmerksam. Über die Beschäftigung mit diesem Entwicklungsmuster kristallisierten sich immer deutlicher die Unterschiede der Einführungsstrategien heraus, die als Raster für die Rekonstruktion genutzt wurden.

Systemevolution einen größeren Stellenwert bei. Entwicklungsprozesse werden im Rahmen der natürlichen Evolution angestoßen.[72] Beide Einführungsstrategien weisen charakteristische Merkmale auf. Sie unterscheiden sich in ihrem postulierten „strategischen" Anspruch bzw. ihrer operativen Erdung. Sie unterscheiden sich auch darin, wie sie sich gegenüber zentralen und dezentralen Interessen sowie gegenüber dem Topmanagement positionieren und wie sie das Verhältnis zur Personalarbeit gestalten. All diese Dimensionen, die in den vorangegangenen Kapiteln bereits in verschiedener Hinsicht zur Sprache kamen, nehmen Einfluss auf den Entwicklungsverlauf der Einheit und ihre Wirksamkeit in der Organisation (vgl. Abbildung 10).

Zentral-intentionales Muster	Offen-organisches Muster
Orientierung an externen Benchmarks	Orientierung an der eigenen Organisationsrealität
Abwertung der traditionellen Personalarbeit	Anschluss an die traditionelle Personalarbeit
Enge Bindung an den Vorstand in der Startphase	Aktive Nutzung durch den Vorstand erst später
Übernahme der zentralen Perspektive	Entwicklung einer Perspektive im Spannungsfeld zentral/dezentral
Etablierung über zentrale Macht und Einfluss	Etablierung über Multiplikatorennetzwerk
Aufwändiges Marketing	Fokus auf Machbarkeit
Logik: „Entwicklungsprozesse sind planbar"	Logik: „Kunstfertiges Nutzen der Gunst der Stunde"

Abbildung 10: Merkmale organisch-offener und zentral-intentionaler Einführungsstrategien

Natürlich sind beiden Musterbeschreibungen idealtypisch. In der Realität finden wir in der Regel keine Reinformen des einen oder des anderen Musters. Die realen Fälle unterscheiden sich aber doch durch eine Tendenz zu einer entweder zentral-intentionalen oder

---

[72] Die übergreifende Differenzierung in zwei Verlaufsformen ist natürlich plakativ und bedeutet nicht, dass jeder Entwicklungsverlauf gleich ist. Die Realausprägungen bewegen sich eher zwischen den beiden Polen. Ihr Verlauf kann aber durch die Nähe zu einem dieser Pole charakterisiert werden.

organisch-offenen Haltung (die sich, wie gesagt, im Einführungsverlauf auch verändern kann). Die verschiedenen Logiken können sich auch überlagern. Um die Unterschiede dieser Haltungen darzustellen, werden die Einführungsstrategien prototypisch dargestellt. Die Unterscheidung der beiden Muster dient als Beobachtungsraster, um die Untersuchung der Fälle sinnvoll zu strukturieren.

10.1.1 Merkmale der zentral-intentionalen Einführungsstrategie

Das zentral-intentionale Einführungsmuster basiert auf weitestgehend trivialen Interventionsvorstellungen, die bereits in Kapitel 3 und 4 diskutiert wurden. Selbst wenn es in der Lernfunktion oder im Management Einsichten über die Nichtsteuerbarkeit sozialer Systeme gibt und diese bei der Gestaltung einzelner Lernarrangements zum Tragen kommen, bedeutet dies nicht automatisch, dass diese auch auf die Einführung der Corporate University selbst angewendet werden. Die empirischen Fälle deuten darauf hin, dass gerade große Unternehmen mit einem eingespielten hierarchischen Beziehungsmuster zu dieser Interventionsstrategie tendieren, um entweder ihre Entwicklungsfähigkeit zu beeinflussen oder um nach neuen koordinierenden Steuerungsmöglichkeiten zu suchen.[73] In anderen Fällen handelte es sich um Unternehmen, die sich aufgrund veränderter Rahmenbedingungen gezwungen sahen, ihre Führungsroutinen zu formalisieren (zum Beispiel weil sie sich im Übergang zu einem Fremdmanagement befanden, nach einer starken Wachstumsphase oder wegen zunehmender Bereichsegoismen).

Auch wenn viele Corporate-University-Konzepte sehr offen für neue Ansätze der Managemententwicklung waren und sie sich für die Förderung des organisationalen Lernens stark machten, entspricht die empfohlene zentral-intentionale Einführungsstrategie jenem Bewältigungsmuster, das allen beteiligten Beobachtern vertraut ist. Das klassische Entwicklungsmuster wird durch das eigene Einführungsverhalten ungewollt reproduziert. Auffällig für die zentral-intentionale Vorgehensweise ist ein hoher strategischer Anspruch, der gleich zu Beginn formuliert wird. Meist ist es eine kleine Gruppe ambitionierter Personalentwickler, die sich für die neuen, visionären Ideen einsetzen und versuchen, das Thema beim Vor-

---

[73] Oder es handelt sich um Organisationen, die sich auf eine Fremdführung mit entsprechend rational-formalisierten Führungsstrukturen vorbereiten.

stand zu platzieren. Eine wichtige Rolle für die Argumentation spielen amerikanische Benchmarks wie General Electric oder Motorola, deren Lernarchitekturen als vorbildhaft und nachahmenswert vorgestellt werden. Man orientiert sich an externen Erfolgskonzepten, während die intern praktizierten Ansätze als altmodisch und uneffektiv schlechtgemacht werden. Ob die neuen Entwicklungsansätze zur eigenen Organisationsrealität passen, spielte in anfänglich nur eine untergeordnete Rolle. Man operiert auf der Ebene der strategischen Ideen und interessiert sich weniger für die konkrete Realisierung.

Fallbeispiel: Externe Medienstrategie für interne Überzeugungsarbeit
Bei einem Unternehmen ging man sogar so weit, dass man durch eine geschickte Medienstrategie die geringe Anschlussfähigkeit der Ideen umgehen wollte. Man wusste, dass eine interne Vermarktung im Unternehmen, das durch eine historisch gewachsene, eher bürokratische Struktur geprägt war, nur geringe Resonanz erfahren würde. Deshalb bemühte man sich um eine positive Berichterstattung über den Aufbau der firmeninternen Corporate University in managementrelevanten externen Medien. Durch diese Marketingstrategie konnten die eigenen Ideen entsprechend den Erwartungen der managerialen Logik als rational und damit unumgänglich dargestellt werden:

„Uns war klar, dass der Prophet im eigenen Land nicht gehört wird. Uns war auch wichtig, dass neben dem internen Marketing für die Corporate University auch von außen herangetragen wird, dass da was ganz Bemerkenswertes gemacht wird" (Stimme aus der Corporate University).

Die Einführung der neuen Lernarchitektur wird als Quantensprung wie eine Revolution angekündigt, mit der prinzipiell alle strukturellen Herausforderungen gemeistert werden können. Rhetorisch wird ein Leidensdruck vermittelt, der durch die Lernarchitektur gemindert oder gar beseitigt werden kann. Im Unterschied zu ihren amerikanischen Vorbildern befinden sich die untersuchten Fälle zum Zeitpunkt der Einführung aber in einer finanziell soliden Situation. Jack Welch nutzte „Crotonville", um das Überleben von GE durch einen Turnaround, der viele schmerzhafte Einschnitte mit sich brachte, zu sichern. Einige Corporate Universities, die in Deutschland einen breiten, strategischen Ansatz verfolgten, entstanden nicht aufgrund vergleichbarer, konkreter Problemlagen. Manchmal wurde ihre Notwendigkeit mit eher abstrakten und „strategischen" Problemdimensionen begründet.

Verbunden mit dem hohen strategischen Anspruch ist in der Regel auch das Bedürfnis, sich von der bisher praktizierten Personalentwicklungsarbeit abzugrenzen. Man unterscheidet strikt zwischen strategischen und operativen Aktivitäten und versucht sich organisatorisch von der operativen Personalarbeit zu lösen, um das eigene strategische Profil zu schärfen.[74]

Ein weiteres Merkmal der zentral-intentionalen Einführungsversuche ist eine enge Anbindung an den Vorstand gleich zu Beginn der Einführung. Beides galt Ende der neunziger Jahre für viele Lernverantwortliche geradezu als Bedingung, um als Corporate University wirksam zu werden. Der Wunsch nach Vorstandsnähe ließ in dieser Zeit auch das Bedürfnis steigen, sich vom traditionellen Personalbereich abzugrenzen. Implizit bedeutete dies: Nur mit der Macht des Vorstands fühlte man sich handlungs- bzw. interventionsfähig. Zentralisierung und Standardisierung sollten dem Topmanagement helfen, das Verhalten der dezentralen Einheiten von der Spitze aus wieder besser zu steuern, um die Einheit als Ganzes zu erhalten. Die Unterstützung durch den Vorstand gilt in diesem Muster als Bedingung für eine erfolgreiche Einführung. Die Empfehlungen stützen sich dabei auf die heroisch rekonstruierte Erfolgsgeschichte von Jack Welch (vgl. dazu Gebauer, 2005a, sowie Kapitel 6). Eine zentral-intentionale Einführungsstrategie versucht, möglichst viel Aufmerksamkeit beim Vorstand zu erzeugen. Dieser soll – ganz nach dem Vorbild von Jack Welch – persönlich für die neue Lernphilosophie einstehen. Als Gegenleistung dafür verpflichtet sich die Lernfunktion auf die Perspektive des Topmanagements und stellt bessere Steuerbarkeit in Aussicht.

Diese Vorgehensweise ist aus mehreren Gründen problematisch. Zum einen macht sich eine Corporate University abhängig von Einzelpersonen sowie deren persönlichen Zielen, impliziten Führungsvorstellungen etc. Dies macht sie empfindlich für Ad-hoc-Entscheidungen und Führungswechsel. Die Lernfunktion gibt ihre eigenständige Perspektive auf. Sie übernimmt die Perspektive des

---

[74] Das bedeutet aber nicht, dass diese Entwicklung von den Geschäftsbereichen mitvollzogen wird. In der Lernfunktion kann es schnell zu Frustration führen, wenn sich die Erwartungshaltungen der Geschäftsbereiche nicht ändern und statt strategischer nach wie vor traditionelle Personalentwicklungsarbeit verlangt wird (vgl. das Fallbeispiel in Abschnitt 9.1.3).

Managements, anstatt ihm die zugrunde liegenden Prämissen zugänglich zu machen. Als Erfüllungsgehilfe des Vorstands verliert sie ihre diagnostische Position. Sie ist eingenommen von der Perspektive des Managements und liefert ihm keine irritierenden Beobachtungen und Selbstbeschreibungen, die günstig für die Entwicklung der Entwicklungsmechanismen sind. Positioniert sich die Einwicklungseinheit einseitig, erhöht sie die Wahrscheinlichkeit, von den dezentralen Einheiten automatisch als direktive und die eigene Autonomie gefährdende Steuerungsabsicht beobachtet und entsprechend sabotiert zu werden. Gerade in Organisationen, in denen Topmanagement und operative Einheiten sich eher misstrauisch gegenüberstehen, muss eine Corporate University oft gar nicht viel tun, um als zentrale Interventionsabsicht beobachtet zu werden.

„Mit dem Namen CU ist einem das Wort Zentralist schon oft auf die Stirn geschrieben und deshalb die Akzeptanzwahrscheinlichkeit gering" (Stimme aus einer Corporate University).

Eines der Fallunternehmen hatte zum Beispiel gerade eine Restrukturierung in vier strategische Geschäftsfelder hinter sich, als man sich für die Corporate-University-Idee interessierte. Sie bekam eine zentralisierende Funktion. Sie sollte verhindern, dass wertvolle Synergien verloren gehen, wenn die Einzelbereiche nur ihre eigenen Interessen verfolgen. In diesem Zweikräftespiel arbeitete sie gegen die Autonomiebestrebungen, um das dezentrale Stammesdenken zu durchbrechen.

ERGO Management Akademie: Umsetzung einer „One-Group-Strategie"

Auch die Corporate University der ERGO-Gruppe positionierte sich zu Beginn als Gegenpol zu den dezentralen Kräften im Konzern. Das Unternehmen entstand durch den Zusammenschluss unabhängiger Einzelgesellschaften; jede von ihnen hatte bisher eine starke Marke geführt. Die entstehende ERGO-Gruppe bündelte die Einzelunternehmen unter einem gemeinsamen Dach mit einer zentralen Holding. Ziel des Zusammenschlusses war es, den Marktanteil zu vergrößern und Skalenvorteile und Synergiepotentiale zu nutzen. Zu Beginn blieben den dezentralen Markengesellschaften noch viele Freiheiten. Die Holding übernahm eine eher koordinierende Aufgabe, griff aber nicht direkt in das Geschäft ein.

Doch unbefriedigende Gewinnerwartungen und der zunehmende Druck von Kapitaleignern und Analysten veranlassten das Unternehmen zur Revision der dezentralen Führungsstrategie. Die traditionell gelebte Produkt- und Markenorientierung wich einem „One-Company-Approach". Die internen Backoffice-Aktivitäten wurden gebündelt und die zentralen Einflussmöglichkeiten ausgebaut. Zunächst wurde ein Koordinationskomitee eingerichtet, um die Einzelgesellschaften besser zu steuern. Im Jahre 2004 fiel die weitreichende Entscheidung, die Eigenständigkeit der Marken durch eine Segmentstruktur zu ersetzen. Ein Jahr später brachte die sogenannte „Vector Resolution" die neue Richtung auf den Punkt: Für die Organisation der internen Leistungsprozesse spielten die Marken jetzt keine Rolle mehr. Sie waren reine „Brands" für die Kundenkommunikation, um ihren Wettbewerbsvorteil auf dem Markt zu nutzen. Für das Unternehmen bedeutete diese zentralisierende Kehrtwende eine massive Irritation. Die persönlichen und organisationalen Einflussmöglichkeiten verschoben sich. Zum Beispiel bekamen die ursprünglich unabhängigen Geschäftsführer nur noch eine Rolle als Markensprecher.

Die Corporate University spielte von Anfang an eine wichtige Rolle in der Umsetzung dieser Reorganisation. Es war anzunehmen, dass sie gleich zu Beginn als Teil der Zentralisierungsstrategie wahrgenommen wurde. So fiel die Entscheidung für eine zentrale Lernfunktion im Streit über die mögliche Realisierung von Synergiepotentialen im Personalentwicklungsbereich. Am Ende war es der Vorstand, der ein Machtwort sprach.

„Die Einigung auf eine gemeinsame Lösung war ein längerer Prozess. Gemeinsam mit den Personal- und Führungskräfteentwicklungsleitern der Gesellschaften haben wir zwei Jahre lang nach Synergiefeldern gesucht. Das war nicht einfach. Jeder hatte seine eigenen Interessen. Es ging auch darum, die eigene Position zu sichern. [...] In diesem Suchprozess wurden viele Vorschläge abgeschmettert. Irgendwann habe ich dem Vorstandsvorsitzenden den Vorschlag gemacht, die strategischen Themen für alle einheitlich zu vermitteln und eine zentrale Plattform für entsprechende Programme aufzubauen. Er fand die Idee gut und hat sich für die Umsetzung stark gemacht" (CU-Leiter).

Widerstände aus den Einzelgesellschaften sind in einer solchen Konstellation vorprogrammiert. In diesem Fall kamen sie aus den eigenen Reihen. Die dezentralen Personalentwicklungseinheiten boykottierten die Aktivitäten der Lernfunktion, weil sie um ihre bisherigen Einflussmöglichkeiten fürchteten. So versuchten sie zum Beispiel, der Akademie den Zugang zu den direkten Kunden zu vereiteln. Die oberen und mittleren Führungskräfte, also die Teilnehmer und potentiellen Sponsoren der Lernformate, zeigten sich jedoch kooperativ. Vermutlich verorteten sie die Bedrohung durch den anstehenden Zentralisierungsruck eher beim Topmanagement, dem sie entsprechende Steuerungsabsichten zuschrieben. Die Akademie erschien dann eher als ein Umsetzungsinstrument.

In dieser nicht einfachen Gemengelage gelang es der Lerneinheit dennoch, und nicht zuletzt aufgrund einer kontinuierlichen Führung, eine umfangreiche Kommunikationsarchitektur zu etablieren, die interne und externe Wissensträger und Perspektiven zusammenbrachte. Die Lernfunktion agiert heute an einer konfliktreichen Nahtstelle der Organisation, an der zentrale und dezentrale Perspektiven aufeinandertreffen und die Reibungspunkte besonders sichtbar werden. Die Einheit evolvierte, ähnlich wie in der theoretischen Erörterung in Kapitel 7 beschrieben, zu einer Adresse, an der sich organisationale Konflikte entladen und bearbeitbar werden (vgl. Kapitel 7). Es erfordert von der Akademie nach wie vor viel Fingerspitzengefühl und Ausdauer, um diesen sensiblen Suchprozess intelligent zu moderieren und neue Impulse einzuschleusen, ohne zum Spielball der Interessenkonflikte zu werden (zum Beispiel, indem sie sich zu sehr von der zentralen Perspektive vereinnahmen lässt). Zum Beispiel reift beim Topmanagement heute die Einsicht, dass die neue Richtung nicht von heute auf morgen an den Interessen und an der Tradition der Gesellschaften vorbei realisiert werden kann. Man hat verstanden, dass dieser strategische Entwicklungsprozess nur durch eine schrittweise „managed evolution" zu erreichen ist. Die ERGO Management Akademie mit ihrem organisationsweiten Netzwerk bildet dabei eine geeignete Plattform, um diesen Prozess zu begleiten und zu koordinieren. Sie muss aber stets einkalkulieren, dass sie als rechte Hand des Topmanagements beobachtet werden kann und ihr zentrale Steuerungsabsichten unterstellt werden können.

Fallbeispiel: Corporate University zur Umsetzung der Strategie
Auch in einem weiteren untersuchten Fallunternehmen nutzte der Vorstand die Corporate University als zentrales Umsetzungsinstrument in einer traditionell dezentralen Welt. In der Anfangszeit hatte die Corporate University die Aufgabe, die Strategieumsetzung zu unterstützen und die Unternehmenskultur weiterzuentwickeln. Das schon immer sehr dezentral geführte Unternehmen hatte in den letzten Jahren einen starken Umsatz- und Mitarbeiterzuwachs erfahren. Durch Akquisitionen und Neugründungen hatte sich das Geschäft stärker diversifiziert und internationalisiert. Die Corporate University wurde gegründet, um als eines von verschiedenen In-

strumenten die mit diesen Veränderungen verbundenen Herausforderungen zu meistern.

Mit der Gründung der neuen Lernfunktion bereitete sich das Unternehmen darüber hinaus auf einen anstehenden Vorstandswechsel vor. Viele Jahre war das Unternehmen von ein und demselben CEO geführt worden, der eng mit dem Unternehmen und der Eigentümerfamilie verbunden war. Der scheidende Vorstand hatte zu vielen Führungskräften der dezentralen Geschäftsbereiche einen sehr guten und persönlichen Draht. Das Unternehmen suchte nun nach neuen Führungsmechanismen, um den schwierigen Spagat zwischen zentralen und dezentralen Interessen zu bewältigen. In der Vergangenheit hatte das Unternehmen diesen natürlichen Widerspruch durch die integrative Persönlichkeit des Vorstandsvorsitzenden sowie durch ein weit gespanntes Netz an persönlichen Beziehungen bearbeitet. Die veränderten Rahmenbedingungen, die ohnehin vorhandenen Zentrifugalkräfte der dezentralen Einheiten sowie der Vorstandswechsel verlangten jetzt aber nach neuen Wegen und veranlassten das Unternehmen zu einer umfassenden Standortbestimmung. Die bestehenden Geschäfte, Strukturen und Interaktionsformen wurden auf ihre Zukunftsfähigkeit geprüft. Mehr als 600 Topmanager wurden befragt und auf dieser Grundlage die Notwendigkeit einer stärkeren systematischen Vernetzung von Zentrale und dezentralen Einheiten definiert.

In dieser Umbruchphase war eine Corporate University zur gezielten Führungskräfteentwicklung, zum bereichsübergreifenden Best-Practice-Transfer sowie als professionelle Kommunikationsplattform ein geeignetes Instrument, diese Lücke zu schließen. Man sah in ihr das Potential, die bindenden kulturellen Werte im Unternehmen zu stärken.

„Man hat von Anfang an die Möglichkeit gesehen, die Zielgruppe näher zu betrachten, die Zielgruppe zu fördern und zu fordern, auch sie in neue Zusammenhänge zu bringen" (Stimme aus dem Vorstandsbereich).

Der Vorstand schuf sich folglich eine Plattform, um mit den Führungskräften der Geschäftsbereiche in Dialog zu treten und gemeinsam mit ihnen und externen Lernpartnern die Strategieumsetzung zu beschleunigen. Die University ermöglichte dem Vorstand, Kontakte zu seinen Führungskräften zu knüpfen und sie für seine Vorhaben zu gewinnen.

„Der neue Vorstand hatte erkannt, dass die Corporate University für ihn eine Plattform war, wo er Führungskräfte erreichen konnte. Der alte Vorstand hatte seine Manager noch durch seine integrative Persönlichkeit und seine persönlichen

Beziehungen zu den Führungskräften erreicht. Die Führungskräfte waren sowieso auf den gepolt. Das war aus der zentralen Perspektive mit ein Grund, diese University zu gründen: Wie kann man in einem großen Unternehmen führen, in dem die Leute viel Autonomie haben, wenn man die Leute nicht mehr persönlich kennt? Wie kann man mit denen interagieren, mit denen reden usw.?" (Stimme aus der Managemententwicklung).

Fallbeispiel: Zentrale Aufstellung in einem Familienunternehmen
Dass eine zentralistische Aufstellung nicht unbedingt Widerstände erzeugen muss, wenn sie auf andere Beobachtungsgewohnheiten trifft, verdeutlicht ein anderes Fallbeispiel. Das eigentümergeführte Unternehmen gründete eine Corporate University, um das obere Management der weltweiten Einzelgesellschaften regelmäßig zusammenzuführen und auf die Gesamtziele der Geschäftsleitung zu verpflichten. In dem ohnehin stark auf den Eigentümer ausgerichteten Unternehmen schien es nahezu natürlich, dass der Aufbau der Firmenuniversität sich eng an den Interessen des Vorstandsvorsitzenden orientierte. Dieser war von Anfang an von der Idee beseelt, über kreative, ungewöhnliche Methoden neue kulturelle Sinnstiftungsmöglichkeiten zu schaffen. Weil das Familienoberhaupt mit einer hohen kreditiven Autorität ausgestattet war, genügte es, sich im Einführungsprozess auf den Vorstand zu konzentrieren. Die neuen Entwicklungs- und Integrationsangebote für die oberen Führungskräfte konnten schnell und direktiv umgesetzt werden, ohne dass diese Aktivitäten wie in anderen Unternehmen misstrauisch beäugt wurden oder sie sich wie in anderen Unternehmen in mikropolitischen Spielen aufrieben. Auch die Personenabhängigkeit ist für die Einheit kein ernstes Risiko, denn man konnte sich auf die für Familienunternehmen typische persönliche Kontinuität verlassen.

10.1.2 Merkmale der organisch-offenen Einführungsstrategie

Im Vergleich zur zentral-intentionalen Einführungsstrategie zeichnet sich das organische Einführungsmuster durch weitestgehend komplementäre Merkmale aus. So ist ein strategischer Anspruch zwar vorhanden, er steht aber nicht so sehr im Mittelpunkt. Auch hier sind es häufig einzelne Mitarbeiter aus dem Personalumfeld, die sich für die Neukonzeption der Lernarchitekturen starkmachen. Auch bei diesem Typ spielen Benchmarks eine Rolle: Sie werden eingeholt, weil es aber keinen Anspruch eines „großen Wurfs" gibt, dienen diese lediglich als Inspiration. Das Hauptaugenmerk liegt auf dem, was in der eigenen Organisation machbar ist. Zwar gibt es auch hier eine grobe Zukunftsvision. Die Planung ist aber sehr viel offener und man verhält sich wachsam gegenüber Zufällen und Gelegenheiten, um einen kleinen Schritt weiterzukommen.

Zu diesem organischen Vorgehen passt auch, dass der Vorstand zu Beginn eine weniger wichtige Rolle spielt und die Einheit erst später, nach Erlangen eines gewissen Reifegrades, als strategisch wertvolles Führungs- und Entwicklungsinstrument entdeckt wird. Im evolutionären Suchprozess erscheint das Label Corporate University oft viel zu vermessen. Weniger hochtrabende Bezeichnungen wie Akademie oder Training-Center erscheinen passender. Zur Annäherung an die große Idee wird weitere Reifezeit benötigt. Dies hat zudem den Vorteil, dass man für traditionelle Lernformen anschlussfähig bleibt. Generell trifft man auf eine weniger abwertende Haltung gegenüber der bislang praktizierten Personalarbeit. Vielmehr wird das traditionelle Trainingsgeschäft professionalisiert und seine Effektivität erhöht, um in den Geschäftsbereichen Schritt für Schritt Akzeptanz und das notwendige Vertrauen für die Begleitung strategischer Projekte aufzubauen. Auffällig für diese Einführungsstrategie ist also eine gewisse Bescheidenheit, was die eigene Selbstwirksamkeit angeht. Im Gegensatz zum zentral-intentionalen Muster, bei dem das Marketing für eine scheinbar omnipotente Lösung schnell enttäuscht werden kann, werden die Erwartungen an die Effekte der Lernarchitektur hier kleiner gehalten. Es wird versucht, mit positiven Realerfahrungen aufzufallen bzw. zu überraschen, um sich langsam zu etablieren. So erfuhr man in einem Unternehmen nicht über ein aufwändiges Marketing Akzeptanz im Konzern, sondern über „Delivery". Das Motto lautete: „Erst liefern, dann trommeln".

Siemens Management Learning: Späte Entdeckung durch den Vorstand
Ein Beispiel für die schrittweise Entwicklung der Vorstandsbeziehung ist der Bereich Management Learning von Siemens, mit dem das Unternehmen den Grundstein für seine Corporate University legte.[75] Zu Beginn wurde der Aufbau vor allem vom Personalvorstand vorangetrieben. Die wohlwollende Haltung des Gesamtvorstands gegenüber dem Projekt äußerte sich in erster Linie in der soliden finanziellen Ausstattung. Die Bereitschaft, sich persönlich

---

[75] Inzwischen wurde der Bereich Siemens Management Learning durch den Bereich Siemens Leadership Excellence abgelöst.

einzubringen, war auf Seiten des Gesamtvorstands zunächst nicht besonders ausgeprägt. In der Corporate University selbst hielt man die Einflussmöglichkeiten durch den Vorstand ohnehin für limitiert:

> *„Aber wie alles bei uns, Vorstandsbeschlüsse sind die eine Sache und Umsetzung ist die andere. Ich und auch mein Vorgänger haben von Anfang an gesagt, wir müssen so gut sein, dass die Länder wollen. Und das haben wir dann auch geschafft, ohne sagen zu müssen, ihr müsst"* (CU-Leiter).

Mit dem Wunsch, ein neues Managementsystem einzuführen, änderte sich die eher passive Haltung des Vorstands jedoch schlagartig. Er wurde auf die Vorteile der internationalen Kommunikationsplattform, die da herangewachsen war, aufmerksam, um die neue Führungsstrategie umzusetzen. Der Bereich wurde zu einem zentralen Bestandteil der Strategieumsetzung:

> *„Die tatsächliche physikalische persönliche Bereitschaft, sich nennenswert zu involvieren in die Corporate University, war lange Zeit nicht so intensiv, wie wir uns das gewünscht hätten. Und die ist jetzt deutlich höher geworden. [...] Man muss auch sagen, dass wir teilweise vom Vorstand wiederentdeckt worden sind. Der Vorstand kannte uns immer, das ist nicht das Thema. Aber dass wir jetzt als ein weltweiter Hebel zur Umsetzung seiner Ideen gesehen werden, das war in der Intensität früher nicht der Fall"* (ebd.).

Doch die größere Aufmerksamkeit durch den Vorstand hat auch Konsequenzen. In diesem Fall mischte er sich stärker in die Gestaltung der Entwicklungsformate ein und wünschte eine stärkere Beteiligung interner Manager als Faculty. Dies führte zu Veränderungen der Lernformate und einer Neudefinition des Bereichs, der heute Siemens Leadership Excellence heißt. Diese Lerneinheit im Siemenskonzern bietet ausschließlich Programme für beförderte Manager der oberen Führungsebenen an. Die Programme werden mit internen Siemens-Managern durchgeführt, die in den Programmen als Faculty auftreten und dafür vorbereitet werden.

Fallbeispiel Infineon: Entwicklung der Entwicklungsfähigkeit durch Versuchsballons

Manchmal sind es finanzielle Engpässe, die Unternehmen veranlassen, Anspruch und Zielsetzung zu revidieren und ein organisch-offenes Vorgehen zu wählen. So führte zum Beispiel die Halbleiterkrise bei Infineon zu einem Umdenkprozess. Die Lerneinheit wurde im August 2001 gegründet, genau zu dem Zeitpunkt, als das Unternehmen die Marktkrise ruckartig zu spüren bekam. Der ursprüngliche Plan einer sehr breit aufgestellten und integrierten Lernfunktion wurde aufgrund der neuen Lage zunächst verworfen.

"Es gab allerlei Pläne und Konzepte von verschiedenen Abteilungen, die schon beauftragt waren. Die haben sich dann bei mir auf dem Tisch gestapelt. Gleichzeitig war klar, die Pläne sind alle sehr hochtrabend und sehr weit reichend. Große Ideen, integriert in einer Corporate University. Und dann war die Situation eine komplett andere, als ich realo eingestiegen bin. Eine Woche vor der Gründung wurde bekannt gegeben, dass 5.000 Leute entlassen werden müssen. Und ich komme daher und will eine Corporate University aufbauen. Das war schon eine gewisse Diskrepanz" (CU-Leiter).

Trotzdem hielt der Vorstand an der Idee einer Corporate University fest. Langfristig wollte er eine eigenständige Lerneinheit aufbauen, um sich vom Mutterunternehmen, aus dem das junge Unternehmen ausgegründet worden war, unabhängig zu machen. Da aber andere Aufgaben wie die Kulturentwicklung oder die Managemententwicklung bereits von anderen Bereichen abgedeckt wurden, beschränkte man sich zunächst auf den Aufbau von Wissensmanagement und die Etablierung von Topmanagement-Konferenzen.

"[...] und das war die ursprüngliche Idee. Erst mal anzufangen mit einigen Teilen des gesamten Mosaiks" (ebd.).

"Die Vorstellungen, die aus dem Corporate Center kamen, waren breit aufgesetzt. Gewissermaßen ein Set-up, wie wir ihn jetzt haben. Am Anfang nicht realisierbar, weil es eben diese anderen Teams gab, die zum Beispiel das Managementtraining schon mit abgedeckt hatten, und es deshalb nicht möglich war, diese bereits abgesteckten Felder durch die Corporate University zu besetzen. Es gab etliche Roadblocks, die das ganze erst mal nur in beschränkter Form haben zum Blühen kommen lassen" (ebd.).

Die Wirksamkeit dieser kleinen, nukleusartigen Einheiten war aufgrund ihrer geringen Größe zunächst bescheiden. Die Aufspaltung der Zuständigkeiten pulverisierte das Potential einer integrierten Lerneinheit. Teilweise konkurrierten die Entwicklungseinheiten miteinander und bremsten sich gegenseitig aus.

"Wenn man immer nur so Zwei- bis Dreimannteams hat, kann man natürlich nur einen beschränkten Effekt haben. In der Anfangszeit waren die Themen noch nicht so gut miteinander koordiniert und eingespielt wie heute. Zu Beginn kam es nicht zu den Entwicklungsprozessen, die man eigentlich hätte lostreten können" (ebd.).

Der Vorteil dieses Vorgehens bestand aber darin, dass man sich zunächst auf ein Thema konzentrieren konnte, um für diesen Bereich Expertise aufzubauen.

"Wir haben uns natürlich erst mal sehr konzentriert auf das, was noch nicht abgedeckt war von anderen. Das waren im Wesentlichen zwei Felder: das eher an den technisch-fachlichen Know-how-Feldern ansetzende Wissens- und Kompetenzmanagement im Unternehmen und die eventbasierten Topmanagement-Konferenzen" (ebd.).

Auf Umwegen wurde eine tragfähige Lösung gefunden.
Ich glaube, dass wir einen Ansatz entwickelt haben, der hier funktioniert" (ebd.).
Erst im Nachhinein fügten sich alle Aktivitäten wie einzelne Puzzleteile zu einer größeren Vision zusammen. Diese Vision war allerdings während des als chaotisch empfundenen Einführungsprozesses nicht immer präsent. Es half der Einheit für die eigene Funktionsbestimmung und künftige Zielbestimmung, ihren eigenen (evolutionären) Entstehungsprozess zu reflektieren.

„Ich versuche, das meinen Leuten aufzuzeigen. Dass das irgendwo Interventionen waren. Es waren einzelne Puzzlesteine, die sich aber zu einem größeren Bild zusammensetzen. Und dieses Bild fügt sich für mich mehr und mehr zusammen" (ebd.).

Beim organischen Einführungsmuster fällt eine ausgeprägte *Passung* zwischen der Entwicklung der Lernfunktion und der Geschichte und der Tradition der Gesamtorganisation auf. Die bisher eingespielte Selbstorganisation soll nicht gebrochen werden, sondern aus sich heraus weiterentwickelt werden. Weil sich die Ausgestaltung der Corporate University nicht an externen Benchmarks oder Best Practices orientiert, sind die Lösungen und Entwicklungswege teilweise auch sehr unterschiedlich, machen aber im Unternehmenskontext Sinn.

Fallbeispiel: Bottom-up-Ansatz passt zur heterogenen Organisation
Ein weiteres Beispiel für eine enge Orientierung an der Organisationsrealität ist ein Unternehmen mit einer Partnerorganisation. Hier versuchte man weniger, Benchmarks zu imitieren, sondern vielmehr, eine geeignete Aufstellung in einem globalen, durch Netzwerkstrukturen geprägten Unternehmen zu finden. Man erkannte, dass es in der sehr heterogenen Organisation mit unabhängigen Strukturen nicht um die Verwaltung von Kompetenzen oder Standardisierung ging, sondern dass man Strukturen brauchte, um die Vielfalt und Heterogenität im Unternehmen zu koordinieren. Statt dem empfohlenen Top-down-Ansatz zu folgen, entschied man sich für einen Bottom-up-Ansatz, der besser zur Unternehmensrealität passte.

10.2 Einfluss der Einführungsstrategie auf den Entwicklungsverlauf

Die Einführung einer Corporate University ist ein Entwicklungsimpuls für die Entwicklung im System. Es hängt vom System ab, welches Einführungsverhalten gewählt wird, wie dieses beobachtet wird und welche beobachtbaren Reaktionen die Einführungsstrategie auslöst, mit denen sie weiterarbeiten kann und muss. Die Einführung verändert sich also mit den Erfahrungen, die mit ihr gemacht werden, sowie aufgrund anderer Ereignisse, die sonst noch im System „passieren".

Fallbeispiel: Schrittweise Entwicklung eines integrierten Ansatzes
Viele Corporate Universities veränderten im Laufe ihres Bestehens ihre Vorgehensweise. In einigen Fällen gaben die Firmenuniversitäten ihre Vorstandsfokussierung zugunsten eines stärker integrierten Vorgehens auf. Insbesondere in Unternehmen mit einer historisch gewachsenen dezentralen Unternehmenskultur passte ein zentralintentionales Vorgehen nicht. Der Entwicklungsverlauf des bereits im letzten Abschnitt angesprochenen Familienunternehmens zeigt exemplarisch, wie die Bemühungen des neuen Managements, in einer starken Wachstums- und Expansionsphase stärkere zentrale Einfluss- und Steuerungsmöglichkeiten einzuführen und auch die Corporate University eindeutig als Strategieinstrument des Vorstands zu positionieren, sukzessive zugunsten eines integrierteren Vorgehens modifiziert wurden.

Die Corporate University wurde in einer Zeit des Umbruchs gegründet. Die Veränderungsdynamik war zum einen durch das starke Wachstum (Verdreifachung des Umsatzes, Verdopplung der Mitarbeiterzahl und der Länder, in denen das Unternehmen aktiv war), zum anderen durch einen Vorstandswechsel bedingt. In der Anfangszeit hatte die Corporate University das Topmanagement bei dessen Bemühungen um mehr zentrale Steuerung unterstützt. Sie diente als Klammer im traditionell dezentral geführten Haus und verstand sich als Instrument eines vom Vorstand initiierten und getriebenen „Kultur-Evolutionsprozesses". Ihr Ziel war es, die Organisations-, Unternehmens- und Führungskräfteentwicklung stärker zu verzahnen und stärker auf die strategischen Ziele auszurichten, als dies in diesem Unternehmen bisher geschehen war. Im Auftrage des Gesamtunternehmens sollte sie eine gemeinsame Unternehmenskultur fortschreiben.

In den ersten Jahren orientierte sich die junge Einheit eng an den Interessen des Vorstands und weniger an den Teilrationalitäten der Einzelunternehmen. Der Vorstand hatte klare Vorstellungen, wie er die Corporate University nutzen wollte. Nach der stürmischen Zeit der New Economy, die von „Dealmaking" und Neugründungen, Internationalisierung und stärkeren Zentralisierungsbemühungen geprägt war, besann man sich schließlich wieder stärker auf die dezentrale Unternehmenstradition und die bisher gültigen Werte. Der Kurs des neuen Topmanagers wurde in Frage gestellt und personelle Konsequenzen gezogen. Die Eigentümerfamilie entschied sich für eine gemäßigte, organische Wachstumsstrategie. Ein neuer Vorstandsvorsitzender, der eng mit dem Unternehmen verbunden war, sollte von nun an die dezentrale Tradition des Unternehmens weiterführen.

In der Corporate University führten diese Entwicklungen zunächst zu Irritationen. Von heute auf morgen hatte die University ihren wichtigsten Sponsor verloren.

> *„Die Corporate University war sehr stark verunsichert. [...] Der scheidende Vorstand hatte immer sehr klare Erwartungen an die Firmenuniversität gehabt. Es kam die Frage auf: Was jetzt? Es gab Zweifel in der Corporate University, ob sie weiter existieren würde" (Stimme aus dem Vorstandsbereich).*

Der neue Vorstand signalisierte zwar grundsätzliches Wohlwollen gegenüber der Corporate University, brachte sich aber weniger dominant mit seinen Vorstellungen ein. Er appellierte an die Selbstverantwortung der Einheit.

> *„Der neue Vorstand sagt: ‚University – habe ich mich erkundigt in den Divisionen. Die sagen: Ist eine gute Sache. Wenn ihr die Themen findet, die für die Organisation relevant sind, und ihr die mit den einzelnen Leuten in der Organisation absprecht, dann habt ihr meinen Support. Sagt mir Bescheid, wenn ihr mich braucht, ich bin da.' Das ist ein anderes Verständnis. Jetzt bringen wir die Themen" (Stimme aus der Corporate University).*

Dieser Eindruck deckt sich mit der Perspektive des Vorstandsressorts. Der neue Vorstand stützte die Aktivitäten der Corporate University, nahm sich aber mehr zurück.

> *„Es hängt sicherlich auch mit der persönlichen Arbeitsweise und Einstellung eines jeden Vorstandsvorsitzenden zusammen, wie er die University nutzt. Eigentlich ist sie fest verankert im Unternehmen. Sie ist unabhängig von dem jeweilgen CEO. [...] Der vorherige Vorstand [...] hat vielleicht seine Aktivität mehr sichtbar gemacht. Aber unser neuer Vorstand geht bestimmt ebenso aktiv da ran. Er ist dort präsent und er erachtet dieses Instrument als sehr wichtig. Er stützt die University. Aber er nutzt sie nicht zur Selbstdarstellung. Das ist ihm nicht wichtig" (Stimme aus dem Vorstandsbereich).*

Der neuerliche Vorstandswechsel führte zu einem Umdenkprozess innerhalb der Corporate University. Sie orientierte sich stärker an den dezentralen Unternehmensbereichen und stellte ihre Ausrichtung von einer „Push-" auf eine „Pull"-Strategie um. Damit geriet sie automatisch in das Spannungsfeld zwischen zentralen und dezentralen Interessen.

> *„Der Customer-Service-Gedanke, der ist wahrscheinlich jetzt ausgeprägter. Oder besser: die Verteilung der Wichtigkeit verschiedener Stakeholder. [...] Wir haben wahrscheinlich jetzt einen kleinen Shift gehabt, dass wir gesagt haben, die divisionale und die Executive-Ebene sind jetzt stärker denn je. Wo vorher wahrscheinlich gesagt wurde, dass die CEO-Ebene eine größere Gewichtung hatte" (Stimme aus der Corporate University).*

In der Kommunikation bevorzugte der neue Vorstand den gleichberechtigten, offenen Dialog. Er nutzte die interne Universität auch als Plattform, um mehr über die Organisation zu erfahren.

> *„Unserem neuen Vorstand [...] ist sehr wichtig, dass beide Seiten etwas davon haben. Also dass auch der CEO, der sich mit seinen Top-Führungskräften trifft, etwas mitnimmt und nicht nur berichtet. Da muss ein Dialog entstehen. [...] Also er bringt seine Themen rein, fragt aber auch: Was ist gelaufen, was bringt ihr für Themen mit, was ist hochgekommen?" (Stimme aus dem Vorstandsbereich).*

Das Fallbeispiel zeigt, wie der Verlauf der Einführung von der Organisationskultur geprägt wird. Mit dem jüngsten Führungswechsel und der Besinnung auf die dezentrale Gesamtausrichtung der Organisation änderte sich das Spektrum der Corporate University. Die dezentralen Bereichsvorstände wurden in die Konzeption übergreifender Programme und Richtlinien stärker mit einbezogen. In Zusammenarbeit mit den dezentralen Geschäften wurden regionale Programme entwickelt, die in der jeweiligen Landessprache durchgeführt werden und auf die lokalen Kulturen zugeschnitten sind. Bei der Entwicklung dieser Programme, beispielsweise eines regionalen Programms, das bereichsübergreifend Führungsfähigkeiten vermittelt, entstanden völlig neue Netzwerkformen wie zum Beispiel länderspezifische Arbeitskreise der Personalverantwortlichen der einzelnen Gesellschaften, die erstmalig zusammentrafen, sich kennen lernten und austauschten. Die jährlich stattfindenden Expertenforen zu spezifischen Themen wurden nun jeweils mit einem Produktlinienvorstand und nicht mehr allein mit dem CEO als Schirmherrn veranstaltet. Schritt für Schritt evolvierte die Corporate University von einem zentralen Strategieumsetzungsinstrument des Vorstandsvorsitzenden zu einer selbständigen und in der Organisation verwurzelten Lern- und Netzwerkplattform.

„Ich glaube, das ist der Spagat, den die Corporate University machen muss. Zum einen das Konzerninteresse zu vertreten, neue Dimensionen zu erreichen und auch einen Anforderungskatalog selber zu definieren. Und auf der anderen Seite kommen Anfragen aus den dezentralen Bereichen, die bedient werden müssen. [...] Das ist nun auch die Hauptfrage für die Corporate University: Bediene ich die nur, oder gebe ich denen auch Sachen vor? Das ist eine Frage, die sich nie abschließend wird beantworten lassen. Das muss auch nicht sein. In diesem Spannungsfeld kann man sehr gut arbeiten. Das setzt aber eine intelligente Aufstellung voraus" (Stimme aus dem Vorstandsbereich).

Am Ende vergrößerten die zunächst skeptisch bewerteten Veränderungen in den relevanten Umwelten der Corporate University das Einflussspektrum der Einheit sogar. Erst retrospektiv stellte man fest, welche Vorteile dieser ungeplante Bottom-up-Ansatz auch für die Lernfunktion brachte.

Das Beispiel zeigt, wie der ursprünglich gewählte Ansatz in die Evolution des Systems eingeht. Er wird von der Organisationsrealität Schritt für Schritt passend gemacht. Solche „Normalisierungstendenzen" zeigen sich auch in anderen Fällen. Sie sind besonders häufig, wenn der breite Ansatz mit einem hohen strategischen Anspruch nicht zur Unternehmensrealität passt. Normalisierungen können schleichend organisch oder in Form von radikalen Brüchen und Zielkorrekturen geschehen. Solche Brüche können dafür genutzt werden, um aus ihnen zu lernen. Wie heftig sie ausfallen, hängt unter anderem auch davon ab, wie viele stabilisierende Faktoren es gibt. Ein solcher stabilisierender Faktor kann ein solides Multiplikatorennetzwerk in der Organisation sein. Wenn sich eine Lernfunktion nur an eine relevante Umwelt wie zum Beispiel das Vorstandsressort koppelt, macht sie sich abhängig und empfindlich gegenüber Veränderungen in diesem Bereich. Verdrahtet sie sich mit anderen Stakeholdergruppen und baut sie sich auch durch die Persönlichkeiten, die in ihr tätig sind, ein breites Netzwerk auf, wird sie unempfindlicher für Führungswechsel oder strategische Neuorientierungen an der Unternehmensspitze. Auch Kontinuität in Bezug auf Führungspersonen stellt einen weiteren stabilisierenden Effekt dar. So war es im skizzierten Fallbeispiel für die Neupositionierung von Vorteil, dass die Führung der Corporate University nach dem Vorstandswechsel unverändert blieb. Zudem hielt der neue Vorstand mit dem für Familienunternehmen typischen Kontinuitätsbewusstsein an der Corporate-University-Idee fest. Ein weiteres wichtiges stabilisierendes Kriterium sind solide und gute Leistungen, die zu den unternehmerischen Herausforderungen passen, sowie eine glaubwürdige Kompetenz, die jede Corporate University erst Schritt für Schritt aufbauen muss. Nur so ist eine Lernfunktion überhaupt in der Lage, selbst proaktiv Themen einzubringen, vom Topmanagement und anderen Führungskräften als kompetenter Ansprechpartner akzeptiert zu werden und mit einer richtungsweisenden Entwicklungs- und Netzwerkplattform einen Unterschied zu machen. Bei Veränderungen in den relevanten Umwelten wie zum Beispiel bei Strategiewechseln aufgrund von Marktveränderungen, abrupten Vorstandswechseln etc. kann die Einheit flexibel mitschwingen, ohne ihre Autonomie einzubüßen.

Fallbeispiel ERGO: Ausbau eines Multiplikatorennetzwerkes
Auch das Beispiel der ERGO Management Akademie zeigt, wie sich das Verhältnis zum Vorstand im Laufe der Zeit entwickeln kann. Der CEO kann zu Beginn ein Entwicklungshelfer sein, um die schrittweise Etablierung und Verankerung der Lernfunktion anzustoßen, und die Lernfunktion kann diese Zeit nutzen, um sich in der Organisation zu vernetzen. So spielte der Vorstand beim Aufbau der ERGO Management Akademie in den ersten eineinhalb Gründungsjahren eine wichtige Rolle als Machtpromotor. Durch den guten Kontakt zu hochrangigen Führungskräften und gute Leistungen gewann die Akademie aber schnell weitere Befürworter und Sponsoren in der Organisation, die sie als Multiplikatoren nutzte. Schritt für Schritt organisierte sich die Lernfunktion in die Organisation hinein und schuf sich damit weitere relevante Umwelten. So wurde die Einheit unabhängiger von der Gunst, der Aufmerksamkeit und dem Engagement der Spitze.

„In den ersten eineinhalb Jahren waren wir noch sehr stark vom Vorstandsvorsitzenden abhängig. Er war unser Machtpromotor. Doch inzwischen haben wir uns ein breites Netzwerk in der Organisation aufgebaut. Wir haben viele Fürsprecher im Unternehmen, die unsere Arbeit schätzen und unterstützen. Das hat sich richtig verschoben. Zu Beginn musste der Vorstandsvorsitzende das Vorhaben stützen. Sonst wären wir gegen die Machtinteressen der Gesellschaften nicht angekommen. Heute sind die Vorstandsvorsitzenden der einzelnen Gesellschaften die Sponsoren für die Programme. Je mehr wir uns in der Organisation etabliert haben und je intensiver dir Zusammenarbeit mit den Gesellschaften geworden ist, umso weniger sind wir abhängig vom Vorstandsvorsitzenden" (CU-Leiter).

Fallbeispiel: Anpassung an die Organisationsrealität
Ein anderes Fallbeispiel illustriert, wie ein ursprünglich sehr breit angelegtes Corporate-University-Konzept mit einem hohen strategischen Anspruch über die Zeit von der Organisationsrealität passend gemacht wurde. Das zentralistisch angelegte Ursprungskonzept entstand auf dem Boden der lange Zeit gültigen Selbstbeschreibun-

gen als national agierendes Unternehmen. Die Corporate University wollte die Entwicklungsaktivitäten aus Deutschland heraus bündeln und integrieren. Doch das Konzept berücksichtigte nicht, dass sich die operative Realität des Unternehmens bereits weit von diesem überlebten Selbstbild entfernt hatte. Zum Zeitpunkt der Gründung hatten sich bereits ganz andere internationale Machtzentren herausgebildet, die nicht bereit waren, sich eine Lernstrategie vorgeben zu lassen. Erschwerend kam hinzu, dass der mit dem Aufbau beauftragte Leiter der Lernfunktion in der Geschäftsorganisation nicht gut verankert war und die Bedarfe der Geschäftsbereiche nur unzureichend adressierte. Schon nach kurzer Zeit wurde das Aufbauprojekt deshalb gestoppt. Um wertvolle Erfahrungen reicher startete man allerdings mit einem modifizierten Ansatz und einer Führungskraft, die gut in der Organisation vernetzt war und sich zuvor bereits auf der Top-Ebene verdient gemacht hatte. Es wurde eine Matrixstruktur eingeführt, um sowohl die Interessen der Divisionen als auch der Regionen abbilden zu können:

> *„Die Corporate University mit ihrem Zentralisierungsansatz [...] ist ein bisschen zu früh gekommen. Sie war personell nicht besonders geschickt besetzt und ist auf eine Struktur gestoßen, die dafür noch nicht reif war. Hätte es vorher schon diese Struktur gegeben und hätte man die richtige Person an die Spitze gesetzt mit einer größeren Nähe zum Business, dann wären die Chancen deutlich besser gewesen. Wir haben jetzt in der Lernfunktion wieder einen teils zentralisierenden, integrierenden Ansatz. Alles unter einem Dach. Von der Struktur her sind wir aber anders aufgestellt, nämlich in einer Matrixorganisation. Aber von der Idee her, das zu bündeln, zu stratifizieren, das unter ein Dach zu packen und aus einer Hand anzubieten, die ist im Prinzip die gleiche"* (Stimme aus der Corporate University).

Die grundlegende Idee, die Entwicklungsaktivitäten unternehmensweit zu standardisieren, blieb bestehen. Die Standardisierung der Leistungsprozesse und die Integration der Führungsinstrumente passte zum Unternehmen, weil dieses vergleichsweise ähnliche Kompetenzanforderungen an seine Mitarbeiter hatte und eine relativ homogene Unternehmenskultur. Es wurde ein zentrales Curriculum erstellt und gemeinsame Standards für ein Vendor Management sowie ein Learning-Management-System eingeführt, das die Personalinstrumente miteinander verbindet.

Mit den ersten Standardisierungserfolgen schuf man sich die „Eintrittskarte" für eine stärkere Beteiligung im Strategieentwicklungs- und Umsetzungsprozess. Mittlerweile begleitet die Universität die konzerninternen Topmanagement-Konferenzen. Zurückblickend auf die letzten Entwicklungsjahre der Lernfunktion, wurden die ursprünglichen Vorstellungen verwirklicht – allerdings nur Schritt für Schritt und im Abgleich mit der Unternehmensrealität.

"Die Lernarchitektur ist nie fertig. Sie befindet sich in einem kontinuierlichen Entwicklungsprozess" (ebd.).

10.3 Rekonstruktion zentral-intentionaler und organisch-offener Entwicklungsverläufe

Je mehr also versucht wird, mit Hilfe zentraler Zwangsmechanismen gegen die Selbstorganisation anzuarbeiten (etwa wenn gegen evolutionär gewachsene Verselbständigungstendenzen gearbeitet wird), umso häufiger kommt es zu Brüchen und Zielkorrekturen. Diese haben nicht selten eine fundamentale Neuausrichtung oder gar die Auflösung der Lernfunktion zur Folge. Wie die Entwicklung verläuft, hängt nicht allein vom Einführungsverhalten ab, sondern auch davon, wie dieses Verhalten beobachtet und interpretiert wird. Die besten Absichten können als zentralistischer Steuerungsversuch gedeutet werden, auch wenn man ursprünglich etwas ganz anderes im Sinn hatte (vgl. dazu die Ausführungen zur Kommunikation sowie zur Steuerung in Kapitel 3). Die Einführung entwicklungsförderlicher Kommunikations- und Beziehungsstrukturen durch partizipationsfördernde Dialogveranstaltungen und die gleichzeitige Verbindung mit dem Vorstand werden schnell als zentralistischer Steuerungsversuch gedeutet, wenn es in der Organisation eine ausgeprägte Empfindlichkeit gegenüber einer zentralen Einflussnahme und entsprechende eingeübte Reaktionsmuster gibt. Die Lernfunktion erscheint dann als verlängerter Arm des Topmanagements, auch wenn sie dies gar nicht beabsichtigt. Oder die Abgrenzung und damit einhergehende Abwertung der traditionellen Personalarbeit provoziert Widerstände und Bereichskämpfe in den eigenen Reihen.

Kurzzeitig verschafft das Arbeiten gegen das System den neuen Ideen aber eine hohe Aufmerksamkeit. Doch die „rhetorics" sagen wenig über die Institutionalisierung der Ideen aus. Die Fallbeispiele zeigen, wie schwer die neuen Strukturen im System Halt finden. Es ist für das System noch relativ einfach, sich der neuen Ideen zum Beispiel durch Führungs- und Strategiewechsel zu entledigen. Spätestens in Krisensituationen zeigt sich dann, was wirklich wichtig ist und was lediglich ein Schönwetterphänomen war. In der Krise neigen Organisationen häufig dazu, auf ihre tradierten Muster der Unsicherheitsabsorption zurückzugreifen (vgl. dazu die Studien von Weick und Sutcliffe, 2003).

Anders können die Bewegungen einer organisch-offenen Vorgehensweise aussehen. Aufgrund ihrer relativen Planungsoffenheit und ihrer Sensibilität für zufällige Ereignisse werden die Einführungsversuche seltener als Steuerungsversuche beobachtet. Die Interventionen bewegen sich mit der Selbstorganisation und nicht gegen sie und sind deshalb schwerer zu fassen. Sie rufen weniger heftige Gegenreaktionen hervor. Die realistischen Erwartungen sind relativ resistent gegen Enttäuschungen. Zudem ist die Lernfunktion weniger abhängig von der Gunst einzelner Sponsoren. Sie reagiert deshalb weniger sensibel auf Systemveränderungen. Plötzliche Führungswechsel, Umstrukturierungen oder strategische Richtungsänderungen sind seltener. Die Entwicklung verläuft kontinuierlich und weniger abrupt, aber auch langsamer – insbesondere zu Beginn. Das System muss sich richtiggehend für das Fortkommen sensibilisieren, um die eigene Entwicklung überhaupt auswerten zu können und einen sinnvollen roten Faden zu spinnen. Dies erfordert von allen Beteiligten einen langen Atem und Weitsicht (vgl. dazu das Falleispiel Infineon). Das Vorgehen birgt das Risiko, sich im operativen Sumpf zu verlieren.

Organisch-offene Einführungsstrategie	Zentral-intentionale Einführungsstrategie
Geringe Aufmerksamkeit gegenüber der Einführung	Hohe, teilweise auch misstrauische Aufmerksamkeit gegenüber der Einführung
Weniger heftige Reaktionen (Einführung ist ein schleichender, unmerklicher Prozess)	Heftige Reaktionen auf die Einführung (sie wird als Steuerungsabsicht beobachtet)
Organische, kontinuierliche Entwicklung	Brüche und Zielkorrekturen führen zu „Normalisierungen"
Stabilität durch strukturelle und personelle Kontinuität	Hohe Abhängigkeit von Sponsorengunst
Entdeckung als Krisenunterstützung nach längerer Reifezeit	Geringe Krisenbeständigkeit: Strukturen haben keinen institutionellen Halt im System

Abbildung 11: Entwicklungsverläufe von Corporate Universities

Abbildung 11 stellt die beiden prototypischen Verlaufsformen nochmals gegenüber. Am Beispiel der Lufthansa und der EnBW wird die Entwicklung von zwei konkreten Enstwicklungsverläufen illustriert, das sich im Wechselspiel der selektierten Einführungsstrategie und ihrer erwartungsgetriebenen Beobachtung ergab.

10.3.1 Fallbeispiel Lufthansa: Vom strategischen Partner zum Bildungsanbieter und wieder zurück

Die Corporate University der Lufthansa wurde 1998 gegründet.[76] Nach einer erfolgreichen Sanierung war die wirtschaftliche Situation des Luftfahrtunternehmens sehr gut. Eine Finanzkrise, die das Überleben des Unternehmens ernsthaft bedroht hatte, war nur knapp überwunden worden. Das ehemalige Staatsunternehmen war nun vollständig privatisiert und die klassische funktionale Gliederung in unabhängige Sparten umorganisiert.

Trotzdem saßen die Krisenerfahrungen tief. Ein Motiv für die Gründung einer Corporate University war der Wunsch, Krisen präventiv zu begegnen.

„Als ich zur Lufthansa kam, waren zwei Gedanken sehr bestimmend. Der erste Gedanke, der mir immer wieder gesagt wurde und auch in Beiträgen vom Topmanagement immer wieder gesagt wurde, war, dass, was uns Anfang der neunziger Jahre passiert ist, das darf uns nie wieder passieren. Dass wir halb blind in bestimmte Situationen hineingelaufen sind. Wir müssen eine Atmosphäre der Aufmerksamkeit aufrechterhalten, dass jederzeit Gefahr drohen kann" (Stimme aus der Corporate University).

Eine zentrale Kommunikationsplattform sollte helfen, dem Auseinanderdriften der autonomen Geschäftsbereiche entgegenzuwirken.

„Der Konzernvorstand hat gesagt, wir brauchen so eine kulturelle Plattform, die gleichzeitig als strategische Diskussionsplattform existiert, um permanent herauszuarbeiten, was eigentlich der kulturelle Kern der Lufthansa ist" (Stimme aus der Corporate University).

---

[76] Die Rekonstruktion des Falls bezieht sich neben der Recherche von Hintergrundinformationen zum Unternehmenskontext auf drei Interviews mit Führungskräften der LHSB, die zu unterschiedlichen Zeitpunkten in der Lernfunktion tätig waren. Diese verschiedenen „Stimmen aus der Corporate University" erlauben Einblicke in die unterschiedlichen Entwicklungsphasen der Einheit – von der euphorischen Gründungsphase, über eine eher ernüchternde Stabilisierungsetappe, bis zu einer erneuten Aufbruchzeit.

Ein ambitionierter und visionärer Senior Manager, der für die Konzernführungskräfteentwicklung zuständig war, griff diese diffusen Problemlagen des Managements auf und schlug den Aufbau einer Corporate University vor. Ganz nach dem Vorbild von General Electric sollte die Lufthansa School of Business (LHSB) die Führungsherausforderungen meistern, die mit der Dezentralisierung des Konzerns einhergingen.

> *„Die Signale und die Sorgen aus dem Management waren aufnehmbar. Der Gedanke, dieses Thema über eine Corporate University anzupacken, das war sicherlich ein Gedanke, der insbesondere von dem Leiter der Konzernführungskräfteentwicklung ausging. Wir hatten GE studiert und genau gewusst, was die da machen, und wir kamen sehr schnell darauf, dass dies ein Weg ist, das Unternehmen weiter voranzubringen"* (Stimme aus der Corporate University).

In der Gründungszeit kam die Corporate-University-Idee beim Management gut an. Es befürwortete den Ausbau der Managemententwicklung und die Einführung von Strategiedialogen zur stärkeren Einbindung der Führungskräfte in den Strategieprozess. Bereits in der Sanierungsphase hatte man mit Letzterem gute Erfahrungen gemacht.

> *„Die Stoßrichtung war schon da"* (Stimme aus der Corporate University)

Die Vision: Managemententwicklung als Organisationsentwicklung
Schon vor der Gründung hatte es in der Konzernführungskräfteentwicklung erste Vorstöße gegeben, die Managemententwicklung enger mit der Strategie zu verknüpfen. Der Aufbau der LHSB knüpfte an diese Entwicklung an. Es reifte ein neues Interventionsverständnis, das Managemententwicklung nicht mehr als individuelle Lernmaßnahme begriff, sondern als Teil der Organisationsentwicklung. Nicht einzelne Manager, sondern das Management als Gesamtsystem sollte weiterentwickelt werden.

> *„Bis zu dem Zeitpunkt '97 haben wir Managemententwicklung insbesondere als individuelle Entwicklung aufgefasst. Das heißt, wir schrauben am Einzelnen rum, dass der besser wird. Ab Herbst '97 rückte zunehmend in den Vordergrund, dass es darum geht, Optionen für die Zukunft zu erarbeiten, und zwar nicht nur für den Einzelnen, sondern für das Unternehmen. Also zunehmend die Organisationsentwicklung in den Blick zu nehmen, wenn man über Managemententwicklung redet"* (Stimme aus der Corporate University).

Das Management galt nun als Hebel für Veränderungen in der Organisation. Als „Ledernackentruppe" sollten Manager und Potentialträger Veränderungen im Konzern vorantreiben.

> *„Wie positioniert man das Management? Ist das ein Stück eine Ledernackentruppe, die das Unternehmen permanent aufmischt oder zumindest in einer Unruhe*

hält, damit die Signale, die von außen kommen, wahrgenommen werden? Das ist ein ganz anderer Ansatz, als wenn Sie das Management von einer Dienstleistungsseite her betreuen und sagen, die sollen jetzt in Ruhe ihre Arbeit machen können, und wir sorgen dafür, dass die das in Ruhe machen können, und helfen denen von der Betreuung und von den Entwicklungsaspekten her" (Stimme aus der Corporate University).

Für den Rest der Organisation war dieses neue Management- und Interventionsverständnis, das in der Lernfunktion diskutiert wurde, nicht sofort nachvollziehbar. Wie gewohnt wurden die angebotenen Managemententwicklungsprogramme als individuelle Entwicklungsmöglichkeiten interpretiert. Doch nach zwei Jahren, als die Programme zwei, drei Durchläufe hinter sich hatten, begann auch das Management die neue Qualität des Ansatzes zu verstehen. Langsam entstanden neue Vorstellungen von Organisationsentwicklung. Es etablierte sich eine neue, gemeinsame Sprache, um über Entwicklungsthemen zu diskutieren.

Normalisierung des neuen Ansatzes
Doch bald störten Führungswechsel und darauf folgende Umstrukturierungen und Zielkorrekturen die heranreifenden Ansätze. Aufeinander folgende Krisen brachten das Unternehmen in eine akute Notsituation, die auch für die junge Einheit gravierende Folgen hatte. Zunächst verließ der visionäre Treiber die Lernfunktion, weil er dem Ruf für einen Vorstandsposten im Konzern folgte. Der wichtigste Promotor, der bisher die intensive Beziehung zu den Geschäftsbereichen sichergestellt hatte, ging verloren. Die neuen Impulse, die von der LHSB ausgingen, waren zu diesem Zeitpunkt noch sehr eng mit seiner Person verknüpft. Er war es, der das Management hinter die Ideen der Lernfunktion gebracht hatte. Ohne ihn waren die Einheit und ihre Außenbeziehungen noch zu wenig institutionalisiert. Der Weggang dämpfte die Aufbruchstimmung in der Lernfunktion. Der stellvertretende Leiter übernahm die Führung. Als „zweiter Macher hinter den Kulissen" schien er am besten geeignet, um die gemeinsam entwickelten Ideen weiterzuverfolgen.

„[...] damit war die erste Hype-Phase eigentlich vorbei. Weil damit der eigentliche Treiber, der die Vision hatte, der die Energie hatte, das Ganze voranzutreiben, eigentlich nicht mehr da war. Also die Gründungsphase war vorbei, der Spirit etwas raus [...]" (Stimme aus der Corporate University).

Doch bereits ein Jahr später bescherte ein weiterer Führungswechsel der Lufthansa School of Business Turbulenzen. Diesmal ging der Personalvorstand in den Ruhestand. An seine Stelle trat ein Topmanager, der nicht aus dem Personalwesen kam, sondern zuvor einen

Geschäftsbereich verantwortet hatte. Er vertrat vor allem die Interessen der dezentralen Geschäftseinheiten. Die Personalfunktion war für ihn in erster Linie eine Service-Einheit im Dienste der Geschäftsbereiche. Diese Sichtweise kollidierte mit dem Selbstverständnis der Corporate University, die bisher den Gesamtvorstand als ihren Auftraggeber verstanden hatte.

> *„Wir hatten mehr unser Ohr am Vorstand als an der breiten Mitarbeiterschaft" (Stimme aus der Corporate University).*

Während der scheidende Personalvorstand der Corporate University viele Freiheiten und Gestaltungsspielräume gelassen hatte, mischte sich der neue Topmanager nun stärker in die Belange und die Zielsetzung der Corporate University ein. Die Lernfunktion war verunsichert. Plötzlich war sie gezwungen, sich von der Topmanagement-Perspektive zu lösen. Sie rückte stärker in das Spannungsfeld dezentraler und zentraler Perspektiven. Es kam zu langwierigen internen Auseinandersetzungen zwischen der „alten Garde", die den ursprünglichen, elitären und zentralistischen Ansatz verfolgte, und der serviceorientierten Sichtweise des Personalvorstands. Ein Streitpunkt war die Zielgruppe der Corporate University. Der neue Manager wollte nicht nur Potentialträger, sondern die breite Mitarbeiterschaft in die Entwicklungsmaßnahmen einbeziehen. Dies aber widersprach dem Selbstverständnis der Corporate University, die sich bisher auf Eliten konzentriert hatte. Schließlich fand man einen Kompromiss. Die Einheit sollte nun allen Mitarbeitern für überfachliches Lernen zugänglich sein. Neben Fachtrainings stand die Auseinandersetzung mit strategischen Themen im Mittelpunkt. Über 1.000 Mitarbeiter sollten – in Anlehnung an die Townhall Meetings von General Electric – einmal jährlich an strategischen Dialogveranstaltungen teilnehmen. Darüber hinaus hielt die LHSB aber auch an der Aufgabe fest, strategische Managemententwicklungsinitiativen durchzuführen.

> *„Rückblickend war das der Punkt, wo der neue Vorstand auch in seinen Entscheidungen zunehmend berücksichtigt hat, dass die Corporate University auch ein strategisches Gelenk, ein Motor für die weitere strategische Entwicklung sein kann" (Stimme aus der Corporate University).*

Der Vorstandswechsel führte zu einer Neustrukturierung im Personalbereich. Die Potential- und Performancebetrachtung wurde zeitweise aus der Corporate University herausgelöst. Die LHSB konzentrierte sich stärker auf die Managementqualifizierung und Bildungspolitik. Diese Trennung von Entwicklung und Qualifizierung dämpfte die Stoßkraft der Firmenuniversität abermals.

Eine weitere, folgeträchtige Irritation brachten die Terroranschläge am 11. September 2001. Sie stürzten das Luftfahrtunternehmen in eine tiefe Krise, von der alle Bereiche betroffen waren. Im Unternehmen herrschte ein Ausnahmezustand, mit dem zuvor in diesem Ausmaß niemand gerechnet hatte. Es ging um alles oder nichts. Man entschied sich für ein radikales Kostensenkungsprogramm. Auch das Budget der Corporate University wurde auf ein Minimum gekürzt. Nahezu alle Aktivitäten und Initiativen wurden gestoppt. Nur einige wenige Programme überlebten: Eine etablierte Dialogveranstaltung wurde in der Krise als Kommunikationsplattform genutzt. Darüber hinaus überlebte der tradierte „F-Kurs", ein Potentialträgerprogramm für die oberen Ebenen. Dieses Programm existierte bereits vor der Gründung der Corporate University seit mehreren Jahrzehnten. Mit der Weiterführung des F-Kurses sollte nachwachsenden Führungskräften demonstriert werden, dass im Unternehmen weiterhin zukunftsorientiert investiert und kontinuierlich etwas für ihre Entwicklung getan wurde. Manager setzten sich gemeinsam mit Partnerunternehmen mit neuen Formen des Krisenmanagements auseinander.

Doch mit der Krise verlor die Corporate University im Unternehmen an Bedeutung. Viele glaubten, dass die Aktivitäten der Corporate University gänzlich eingestellt worden seien. Obwohl es einen hohen Betreuungsbedarf in der Krise gab, wurde die Corporate University dafür kaum genutzt. Es fehlte ihr an Reaktionsfähigkeit:

> *„Weitere Maßnahmen im Sinne von Begleiten des Prozesses sind nicht passiert, ich glaube auch zum Teil, weil die Dinge uns so sehr überrollt haben. Die Business Schools sind noch viel zu langsam in der Reaktionsfähigkeit. Also wir brauchen immer noch relativ lang für die Konzeption eines Produktes, das Abstimmen [...] und das Administrieren und Einladen [...], dafür war die Zeit jetzt gar nicht da"* (Stimme aus der Corporate University).

Ende des Jahres 2002 räumte dann auch der zweite Corporate-University-Leiter seinen Posten und eine neue Führungskraft übernahm seine Position. Diese Person kannte das Selbstverständnis der Einheit nicht und brachte ihr eigenes Personalentwicklungsverständnis ein. Sie versuchte, die Lerneinheit als Bildungsanbieter neu im Unternehmen zu etablieren. Mit dem zweiten Leiter trat der letzte Vertreter der alten Garde und der letzte Gegner einer reinen Servicehaltung ab. Die Einheit, die sich schweren Herzens von der Topmanagement-Perspektive in das schwierige Spannungsfeld zwischen Service- und Strategieorientierung bewegt hatte, entwickelte sich nun zu einem Bildungsdienstleister. Zwar blieb der Wunsch, strategische Themen zu unterstützen, allerdings aus einem ganz anderen Interventionsverständnis heraus: Die strategischen Dialoge wurden eher als Informationsveranstaltungen und Managemententwicklungsprogramme als personenzentrierte Schulungen verstanden. Arbeit an strategischen Themen bedeutete, strategisch relevante Themen für Trainingsprogramme von der Geschäftsstrategie abzuleiten. Nicht zuletzt wegen der Unternehmenskrise profilierte sich die Lernfunktion durch Kostenreduktionen:

> *„Das ist eher ein Shared-Services-Aspekt, der sich da jetzt zeigt. Also es gibt jetzt eine Corporate Function und die zielt auf das Thema Führungskräfte. Es gibt jetzt einfach ein Angebot, um Synergien zu nutzen. Das hat sich geändert. Was, denke ich mal, jetzt auch in die Zeit passt. Also für die Lufthansa passt das jetzt so"* (Stimme aus der Corporate University).

Aus Sicht der Verantwortlichen scheiterte die Lerneinheit an der hohen Anspruchshaltung und weitgehenden Autonomie der Geschäftsbereiche und an mangelnden Kompetenzen im eigenen Bereich.

> *„Es ist schwierig, in einem Unternehmen wie der Lufthansa, das mittlerweile so dezentralisiert ist, eine zentrale Lernarchitektur aufzusetzen. Und der Ansatz war am Anfang sehr breit. Zu sagen, es gilt für alle, das hat sich nicht bewährt. Weil die einzelnen Geschäftsbereiche für ihre Fachtrainings schon lange eigene Programme aufgesetzt haben. Die haben sich verselbständigt und betreiben dort ihre eigenen Policies"* (Stimme aus der Corporate University).

Die Führungskräfteentwicklung rückte wieder ins Zentrum der Arbeit. Die Managementqualifizierung wurde neu überdacht und die anfänglichen Ansätze deutlich normalisiert:

> *„Also jetzt mal Tabula rasa: Was wäre, wenn wir heute nichts hätten, was würden wir dann aufsetzen? Wir haben eine Planung gemacht, die dem Management drei Wege aufgezeigt hat für die Qualifizierung. Das eine ist laufbahnbegleitend: Ich übernehme zum ersten Mal eine bestimmte Führungsposition, ich gehe zum ersten Mal ins Ausland oder übernehme eine Geschäftsführerposition. Also immer entsprechend der beruflichen Entwicklung dort Programme zu haben. Der zweite Strang ist individuell: Jemand hat Nachholbedarf im Bereich Marketing. Da benutzen wir ausschließlich offene Programme von Business Schools und E-Learning. Und der dritte Strang sind Förderprogramme für High Potentials, von denen wir heute schon wissen, dass sie morgen weitergehen können. Für die werden spezielle Förderprogramme angeboten"* (Stimme aus der Corporate University).

Das anfängliche Entwicklungs- und Interventionsverständnis vom Management als Ledernackentruppe geriet in Vergessenheit. Im Nachhinein erinnerte man sich aber gern an die frühere Attraktivität der Einheit:

„Er [der visionäre Treiber; Anm. AG] hat es aufgebaut, in erster Linie mit sehr interessanten Programmen mit Business Schools. Er hat einen internationalen Touch da reingebracht, er hat auch diesen Netzwerkgedanken stark forciert und hat dadurch einige attraktive Programme in die Welt gesetzt, die einen sehr hohen Bekanntheitsgrad bekommen haben" (Stimme aus der Corporate University).

2003 kam es zu einem Wechsel an der Spitze der Lufthansa und damit zu einer stärkeren Bündelung der Führung. Der Vorstandsvorsitzende reduzierte die Zahl der Vorstandsmitglieder. Das Topmanagement wollte mehr Einfluss auf die Geschäftsbereiche ausüben. Ein Jahr später bekam auch die Corporate University eine neue Führung – zum vierten Mal in ihrer erst sechsjährigen Geschichte. Das Team wurde neu besetzt und der Bereich verlor an Einfluss. Von der dritten Führungsebene aus berichtete die Lernfunktion jetzt an die Personalleitung. Der ursprünglich enge Kontakt zum Personalvorstand und zum Vorstandsvorsitzenden war verloren.

„Insofern sind wir aus der Vorstandsunmittelbarkeit sehr weit runtergerutscht" (derzeitiger Leiter Managementprogramme).

Die Aufmerksamkeit des Personalvorstands verschob sich hin zu tarifpolitischen Themen. Die Corporate University musste viel Energie aufwenden, um für Akzeptanz und Aufmerksamkeit zu werben.

„Er hat die Corporate University nicht aus dem Blick verloren, aber man merkt schon, dass die Aufmerksamkeit dem anderen Feld zugetan ist. Die Personalentwicklung braucht genügend Selbstbewusstsein, um sich Gehör zu verschaffen" (ebd.).

Im Jahr 2005 war die Einheit auf fünf Mitarbeiter geschrumpft. Man begann, die bestehenden Führungsinstrumente zu systematisieren und zu integrieren. Schritt für Schritt wurde ein zentrales Kompetenzmodell entwickelt, auf dem die Leistungseinschätzung, Entwicklungspläne, Potentialeinschätzungen oder Feedbackprozesse beruhten. Die LHSB versuchte, sich eine stabile Basis zu erarbeiten, um den Bereich weiter auszubauen.

„Das ist zwar für sich einzeln gesehen nichts Neues, aber in der Summe doch eine ganze Menge an Mehrwert, den wir schaffen können." [...]

„Aus allen Instrumenten definieren wir diese Informationen zwischen Ist und Soll. [...] Auf dieser Grundlage haben wir unseren Katalog radikal überarbeitet und die Leistungen mit den externen Partnern abgestimmt" (ebd.).

Nach dem vierten Führungswechsel stabilisierte sich die Einheit langsam. Das Team wuchs nicht, sondern bestand längerfristig aus fünf bis sechs Mitarbeitern, die Führung ist bis heute geblieben. Im

Jahre 2006 konnten die Programme weiter ausgebaut werden. Passend zur Unternehmenssituation richten die Angebote sich jetzt stärker auf Leistungsträger. Diese hatten in der destabilisierenden Krise das Überleben des Unternehmens sichergestellt und spielen heute eine wichtige Rolle im Stabilisierungsprozess.

> *„[...] für Leistungsträger in dieser Führungsmannschaft, die keine Potentialträger sind, aber das Rückgrat der Organisation darstellen, weil sie die Qualität und das Laufradarbeiten der Standardprozesse gewährleisten. Also die haben den Konzern in der Krise aufrechterhalten, dadurch dass dort die Kernprozesse weiter sauber funktionieren konnten" (ebd.).*

Rückbesinnung auf ein traditionelles Lernverständnis

Die chronologische Fallbeschreibung zeigt, wie die anfänglichen Ansätze des neuen Entwicklungs- und Interventionsverständnisses traditionellen Einstellungen gewichen sind. Ähnliches gilt für das Selbstverständnis als Einheit in der Organisation. Zum Wendepunkt kam es nach Meinung eines Interviewpartners, als die Corporate University in die Hände traditioneller Personalentwickler geriet. Dem traditionellen Managementverständnis in der Organisation wurden keine anderen Selbstbeschreibungen mehr entgegengesetzt.

> *„Es wurde ganz am Anfang als eine individuelle Entwicklungsmaßnahme betrachtet. Wir haben es, glaube ich, ganz gut geschafft, das bereits mit der zweiten Initiative in Richtung Business Development in Richtung strategische Veränderung usw. zu drehen. [...] Ich habe aber inzwischen den Eindruck, dass es wieder mehr als individuelle Entwicklung betrachtet wird. Die Programme gibt es noch, aber da ist nichts mehr von Organisationsentwicklung zu erkennen" (Stimme aus der Corporate University).*

Nach der Krise des 11. September brauchte es noch mehr Fingerspitzengefühl und gute Argumente, um Lernen nicht als Kostenfaktor und Incentive, sondern als wertschöpfendes Investment zu platzieren.

> *„Das ist auch immer ein Punkt, mit dem wir zu kämpfen haben. Unsere Manager sind natürlich in diesen vergangenen Jahren sehr kostenbewusst gewesen. Die haben jeden Euro dreimal umgedreht und haben sich als Vorbild produzieren müssen gegenüber den Mitarbeitern. [...] Knappheit predigen und Wein trinken, da haben die Mitarbeiter natürlich immer eine sensible Antenne für. Auch wenn das nicht so stimmen mag, aber von der Stimmung her hat das diesen Effekt" (derzeitiger Leiter Managementprogramme).*

Schrittweise wurden die auf den Einzelnen ausgerichteten Lernmaßnahmen durch Elemente der Organisationsentwicklung angereichert.

> *„Ausschließlich individuelle Entwicklung, das kriegen Sie heute auch gar nicht mehr an die Leute ran, die haben einen Heißhunger darauf, dass das gepaart ist*

mit den ganzen unternehmerischen Schritten, die getan werden, dass das, was gelernt wird, auch für unternehmerische Zwecke einen Vorteil bietet" (ebd.).

Man wusste, dass die Corporate University noch eine Einheit für gute Zeiten und keine Plattform für die Bewältigung von Krisen war.

„[...] da haben wir noch nicht alle Hausaufgaben fertig" (ebd.).

Abgrenzung zur Personalarbeit und Orientierung an der Strategieentwicklung

Im Laufe der Zeit veränderte sich das Verhältnis zur Personalarbeit. In den Gründungsjahren grenzte sich die Lernfunktion stark von der Personalarbeit ab. Sie orientierte sich am Strategiebereich und am Topmanagement und gewann daraus ihr Selbstverständnis.

„Wir dürfen uns nicht verheddern in der Bildungsarbeit, aber wir brauchen Anker zu Mitarbeitern, die aufgrund ihres Engagements/ihres Interesses die Veränderung auch in die breite Mitarbeiterschaft tragen. [...] Wenn man sich eher schon allein aus ‚Kuschelgründen' dem P-Bereich zugehörig fühlt, erhöht man dadurch die Distanz zum Strategiebereich" (Stimme aus der Corporate University).

In der Anfangszeit agierte die Corporate University als Vermittler zwischen Strategie und Personalbereich mit einer klaren Priorität für den Strategiebereich.

„[...] wir haben immer gesagt, unser natürlicher Partner ist der Strategiebereich. Uns war es dann lieber, dass die Personalentwickler sauer auf uns waren, als dass der Strategiebereich auf uns sauer war. [...] Da haben wir mit denen jeden Abend zusammengehockt und uns überlegt, wie man das, was die Strategie sich ausdenkt, in Transformationsprojekte rüberbringt, und sind dann zu den Personalentwicklern gegangen und haben gesagt: ‚Hey, wir haben 'ne tolle Sache, die wir fürs Geschäft machen, das ist eine tolle Chance für gute Leute von euch. Wen habt ihr denn da, der da mitmachen kann, das Unternehmen weiterzubringen?'" (Stimme aus der Corporate University).

Das hierarchische Verhältnis zwischen Strategie- und Personalbereich wurde zwar nicht aufgelöst, aber die Corporate University erfuhr durch die Nähe zum Strategiebereich eine Aufwertung.

„Da gab es immer noch ein Reputationsgefälle. Das war schon noch HR. Die Corporate University war zwar ein anerkannter Player, aber es war nicht so, dass man uns zugestanden hätte, wir sind die Treiber der Strategie" (Stimme aus der Corporate University).

Im Personalbereich wurde der Aufbau der Corporate University unterschiedlich beurteilt. Verwaltungsnahe Personalfunktionen beäugten die Entwicklungen kritisch. Erst nach ein bis zwei Jahren – nicht zuletzt durch die öffentliche Berichterstattung – überwog der Stolz und man betrachtete das Investment als gerechtfertigt. Fortan galt es als Ehre und persönliche Karriereoption, als Personalmitarbeiter an der Gestaltung der Firmenuni beteiligt zu sein.

„Es gab Leute, die haben sehr schnell erkannt, dass das eine hochinteressante Sache für das Unternehmen und auch für den HR-Bereich ist. Es gab aber auch viele Leute, die dem mit Unverständnis begegnet sind. Die sich aus der Personaladministration heraus darüber gewundert haben, was die da jetzt auf einmal mit strategischen Begriffen hantieren und in strategischen Dimensionen rumdiskutieren, statt ihre Arbeit zu machen. Also das waren sehr heterogene Situationen" (Stimme aus der Corporate University).

Doch nach und nach näherte sich die Lernfunktion wieder klassischen, auf den Einzelnen fokussierten Personalentwicklungsthemen. Das Selbstverständnis erfuhr einen radikalen Bruch nach dem 11. September und durch den Weggang der zweiten Führungskraft. Es wurde nun ein Service-Center-Ansatz verfolgt, in dem nicht das Management Kunde war, sondern die dezentralen Personalentwicklungsbereiche, die Bildungsangebote für ihre Bereiche in Auftrag gaben.

„Erster Ansprechpartner sind die Personalentwickler. Manchmal sind es die Vorstände, aber die Personalvorstände. Leider ganz wenig mit dem Management. Was auch, wie wir merken, ein Missstand ist, der uns die Arbeit erschwert" (Stimme aus der Corporate University).

Mit dem Strategiebereich hat die Corporate University zu diesem Zeitpunkt nichts mehr zu tun; sie steht mit ihr in einem Konkurrenzverhältnis.

„Ja, wir werden sehr stark beäugt von der Konzernstrategie. Die zeigen uns auch immer wieder unsere Schranken auf. […] Es gibt uns doch schon, warum soll es die auch noch geben? Wobei die Konzernstrategie Konzepte macht und keinen Schritt mehr für die Umsetzung geht, im Sinne von Menschen mitnehmen, um irgendetwas anderes zu tun. Von daher sehe ich da eigentlich keine Konkurrenz" (Stimme aus der Corporate University).

Dementsprechend veränderte sich auch die Erwartungshaltung an die Corporate University, die jetzt vor allem als Seminaranbieter gesehen wurde. In Strategieprojekten kam sie nur selten als möglicher Partner in Betracht.

„Die Reaktion ist: Wieso, ihr macht doch Seminarangebote. Wieso wollt ihr bei unserem Projekt mitmachen? Also man merkt ganz klar, uns wird im Moment die Kompetenz nicht zugeschrieben. Die Leute sind es nicht gewohnt, daran zu denken, dass eine Corporate University auch ein strategischer Partner sein kann im Change-Prozess. Das war mal so '98 und das lebt jetzt langsam wieder auf, aber die Leute sind es nicht mehr gewohnt" (Stimme aus der Corporate University).

Auch im Jahre 2005 war das Interesse der Geschäftsbereiche an den Aktivitäten der Corporate University noch relativ gering. Das Verhältnis zwischen Corporate University und Geschäftsbereichen hatte sich zu einem Dienstleisterverhältnis entwickelt:

„Die dezentralen Geschäftsfelder waren in unseren Strategieprozess natürlich eingebunden und haben dort ihre Beiträge geleistet. Wenn es um die vereinbarten Leistungen geht, lehnen die sich eher zurück und sagen, jetzt müsst ihr mal machen. Das war nicht unser Verständnis. Das war eher als eine gemeinsame Aktion gedacht, wo alle Beteiligten in der Umsetzung dazu beitragen. Da bin ich nicht so zufrieden. [...] Der Strategieprozess führte zu einem Reflex des Sich-Zurückziehens" (derzeitiger Leiter Managementprogramme).

Durch die neue Kontinuität nach dem vierten Führungswechsel und aufgrund der Beharrlichkeit der Einheit verbesserte sich das Verhältnis zur Konzernstrategie. Mitarbeiter aus dem Strategiebereich wurden jetzt regelmäßig in die Programmentwicklung mit einbezogen. Auf leiseren Sohlen erarbeitete sich die Lernfunktion wieder einen Platz beim Management.

Die turbulenten Erfahrungen ließen das Bewusstsein in der Einheit reifen, dass sich die neuen Lernideen nicht mit Zwang oder Macht durchsetzen ließen, sondern nur in einem kontinuierlichen Reifeprozess zu realisieren waren:

„Ich glaube, dass wir nach der Durststrecke, die wir in den letzten Jahren gehabt haben, uns auch im nächsten Jahr erst mal wieder unter Beweis stellen müssen. Damit die Leute das spüren können, dass da eine Kompetenz ist und das auch vernünftig gemacht wird und dass sie was davon haben" (derzeitiger Leiter Managementprogramme).

10.3.2 Fallbeispiel EnBW: Improvisation und Pflege einer zarten Pflanze

Ganz anders verlief die Einführung der Corporate University in der EnBW, deren organisch-offene Einführungsstrategie hier als prototypisch dargestellt wird. Das heute im Kerngeschäft Energie rund 12.000 Mitarbeiter starke Unternehmen entstand erst im Jahr 1997 durch einen Zusammenschluss zweier regionaler Elektrizitätswerke. Mit der Fusion bereitete sich das Unternehmen auf die anstehende Deregulierung des deutschen Energiemarktes vor. Unter dem Dach der neuen Holding wurde eine Konzernstruktur mit mehreren unabhängigen Geschäftsfeldern ausgebildet. In den darauf folgenden Jahren expandierte das Unternehmen durch zahlreiche Zukäufe auf dem nationalen und internationalen Markt. In nur kurzer Zeit vergrößerte sich sein Umfang um ein Vielfaches. Doch die gestiegene interne Konzernkomplexität und Ertragsprobleme belasteten das Unternehmen. Ein neuer Vorstandsvorsitzender, der 2003 die Führung übernahm, arbeitete diesen Entwicklungen durch ein Ergebnisverbesserungsprogramm, durch Beteiligungsveräußerungen, Verschmelzungen von Unternehmensbereichen und durch eine stärkere Nutzung von Synergiepotentialen entgegen.

Organische Entwicklung der Lernfunktion
Die neue Lerneinheit wurde unter dem Namen EnBWAkademie im Jahre 2000 als eigenständige GmbH gegründet. Diese Ausgründung war das Ergebnis des schrittweisen Entwicklungsprozesses einer Personalentwicklungsfunktion, die ihren Ausgang in der kleineren der beiden Vorläufergesellschaften der EnBW, der Badenwerk AG, hatte. Die Entwicklungsgeschichte der Akademie war von Anfang an eng mit der persönlichen Karriere der Akademieleiterin verknüpft. Als Personalleiterin der Vorläufergesellschaft etablierte sie 1998 erstmalig ein umfassendes Personal- und Führungskräfteentwicklungsprogramm für die dort ansässigen 3.000 Mitarbeiter.

„Das war die Keimzelle dessen, was dann für alle entstanden ist. Es kamen nach und nach weitere Gesellschaften hinzu und die Akademie ist für sie die zentrale Dienstleistungseinheit. Wir haben damals schon sehr früh erkannt, dass da noch mehr hinzukommen werden und dass wir etwas brauchen, was dann auch als Plattform für alle funktioniert" (CU-Leiterin).

Noch wurde in dem ehemaligen Monopolunternehmen Entwicklung nicht als wertschöpfendes Erfolgskriterium gesehen. Das Unternehmen war an stabile Umwelten gewöhnt und darauf gepolt, Bestehendes zu erhalten, statt Entwicklungen zu fördern. Zwar hatte bereits vor Gründung der EnBWAkademie ein generisches Weiterbildungsprogramm existiert, dieses war aber nur wenig genutzt worden. Die Mitarbeiter sollten keine Anspruchshaltung entwickeln und störende Arbeitsausfälle vermieden werden.

„Durch die Unternehmensexpansion und die neuen Wettbewerbsbedingungen auf einem deregulierten Energiemarkt drängten sich Entwicklungsfragen auf und es wurde mehr in die Personalentwicklung investiert" (ebd.).

Nach und nach reifte der Wunsch, die dezentralisierten Aktivitäten mit Hilfe einer zentralen Plattform zu koordinieren. Der Personalvorstand stand hinter der Gründung der EnBWAkademie. Als traditioneller Arbeitnehmervertreter verfolgte er mit der Idee allerdings eher klassische Weiterbildungsvorstellungen. Er verstand die Akademie nicht als eine auf Eliten fokussierte und an strategischen Geschäftszielen ausgerichtete Einheit, wie es die Konzepte aus der Managementliteratur vorsahen.

„Der Personalvorstand hatte immer schon die Idee, so eine Akademie zu machen – auch wenn er ein anderes Modell wollte. Er war ein klassischer Arbeitsdirektor und aus der gewerkschaftlichen Denktradition heraus legte er immer großen Wert

auf Weiterbildung, wenngleich in der Praxis bis dahin wenig gemacht worden war" (ebd.).

Ziel der Akademie war es, den Aufbau der Weiterbildungsaktivitäten voranzutreiben und die Post-Merger-Integration zu unterstützen. Ungeachtet der heißen Phase der Corporate-University-Welle, in der andere Unternehmen die Genialität ihrer strategischen Lernarchitekturen zur Schau trugen, konzentrierte sich die junge Akademie zunächst auf eher traditionelle Aufgaben wie zum Beispiel klassische Mitarbeiterweiterbildungsprogramme. Oder sie griff ganz pragmatisch den fusionsbedingten Informations- und Handlungsbedarf auf und führte entsprechende Veranstaltungen durch.

„Als das Unternehmen anfing zu wachsen, gab es einen gewaltigen Bedarf an Integration. Es musste ein gemeinsames Verständnis geschaffen werden, weil in der neu gegründeten EnBW die unterschiedlichsten Führungsverständnisse und Unternehmenskulturen zusammengekommen waren. Unterschiedlicher kann man es sich gar nicht vorstellen. [...] Hierzu haben wir sehr viel gemacht: Schulungen, Veranstaltungen, wo wir das neue, gemeinsame Führungsverständnis vorgestellt haben, wo wir Diskussionen zugelassen haben, wo wir aber auch gezeigt haben, wie man das denn nun konkret eigentlich macht: Zielvereinbarungen, Mitarbeitergespräch usw. Und da war der Bedarf schon sehr hoch. Inzwischen schärft sich der Blick. Es geht in ganz andere Richtungen, es geht um Change Management, um Innovationskultur als Führungsaufgabe, es geht in Richtung Performance Measurement, Performance Improvement" (ebd.).

Je mehr die Akademie konkrete Problemlagen aufgriff und meisterte, umso mehr Gelegenheiten ergaben sich, das eigene Spektrum zu erweitern. Schleichend tastete sich die Lernfunktion an strategische Entwicklungsprojekte sowie an Leadership-Fragen heran.

Zu Beginn lief alles ein wenig drunter und drüber. 2002 wurden die Erfahrungen der ersten beiden Jahre ausgewertet und die strategische Ausrichtung überprüft. Ein Ergebnis dieser Review war das „Integrierte Dreisäulenmodell" – eine neue Organisationsstruktur, die den wachsenden Anforderungen und den Herausforderungen der Zukunft gerecht werden sollte. Neben dem Trainingsbereich wurden zwei weitere Einheiten gebildet: Ein Geschäftsbereich für Organisations- und Projektberatung, der sich stärker um zukunftsorientierte Entwicklungsprojekte in den Konzerngesellschaften kümmerte, sowie ein Bereich „Konzernprogramme" für die Kulturenwicklung des Gesamtkonzerns. All dies entwickelte sich nach und nach in einem Prozess der „offenen Planung". Die Akademie entwickelte sich mit viel Fingerspitzengefühl organisch in die Organisation hinein. Dazu passten auch die zahlreichen biologischen Wachstumsmetaphern, die zur Selbstbeschreibung benutzt wurden.

Lange Zeit waren strategische Entwicklungsfragen keine dezidierte Aufgabe der Akademie. Dies wurde in der Anfangszeit von niemandem erwartet.

> *„Ich habe immer gesagt: ‚Wir starten klein und fein und schauen mal, wie wir, ausgehend von der Startbasis, unsere Möglichkeiten nach und nach vergrößern.' Und für uns ist das jetzt eigentlich ein kontinuierliches quantitatives und vor allem auch qualitatives Wachstum. Seit einem Jahr kommen wir verstärkt in die strategischen Themen. Am Anfang war das noch gar nicht so stark. Da mussten wir erst mal sehen, wie wir das alles auf die Reihe kriegen, wie wir ein Trainingsgeschäft organisieren. Dann haben wir erkannt, wir müssen Beratung aufbauen. O.k., dann haben wir das gemacht. Wir hatten zwar auch immer einige Konzernaufträge, zum Beispiel ein Traineeprogramm oder ein Nachwuchsprogramm. Aber ansonsten waren wir in strategischen Themen nicht präsent. Und wurden da auch nicht gefragt"* (ebd.).

Zum organisch-offenen Vorgehen passte auch die realistische Einschätzung der eigenen Kompetenzen und der eigenen Leistungsfähigkeit. Kurz nach der Gründung fehlte dem Bereich noch das Können als strategischer Entwicklungspartner. Es fehlten nicht nur schnell vermittelbare Fertigkeiten, sondern es mangelte vor allem an Erfahrungswissen: Wie konnten strategische Entwicklungsprozesse im Konzern wertbringend begleitet werden?. Auch ein gewisses Gespür und eine gute Kenntnis der Besonderheiten der Organisation mit all ihren politischen Verflechtungen mussten erst langsam aufgebaut werden. Erst durch solide Leistungsbeweise verfügte die „junge Truppe" über genügend Souveränität, um sich glaubwürdig als Berater für strategische Entwicklungsfragen zu empfehlen.

> *„Mir war auch klar, wir können das nicht auf Knopfdruck herbeizaubern, wir müssen schauen, was wir tatsächlich auch leisten können. […] So wie wir aufgestellt und besetzt waren waren wir eine ganz junge Truppe – das waren teilweise richtige Starter. Was kannst du mit denen wirklich machen? Wie bringst du die in eine Souveränität, so dass, wenn wir dann wirklich Aufträge kriegen, wir auch erfolgreich in Leistung gehen können? Es wäre ein verhängnisvoller Fehler gewesen, mit Versprechungen anzutreten, die wir nicht halten können"* (ebd.).

Ein weiterer Stolperstein war in der Anfangszeit, dass niemand in der Organisation erwartete, dass sich die Akademie in den strategischen Entwicklungsprozess einbrachte. Die Akademie musste selbst behutsam für überraschende Akzente sorgen, um eher traditionelle Bildungserwartungen an die Lernfunktion zu irritieren.

> *„Es war meine hundertprozentige Überzeugung, dass wir es nicht schaffen werden, wenn wir es herbeizwingen wollen. Weil wir es erstens noch gar nicht können und es zweitens auch noch gar nicht gewollt ist"* (ebd.).

Die Gunst der Stunde genutzt
Erst drei Jahre nach der Gründung wurden der Lernfunktion strategischen Aufgaben anvertraut und dies geschah eher durch einen – so jedenfalls erklärte es sich die Akademieleiterin – „glücklichen Zufall". Dieser ergab sich durch den Wechsel im Vorsitz des Vorstands im Jahre 2003. Trotz der finanziell angespannten Lage des Unternehmens erkannte die Akademie den Führungswechsel als eine günstige Gelegenheit für einen nächsten Schritt. Der neue Konzernchef, gekürter Wissensmanager des Jahres, hatte ein offenes Ohr für Entwicklungsthemen. Bereits ein halbes Jahr zuvor hatte ein neuer Personalvorstand sein Amt angetreten. Die Akademie nutzte diese „Gunst der Stunde", um ihr Rollenverständnis zu erneuern. Gestärkt durch die zuvor geleistete Basisarbeit als Bildungsdienstleister positionierte sie sich durch „geschicktes Agieren" beim Vorstand. Dieser erkannte ihr Potential und wusste es für die Umsetzung seiner Strategie zu nutzen. Erstmals wurde die Akademie beauftragt, ein Führungskräfteentwicklungsprogramm für 450 Führungskräfte zu konzipieren und durchzuführen, um das neue Ertragssteigerungsprogramm zu begleiten.

„Es war ein Stück weit die Gunst der Stunde, aber auch geschicktes Agieren und das Ergebnis der guten Arbeit in den ersten zwei Jahren. Diese Mischung hat zum Durchbruch in eine neue Dimension geführt: Zum einen ging gerade ein gigantisches Veränderungsprogramm los. Dann hatten wir eine neue Person an der Spitze. Und wir hatten auch eine neue Person im Personalbereich. Dann war ganz schnell eigentlich klar: ‚Wir trauen es euch zu, wir beauftragen keinen Externen, wir beauftragen euch als Akademie mit einem zweijährigen Change-Begleitprogramm, und zwar komplett.' Damit waren wir noch nicht durch, das war erst mal der Auftrag. Und jetzt ging es darum, wie wir das meistern" (ebd.).

Aber trotz dieses Durchbruchs und der größeren Aufmerksamkeit des Topmanagements stand die Einheit zu ihren Wurzeln. Das operative Mitarbeitertraining blieb ein wichtiges Standbein der Akademie.

Mit der Konzernstrategie gab es bis 2005 nach wie vor kaum Berührungspunkte. Sie wurde auch (noch) nicht als relevanter Partner gesehen. Zum Zeitpunkt der Befragung sah die Akademie ihren Auftrag vor allem in der Strategieumsetzung. Ihr wichtigster Ansprechpartner für die strategischen Bewegungen im Konzern war der Personalvorstand. Was musste in den einzelnen Wertschöpfungsbereichen geschehen, um die Konzernstrategie umzusetzen?

„Es gibt hier in der Holding natürlich die Abteilung Konzernstrategie, mit denen haben wir guten Kontakt, die spielt hier für uns aber nicht die entscheidende Rolle. […] Die Konzernstrategie ist nicht der primäre Auftraggeber für uns, sondern

das ist eher die Personalfunktion, der Personalvorstand und auch der Vorstandsvorsitzende persönlich. Und es finden natürlich auch Gespräche mit anderen Vorständen statt, wo wir versuchen herauszufinden, was an strategischer Planung läuft. [...] Also da sind wir an verschiedenen Stellen in der Holding präsent, aber nicht im Sinne der klassischen Strategieentwicklung" (ebd.).

Schrittweise Loslösung von der Personalarbeit
Auch die EnBWAkademie löste sich durch die Ausgründung als GmbH vom Personalbereich. Doch noch immer war der Personalbereich eine wichtige Anlaufstelle für die Akademie. Als ein „Kind" des Personalbereichs brauchte man die Unabhängigkeit, um sich von den Vorurteilen zu befreien, betriebsratsnah, arbeitnehmerfokussiert und geschäftsfern zu agieren. Zudem sollten zugekaufte Unternehmen die Gelegenheit haben, sich als Eigentümer an der Lernfunktion zu beteiligen. Sie sollten die Gelegenheit bekommen, Verantwortung für die Entwicklungsfähigkeit des Gesamtganzen zu übernehmen.

„Und dann war klar, wir gründen es aus. Um es frei zu halten von den belastenden Themen, schwierigen Themen, die mit dem administrativen Personalbereich immer verknüpft werden. Auch von dem schlechten Image, das selbst der beste Personalbereich in den meisten Unternehmen nie ganz loswird" (ebd.).

Die Ausgründung als GmbH war im Unternehmen lange Zeit umstritten. Es sollte keine zusätzliche Komplexität entstehen. Aber auch der „Verlustschmerz" auf Seiten des Personalbereichs, der seinen „Juwel" mit den entsprechenden Profilierungsmöglichkeiten nicht verlieren wollte, erschwerte die Ablösung.

Verdrahtung in die Organisation durch Multiplikatorennetzwerke
Der Aufbau der Lernfunktion verlief „nicht wie im Schulbuch": Man wählte nicht den Weg über den Vorstand. Über gute Basisleistungen erarbeitete sich die Akademie ein tragfähiges Beziehungsnetz in der Organisation. Zudem hielt sie Ausschau nach günstigen Gelegenheiten, um sich beim Vorstand zu empfehlen.

„In dem Moment, wo du glaubst, nur weil du vom Vorstand gewollt bist, muss automatisch alles wie von selbst laufen, hast du schon verloren. [...] Und das ist für mich wirklich ein Knackpunkt, dass es uns gelungen ist, eine echte Akzeptanz auf allen Ebenen im Konzern – vom Topmanagement bis zu den Monteuren – zu bekommen durch eine konstant wettbewerbsfähige Leistung. Wir hatten nicht, so wie es schulbuchmäßig heißt, die Auffassung, wir seien durch den Willen des Vorstands gesetzt, der Vorstand will es, der hat die Akademie gegründet und der setzt das dann auch durch. In der Realität läuft es oft nicht so. Wir haben es eher umgekehrt gemacht, also durch den Beweis guter Leistung und das geschickte Agieren in einer offenen Situation. Als es darum ging, wer den Auftrag kriegt, haben wir uns ins Spiel gebracht. Wir haben das Feld besetzt, indem wir mit ei-

nem hervorragenden Konzept aufgetreten sind. Und jetzt geht langsam eine Bühne auf, wo wir ganz anders wahrnehmbar werden, Visibility kriegen" (ebd.).

Die Lernfunktion reifte eine Weile in der Organisation, bevor sie vom Vorstand als nützliches Instrument zur Unterstützung einer strategischen Initiative genutzt wurde. Auch die Bereitschaft des Senior Managements, sich persönlich einzubringen, entwickelte sich langsam. Trotzdem erlangte die Akademie nach und nach immer mehr Aufmerksamkeit in der Organisation.

„Die Vorstände, am Anfang waren sie nicht dabei. Jetzt kommen sie zu den Workshops. In jedem Workshop ist ein Holdingvorstand dabei. Der Vorstandsvorsitzende kommt zweimal, der Personalvorstand kommt dreimal. Das heißt, die erleben die mentale Veränderung im Management durch unser Tun, nehmen zum ersten Mal unsere Leistung aus nächster Nähe wahr. Bis dahin wusste jeder, die Akademie macht was und die macht was Gutes. Aber es war doch irgendwo weit weg" (ebd.).

In der Anfangszeit nutzte die Akademie informelle und persönliche Netzwerke statt des formellen Wegs über die Hierarchie.

„Es hat klein gestartet. Wie so oft über persönliche Kontakte und Netzwerke. Wir haben das erst mal an unsere Mitarbeiter herangetragen: Kennt ihr wen, wisst ihr von Projekten? Redet mal mit den Leuten. Also sehr persönlich, auf Basis einer persönlichen Kontaktnähe. Wir haben die Angesprochenen dann wiederum gebeten, auch andere anzusprechen, sozusagen Multiplikatorenfunktion einzunehmen, haben über unsere Aktivitäten auch berichtet in der Mitarbeiterzeitung, im Intranet usw." (ebd.).

Selbstverständnis als „beratender Dienstleister"

Ihren Kunden gegenüber positionierte sich die Akademie von Anfang an als „Entwicklungspartner", das heißt als Dienstleister, der aber auch beratend auftrat. Als „beratender Dienstleister" agierte die Einheit zwischen den zentralen und dezentralen Interessen im Konzern. In dieser schwierigen Zwischenposition half ihr die organisationale Unabhängigkeit. Dies dämmte die Gefahr, sich von einer Seite vereinnahmen zu lassen.

Das „Dienen", „überzeugende Arbeit" sowie das „Sich-dem-Wettbewerb-Stellen" waren aus heutiger Sicht wichtige Voraussetzungen für die Einbindung der Akademie in strategische Fragestellungen. Die dezentralen Bereiche behielten den Freiraum, sich für die Akademie oder für andere externe Anbieter zu entscheiden. Ihnen blieben Ausstiegsmöglichkeiten, ihnen wurde nichts aufgezwungen.

„Dienstleister sein heißt nicht, ich mache nur eins zu eins, was mir gesagt wird. Sondern ein guter beratender Dienstleister sagt auch mal, das und das würde ich nicht tun, oder macht auch mal ungefragt einen Vorschlag. Diese Kompetenz ha-

ben wir uns nie nehmen lassen. Aber ansonsten haben wir gesagt, wir dienen, wir stiften Nutzen und wir reden nicht nur vom Markt, wir machen wirklich Markt. Wir stellen uns dem Wettbewerb und wir wollen durch unsere Leistung überzeugen. Und ich glaube, auf der Basis kannst du dann später auch strategische Themen ganz anders verkaufen, wenn du sie bekommst" (ebd.).

Schritt für Schritt wurden Training, Beratung und Qualifizierung in der Akademie zentralisiert, um Skalenvorteile und Synergiepotentiale zu nutzen. Die schrittweise Zentralisierung verlief allerdings nicht „par ordre du mufti". Sie war das Resultat eines gemeinsamen Aushandlungsprozesses mit den Gesellschaften:

> „In der Holding etabliert sich gerade sehr viel. In unterschiedlicher Weise waren alle Gesellschaften vorher sehr selbständig. Im Erzeugungsbereich zum Beispiel hatten die Kraftwerke einen großen Teil der Basisqualifizierung bei sich, oder auch im Netzbereich, wo die Monteure ausgebildet werden. [...] Also das ging nicht, das ‚par ordre du mufti' zu zentralisieren. [...] Heute merken die schon eher, dass es ist besser ist, wenn sie die Lern- und Entwicklungsthemen über uns koordinieren und organisieren lassen, weil sie insgesamt von der Breite unserer Plattform profitieren" (ebd.).

Mittlerweile denkt man über ein Rotationsprinzip nach, das die Mitarbeit in der Akademie zu einem festen Karrierebaustein für Manager machen soll. Dies nutzt der Akademie, indem sie Anschluss an die Geschäftsthemen bekommt und solide Netzwerke bilden kann. Manager haben zeitgleich Gelegenheit, ihre Perspektive zu vertreten, und lernen andererseits, Personalentwicklung zu einem festen Bestandteil ihrer Managertätigkeit werden zu lassen.

Rote Fäden spinnen im „muddeling through"

Im Nachhinein erwies es sich als vorteilhaft, die Ziele zu Beginn nicht zu hoch zu stecken, sondern sie langsam zu entwickeln. So konnten mit dem erweiterten Aufgabenspektrum auch die eigenen Kompetenzen „mitreifen". Erfolgsentscheidend war allerdings, klare Ziele zu haben, die eigenen Ziele nicht aus den Augen zu verlieren, diese beharrlich zu verfolgen und mit einem Gespür für das System nach Gelegenheiten zu suchen, um Entwicklungsimpulse zu einem günstigen Zeitpunkt anzubringen, wenn sie besonders anschlussfähig sind.

> „Timing ist eigentlich alles. Du kannst nicht erst anfangen darüber nachzudenken, wenn die Gunst der Stunde da ist. Also du musst im Prinzip die Möglichkeit immer sehen und denken und Ausschau halten: Wann ist der günstige Moment, dich zu platzieren? Es war wirklich eine Gunst der Stunde, auch mit dem Personenwechsel an der Spitze, ohne diese gravierende Veränderung in den Rahmenbedingungen wäre das alles so nicht passiert. Das ist auch Glück. Aber es ist eben nicht nur Glück in dem Sinn, dass ich mal abwarte und irgendwann kommt es. Sondern das ist ein Glück, auf das wir uns durch gute und manchmal auch harte

Arbeit vorbereitet hatten. Das dann auch erfüllen zu können und sich auch schon so positioniert zu haben und sich so verhalten zu haben, dass das notwendige Vertrauen da ist, das war die Eigenleistung" (ebd.).

Ein Erfolgskriterium für die organisch-offene Entwicklung der Lernfunktion war die Kombination aus konsequenter *Dienst*leistungsorientierung, Beharrlichkeit und Durchhaltevermögen, mit der die Einführung verfolgt wurde. Trotz anfänglicher Durststrecken verlor die Leiterin der Lernfunktion das Potential der Lernfunktion nie aus den Augen. Auch in der Anfangszeit gab es keinen Leidensdruck, weil hochtrabende Ziele nicht sofort realisiert wurden:

„Manche haben versucht zu provozieren und zu sticheln. Aber ich habe nie darunter gelitten, dass wir das nicht haben. Es hat mich befriedigt zu sehen, dass wir Nutzen stiften, Wirkung erzielen und positiv zur Veränderung beitragen" (ebd.).

Das Fallbeispiel zeigt, dass die personelle Kontinuität, Durchhaltevermögen und Ideenkonsistenz erfolgsentscheidender sind als ein genialer Entwurf einer Lernarchitektur auf dem Papier. Die Lernfunktion braucht einen guten Riecher für den richtigen Moment, in dem sie ihre Ideen platzieren kann. Das Beispiel der EnBW Akademie macht deutlich wie man mit der Organisation mitgehen und trotzdem kunstfertig Akzente setzen kann. Dabei spielte natürlich auch der Führungsstil eine wichtige Rolle, der im gewählten Beispiel den Kriterien von Level-5-ManagerInnen von Collins (2003) (vgl. Abschnitt 7.3.1) entspricht. Auch die Akademieleiterin war nicht auf eine schnelle Karriere im Konzern aus, sondern wollte Spuren im Konzern hinterlassen.

„Ich wollte keinen Zirkus veranstalten, um dann auf die nächste Karriereposition zu kommen. Ich wollte die Menschen im Unternehmen wirkungsvoll dabei unterstützen, besser zu sein als der Wettbewerb" (ebd.).

10.3.3 Vergleichende Schlussbetrachtung

Die Fälle illustrieren die Logik von Interventionen in ein soziales System. Sowohl die Wahl als auch die Wirkung einer Einführungsstrategie ergeben sich aus den kontextuellen Bedingungen in der Organisation: Wie gehen wir „am besten" vor? Und welche Wirkungen wird dies haben? Die Rekonstruktion der Entwicklungsverläufe zeigt, wie unterschiedlich Folgeentwicklungen ausfallen, je nachdem, wie das Einführungsverhalten beobachtet wird und auf welche Erwartungsstrukturen es trifft.

Zur Zeit ihrer Gründung verfolgte die Lufthansa School of Business eine Einführungsstrategie, die in vielen Aspekten einer zentralintentionalen Logik entsprach. Auch wenn die Lernfunktion inhaltlich-didaktisch einen Paradigmenwechsel in puncto Lernen und Entwicklung anstrebte, passte dieses Einführungsverhalten doch im Großen und Ganzen zu der Logik einer Großorganisation, die sich über Jahre auf ein hierarchisch-bürokratisches Bewältigungsmuster eingespielt hatte (das Unternehmen hatte vor seiner Privatisierung eine eher behördliche Kultur). Unbestritten entwickelten die federführenden „Lufthanseaten" oder andere Vordenker in dieser Zeit richtungsweisende Ideen zur strategischen Positionierung von Entwicklungsthemen sowie zu ihrer Verzahnung mit den Leistungsprozessen. Sie zeigten neue Wege in der Managemententwicklung auf. Aber auch wenn diese Ansätze die fachliche Diskussion über die Rolle von Lernfunktionen in Deutschland in hohem Maße befruchteten: Die Auseinandersetzung auf dem Papier ist nicht automatisch ein Umsetzungserfolg in der Organisation.

Die Lufthansa School of Business startete mit einem hohen strategischen Anspruch. Ungeachtet der Organisationsrealität des erst kürzlich privatisierten Staatsunternehmens waren die Ziele gleich zu Beginn hoch gesteckt. Die genialen, innovativen und klar formulierten Ideen erzeugten viel Aufmerksamkeit innerhalb und außerhalb der Organisation. Die neue Lernfunktion koppelte sich von der Personalarbeit ab und band sich enger an einflussreichere Bereiche wie die Strategieentwicklung und den Vorstand. Doch die entstehende Aufbruchstimmung verlor an Schubkraft. In diesem Fall waren es Führungswechsel, die zu Zielkorrekturen führten und das alte Bewältigungsmuster stabilisierten. In der fundamentalen Krisensituation überlebte die Lernfunktion nur auf Sparflamme. Die Ideen setzten sich nicht durch. Auch wenn die Corporate University in finanziell soliden Zeiten gestartet war, um die Krisentauglichkeit des Unternehmens zu verbessern, spielte sie in der plötzlich hereinbrechenden Notsituation, die mit den Terroranschlägen am 11. September 2001 entstand, eine untergeordnete Rolle. Heute, acht Jahre nach ihrer Gründung, ist die Lernfunktion vom Topmanagement weiter entfernt als zu Beginn der Einführung. Sie ist auf der dritten Führungsebene angesiedelt und berichtet an die Personalleitung. Die Verbindung zur Strategieentwicklung wurde zwischenzeitlich gekappt. Doch auch wenn diese Entwicklung in einer zentralintentionalen Logik eher negativ erscheint, muss dies nicht unbedingt so sein. Im Fall der LHSB deutet einiges darauf hin, dass die Lernfunktion heute eine Position gefunden hat, von der aus sie ihre Aktivitäten evolutionär ausbauen kann. Die Einheit gerät weniger in

Konkurrenz zum Management oder zur Strategieabteilung und dies birgt die Chance, Interventionen unbemerkter einzuschleusen.

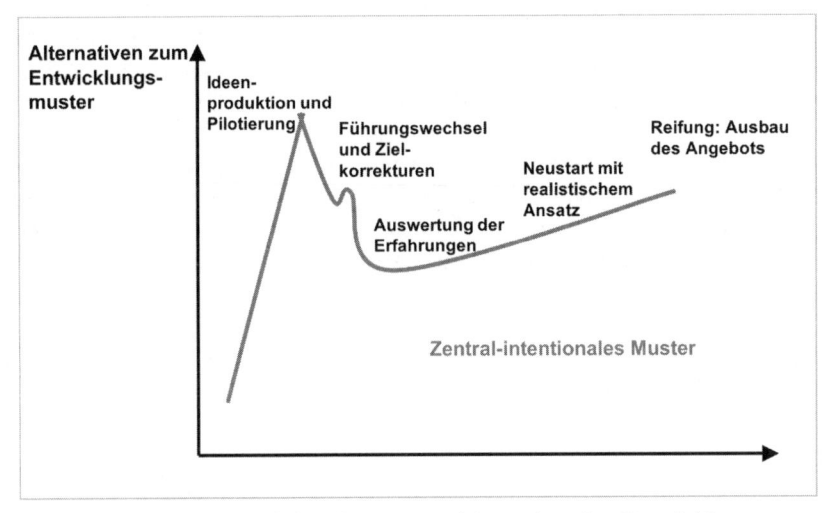

Abbildung 12: Beispiel für einen zentral-intentionalen Entwicklungsverlauf (illustrative Darstellung)

Heute gibt es zum Beispiel wieder eine Annäherung an die Strategieentwicklung. Die Nähe zur Strategie erfordert dieses Mal allerdings keine wertende Entweder-oder-Entscheidung wie zu Beginn (entweder Strategie- oder Personalbereich): Der Bereich hat Bezüge sowohl zum Personalbereich als auch zum Strategiebereich. So werden Strategieentwickler in die Programmentwicklung mit einbezogen, um die Lernfunktion zur Umsetzung der strategischen Ziele sinnvoll zu nutzen.

Komplementäre Bewegungen zeigt die Entwicklungsrekonstruktion der EnBW Akademie: Die Einheit startete unauffällig fernab der Machtzentren der Organisation, gewann aber schnell an Fahrt (vgl. Abbildung 13). Die Lernfunktion folgte keinem genialen Masterplan, sondern agierte offen für Zufälle mit dem System, auch jenseits der formal-hierarchischen Strukturen. Passend zur Unternehmensform differenzierte sich der Entwicklungsbereich in einen dezentralen Bereich aus. Von Anfang an sensibilisierte sich die Lernfunktion für die widersprüchlichen Interessen zwischen zentraler Holding und dezentralen Gesellschaften. Eine rein zentrale Positionierung erschien zu keinem Zeitpunkt als tragfähige Lösung. Diese hätte nur Misstrauen auf der Bereichsebene erzeugt. Stattdessen erarbeitete man sich eine solide Vertrauensbasis durch persönliche

Beziehungen und solide Leistungen. Erst später, als die Einheit schon über ein eigenes Multiplikatorennetzwerk verfügte, koppelte sie sich bei einer günstigen Gelegenheit enger an den Vorstand. Trotzdem setzte sie auf das Integrationsbedürfnis der Einzelgesellschaften und übte möglichst wenig Druck aus. Sie sorgte für Wahl- und Exitmöglichkeiten, statt die autonomen Geschäftsbereiche zu etwas zu zwingen. Diese Einführungsstrategie verhinderte Widerstände, die der Entwicklung der Einheit später hätten schaden können. Dieses schrittweise, an der Organisationsrealität orientierte Vorgehen erzeugte weniger Anlässe, die Einführung als zentralintentionale Steuerungsabsicht zu deuten und zu boykottieren.

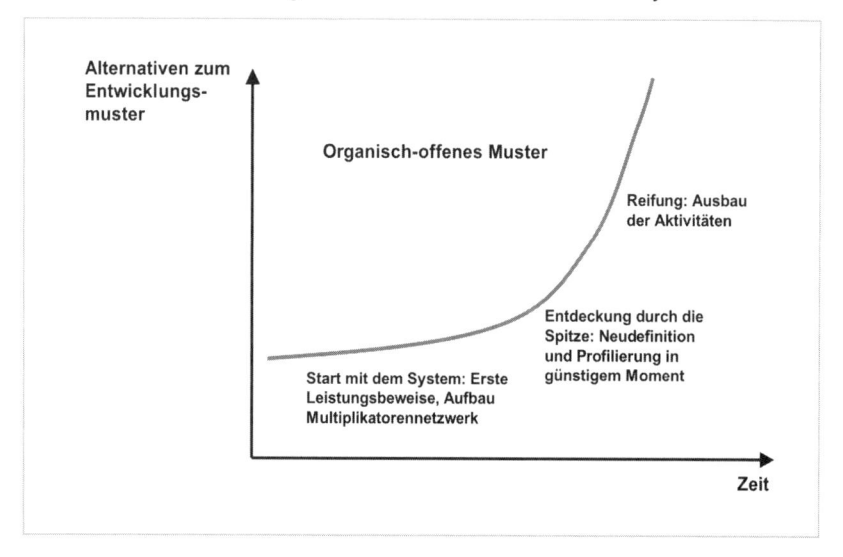

Abbildung 13: Beispiel für einen organisch-offenen Entwicklungsverlauf (illustrative Darstellung)

Kein Unternehmen ist wie das andere und deshalb gibt es kein Patentrezept für die Einführung. In diesem Fall wurde die gewählte Einführungsstrategie auf die Realität des Unternehmens gut abgestimmt. Der reibungslose Verlauf wurde durch einige Begleitumstände begünstigt. So gab es in dem jungen Unternehmen vergleichsweise wenig eingespielte Entwicklungsmechanismen und Beobachtungsroutinen. Die Akademie betrat Neuland und kämpfte weniger mit festgefahrenen „Altlasten". Zudem begünstigte die aufgeschlossene Einstellung des neuen Vorstands gegenüber Entwicklungsthemen den Entwicklungsverlauf. Aber mit Glück bestand die Leistung der Akademie darin, so gut vorbereitet zu sein, um die „Gunst der Stunde" für sich zu nutzen.

Andere Entwicklungskurven
Es ist naheliegend und gleichsam nur bedingt möglich, die Ergebnisse der beiden Entwicklungsverläufe miteinander zu vergleichen. Jedes Unternehmen braucht etwas anderes und deshalb kann man nicht sagen, welche Einheit bessere Lernformate oder Interventionen bereithält. Wohl aber können einige Aussagen über die Ausgangslage der Lernfunktion für künftige Entwicklungsprozesse gemacht werden. Dies betrifft vor allem die Selbstbeschreibung der Einheit. Es ist anzunehmen, dass die Lufthansa School of Business heute stärker auf ihre Vergangenheit festgelegt ist. Man vergleicht sich mit den glamourösen Gründungszeiten und die heutigen Umsetzungsfortschritte erscheinen deshalb bescheidener, als sie müssten. Zudem hat die Corporate University der Lufthansa rein strukturell an Einflussmöglichkeiten verloren. Auch wenn dies nicht unbedingt negativ für ihre Aufgabe sein muss (man braucht nicht unbedingt die Macht des Vorstands, um wirksam werden zu können), kann die Reorganisation der Lernfunktion in der Organisation trotzdem unter diesen Gesichtspunkten beobachtet und interpretiert werden. Auf der anderen Seite nutzte die LHSB die turbulenten Anfangserfahrungen als Lernimpulse, die zu einem Umdenkprozess führten. Die Lernfunktion hat gelernt, ihre Aktivitäten stärker an der Organisationsrealität auszurichten. Die Erfahrungen können aber nur ausgewertet werden, wenn die Lernfunktion nicht der Versuchung erliegt, an ihrer alten Erfolgsgeschichte festzuhalten und sie auf dem Papier fortzuschreiben. Zwischentöne und Störungen gehen dann als Lernimpulse verloren. Schon allein die Tatsache, dass die LHSB sich diesem selbstkritischen Forschungsprozess aussetzte, ist ein Indiz für die Lernfähigkeit der Einheit.

Die heutige Situation der EnBWAkademie ist eine andere. Die wenigen Brüche und Zielkorrekturen und die stetigen Erfolge begünstigten eine ungebrochene Zuversicht für künftige Entwicklungen. Die Einheit beschreibt sich selbst als evolvierenden Organismus, der auf seine offene Planung nur schwer festgelegt werden kann. Der Blick ist nicht in die Vergangenheit, sondern er ist stärker in die Zukunft gerichtet. Auch strukturell hat die Akademie eine günstige Position „zwischen den Stühlen". Als eigenständige GmbH agiert sie als strategischer Partner und Berater im Unternehmen zwischen dem Management und den Einzelgesellschaften. Durch die solide Personalentwicklungsarbeit, an der sie weiterhin festhält, hat sie ein stabiles Rahmenwerk und das notwendige Vertrauen geschaffen, das es braucht, um sich auf das Risiko explorativer Lernprozesse einzulassen. Ein breites Multiplikatorennetzwerk macht die Akademie unabhängig von Einzelinteressen. All dies begünstigt die Möglichkeiten der Akademie, die notwendige diagnostische Funktion zu erfüllen. Die Akademie ist nicht vereinnahmt von einer Seite, sondern stellt beiden Seiten Möglichkeiten zur Selbstbeobachtung zur Verfügung. Trotzdem bleibt allen Beteiligten jederzeit die Möglichkeit, sich den Impulsen zu verwehren und „Nein" zu sagen.

Die organisch-offene Einführungsstrategie erwies sich im fallspezifischen Kontext als nachhaltiger. Die „Durchwurstel-Taktik" der Lernfunktion passte gut zur noch wenig formalisierten Organisationsrealität im vergleichsweise kleinen Unternehmensverbund in den ersten „chaotischen" Gründungsjahren. Ein Risiko dieser Taktik ist jedoch, sich im Operativen zu verlieren. In anderen Kontexten, zum Beispiel in Großorganisationen, in denen Strategie und Operative viel strikter voneinander getrennt sind, riskiert ein offenes, operativ geprägtes Vorgehen, auf Strategieebene nur wenig Beachtung zu finden, weil auf Managementebene ein zentral-intentionales Vorgehen erwartet wird. Die Analyse der Einführungsstrategien ermöglicht deshalb auch keine eindeutige, sondern lediglich eine kontextbezogene Bewertung. Die Einführungsstrategie muss zu den etablierten Mustern der Unsicherheitsabsorption passen. In Großorganisationen mit hierarchisch-bürokratischer Tradition wird man als interne Einheit nicht umhinkommen, das (zentral-intentionale) Spiel zu einem Teil mitzuspielen, um anschlussfähig zu bleiben. Die weder einfache noch widerspruchsfreie Herausforderung besteht in einem solchen Kontext darin, als interne Lernfunktion eine reservierte Haltung gegenüber dem Spiel zu bewahren, um nicht zum Spielball zu werden. Planbarkeitserwartungen müssen bis zu einem gewissen Grad erfüllt werden, ohne dass man selbst zu sehr an diese Spielregeln glaubt. Nur so eröffnen sich für die neue Lerneinheit die notwendigen Möglichkeiten für Beobachtungen 2. Ordnung, um der Organisation ihr eigenes Unterscheidungsverhalten vorzuhalten und sie mit neuen Selbstbeschreibungen, also Entwicklungsimpulsen, zu versorgen.

Ohne eine solch ironische und zugleich angepasste Haltung auch gegenüber der eigenen Rolle[77] läuft eine zentral-intentionale Einführungsstrategie Gefahr, rationale Entwicklungs- und Interventionsvorstellungen und damit entwicklungsfeindliche Beziehungs- und Kommunikationsstrukturen zu stabilisieren, anstatt sie zu verändern. Unter bestimmten Bedingungen kann es zu bedenklichen Spiralbewegungen kommen, die der Entwicklung der Selbsterneuerungsfähigkeit entgegenwirken (vgl. Abbildung 13). Wenn sich der Entwicklungsbereich aus Positionierungsinteresse erwartungskonform verhält, sich also der Perspektive des Managements verschreibt und dessen Steuerungserwartungen und Allmachtsphantasien adressiert, erhöht er die Wahrscheinlichkeit, dass die Einführung als zentral-intentionale Steuerungsabsicht interpretiert wird. Die damit heraufbeschworenen Brüche und Normalisierungen führen zu Enttäuschungen auf allen Seiten und verhindern die kontinuierliche Entwicklung zugrunde liegender Interventionsvorstellungen, die für die Einführung entwicklungsförderlicher, enttäuschungsbereiter Organisationsformen notwendig ist (vgl. dazu Kapitel 8). Dies wiederum erschwert die Verständigung über die Aufgabe und die Erwartungen an die Lernfunktion (vgl. dazu Kapitel 9). Jeder fühlt sich in seinen Erwartungen bestätigt. Die Schwierigkeiten der neuen Lernformen rechtfertigen das rationale Modell. Langfristig stabilisiert sich ein Bewältigungsmuster, das aufgrund seiner geringen Achtsamkeit gegenüber Abweichungen und Widersprüchen nicht sonderlich entwicklungsförderlich ist (vgl. dazu Kapitel 3 und 7). Es verwundert deshalb nicht, wenn einige Lernverantwortliche, die mit hohem strategischem Anspruch gestartet sind, heute desillusioniert wirken. Die ehemals visionären Ideen von einem integrierten Managementprozess, in dem die Corporate University eine wichtige Rolle im Strategieprozess innehat, werden heute teilweise sogar als unreif verspottet. In Einzelfällen kann dies zur Resignation führen: Das klassische Entwicklungsmuster ist, wie es ist, und man ist gut beraten, eine Rolle innerhalb des rationalen Bewältigungsmusters zu finden (zum Beispiel als Trainingsdienstleister zur Unterstützung der Strategieimplementierung).

---

[77] Neuberger diskutiert die Ambivalenz der internen Personalentwicklung mit dem Bild des Hofnarren (vgl. Neuberger, 1996).

```
Positionierungswünsche
und Handlungsdruck
machen zentral-
intentionale Logik attraktiv

                                    Hohe strategische
                                    Ansprüche passen nicht
                                    zur Organisation:
Arbeit an Interventions-            „Normalisierung"
vorstellungen bleibt aus

                    Frustrierende
                    Einführungserfahrungen
                    bestätigen das rationale
                    Modell: „CU hat im
                    Strategieprozess nichts zu
                    suchen!"
```

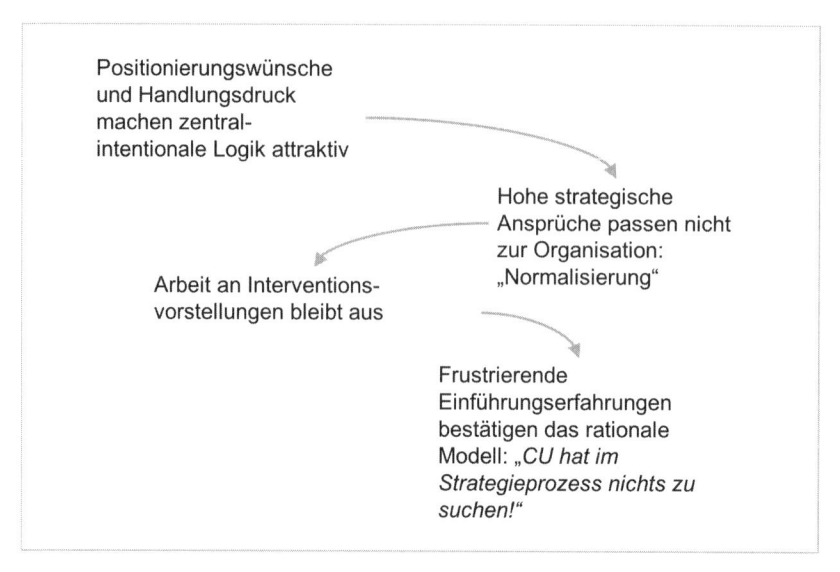

Abbildung 14: Stabilisierung des rationalen Modells durch eine zentral-intentionale Einführungsstrategie

Zwischenergebnis

Mit Hilfe der übergreifenden Fallanalyse wurden mit der zentral-intentionalen und der organisch-offenen Vorgehensweise zwei komplementäre Einführungsstrategien herausgearbeitet. Diese vereinfachende Unterscheidung strukturierte die Fallrekonstruktion und sensibilisierte für das eigene Vorgehen, das im Einführungsprozess in der Organisation beobachtet wird. In vielen der hier untersuchten Fallunternehmen wurde entlang der gängigen Managementliteratur ein zentral-intentionales Vorgehen gewählt. Die aufgezeigten Handlungsszenarien passten zu den Interventionsvorstellungen großer Publikumsgesellschaften: Die Katze beißt sich wie so oft in den Schwanz.

Bei zentral-intentionalen Einführungsstrategien fielen Brüche und Zielkorrekturen auf, die langfristig zur Normalisierung der ursprünglich geplanten Lernarchitekturen führten, die aber auch als Lernimpulse für die Korrektur des weiteren Vorgehens genutzt wurden. Die Rekonstruktion und der Vergleich der Entwicklungsverläufe bei der Lufthansa School of Business und der EnBWAkademie zeigten, welchen Unterschied die Wahl der Einführungsstrategie auf den Entwicklungsverlauf und die Ausgangslage der Organisation haben kann. Lernfunktionen müssen ihre Einführungserfahrungen lernbereit auswerten, um geeignete Interventionsstrategien zu entwickeln und um zu verhindern, dass ein zentralintentionales Vorgehen das klassische Entwicklungsmuster der Organisation am Ende sogar stabilisiert.

11 Resümee und Handlungsoptionen

Je länger man sich mit der Corporate-University-Idee beschäftigt, desto weniger greifbar wird sie. Ihre Unschärfe erscheint geradezu als ihr dominantes Merkmal. Lernverantwortliche verbringen auffällig viel Zeit damit zu bestimmen, wer sie sind und was sie tun. Ihr Anspruch pendelt zwischen strategischen Größenphantasien und resigniertem Pragmatismus. Irgendwie ist eine Corporate University alles und dann doch ganz schnell wieder nichts. Das Jammern darüber ist in der Praxis groß. Der Grund für dieses Bestimmungsproblem liegt aber nicht nur darin, dass wir es mit einer Managementmode zu tun haben, die strategisch genutzt wird und die durch ihre konzeptionelle Unschärfe auch widersprüchliche Erwartungen unter einen Hut bringt. Vielmehr zeigt diese Analyse, dass die Unbestimmtheit eine generelle Problematik interner Lernfunktionen ist.

Eine Schwierigkeit besteht darin, die Funktion der Lerneinheit von den Aufgaben des Managements und der ohnehin immer ablaufenden systemischen Selbstorganisation sauber zu unterscheiden. Einerseits sind beide Unterscheidungen für die neue Einheit konstitutiv (was wäre eine Corporate University, wenn sie sich nicht vom Management oder der Selbstorganisation des Systems unterscheiden könnte?). Andererseits bereitet die Bestimmung der einmal gezogenen Grenze Probleme. Ständig kommt man ins Oszillieren: Was bleibt dem Management, wenn es eine gut funktionierende Corporate University gibt, und wozu braucht man eine Corporate University, wenn man doch ein Management hat? Was kann eine Corporate University, was das sich selbst organisierende, sich selbst entwickelnde System noch nicht kann? Wo hört eine Corporate University als Lerneinheit auf und wo fängt die systemintern bestimmte Entwicklungsfähigkeit an?

Diese Frage stellt sich natürlich in besonderem Maße im Einführungsprozess, der hier als rekursiver Beobachtungs- und Differenzierungsprozess verstanden wurde. Die Einführung ist der Bestimmungsprozess, in dem die Organisation festlegt, welche Funktion die Lernfunktion in diesem Spiel übernimmt. Aus diesem Blickwinkel steht die Corporate Unviersity für einen Mangel. Sie ist eine Projektionsfläche für das, was die Organisation noch nicht ist, aber sein müsste, könnte oder will. Die Corporate University symbolisiert, was Organisation und Management können werden müssen, um auch in einer heute als turbulent beobachteten Zukunft weitermachen zu können. Und darüber kann man reden und streiten oder man kann die neue Einheit auch als größenwahnsinnig belächeln ...

Einmal vom Rest unterschieden, regt die Corporate-University-Idee dazu an, genauer zu bestimmen, wie diese Entwicklungsfähigkeit aussehen könnte, für die sie symbolisch steht. Das Unternehmen schafft sich mit der neuen Einheit ein Hilfsmittel, um seine eigene Selbstorganisation zu beobachten. Das Hin- und Herpendeln zwischen Corporate University, Management und Entwicklungsfähigkeit und die damit verbundenen Reibereien im Einführungsprozess helfen zu bestimmen, wie das Management und die Entwicklungsmechanismen künftig aussehen müssen, um überlebensfähig zu bleiben.

In dieser Arbeit interessierte deshalb auch weniger, was eine Corporate University „ist", also wie sie idealtypisch auf dem Papier beschrieben wird. Aufschlussreicher erschien die Frage, wie die Organisation die neue Idee bzw. die neue Einheit für sich bestimmt und welche Anschlussoptionen sie in diesem Bestimmungsprozess für die Entwicklung ihrer Selbstentwicklungskapazitäten generieren kann.

Das Thema Corporate University lässt sich unter verschiedenen Aspekten beleuchten. Man kann eine Corporate University im Unterschied zu traditionellen Entwicklungsformaten betrachten, im Unterschied zu vergleichbaren Entwicklungseinheiten oder im Unterschied zu realen Universitäten. Hier wurde die Organisation als unterscheidungsrelevanter Kontext gewählt. Es wurde gefragt, welchen Unterschied die Einführung einer Corporate University für die Organisation macht. Was passiert, wenn die Organisation aus sich selbst heraus eine Einheit erzeugt, um sich Einflussmöglichkeiten auf ihre eigene Selbstlernfähigkeit zu verschaffen?

Ergebnisse der theoriegeleiteten Analyse

Mit Hilfe der differenz-, kommunikations- und evolutionstheoretischen Überlegungen der neueren soziologischen Systemtheorie wurde der Einführungsprozess als gegenseitiger Beobachtungsprozess beleuchtet. Es kristallisierten sich zwei grundlegende Problematiken heraus, auf denen diese Analyse fußt: die begrenzten Möglichkeiten einer Lernfunktion, die Entwicklungsfähigkeit der Organisation zu beeinflussen, und die Unwägbarkeit des Übergangs von einer Organisationsform zu einer anderen.

Mit Hilfe des *Formenkalküls* wurde gezeigt, dass die Einführung einer Corporate University als funktionale Systemdifferenzierung zu verstehen ist. Die Corporate University ist ein Beobachtersystem, das sich für die Beobachtung der Selbstorganisation spezialisiert. Das Formenkalkül verweist – und hierin liegt sein entscheidender Nutzen für diese Arbeit – auf die Selbstreferenzialität dieses Differenzierungsprozesses. Eine Corporate University kann sich zwar als funktionales Subsystem von der Gesamtorganisation unterscheiden, sie kann sich aber nicht von der Unterscheidungslogik des Ganzen lösen.

Diese Überlegungen bieten die Basis für eine bessere Einordnung der Corporate-University-Idee: Diese ist eine spezifische Lösungsvariante für den Umgang mit Nichtwissen. Die Delegation dieser Aufgabe an eine Spezialeinheit ist charakteristisch für die hierarchisch-bürokratische Form der Unternehmensführung. Diese lässt unliebsame Störungen, wie in diesem Fall die mangelnde Entwicklungs- und Umsetzungsfähigkeit sowie zunehmende Steuerungs- und Integrationsprobleme, durch Spezialfunktionen bearbeiten. So werden Irritationen abgewendet und Zweifel abgefedert. Die Corporate-University-Idee entspringt also jener Logik, die sie verändern muss, wenn die Organisation entwicklungsfähiger werden soll. Hier deutet sich bereits die Frage nach dem Übergang an: Wie kann eine Corporate University die Entwicklungsmechanismen verändern, deren Produkt sie ist?

Die *kommunikationstheoretische* Diskussion beleuchtete eine weitere Schwierigkeit der Einführung: Was immer eine Corporate University tut, sie muss damit rechnen, dabei beobachtet zu werden. Ihre Aktivitäten werden nicht nur inhaltlich, sondern auch auf der Beziehungsebene beobachtet und interpretiert. Wie ihr Verhalten ausgelegt wird und welche Absichten der Corporate University unterstellt werden, liegt nicht in ihrer Hand. Es kommt auf die Beobachtungsgewohnheiten der Organisation bzw. der beteiligten Subsysteme an. Die gezielte Gestaltung der Entwicklungsfähigkeit entpuppt sich damit als unmöglicher Auftrag. Keine Lernfunktion kann den Ausgang ihrer Interventionen steuern. Früher oder später wird sie auf die tradierten Muster der Unsicherheitsabsorption und die eingespielten Erwartungshaltungen in der Organisation zurückgeworfen.

Die Analyse der subkulturellen Erwartungshaltungen und Beobachtungsschemata förderte die Konfliktlinien zwischen den Steuerungs- und Umsetzungsinteressen des Topmanagements, den kurzfristigen Verwertungsinteressen des operativen Managements sowie den Positionierungsinteressen der Lernfunktion zu Tage. An einer Corporate University können sich organisationale Konfliktlagen entladen und ihren Entwicklungsprozess erschweren. Die Aufwertungsinteressen der Lernfunktion verführen dazu, den Erwartungen des Topmanagements und der operativen Geschäftsbereiche blind zu entsprechen, anstatt diese geschickt zu verstören. Die Analyse zeigt, wie gut die Erwartungserwartungen der verschiedenen Subkulturen ineinandergreifen. Eine Corporate University ist nicht außen vor, sondern Teil dieses Spiels. Es erfordert eine ausgeklügelte Interventionsstrategie, um aus dem „Erwartungskorsett" auszubrechen und kunstfertig Akzente zu setzen. Die Lernfunktion muss eine schwierige Gratwanderung meistern: Einerseits muss sie an die bestehenden Erwartungen andocken, um sich Gehör und das notwendige Vertrauen zu verschaffen. Andererseits muss sie das eingespielte Muster irritieren. Nur so kann sie Alternativen zu diesem Muster aufzeigen. Dies erfordert von der Lernfunktion ein gutes Systemgespür und ein reflektiertes Vorgehen im Einführungsprozess. Sie muss ihr eigenes Verhalten und ihre Erwartungserwartungen kritisch auf den Prüfstand stellen.

Die *evolutionstheoretische* Diskussion zeigte aus einer anderen Perspektive, warum die Systementwicklung durch eine Corporate University nicht direkt gestaltet oder gesteuert werden kann. Beides – sowohl die Interventionen einer Corporate University als auch ihre Einführung – sind immer nur Impulse. Als Variationen beziehen sie sich auf den Status quo und sie werden wieder zu einem Teil der Systemevolution. Den Übergang von einem Entwicklungsmuster zum nächsten, also die Evolution der Evolution, muss eine Corporate University letztlich dem Zufall überlassen. Jedoch kann sie die Entwicklung der Entwicklungsmechanismen wahrscheinlicher machen, indem sie die Variantenbildung fördert. Sie muss der Organisation und dem Management Möglichkeiten bieten, die eigene Selbstorganisation anders zu beobachten und neue Selbstbeschreibungen für die eigenen Operationen zu finden. Die Corporate University hat folglich keine gestaltende, sondern eine *diagnostische* Funktion. Sie moderiert den Übergang von einer evolutionstauglichen zu einer transformationsfähigen Organisationsform.

Hier offenbart sich ein grundlegender Widerspruch für eine Corporate University. Das Aufzeigen von Alternativen zur bestehenden Organisationsform widerspricht ihrer Aufgabe als Funktion. Sie muss den Zweifel an der eingespielten Form nähren, anstatt ihn als Spezialeinheit abzufedern. Die „Steigerung der Lernfähigkeit" verlangt von der Corporate University, sich ihrer „Beruhigungsfunktion" zu widersetzen. Sie muss Varianten finden, die der Form widersprechen, der sie selbst als Funktion entspringt. Ihre Aufgabe ist, das Management selbst zur Übernahme von Verantwortung für die Entwicklung der Entwicklungsfähigkeit zu bewegen. Denkt man das zu Ende, sorgt eine Corporate University für ihre eigene Auflösung. Sie hilft der Organisation, alternative Entwicklungsformen zu finden, die eine Spezialfunktion für diese Aufgabe überflüssig machen. Wenn das Management die Bearbeitung des Nichtwissens übernimmt und diese Aufgabe nicht an eine Spezialfunktion delegiert und wenn die Entscheidungspraktiken in sich transformationsfähig sind, braucht die Organisation streng genommen keine Lernfunktion.

Zentral-intentionale und organisch-offene Einführungsstrategien
Wie Corporate Universities versuchen, diese voraussetzungsvolle Aufgabe zu bewältigen, und welche Folgen die jeweils gewählte Einführungsstrategie für den Entwicklungsverlauf hat, wurde anhand zahlreicher Fallbeispiele veranschaulicht. Im Einklang mit der gängigen Managementliteratur verfolgten die meisten der untersuchten Corporate Universities eine „zentral-intentionale" Vorgehensweise.[78] Dies verwundert nicht, denn die Einführungsempfehlungen entsprachen in der Regel dem Bewältigungsmuster dieser Unternehmen. Viel erstaunlicher ist, dass einige wenige Unternehmen sich für abweichende Einführungsstrategien entschieden, weil ein zentral-intentionales Vorgehen bzw. einzelne Elemente einer solchen Strategie nicht zu ihrer Organisationsrealität passten. So wurde neben der zentral-intentionalen Einführungsstrategie ein komplementäres Einführungsmuster identifiziert, das durch ein offenes, organisches Vorgehen auffiel. Während die organisch-offene Einführungsstrategie durch einen langsamen, kontinuierlichen Entwicklungsverlauf auffiel, zogen zentral-intentionale Einführungsstrategien, die mit sehr hohem strategischem Anspruch, einer ausgefeilten Planung und einer starken Vorstandsfixierung starteten, im Laufe ihrer Entwicklung auffällig viele Brüche und Zielkorrekturen nach sich. Führungswechsel, Umstrukturierungen

---

[78] Dies war auch dann der Fall, wenn die einzuführenden Interventionen integrativer Natur waren oder man sich inhaltlich für ein evolutionäres oder systemorientiertes Management starkmachte.

oder Änderungen in der organisatorischen Aufhängung belasteten die Lernfunktion, die bald nur noch wenig mit der vorangegangenen Planung zu tun hatte. Damit wurde aber keine bessere Einführungsstrategie gefunden. Rückblickend hilft die Unterscheidung der beiden komplementären Muster jedoch, die Erfahrungen zu strukturieren und einige Verhaltensweisen aufzuzeigen, die für den Entwicklungsverlauf der Lernfunktion eher günstig bzw. ungünstig waren. Vor dieser Folie werden einige Handlungsoptionen sichtbar.

So zeigt die vergleichende Rekonstruktion der Fälle, dass eine enge Anbindung an den Vorstand gleich zu Beginn sich ungünstig auf den Entwicklungsverlauf auswirken kann, wenn nicht zusätzlich andere Netzwerke, die in die Organisation hineinreichen, aufgebaut werden. Die starke Fixierung auf den Vorstand bindet viel Energie und macht blind für andere Möglichkeiten, sich in die Organisation einzufädeln. Besonders heikel ist dieses Vorgehen in Unternehmen, in denen sich Management und operatives Geschäft weit voneinander entfernt haben und sich gegenseitig misstrauisch beäugen. Die Interventionen der Corporate University werden schnell als zentrale Steuerungsabsicht interpretiert, abgelehnt oder sabotiert, weil sie den autonomen Entscheidungsspielraum der Bereiche bedrohen. Das eingespielte (rationale) Muster wird verstärkt und entwicklungsförderliche Möglichkeiten der Integration werden verspielt.[79] Ähnliches gilt für das Erzeugen hoher strategischer Erwartungen. Diese führen nicht nur schnell zu Enttäuschungen, sondern diese Form von Managementrhetorik bestätigt ebenfalls das etablierte Entwicklungsmuster. Die Fälle zeigen, dass die hochtrabenden Vorschläge langfristig keinen Halt finden, wenn sie nicht zur bisherigen Unsicherheitsabsorption passen. Die genialen Ideen auf dem Papier werden anders interpretiert oder ihre Realisierung wird durch personelle Wechsel verhindert. Sie zerreiben im Getriebe der Organisation. Ihr Scheitern bestärkt dann den Status quo. Strategisch ausgefeilte Pläne nähren zudem die Steuerungserwartungen des Topmanagements und wecken gleichsam Steuerungsbefürchtungen in den Geschäftsbereichen. Zwar verbessert dieser

---

[79] Auch hier sei noch einmal betont, dass dies nicht für alle Organisationen gilt. Die Analyse bezieht sich vor allem auf die Beobachtungsgewohnheiten in großen Publikumsgesellschaften. In Familienunternehmen, sofern diese sich auf eine Corporate University überhaupt einlassen, kann die Anbindung an das Topmanagement durchaus anders interpretiert werden.

Eindruck das Ansehen der Lernfunktion für kurze Zeit. Es verhindert aber auch die Reflexion zugrunde liegender Interventionsvorstellungen. Ähnliches gilt für die attraktiven Programme, die angeboten werden, um dem operativen Management zu gefallen. Sie bestätigen das Management in seinem Selbstbild und versprechen Schutz vor persönlicher und kollektiver Reflexion. Die Lernfunktion opfert ihre diagnostische Zwischenposition. Die Fokussierung auf hochtrabende Pläne und die enge Kopplung an den Vorstand machen blind für das, was in der Organisation passiert.

Vorteilhafter war es, nicht gleich zu Beginn alle Energie für eine enge Verbindung zum Vorstand aufzuwenden. Damit ersparte man sich personelle Abhängigkeiten und die Gefahr, als Erfüllungsgehilfe des Vorstands beobachtet zu werden. Die Fälle zeigen, dass ein kunstfertiges Agieren jenseits der Machtzentrale sinnvoll sein kann, um erste Entwicklungsimpulse zu geben und die eigene Leistung unter Beweis zu stellen. Durch den Ausbau eines breiten Multiplikatorennetzwerks in der Organisation schafft sich die Lernfunktion ein festes Standbein. Wenn der Vorstand dann wie in einigen der untersuchten Fälle später auf die neue Einheit aufmerksam wird, ist sie kein Fähnchen im Winde. Dies erleichtert es ihr, eine Position „zwischen den Stühlen" einzunehmen. Durch ihr Netzwerk in der Organisation hat sie genügend Rückendeckung, um nicht blind die Position des Topmanagements zu übernehmen. Um die schwierige Zwischenposition und Widersprüchlichkeit besser zu bearbeiten, kann eine organisatorische Unabhängigkeit sinnvoll sein (wie zum Beispiel bei der EnBW). Die Lernfunktion ist weniger abhängig von hierarchischen Restriktionen und Eingriffen. Für die Einführung war es günstig, an die traditionellen Entwicklungserwartungen anzuknüpfen. So kann einerseits die eigene Leistungsfähigkeit unter Beweis gestellt werden und gleichzeitig ein Gespür dafür entwickelt werden, wo neue Akzente gesetzt werden können. Geduld, Bescheidenheit, gepaart mit Weitsicht und Beharrlichkeit, sind hier wichtige Erfolgsfaktoren. Eine offene Planung fixiert weniger stark das „Soll" und sensibilisiert für das „Jetzt". Die Lerneinheit bleibt empfänglich für Irritationen in der Organisation. Sie braucht feine Antennen, um Zufälle – die „Gunst der Stunde" – zu nutzen. Die zusammenfassende Diskussion der beiden Muster führt die unterschiedliche Grundhaltung der beiden Vorgehensweisen vor Augen: Während die zentral-intentionale Einführungsstrategie gegen die Systemevolution arbeitet, aber innerhalb des tradierten Musters verbleibt, versucht die organisch-offene Strategie mit der Systemevolution zu gehen, um Variationsmöglichkeiten einzuschleusen.

Handlungsempfehlungen
Auf der Basis dieser theoriegeleiteten Fallrekonstruktionen können einige verallgemeinerbare Handlungsempfehlungen für die Einführung einer strategischen Lernfunktion formuliert werden:

Weniger die Genialität des Konzepts ist entscheidend, sondern dass die junge Lernfunktion in der Organisation eine Position findet, um ihre diagnostische Funktion zu erfüllen. Sie darf sich nicht von einer Seite vereinnahmen lassen. Als Erfüllungsgehilfe des Topmanagements oder als Dienstleister der Geschäftsbereiche macht sie keinen Unterschied zum bereits bestehenden Muster. Sie muss ins Spiel kommen, ohne zum Spielball zu werden.

Dazu gehört zum einen eine gut durchdachte Lernarchitektur, die anschlussfähig an die Organisationsrealität ist und sie nicht überfordert. Stabilitäts- und Erneuerungsbedürfnisse müssen sorgsam austariert werden. Es ist wenig aussichtsreich, gleich zu Beginn mit genialen Lernformaten aufzuwarten, die dann anders interpretiert und genutzt werden oder denen misstrauisch begegnet wird. Die Lernfunktion muss eine intelligente und kunstfertige Taktik entwickeln, um die Revision trivialer Interventionsvorstellungen Schritt für Schritt einzufädeln. Dies klappt unbemerkt und leise oft besser als mit lauten Paukenschlägen. Sie kann zum Beispiel mit klassischen Managemententwicklungsprogrammen starten und nach und nach Reflexionsphasen zunächst auf individueller, später auf kollektiver Ebene ausbauen.

Die Lernarchitektur sollte dabei möglichst eng mit der Regelkommunikation der Organisation gekoppelt sein. Die Wahrscheinlichkeit ist größer, dass die Impulse der Lernarchitektur in der Organisation Beachtung finden und die Erfahrungen strukturrelevant werden, also in die Entscheidungsroutinen eingebaut werden. Zum Beispiel sollten die Vorgesetzten und Vorvorgesetzten der Teilnehmer in die Lernformate eingebunden, die Lernergebnisse in Regelsitzungen eingespeist werden usw. Generell sollte alles, was die Lernfunktion tut, strategisch genutzt werden, um sich besser mit den internen Interessengruppen zu verdrahten. Dazu zählen neben dem Vorstand auch die Geschäftsbereichsleiter, Funktionsbereiche wie Personal, Strategieentwicklung, Finanzen und Controlling oder IT. Durch ein Multiplikatorennetzwerk wird sie unabhängig von einzelnen einflussreichen Personen. Sie kann zum Beispiel Mentoren für ihre Programme suchen, die ein persönliches Interesse an der Idee gewinnen und die ihre eigenen Themen einbringen. Ehemalige Teilnehmer von Programmen sind ein guter Ansatzpunkt, um mit neuen Formaten zu experimentieren. Sie kann Formate für Funktionalbereiche wie Strategie oder Personal schaffen, um Kontakte zu knüpfen usw. Oder sie sorgt mit einem intelligenten Rotationskonzept dafür, dass die Mitarbeit in der Lernfunktion zu einem Karriereschritt operativer Manager wird. Auf diese Weise organisiert sich die Lernfunktion in die Organisation hinein, um an den Bereichsgrenzen wirken zu können. In dieser Zwischenposition gewinnt sie automatisch an strategischer Relevanz. Sie bedient sich nicht der Macht des Vorstands, sondern sie bietet ihm ein interessantes internes Netzwerk, das er für den Strategieprozess nutzen kann.

Ein weiterer Erfolgsfaktor ist Kontinuität. Dies gilt gleichermaßen für die Führungsverantwortung wie auch für die finanzielle Ausstattung. Eine Lernfunktion braucht Zeit, um zu reifen. Mit einem Führungswechsel sind immer Unsicherheiten und eine strategische Neuausrichtung verbunden. Mit einem Wechselverhalten wird die Lernfunktion in der Organisation nicht das notwendige Vertrauen aufbauen, das sie braucht, damit sich das Management auf das Abenteuer der Entwicklung der Entwicklungsfähigkeit einlässt. Unternehmen die ihre Personalentscheidungen nach dem Quartalsbericht treffen, werden wenig erfolgreich mit dem Aufbau einer Corporate University sein. Eine Möglichkeit, sich gegen Schwankungen zu schützen, ist die organisationale Unabhängigkeit, zum Beispiel als eigenständige GmbH. Aber es gibt auch andere Modelle, zum Beispiel die Finanzierung über eine Stiftung, die die Einheit unabhängig von unternehmerischen Konjunkturschwankungen macht.

Eine Lernfunktion muss damit rechnen, für ihre Impulse nicht geliebt zu werden. Sie ist eine Störung. Selbstreflexive Lernprozesse sind mit Unsicherheiten und unangenehmen Gefühlen verbunden. Die Lernfunktion braucht den Mut, möglichen Gegenwind auszuhalten. Sie darf der Verführung nicht unterliegen, das Unbehagen des Managements vorwegzunehmen und kollektive Reflexionsphasen in vorauseilendem Gehorsam auszusparen. Übrig bleibt dann meist nur noch individuelles Coaching, das auf der Ebene der Organisation nur wenig wirksam ist.

Die Analyse zeigt, dass auch Corporate Universities lernen müssen. Als junge Einheiten sind sie erst dabei, sich zu professionalisieren. Ihr Risiko ist groß, sich von der Organisation, die sie stören sollen, korrumpieren zu lassen. Um dieser Gefahr zu begegnen benötigen sie ein reflektiertes Organisations- und Interventionsverständnis und sie müssen ihre Logik, ihre eigene Evolution und ihre Vorgehensweise im Einführungsprozess zum Thema machen. Externe Beratung kann hier einen wichtigen Beitrag liefern. Sie sorgt für Auszeiten zur Nabelschau. Externe Beratung kann auch die notwendige inhaltliche Expertise einbringen, um das Entwicklungsverständnis und Interventionsverhalten zu schärfen. Sie stellt ihre Unterscheidungen zur Verfügung, auf die hin sie beobachtet werden kann.

Ausblick
Die Analyse der beiden Einführungsstrategien steht noch ganz am Anfang. Sie bezieht sich auf eine kleine Zahl von Unternehmen. Das organisch-offene Vorgehen ist einem Zufallsbefund zu verdanken. Die Ergebnisse bieten für nachfolgende Untersuchungen aber ein brauchbares Beobachtungsraster, mit dem der Einführungsprozess von Lernfunktionen verfolgt und reflektiert werden kann. Dem Praktiker zeigt die Analyse die Fallstricke bei der Einführung einer Lernfunktion auf. Die Unterscheidung der beiden Strategien mit ihren Merkmalen bietet einen Rahmen, in dem eigene Einführungsversuche eingeordnet, Entwicklungsdynamiken erklärt und Handlungsalternativen identifiziert werden können. Die Analyse macht es möglich, die Effekte des eigenen Verhaltens im Zusammenspiel mit dem jeweiligen Organisationskontext besser einschätzen zu können. Die praktische Relevanz der Ergebnisse zeigte sich bereits, als diese den Mitgliedern des Corporate University Learning Networks zurückgespiegelt wurden. Insbesondere die Unterscheidung der beiden Einführungsstrategien erfuhr große Resonanz und führte zu einer lebhaften Diskussion. Das Beobachtungsraster bietet einen Rahmen, um die eigenen Einführungserfahrungen zu reflektieren und Handlungsalternativen in den Blick zu bekommen.

Auch für die Forschung ist das Beobachtungsraster interessant. Es kann dazu dienen, Einführungsstrategien weiterer Fälle zu evaluieren. Besonders interessant ist eine genauere Untersuchung von Fällen mit einem organisch-offenen Vorgehen, um das Erfahrungsrepertoire mit dieser Strategie zu verfeinern. So ist es beispielsweise wichtig, besser zu verstehen, welche Kontextbedingungen diese Strategie begünstigen und in welchen sie versagt. Ebenfalls aufschlussreich wäre die Analyse des Entwicklungsverlaufs anderer Corporate-University-Varianten die zum Beispiel nicht vom Personalbereich verantwortet werden oder wissenschaftsnäher aufgestellt sind. Wie entwickeln sich andere Lösungsvarianten, wenn weniger Aufwertungsinteressen im Spiel sind? Auch hier wird die Frage des „Wissenstransfers" – verstanden als rekursiver Beobachtungsprozess – relevant. Darüber hinaus ist es wichtig, nach funktionalen Äquivalenten zu fragen. Wie sehen alternative Lösungen für den Umgang mit Nichtwissen aus, die zum Beispiel nicht durch eine Funktion erfüllt werden? Wie und in welchen Kontextbedingungen haben sich diese Formen entwickelt? Ein Beispiel dafür wären Familienunternehmen, bei denen diese existenzielle Aufgabe vom Management verantwortet und nicht delegiert wird.

Es lohnt sich, den Entwicklungsverlauf von Corporate Universities genauer unter die Lupe zu nehmen, um etwas über die Gestaltbarkeit der Entwicklungsfähigkeit zu lernen. Allerdings erfordert es einiges an Durchhaltevermögen, sich mit einer Managementmode zu beschäftigen, insbesondere, wenn diese beginnt, zu verblassen. Folgt man jedoch dem Trend und beugt sich der Logik von Managementmoden, stabilisiert man ein Bewältigungsmuster, das Unternehmen eher davon abhält, entwicklungsfähig zu werden. Das Schweigen trägt dazu bei, dass Unternehmen an ihrem Entwicklungsmuster nichts ändern. Ohne die Auswertung der Erfahrungen, die sie mit schnelllebigen, Rationalität und Eindeutigkeit suggerierenden Managementmoden gemacht haben, bekommen sie ihre „Form" nicht in den Blick. Bei der Erforschung der Nachhaltigkeit von Entwicklungsprozessen werden wir deshalb nicht umhinkommen, diese Ausdauer aufzubringen.

Literatur

Abrahamson, E. (1996): Management Fashion. In: Academy of Management Review, 21: 254-285.

Abrahamson, E. und Fairchild, G. (1999): Lifecycles, Triggers, and Collective Learning Processes. In: Administrative Science Quarterly, 44(4): 708-740.

Allen, M. (2002) (Hrsg.): The Corporate University Handbook. Designing, Managing, and Growing a Successful Program, Amacom, New York.

Allen, M. (2004): Striking a Balance Between Centralization and Decentralization of Corporate Learning. In: Corporate University Exchange, www.corpu.com.

Andresen, M. (2003): Corporate Universities als Instrument des Strategischen Managements von Person, Gruppe und Organisation, Peter Lang, Frankfurt am Main.

Ansoff, H. I. (1965): Corporate Strategy, Wiley, New York.

Argyris, C. (1976): Single-Loop and Double-Loop Models in Research on Decision Making. In: Administrative Science Quarterly, 21: 363-375.

Argyris, C. und Schön, D. (1999): Die Lernende Organisation: Grundlagen, Methode, Praxis, Klett-Cotta, Stuttgart.

Aubrey, B. (1999): Best Practices in Corporate Universities. In: Neumann, R., und Vollath, J. (Hrsg.), Corporate Universities – Strategische Unternehmensentwicklung durch maßgeschneidertes Lernen, Verlage A & O des Wissens, Hamburg und Zürich: 33-57.

Baecker, D. (1994): Postheroisches Management. Ein Vademecum, Merve Verlag, Berlin.

Baecker, D. (1999): Organisation als System, Suhrkamp, Frankfurt am Main.

Baecker, D. (2000): Die verlernende Organisation, Fakultät für Wirtschaftswissenschaft, Reinhard-Mohn-Lehrstuhl für Unternehmensführung, Wirtschaftsethik und gesellschaftlichen Wandel, Witten/Herdecke.

Baecker, D. (2001): Kapital als strukturelle Kopplung. In: Soziale Systeme, 7(2): 314-327.

Baecker, D. (2003): Organisation und Management, Suhrkamp, Frankfurt am Main.

Baecker, D. (2004): Das innovative Unternehmen im 21. Jahrhundert: Ein Szenario. In: Machnig, M. und Steinmeier, F.-W. (Hrsg.), Made in Germany '21: Deutschland erneuern, Hoffmann und Campe, Hamburg: 261-272.

Baecker, D. (2005): Form und Formen der Kommunikation, Suhrkamp, Frankfurt am Main.

Baldwin, T. T., Danielson, C. und Wiggenhorn, W. (1997): The Evolution of Learning Strategies in Organizations: From Employee Development to Busines Redefinition. In: The Academy of Management Executive, 11(4): 47-58.

Bardmann, T. (1991): Der zweite Doppelpunkt – Systemtheoretische und gesellschaftstheoretische Anmerkungen zur politischen Steuerung. In: Kersting, H. J., Vogel, H.-C., Woltmann, B. und Bardmann, T. (Hrsg.), Irritation als Plan. Konstruktivistische Einredungen, Institut für Beratung und Supervision, Aachen: 10-31.

Bardmann, T. (1994): Wenn aus Arbeit Abfall wird. Aufbau und Abbau organisatorischer Realitäten, Suhrkamp, Frankfurt am Main.

Barley, K. (2002): Corporate Universities' Structures That Reflect Organizational Cultures. In: Allen, M. (Hrsg.), The Corporate University Handbook. Designing, Managing, and Growing a Successful Program, Amacom, New York: 43-66.

Bartlett, C. A. und Goshal, S. (1987): Managing Across Borders: New Strategic Requirements. In: Sloan Management Review, 28(4): 7-17.

Bartlett, C. A. und Ghoshal, S. (2002): Managing Across Borders: The Transnational Solution, Harvard Business School Press, Boston, Mass.

Basarab, D. J. und Root, D. K. (1992): The Training Evaluation Process. A Practical Approach to Evaluating Corporate Training Programs, Kluwer Academic Publisher, Boston et al.

Bateson, G. (1983): Ökologie des Geistes, Suhrkamp, Frankfurt am Main.

Becker, A., Küpper, W. und Ortmann, G. (1992): Revisionen der Rationalität. In: Küpper, W. und Ortmann, G. (Hrsg.), Mikropolitik Rationalität, Macht und Spiele in Organisationen, Westdeutscher Verlag, Opladen: 89-114.

Belet, D. (1999): Turn Your Corporate University Into an Efficient Learning Organisation Development Tool, Paper Presented at the European Conference on Educational Research, Lahti, Finland, 22-25 September 1999, BLV Learning Partners, France.

Bell, D. (1985): Die nachindustrielle Gesellschaft, Campus, Frankfurt am Main.

Bericht Bundeszentrale für politische Bildung (2005): USA -Geschichte, Wirtschaft, Gesellschaft, Informationen zur politischen Bildung, Heft 268.

Bogner, A. und Menz, W. (2002): Das theoriegenerierende Experteninterview: Erkenntnisinteresse, Wissensformen, Interaktion. In: Bogner, A., Littig, B. und Menz, W. (Hrsg.), Das Experteninterview. Theorie, Methode, Anwendung, VS Verlag für Sozialwissenschaften, Wiesbaden: 33-70.

Böning-Consult (2003): Untersuchung Personalentwicklung 2003. PE heute: Zerrieben zwischen Leistungswunsch und Kostendruck. Eine empirische Studie zur Rolle der PE in deutschen Unternehmen, unveröffentlichtes Manuskript.

Boudreau, J. W. und Ramstad, P. M. (2005): Talentship and the Evolution of Human Resource Management: From "Professional Practices" to "Strategic Talent Leadership". In: Goldsmith, M., Gandossy, R. P. und Efron, M. S. (Hrsg.), HRM in the 21st Century, Wiley, New York: 79-90.

Breuer, H. (2002): Interfacegestaltung und Imagination, Kultivation von Unternehmensidentitäten in digitalen Medien, Waxmann, Münster.

Bruder, K.-J. (1993): Subjektivität und Postmoderne. Der Diskurs der Psychologie, Suhrkamp, Frankfurt am Main.

Brunsson, N. (1985): The Irrational Organization: Irrationality as a Basis for Organizational Action and Change, Fagbokforlaget Vigmostad Björke, Bergen.

Brunsson, N. (1993): Ideas and Actions: Justification and Hypocrisy as Alternatives to Control. In: Accounting Organizations and Society, 18: 489-506.

Brunsson, N. und Olsen, J. P. (1993): The Reforming Organization, Routledge, London.

Chandler, A. D. (1962): Strategy and Structure: Chapters in History of the Industrial Enterprise, Cambridge.

Church, A. H. und McMahan, G. C. (1996): The Practice of Organizational Development and Human Resource Development in America's Fastest Growing Firms, In: Leadership and Organizational Development Journal, 17, 17-33.

Cohen, M., March, J. und Olsen, P. (1972): A Garbage Can Model of Organizational Choice. In: Administrative Science Quarterly, 17: 1-25.

Collins, J. (2003): Der Weg zu den Besten, Deutscher Taschenbuch Verlag, München.

Corporate University Xchange, Inc. (2002): Fifth Annual Benchmarking Report, Corporate University Xchange, Inc., New York.

Cyert, R. und March, J. (1959): A Behavioural Theory of Organizational Objectives. In: Haire, M. (Hrsg.), Modern Organization Theory, Wiley, New York: 76-90.

Deiser, R. (1994): Strategisches Management im Wandel: Vom Planungsparadigma zum „Organizational Learning". In: Hofmann, M. und Al-Ani, A. (Hrsg.), Management-Forum: Neue Entwicklungen im Management, Physica Verlag, Berlin und Heidelberg: 57-85.

Deiser, R. (1995): Architektur des Wandels – Designprinzipien für lernende Organisationen. In: Geissler, H. (Hrsg.), Weiterbildung und Organisationslernen, Gabler, Wiesbaden: 308-325.

Deiser, R. (1996): Vom Wissen zum Tun und zurück: Die Kunst strategischen Wissensmanagements. In: Schneider, U. (Hrsg.), Wissensmanagement. Die Aktivierung des intellektuellen Kapitals, FAZ-Verlag, Frankfurt am Main: 49-76.

Deiser, R. (1998): Corporate Universities – Modeerscheinung oder strategischer Erfolgsfaktor? In: Organisationsentwicklung, 17(1): 36-49.

Deiser, R. (2000): Das Modell der Corporate University. In: Politische Studien, 51(Sonderheft 2): 48-54.

Dermer, J. D. und Lucas, R. G. (1986): The Illusion of Managerial Control. In: Accounting, Organizations and Society, 11: 471-482.

Deutschmann, C. (1993): Unternehmensberater – eine neue „Reflexionselite"? In: Müller-Jentsch, W. (Hrsg.), Profitable Ethik – effiziente Kultur: neue Sinnstiftung durch das Management?, Rainer Hampp Verlag, München und Mering: 57-82.

Dierkes, M., Hoffmann, U. und Marz, L. (1992): Leitbild und Technik, Edition Sigma, Berlin.

Dierkes, M. und Marz, J. (1994): Leitbildprägung und Leitbildgestaltung. In: Bechmann, G. und Petermann, T. (Hrsg.), Interdisziplinäre Technikforschung, Campus, Frankfurt am Main: 35-71. Donnenberg, O. (1999): Action-Learning. Ein Handbuch, Klett-Cotta, Stuttgart.

Doppler, K. und Lauterburg, C. (1995): Change-Management: den Unternehmenswandel gestalten, Campus, Frankfurt am Main.

Dutta, J. und Ahlemeier, M. (2006): VW stampft AutoUni ein. In: Financial Times Deutschland, http://www.ftd.de/unternehmen/industrie/75101.html.

Einsiedler, H. E. (1995): Den Anschluss nicht verpassen! Die Personalentwicklung im Jahr 2005. In: Versicherungsbetriebe, 5: 90-94.

Eurich, N. P. (1985): Corporate classrooms: The learning business, The Carnegie Foundation, Princeton, New Jersey.

European Foundation for Management Development (2001): The University Challenge: Corporate Competitiveness, Learning and Knowledge, Brüssel.

Faust, M. (2000): Warum boomt die Managementberatung – und warum nicht zu allen Zeiten und nicht überall?, Sofi-Mitteilungen, 28: 59-90.

Felixberger, P. (2002): Die bildende Wirtschaft. Ein Bericht über die AutoUni von Volkswagen. In: ChangeX, 2: 1-3.

Flick, U. et al. (1991): Handbuch qualitative Sozialforschung. Grundlagen, Konzepte, Methoden und Anwendungen, PVU, München.

Foerster, H. von (1973): Cybernetics of Cybernetics. BCL-Report No. 73.38, University of Illinois Press, Urbana, Ill.

Foerster, H. von (1985): Sicht und Einsicht. Versuche zu einer operativen Erkenntnistheorie, Carl-Auer-Systeme Verlag, Heidelberg.

Fresina, A. J. (1997): The three Prototypes of a Corporate University, In: Corporate University Review, Jan/Feb.

Froschauer, U. und Lueger, M. (2003): Das qualitative Interview, WUV-Universitätsverlag, Wien.

Fuchs, P. (1999): Intervention und Erfahrung, Suhrkamp, Frankfurt am Main.

Fuchs, P. und Mahler, E. (2000): Form und Funktion von Beratung. In: Soziale Systeme, 6(2): 349-368.

Fuchs, P. (2002): Hofnarren und Organisationsberater. Zur Funktion der Narretei, des Hofnarrentums und der Organisationsberatung. In: Organisationsentwicklung, 21(3): 4-15.

Fuchs, P. (2004): Die magische Welt der Beratung. In: Schützeichel, R. und Brüsenmeister, T. (Hrsg.), Die beratene Gesellschaft: Zur gesellschaftlichen Bedeutung von Beratung, VS Verlag für Sozialwissenschaften, Wiesbaden: 239-257.

Gebauer, A., Groth, T. und Simon, F. B. (2004): Aus Fehlern lernen. Das Scheitern als Chance. In: Personalführung, 37(6): 72-80.

Gebauer, A. (2005a): Einführungsversuche strategischer Lernarchitekturen. Organisationstheoretische Überlegungen zur Gestaltung von Erneuerungsroutinen am Beispiel von Corporate Universities in Deutschland, Wittener Diskussionspapier Nr. 140, Witten/Herdecke.

Gebauer, A. (2005b): The State of the Practice: Results from the 1st Annual ECLF Survey, unveröffentlichte Präsentation der 1st Annual ECLF Conference, October 10-12, 2005, Zurich, Switzerland.

Gebauer, A., et al. (2005c) (Hrsg.): Documentation of the ECLF-Conference 2005, Roland Deiser Associates, Los Angeles.

Gebauer, A. (2005d): Viele kleine Schritte, kein großer Wurf, Kritische Rekonstruktion der Entwicklungsverläufe von Corporate Universities, In: Personalführung, Heft 12: 60-71.

Gebauer, A. (2006): Was Corporate Universities erfolgreich macht, In: Wirschaft und Weiterbildung, Heft 2: 18-27.

Glaser, B. und Strauss, A. L. (1993): Die Entdeckung gegenstandsbezogener Theorie: Eine Grundstrategie qualitativer Sozialforschung. In: Hopf, C. und Weingarten, E. (Hrsg.), Qualitative Sozialforschung, Klett-Cotta, Stuttgart: 91-111.

Glaser, B. G. und Strauss, A. L. (1998): Grounded Theory: Strategien qualitativer Forschung, Huber, Bern.

Glotz, P. und Seufert, S. (2002): Corporate University. Wie Unternehmen ihre Mitarbeiter mit E-Learning erfolgreich weiterbilden, Huber, Frauenfeld, Stuttgart, Wien.

Hamel, G. und Prahalad, C. K. (1997): Wettlauf um die Zukunft, Ueberreuter, Wien.

Hammer, M. und Champy, J. (1993): Reengineering the Corporation, Harper Collins Publishers, New York.

Hartmann, H. (1959): Authority and Organisation in German Management, Princeton University Press, Princeton, NJ.

Heuser, M. (1999): Corporate University: Nukleus für individuelle und organisationale Wissensprozesse. In: Sattelberger, T. (Hrsg.), Wissenskapitalisten oder Söldner? Personalarbeit in Unternehmensnetzwerken des 21. Jahrhunderts, Gabler, Wiesbaden: 221-246.

Hilse, H. (2001a): The Schools of Business – the Business of Schools. Corporate Universities und traditionelle Universitäten in einem sich verändernden Bildungsmarkt. In: Kraemer, W. und Müller, M. (Hrsg.), Corporate Universities und E-Learning – Neue Formen für das lebenslange Lernen, Gabler, Wiesbaden: 149-176.

Hilse, H. (2001b): „Ein Himmelszelt in der Online-Welt": Der Beitrag von Corporate Universities zum unternehmensweiten Wissensmanagement. In: Die Unternehmung, 55(3): 169-185.

Jarvis, P. (2001): Universities and Corporate Universities. The Higher Learning Industry in Global Society, Kogan Page, London.

Karaian, J. (2005): The Ivory Boardroom. The Corporate University is Coming of Age. In: CFO Europe.com, September 2005.

Kern, H. (2003): European Executive Development. Taming the Tempest, Monitor Group, München.

Kieser, A. (1994): Evolutionäres Management. In: Zeitschrift für betriebswirtschaftliche Führung, 46: 199-228.

Kirkpatrick, D. L. (1994): Evaluating Training Programs: The Four Levels, Berrett-Koehler Publishers, Inc., San Francisco.

Klein, L. (2002): Corporate Consulting. Eine systemische Evaluation interner Beratung, Carl-Auer-Systeme Verlag, Heidelberg.

Kleiner, A. (o.J.): GE's Next Workout. In: Strategy and Business, 33: 1-5.

Kohl, S. (2002): Nordamerikanisches und deutsches Hochschulsystem im Vergleich, Mainzer Universitätsgespräche Wintersemester 2001/02: „Zukunft der Universität – Universität der Zukunft", Mimeo.

Kraemer, W. und Müller, M. (2001) (Hrsg.): Corporate Universities und E-Learning – Neue Formen für das lebenslange Lernen, Gabler, Wiesbaden.

Krüll, M., Luhmann, N. und Maturana, H. (1987): Grundkonzepte der Theorie autopoietischer Systeme. Neun Fragen an Niklas Luhmann und Humberto Maturana und ihre Antworten. In: Z.system.Ther, 5(1): 4-25.

Kuchler, B. (2003): Das Problem des Übergangs in Luhmanns Evolutionstheorie. In: Soziale Systeme, 9(1): 27-53.

Kühl, S. (1997): Von der Suche nach Rationalität zur Arbeit an Dilemmata und Paradoxien. Ansätze für eine Organisationsforschung in widersprüchlichen Kontexten, unveröffentlichter Artikel der Gesellschaft für interdisziplinäre Technikforschung (Gitta), Berlin.

Kühl, S. (1998): Wenn die Affen den Zoo regieren: Die Tücken der flachen Hierarchien, Campus, Frankfurt am Main.

Kühl, S. (1999): Krise, Renaissance oder Umbau von Hierarchien in Unternehmen? Anmerkungen zur aktuellen Managementdiskussion, www.berlinerdebatte.de, Internetartikel.

Kühl, S. (2000): Das Regenmacher-Phänomen. Widersprüche und Aberglaube im Konzept der Lernenden Organisation, Campus, Frankfurt am Main.

Kühl, S. und Strodtholz, P. (2002): Methoden der Organisationsforschung. Ein Handbuch, Rowohlt Taschenbuch Verlag, Reinbek bei Hamburg.

Küpper, W. und Hanft, A. (1992): Aufbruchstimmung in der Personalentwicklung. Ergebnisse einer Umfrage. In: Personalführung, 25(3): 194-232.Langer, E. J. (1975): The Illusion of Control. In: Journal for Personality and Social Psychology, 32: 311-328.

Lawler, E. und Mohrmann, S. A. (2003): Creating a Strategic Human Resources Organization. An Assessment of Trends and New Directions, Stanford University Press, Stanford.

Lawler, E. E., Mohrman, S. A. und Benson, G. S. (2001): Organizing for High Performance: The CEO Report on Employee Involvement, TQM, Reengineering and Knowledge Management in Fortune 1000 Companies, Jossey-Bass, San Francisco.

Lindbloom, C. (1959): The Science of Muddling Through, In: Public Administration Review, 19:79-88.

Loos, W. (1996): Lernen in Machtumgebungen: Plädoyer für eine überdachte Gestaltung der Schnittstelle zwischen Personalentwicklung und Management. In: Sattelberger, T. (Hrsg.), Human Resource Management im Umbruch: Positionierung, Potentiale, Perspektiven, Gabler, Wiesbaden: 146-156.

Lucchesi-Palli, F. und Vollath, J. (1999): Sinn und Unsinn von Corporate Universities, in: Neumann, R. und Vollath, J. (Hrsg.): Corporate Universities: Strategische Unternehmensentwicklung durch maßgeschneidertes Lernen, Verlag A&O des Wissens: Zürich und Hamburg: 57-70.

Luhmann, N. (1964): Funktionen und Folgen formaler Organisationen, Duncker & Humblot, Berlin.

Luhmann, N. (1980): Gesellschaftsstruktur und Semantik, Studien zur Wissenssoziologie der modernen Gesellschaft, Band 1, Suhrkamp, Frankfurt am Main.

Luhmann, N (1984): Soziale Systeme: Grundriß einer allgemeinen Theorie, Suhrkamp, Frankfurt am Main.

Luhmann, N. (1988): Die Wirtschaft der Gesellschaft, Suhrkamp, Frankfurt am Main (1. Auflage der Taschenbuchausgabe: 1994).

Luhmann, N. (1989): Politische Steuerung. Ein Diskussionsbeitrag. In: Politische Vierteljahresschrift, 30(1): 4-9.

Luhmann, N. (1992): Organisation. In: Küpper, W. und Ortmann, G. (Hrsg.), Mikropolitik Rationalität, Macht und Spiele in Organisationen, Westdeutscher Verlag, Opladen: 165-185.

Luhmann, N. (1993): Die Paradoxie der Form. In: Baecker, D. (Hrsg.), Kalkül der Form, Suhrkamp, Frankfurt am Main: 197-212.

Luhmann, N. (1994): Die Wissenschaft der Gesellschaft, Suhrkamp, Frankfurt am Main.

Luhmann, N. (1997): Die Gesellschaft der Gesellschaft, Suhrkamp, Frankfurt am Main.

Luhmann, N. (2000): Organisation und Entscheidung, Westdeutscher Verlag, Opladen.

Luhmann, N. und Fuchs, P. (1989): Reden und Schweigen, Suhrkamp, Frankfurt am Main.

Malik, F. (1993): Systemisches Management, Evolution, Selbstorganisation. Grundprobleme, Funktionsmechanismen und Lösungsansätze für komplexe Systeme, Haupt, Bern, Stuttgart, Wien.

March, J. G. (1991): Exploration and Exploitation in Organizational Learning. In: Organization Science, 2(1): 71-81.

March, J. G. (2001): „Wenn Organisationen wirklich intelligent werden wollen, müssen sie lernen, sich Torheiten zu leisten!" Ein Gespräch mit James G. March. In: Bardmann, T. und Groth, T. (Hrsg.), Zirkuläre Positionen, Westdeutscher Verlag, Opladen: 21-33.

March, J. G. und Olsen, J. P. (1979): Ambiguity and Choice in Organizations, 2. Auflage, Universitätsforlaget, Bergen.

Marr, R. (1987): Strategisches Personalmanagement – des Kaisers neue Kleider? In: Lattmann, C. (Hrsg.): Personalmanagement und Strategische Unternehmensführung, Physica Verlag, Heidelberg: 13-23.

Maturana, H. (1985): Erkennen: Die Organisation und Verkörperung von Wirklichkeit, Viehweg, Braunschweig und Wiesbaden.

Maturana, H. (1987): Der Baum der Erkenntnis. Die biologischen Wurzeln des menschlichen Erkennens, Scherz Verlag, Bern, München, Wien.

Mayer, B. M. (2003): Lernarchitekturen von Managementtrainings – eine vergleichende Untersuchung. In: Organisationsentwicklung, 22(1): 44-55.

Mayer, B. M. (2003): Systemische Managementtrainings – Theorieansätze und Lernarchitekturen im Vergleich, Carl-Auer-Systeme Verlag, Heidelberg.

McCall, M. W. (1998): High Flyers. Developing the Next Generation of Leaders, Harvard Business School Press, Boston, Mass.

McMahan, G. C. und Woodman, R. W. (1992): The Current Practice of Organization Development Within the Firm: A Survey of Large Industrial Corporations. In: Group & Organization Management, 17: 117-134.Meister, J. C. (1994): Corporate Quality Universities, Richard D. Irwin, New York.

Meister, J. C. (1998): Corporate Universities: Lessons in Building a World-Class Work Force, McGraw-Hill, New York.

Meuser, M. und Nagel, U. (1991): ExpertInneninterviews – vielfach erprobt, wenig bedacht. Ein Beitrag zur qualitativen Methodendiskussion. In: Garz, D. und Kraimer, K. (Hrsg.), Qualitativ-empirische Sozialforschung. Konzepte, Methoden, Analysen, Westdeutscher Verlag, Opladen: 441-471.

Müller, M. (2000): DaimlerChrysler Corporate University – online, Unveröffentlichte Präsentation in der Jena Schiller Universität am 29.03.2000.

Müller, M. (2001): DaimlerChrysler Corporate University – The Path to Top Performance. In: Kraemer, W. und Müller, M. (Hrsg.), Corporate Universities und E-Learning – Neue Formen für das lebenslange Lernen, Gabler, Wiesbaden: 391-400.

Münch, J. (2003) (Hrsg.): Status und Rolle der Corporate University zwischen betrieblicher Bildungsabteilung und öffentlicher Hochschule,

Arbeitsgemeinschaft Betriebliche Weiterbildungsforschung e.V. Berlin, Kaiserslautern.

Mintzberg, H. (2004): Managers not MBAs. A Hard Look at the Soft Practice of Managing and Management Development, Berrett-Koehler Publishers, Inc., San Francisco.

Mintzberg, H., Ahlstrand, B. und Lampel, J. (1999): Strategy Safari. Eine Reise durch die Wildnis des strategischen Managements, Ueberreuter, Wien.

Mittelstraß, J. (2002): Die Modernität der klassischen Universität, In: http://www.uni-konstanz.de/philosophie/Mitarbeiter/mittelstrass/Marburg-2002.htm.

Mohe, M. (2006): Funktionen und Grenzen der Meta-Beratung: Was kann Meta-Beratung leisten? In: Zeitschrift für Führung und Organisation (im Erscheinen).

Mohe, M. und Kolbeck, C. (2003): Klientenprofessionalisierung in Deutschland. Stand des professionellen Umgangs mit Beratung bei deutschen Dax- und MDax-Unternehmen, Core, Oldenburg.

Morgan, G. (1997): Images of Organization, Sage, Thousand Oaks, Cal., et al.

Neuberger, O. (1996): Gaukler, Hofnarren, Komödianten: Rückwärtsgewandte Überlegungen zur Gegenwart des Vergangenen in der Personalentwicklung. In: Sattelberger, T. (Hrsg.), Human Resource Management im Umbruch: Positionierung, Potentiale, Perspektiven, Gabler, Wiesbaden: 157-184.

Nicolai, A. T. (2000): Die Strategie-Industrie. Systemtheoretische Analyse des Zusammenspiels von Wissenschaft, Praxis und Unternehmensberatung, Gabler, Wiesbaden.

Nonaka, I. (2000): The Knowledge-Creating Company. In: Harvard Business Review, November-December 1991: 96-104.

Nonaka, I. und Takeuchi, H. (1997): Die Organisation des Wissens. Wie japanische Unternehmen eine brachliegende Ressource nutzbar machen, Campus, Frankfurt am Main.

Piaget, J. (1975): Die Entwicklung des Erkennens I. Das mathematische Denken, Ernst Klett, Stuttgart.

Prahalad, C. K. und Hamel, G. (1991): Nur Kernkompetenzen sichern das Überleben. In: Harvard Businessmanager, 2: 66-78.

Probst, G., Raub, S. und Romhardt, K. (1997): Wissen managen, Gabler, Wiesbaden.

Pugh, D. S. und Mayntz, R. (1968): Eine dimensionale Analyse bürokratischer Strukturen. In: Mayntz, R. (Hrsg.), Bürokratische Organisation, Kiepenheuer & Witsch, Köln: 82-93.

Pugh, D. S., Hickson, D. J. et al. (1968): Dimensions of Organization Structure. In: Administrative Science Quarterly, 13: 65-105.

Rademakers, M. und Huizinga, N. (2000): How strategic is your Corporate University? In: The new Corporate University Review, Vol. 8, Nr. 6.

Renaud-Coulon, A. (2002): Universités d'entreprise et instituts d'entreprise. Évaluation et comparaison internationale, ECCU.

Revans, R. W. (1972): Action-Learning – A Management Development Program. In: Personnel Review, 1: 36-44.

Revans, R. W. (1977): An Action-Learning Trust. In: Journal of European Industrial Training, 1(1): 2-5.

Rüegg-Stürm, J. (2002): Das neue St. Gallener Management-Modell. Grundkategorien einer intergrierten Managementlehre. Der HSG-Ansatz, Haupt, Bern et al.

Rüegg-Stürm, J. (2003): Organisation und organisationaler Wandel, Westdeutscher Verlag, Opladen.

Rump, J. und Eilers, S. (2005): BMBF Abschlussbericht, Fachhochschule für Wirtschaft, Ludwigshafen.

Sackmann, S. (2000): Unternehmenskultur – Konstruktivistische Betrachtungen und deren Implikationen für die Unternehmenspraxis. In: Stahl, H. und Hejl, P. M. (Hrsg.), Management und Wirklichkeit. Das Konstruieren von Unternehmen, Märkten und Zukünften, Carl-Auer-Systeme Verlag, Heidelberg: 141-158.

Sattelberger, T. (1996): Klassische Personalentwicklung: dominant, aber tot. In: Sattelberger, T. (Hrsg.), Human Resource Management im Umbruch: Positionierung, Potentiale, Perspektiven, Gabler, Wiesbaden: 332-352.

Sattelberger, T. (1996) (Hrsg.): Human Resource Management im Umbruch: Positionierung, Potentiale, Perspektiven, Gabler, Wiesbaden.

Schachtner, C. (1999): Ärztliche Praxis. Die gestaltende Kraft der Metapher, Suhrkamp, Frankfurt am Main.

Scharpf, F. W. (1989): Politische Steuerung und politische Institutionen. In: Politische Vierteljahresschrift, 30(1): 10-21.

Schein, E. H. (1996): Three Cultures of Management: The Key to Organizational Learning. In: Sloan Management Review, 38(1): 9-19.

Scholz, C. (1999): Innovative Personalorganisation, Luchterhand, Neuwied und Krifte/Ts.

Schreyögg, G. (1998): Strategische Diskurse – Strategieentwicklung im organisatorischen Prozess. In: Organisationsentwicklung, 17: 32-43.

Schreyögg, G. (1999): Organisation. Grundlagen der Organisationsgestaltung, Gabler, Wiesbaden.

Schreyögg, G. und Geiger, D. (2003): Wenn alles Wissen ist, ist Wissen am Ende nichts? Vorschläge zur Neuorientierung des Wissensmanagements. In: DBW – Die Betriebswirtschaft, 1: 7-35.

Selznick, P. (1957): Leadership in Administration: A Sociological Interpretation, Harper & Row, New York et al.

Shannon, C. E. und Weaver, W. (1949): The Mathematical Theory of Communication, University of Illinois Press, Urbana, Ill.

SHRM (1998): Human Resource Management, 1998 SHRM/CCH Study, CCH: Chicago.

Simon, F. B. (1993): Mathematik und Erkenntnis: Eine Möglichkeit, die „Laws of Form" zu lesen. In: Baecker, D. (Hrsg.), Kalkül der Form, Suhrkamp, Frankfurt am Main: 38-57.

Simon, F. B. (1997): Die Kunst, nicht zu lernen, und andere Paradoxien in Psychotherapie, Management, Politik, Carl-Auer-Systeme Verlag, Heidelberg.

Simon, F. B. (2000): Radikale Marktwirtschaft, Carl-Auer-Systeme Verlag, Heidelberg.

Simon, F. B. (2002): The De-Construction and Re-Construction of Authority and the Role of Management and Consulting. In: Soziale Systeme, 8(2): 283-293.

Simon, F. B. und Rech-Simon, C. (2001): Zirkuläres Fragen. Systemische Therapie in Fallbeispielen: Ein Lernbuch, Carl-Auer-Systeme Verlag, Heidelberg.

Spinner, H. F. (194): Die Wissensordnung, Leske und Budrich Verlag, Opladen.

Stauss, B. (1999): Die Rolle deutscher Universitäten im Rahmen einer Corporate University. In: Neumann, R. und Vollath, J. (Hrsg.), Corporate Universities – Strategische Unternehmensentwicklung durch maßgeschneidertes Lernen, Verlage A & O des Wissens, Hamburg und Zürich: 121-155.

Supply Management Group (2003): Management und Wirksamkeit von Corporate Universities. Ergebnisse einer empirischen Studie, Supply Management Group, St. Gallen.

Süßmair, A., Deller, J. und Voigtländer, C. (2005): Messbarkeit des Wertbeitrags von Corporate Universities in Deutschland. In: Unveröffentlichter Endbericht, Universität Lüneburg.

Taylor, F. W. (1913): Die Grundsätze wissenschaftlicher Betriebsführung (Übers. aus dem Engl., Original 1911), Oldenbourg, München.

Taylor, S. und Phillipps, T. (2002): The Corporate University Challenge: Corporate Competitiveness, Learning and Knowledge, efmd Corporate University Learning Group, Brüssel.

Tichy, N. M. (1993): Control Your Destiny or Someone Else Will. Lessons in Mastering Change – The Principles Jack Welsh is Using to Revolutionize General Electric, Doubleday, New York.

Tichy, N. M. (1995): Regieanweisung für Revolutionäre, Unternehmenswandel in drei Akten, Campus, Frankfurt a.M.

Tichy, N. M. (2001): Die so ganz andere Personalentwicklung. In: Harvard Businessmanager, 5: 104-111.

Töpfer, A. (2000): Corporate University: Brücke zwischen Theorie und Praxis. In: PersonalführungPlus, 5(1): 26-31.

Ulrich, D. (1997): Human Resource Champions: The Next Agenda for Adding Value and Delivering Results, Harvard Business School Press, Boston, Mass.

Ulrich, D. (1999): Strategisches Human Resource Management, Hanser, München.

Ulrich, D., Kerr, S. und Ashkenas, R. (2002): The GE Workout. How to Implement GE's Revolutionary Method for Busting Bureaucracy and Attacking Organizational Problems – Fast!, McGraw-Hill, New York.

Ulrich, G. (1994): Politische Steuerung, Westdeutscher Verlag, Opladen.

Varela, F. (1981): Der kreative Zirkel: Skizzen zur Naturgeschichte der Rückbezüglichkeit. In: Watzlawick, P. (Hrsg.), Die erfundene Wirklichkeit, Piper, München: 295-309.

Varela, F., Maturana, H. und Uribe, R. (1974): Autopoiesis: The Organization of Living Systems, Its Characterization and a Model. In: Biosystems, 5: 187-196.

Walger, G. (2000): Die Universität der Wissensgesellschaft, Fakultät für Wirtschaftswissenschaft, Dr.-Werner-Jackstädt-Stiftungslehrstuhl für Betriebswirtschaftslehre, Unternehmensführung und Unternehmensberatung, Witten/Herdecke.

Warnecke, H. J. (1993): Die fraktale Fabrik, Carl-Auer-Systeme Verlag, Heidelberg.

Watzlawick, P. (1991): Wie wirklich ist die Wirklichkeit? Wahn, Täuschung, Verstehen, 1. Auflage 1976, Piper, München.

Watzlawick, P., Beavin, J. und Jackson, D. (1990): Menschliche Kommunikation: Formen, Störungen, Paradoxien, 1. Auflage 1969, Huber, Bern.

Weber, H. (2001): Corporate Universities im Informationszeitalter. In: Kraemer, W. und Müller, M. (Hrsg.), Corporate Universities und E-Learning – Neue Formen für das lebenslange Lernen, Gabler, Wiesbaden: 89-124.

Weber, M. (1924): Gesammelte Aufsätze zur Soziologie und Sozialpolitik, Mohr, Tübingen.

Weber, M. (1976): Wirtschaft und Gesellschaft, 5. Auflage, Mohr, Tübingen.

Weick, K. E. (1976): Educational Organizations as Loosely Coupled Systems. In: Administrative Science Quarterly, 21: 1-19.

Weick, K. E. (1985): Der Prozess des Organisierens, Suhrkamp, Frankfurt am Main.

Weick, K. E. (1990): The Vulnerable System: An Analysis of the Tenerife Air Disaster. In: Journal of Management, 16: 571-593.

Weick, K. E. (1993): The Collapse of Sensemaking in Organizations: The Mann Gulch Disaster. In: Administrative Science Quarterly, 38: 628-652.

Weick, K. E. (1995): Sensemaking in Organizations, Sage, Thousand Oaks.

Weick, K. E. (1996): Drop Your Tools: An Allegory for Organizational Studies. In: Administrative Science Quarterly, 41: 301-313.

Weick, K. E. (2001): „Drop Your Tools!" Ein Gespräch mit Karl E. Weick. In: Bardmann, T. und Groth, T. (Hrsg.), Zirkuläre Positionen, Westdeutscher Verlag, Opladen: 123-138.

Weick, K. und Sutcliffe, K. M. (2003): Das Unerwartete managen, Klett-Cotta, Stuttgart.

Wiener, N. (1948): Kybernetik, Econ-Verlag, Düsseldorf.

Wiggenhorn, A. W. (1993): The Corporate University: Recreating the Company as a Place of Learning. In: Organisationsforum Wirtschaftskongreß Köln (Hrsg.), Die Ressource Mensch im Mittelpunkt innovativer Unternehmensführung, Gabler, Wiesbaden.

Willke, H. (1992): Ironie des Staates. Grundlinien einer Staatstheorie polyzentrischer Gesellschaft, Suhrkamp, Frankfurt am Main.

Willke, H. (2000): Nagelprobe des Wissensmanagements: Zum Zusammenspiel von personalem und organisationalem Wissen. In: Götz, K. (Hrsg.), Wissensmanagement. Zwischen Wissen und Nichtwissen, Rainer Hampp Verlag, München und Mering: 15-32.

Willke, H. (2001a): Systemisches Wissensmanagement, Lucius & Lucius, Stuttgart.

Willke, H. (2001b): Systemtheorie III: Steuerungstheorie, 3., bearbeitete Auflage, Lucius & Lucius, Stuttgart.

Wimmer, R. (1989): Die Steuerung komplexer Organisationen. Ein Reformulierungsversuch der Führungsproblematik aus systemischer Sicht. In: Sandner, K. (Hrsg.), Politische Prozesse in Unternehmen, Physica Verlag, Berlin und Heidelberg: 131-156.

Wimmer, R. (1995): Die Funktion des General Managements unter stark veränderten wirtschaftlichen Rahmenbedingungen. In: Heitger, B., Schmitz, C. und Gester, P.-W. (Hrsg.), Managerie 3. Systemisches Denken und Handeln im Management, Carl-Auer-Systeme Verlag, Heidelberg: 74-119.

Wimmer, R., et al. (1996): Familienunternehmen – Auslaufmodell oder Erfolgstyp, Gabler, Wiesbaden.

Wimmer, R. (1999a): Die Zukunft von Organisation und Beschäftigung. Einige Thesen zum aktuellen Strukturwandel von Wirtschaft und Gesellschaft. In: Organisationsentwicklung, 18(3): 26-41.

Wimmer, R. (1999b): Wider den Veränderungsoptimismus – Zu den Möglichkeiten und Grenzen einer radikalen Transformation von Organisationen, Wittener Diskussionspapiere (37), Witten/Herdecke.

Wimmer, R. (2000): Wie lernfähig sind Organisationen? Zur Problematik einer vorausschauenden Selbsterneuerung sozialer Systeme. In: Hejl, P. M. und Stahl, K. (Hrsg.), Management und Wirklichkeit. Das Konstruieren von Unternehmen, Märkten und Zukünften, Carl-Auer-Systeme, Heidelberg: 265-294.

Wimmer, R. (2004): Organisation und Beratung. Systemtheoretische Perspektiven für die Praxis, Carl-Auer-Systeme Verlag, Heidelberg.

Wimmer, R. und Kolbeck, C. (2001): Stößt der Beraterboom an seine Grenzen? Oder: Aufbau und Dekonstruktion von Autorität in Organisationen. In: Wüthrich, A., Winter, W. und Phillip, A. (Hrsg.), Grenzen des ökonomischen Denkens, Gabler, Wiesbaden: 525-545.

Wimmer, R. und Nagel, R. (2002): Systemische Strategieentwicklung, Klett-Cotta, Stuttgart.

Wimmer, R., Emmerich, A. und Nicolai, A.T. (2002): Corporate Universities in Deutschland. Eine empirische Untersuchung zu ihrer Verbreitung und strategischen Bedeutung, BMBF, Bonn.

Wimmer, R. und Gebauer, A. (2004): Nachfolge in Familienunternehmen. Theoretische Überlegungen für die erfolgreiche Gestaltung des Übergangs. In: zfo, 5: 244-251.

Wimmer, R., Simon, F. B. und Groth, T. (2004): Erfolgsmuster von Mehrgenerationen-Familienunternehmen, Wittener Diskussionspapiere, (Sonderheft Nr. 2), Witten/Herdecke.

Wimmer, R., Domayer, E., Oswald, M. und Vater, G. (2005): Familienunternehmen – Auslaufmodell oder Erfolgstyp?, 2., vollständig überarbeitete Ausgabe, Gabler, Wiesbaden.

Wright, P., Dyer, L. und Takla, M. (1999): State-of-the-Art and Practice Council Report, Human Resource Planning Society, New York.

Abbildungen und Tabellen

Abbildung 1: Aspekte der Analyse 23
Abbildung 2: Abgrenzung von der traditionellen Personalentwicklung 83
Abbildung 3: Fünfachsenmodell zu strategischen Lernarchitekturen von Hilse (2001a) 86
Abbildung 4: Baukastenmodell von Andresen (2003) 89
Abbildung 5: Prototypenmodell nach Fresina (1997) 93
Abbildung 6: Bandbreite einer Lernarchitektur 111
Abbildung 7: Spannungsfeld zur Regulierung des Irritationspotentials 112
Abbildung 8: Interpretation von Entwicklungsangeboten 152
Abbildung 9: Corporate University als Adresse für organisationale Konfliktlagen 185
Abbildung 10: Merkmale organisch-offener und zentral-intentionaler Einführungsstrategien 192
Abbildung 11: Entwicklungsverläufe von Corporate Universities 212
Abbildung 12: Zentral-intentionaler Entwicklungsverlauf (illustrative Darstellung) 233
Abbildung 13: Organisch-offener Entwicklungsverlauf (illustrative Darstellung) 234
Abbildung 14: Stabilisierung des rationalen Modells durch eine zentral-intentionale Einführungsstrategie 237
Abbildung 15: Überblick über die Datenerhebung (chronologisch) 271
Abbildung 16: Verdichtung der Interviews 272
Abbildung 17: Reduktion des empirischen Materials 273

Anhang

Empirisches Vorgehen

Datenerhebung

Die empirischen Daten wurden mit leitfadengestützten, offenen Experteninterviews, teilnehmender Beobachtung von Gruppendiskussionen und eigenen Feldbeobachtungen erhoben.

Leitfadengestützte Interviews
Ziel der Leitfadeninterviews war es, verschiedene Sichtweisen über den Einführungsprozess zu explorieren und sie auf Gemeinsamkeiten und Unterschiede hin zu untersuchen. Die interviewten Führungskräfte wurden als Experten befragt und wertgeschätzt (vgl. Meuser et al., 1991). Dabei interessierte neben ihrer Fachexpertise im Bereich strategischer Personal- und Organisationsentwicklung vor allem ihr Erfahrungs- und Deutungswissen über den Einführungsprozess innerhalb der Sinnbezüge ihres Unternehmens. Es interessierte das tiefer liegende Strukturwissen, das streng genommen erst im Dialog zwischen Experte und Forscher konstruiert wird (vgl. dazu Bogner und Menz, 2002: 43). Mit Hilfe der Experteninterviews gelang es, einen intensiven und möglichst gleichberechtigten Forschungsdialog anzustoßen. Ein wichtiges Erfolgskriterium waren die Felderfahrungen der Forscherin. Die befragten Führungskräften hatten eine kompetente Gesprächspartnerin bzw. „Koexpertin", die ihre Herkunft jedoch in einer anderen (wissenschaftlichen) Wissenskultur hat (vgl. zu unterschiedlichen Zuschreibungen zwischen Experte und Interviewer ebd.: 50ff.).

In der Vorbereitungsphase wurden 15 ausgewählte Corporate-University-Leiter persönlich angeschrieben, mit der Bitte um einen Gesprächstermin. Zudem wurden die Corporate-University-Verantwortlichen gebeten, mögliche Gesprächspartner aus anderen Bereichen zu benennen, um auch andere Perspektiven auf den Einführungsprozess zu reflektieren. Die Unternehmen wurden aus einer Benchmarkstudie des BMBF selektiert, die den Status quo von Corporate Universities in Deutschland untersucht hatte (vgl. Wimmer et al., 2002). Es interessierten vor allem Unternehmen, die schon seit einiger Zeit eine Corporate University betreiben und die versuchten, innovative Lernkonzepte umzusetzen. Alle Unternehmen waren große Konzerne. Der Unternehmenskontext, also die Branchenzugehörigkeit, Aufgabenstellung usw., war kein Selektionskriterium.

Die angeschriebenen Führungskräfte wurden zwei Wochen später telefonisch kontaktiert, um einen Gesprächstermin zu vereinbaren. Neun der 15 angeschriebenen Corporate-University-Verantwortlichen erklärten sich zu Einzelgesprächen bereit. Drei der gewonnenen Gesprächspartner bemühten sich um weitere Interviewtermine mit Vertretern anderer Unternehmensbereiche, zum Beispiel aus der Managemententwicklung, dem Vorstandsressort oder den operativen Geschäftsbereichen. Im Verlauf des Forschungsprozesses wurden weitere Interviews geführt, zum Beispiel mit den ehemaligen Leitern einer Corporate University, Vertretern anderer relevanter Entwicklungsbereiche usw.

Die Leitfäden für die Interviews basieren auf den theoretischen Vorüberlegungen. Die Richtfragen beziehen sich auf die entwicklungsrelevanten Dimensionen interne Struktur, Organisationsumwelt sowie subkulturelle Erwartungen. Im Laufe des Forschungsprozesses wurden die Leitfäden um weitere Themen und Aspekte, die sich abzeichneten, ergänzt. Dies waren zum Beispiel die Bedeutung der Corporate-University-Idee als Managementmode, vorhandene Lern- und Interventionsvorstellungen, zufällige Entwicklungen oder die Bedeutung von Führungswechseln.

Für die Rekonstruktion der verschiedenen Perspektiven und Sinnkonstruktionen boten sich systemische Fragetechniken an. Zirkuläres Fragen exploriert die Beziehungen zwischen den beteiligten Bereichen und Funktionen und die darin eingelagerten Sinnkonstruktionen: Wie würden die anderen Bereiche das Verhältnis zwischen Corporate University und Vorstand beschreiben? Wie wird die Einführung von anderen beobachtet, interpretiert? Das Fragen nach Unterschieden zielt auf Beobachtungskonventionen im System: Was würde fehlen, wenn ...? Was wäre anders? Usw. Darüber hinaus gibt das Arbeiten mit Metaphern und Bildern Aufschluss über implizite Sinnhorizonte und -vorstellungen, die explizit schwer zu verbalisieren sind.

Die Fragen waren nur eine grobe Richtschnur. Die Gesprächspartner wurden aufgefordert, eigene Themen oder Begebenheiten im Einführungsprozess zu benennen, die sie für wichtig, schwierig oder widersprüchlich hielten. Dieses halboffene Vorgehen ermöglichte ein unvoreingenommenes, aber auch nicht naives Vorgehen.

Acht grobe Blöcke strukturierten die Gespräche:
- die relevanten unternehmerischen Herausforderungen
- die organisatorische Verankerung und Zielsetzung der CU
- der Einführungsverlauf seit der Gründung
- die Entwicklung der Lernprozesse und -muster im Verlauf
- zugrunde liegende Lernprämissen und Steuerungsvorstellungen
- Erwartungen und Interessen, die mit dem Aufbau der neuen Lernarchitektur verbunden wurden
- typische Probleme und Brüche bei der Einführung

Die Interviews wurden persönlich durchgeführt. Die Autorin bemühte sich um einen wertneutralen, wertschätzenden Befragungsstil, um eine Vertrauensatmosphäre zu schaffen, in der sich die Befragten offen äußern und auch schwierige Situationen ansprechen konnten. In drei Fällen fanden die Gespräche telefonisch statt. Die Autorin kannte diese Gesprächspartner bereits persönlich, so dass die notwendige Vertrauensatmosphäre trotzdem gewährleistet war. Die Gespräche dauerten zwischen 60 und 90 Minuten. Sie wurden auf Tonband aufgezeichnet und anschließend transkribiert.

Feldbeobachtungen bei einem Beratungsprojekt
Über einen Zeitraum von eineinhalb Jahren (Herbst 2003 bis Frühjahr 2005) wurde die Autorin immer wieder als Expertin für Lern- und Entwicklungsdynamiken in Projekte zur strategischen Positionierung einer Corporate University einbezogen. So wurden weitere wertvolle Beobachtungen im Feld gemacht. Die Eindrücke wurden in Beobachtungsprotokollen festgehalten und flossen in die Analyse ein.

Gruppendiskussionen
Die Gruppendiskussionen fanden im Rahmen des Corporate University Learning Networks in halbjährlichen Abständen statt. Bis zu 24 Corporate-University-Verantwortlichen nahmen teil. In diesen zwei- bis dreistündigen Diskussionen berichteten Corporate-University-Verantwortliche über den Entwicklungsstand ihrer Corporate University und erörterten Entwicklungsprobleme. Die Diskussionen wurden von den Leitern des Netzwerkes moderiert. Die Autorin nahm als Beobachterin teil. Die Diskussionen wurden ausführlich dokumentiert.

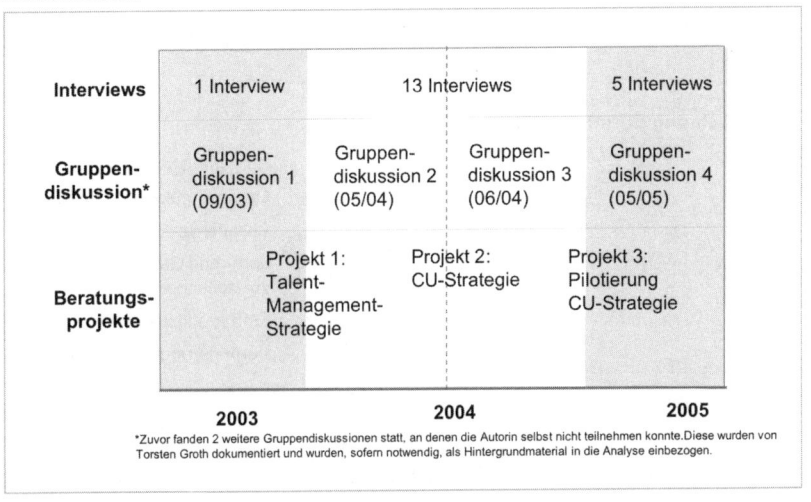

Interviews	1 Interview	13 Interviews		5 Interviews
Gruppendiskussion*	Gruppendiskussion 1 (09/03)	Gruppendiskussion 2 (05/04)	Gruppendiskussion 3 (06/04)	Gruppendiskussion 4 (05/05)
Beratungsprojekte		Projekt 1: Talent-Management-Strategie	Projekt 2: CU-Strategie	Projekt 3: Pilotierung CU-Strategie
	2003	2004		2005

*Zuvor fanden 2 weitere Gruppendiskussionen statt, an denen die Autorin selbst nicht teilnehmen konnte. Diese wurden von Torsten Groth dokumentiert und wurden, sofern notwendig, als Hintergrundmaterial in die Analyse einbezogen.

Abbildung 15: Überblick über die Datenerhebung (chronologisch)

Datenauswertung

Die Auswertung erfolgte zum einen inhaltsbezogen: Welche Themen und Aspekte werden angesprochen und welchen Sinn macht dies im Systemkontext? Was sind immer wiederkehrende Problematiken, Kontextkonstellationen etc., die den Einführungsprozess begleiten? Darüber hinaus wurde auf implizite Annahmen und Überzeugungen geachtet, die zum Beispiel durch die Verwendung auffälliger Bilder und Metaphern implizit vermittelt werden und etwas über zugrunde liegende Lern- und Steuerungsvorstellungen aussagen können (vgl. dazu Morgan, 1997; Schachtner, 1999).

Die Auswertung erfolgte in drei Schritten:

Zunächst wurden die auf Tonband aufgezeichneten Interviews verdichtet (siehe Abbildung 16). Die ersten fünf Interviews wurden vollständig transkribiert, um die relevanten Themen und Aspekte herauszufiltern. Die restlichen Interviews wurden aus Zeitgründen lediglich paraphrasiert und nur besonders interessante Stellen transkribiert. Pro Interview entstand so eine ca. zehnseitige, nach Themen strukturierte Interviewdokumentation.

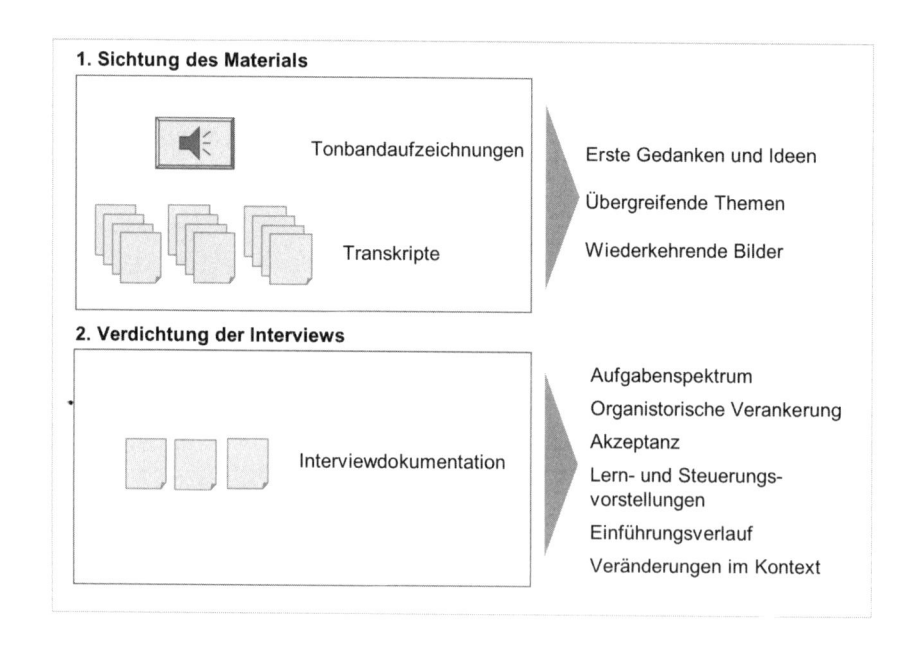

Abbildung 16: Verdichtung der Interviews

Das gesamte empirische Material (also die Interviewdokumentationen, die dokumentierten Gruppendiskussionen sowie die Beobachtungsprotokolle) wurde in einer Excel-Tabelle zusammengeführt. Die empirischen Daten wurden in sechs Themenblöcke strukturiert:
1. *Corporate University als Label*
2. *Balance zwischen Erneuerung und Stabilität*
3. *Balance zwischen „zentral" und „dezentral"*
4. *Mentale Modelle*
5. *Kontrollfiktion*
6. *Einführungsverlauf*

Für jeden Block wurde ein Arbeitsblatt eingerichtet und die Zitate und Beobachtungen zugeordnet. In einigen Fällen waren Doppelzuordnungen notwendig. Eine weitere Spalte dokumentierte eigene Interpretationen. Pro Themenblock ergaben sich weitere Unterüberschriften, um das vielfältige Material sinnvoll zu strukturieren.

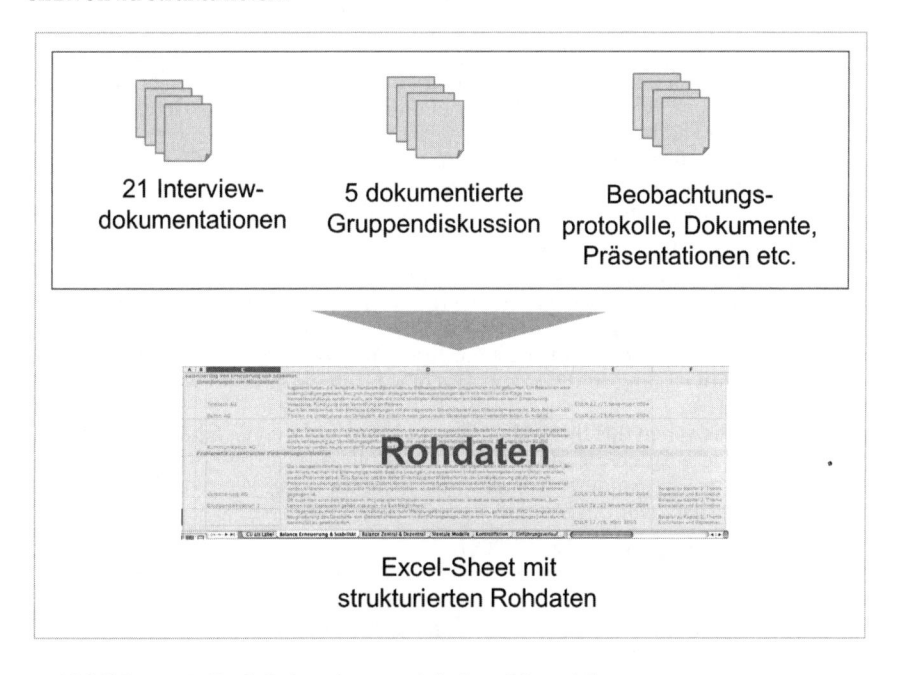

Abbildung 17: Reduktion des empirischen Materials

Die so strukturierten empirischen Befunde wurden mit den theoretischen Vorüberlegungen zusammengebracht und zu einer zusammenhängenden plausiblen Argumentation weiterverarbeitet. Zur Illustration wurden das empirische Material themenbezogen zu Fallgeschichten verdichtet.

Beispiel für einen Interviewleitfaden
Interviews mit Corporate-University-Verantwortlichen

(1) Unternehmen und unternehmerische Herausforderungen
1. Was sind zurzeit die wichtigsten unternehmerischen Herausforderungen für Ihr Unternehmen?
2. Welche Rolle spielen Lernen und Innovation für die Bewältigung dieser Herausforderungen?
3. Wo sieht sich die Corporate University (CU) im Gesamtunternehmen? Welchen Beitrag leistet aus Ihrer Sicht die Lernarchitektur zur Bewältigung der unternehmerischen Herausforderungen?

(2) (a) Aufgaben, Ziele und Wirksamkeit der firmeninternen Universität
4. Was sind heute die wichtigsten Aufgaben der CU?
   Von den genannten Zielen: Welches ist das wichtigste?
5. Wo ist die CU organisatorisch verankert? An wen berichten Sie? Wie sind die Aufgaben zwischen Personalentwicklung, Geschäftsbereichen und der Strategieentwicklung verteilt?
6. Was sind Ihrer Ansicht nach *keine* Aufgaben der CU?
7. Was hat das Unternehmen aus Ihrer Sicht von der CU? Wer profitiert am meisten von Ihrer Arbeit?
8. Was glauben Sie, was die Geschäftsbereiche von der Arbeit der CU haben? Was würden die mir erzählen, wenn ich sie nach der Wirksamkeit befragen würde?
9. Wie stellen Sie fest, welchen Wert die CU bringt?
10. Wir befinden uns gerade in einer wirtschaftlichen Rezession/Krise. Welche Auswirkungen hat das auf Ihre CU gehabt?

(2) (b) Rolle der CU im Strategieprozess
11. Wie werden generell Strategien bei Ihnen im Hause entwickelt? Was sind die wichtigsten Schritte und welche Bereiche sind beteiligt?
12. Welche Rolle spielt die CU im Strategieprozess?
13. Welche Verbindung besteht Ihrer Ansicht nach zwischen Strategieentwicklung und Lernen? Wo hört Strategie auf und wo fängt Lernen an?
14. Wie sehen das Ihrer Meinung nach die anderen Geschäftsbereiche? Wie würden die die Aufgabe und Rolle der CU beschreiben?
15. Was wäre anders, wenn die CU nicht da wäre? Wer würde sich um Lernen, wer um Strategieentwicklung kümmern?

(3) Entstehungsgeschichte der CU
16. Wie kam es zur Idee, eine CU im Unternehmen aufzubauen? Was war aus Ihrer Sicht der Anlass für die Gründung?
17. Welche Vorstellungen wurden mit dem Begriff/der Metapher CU verbunden?
18. Wie wurde vorher gelernt? Wer war verantwortlich für Lernen, wie wurden Lernbedarfe festgestellt und welche Methoden wurden präferiert?
19. Was sollte in puncto Lernen anders werden als vorher? Was sollte so bleiben, wie es ist?
20. Was waren die wichtigsten bzw. vordergründigsten Ziele in der Startphase? Wie sah die erste Vision für die Lernarchitektur aus?

21. Wer brachte die Idee ins Spiel?
22. Wer hat die Realisierung der CU vorangetrieben?
23. Hat sich die Verantwortung für die Idee einer neuen Lernarchitektur im Laufe der Zeit verändert? *Wenn ja, warum ist das aus Ihrer Sicht so? Wer treibt die Idee heute voran? Wer treibt die Idee nicht mehr voran?*
24. Wie hoch war das Startbudget und wie wurde das Budget gerechtfertigt? Wie wurde der Nutzen für das Unternehmen dargelegt?
25. Wie wurde die Idee des Aufbaus einer CU aus Ihrer Sicht von den verschiedenen Geschäftsbereichen bewertet? *Gab es auch Gegner bzw. Widerstand? Welchen Stellenwert hatte der Aufbau für die Geschäftsbereiche? Was würde denen ohne die CU fehlen?*

(4) Einführungsprozess

26. Wer wurde während der Einführung der CU mit einbezogen? Wie haben Sie mit den verschiedenen Bereichen zusammengearbeitet?
27. Wenn Sie an die Gründungszeit der CU denken, was hat sich besonders bewährt und was war besonders schwierig?
28. Mich interessiert vor allem der Verlauf der Einführung neuer Lernaktivitäten. Können Sie anhand eines Beispiels den Prozess der Einführung eines neuen Lernaspekts (zum Beispiel Einführung von strategischen Dialogen, Action-Learning-Workshops o.Ä.) kurz schildern?
    a. Wie kam es zum Bedarf des Lernangebots?
    b. Was war anders am Lernen (im Vergleich zu anderen Lernaktivitäten)?
    c. Wie ist die Idee in der Organisation zunächst aufgenommen worden? Musste Überzeugungsarbeit geleistet werden und warum?
    d. Welche Schwierigkeiten und Widerstände ergaben sich und wie sind Sie damit umgegangen?
    e. Kam es im Verlauf der Zeit zu Revisionen der ursprünglichen Ziele und Konzepte? Wie bewerten Sie das?
    f. Wie ist das Lernangebot dann nach der Durchführung bei den Teilnehmern und dem oberen Management angekommen?
    g. Wem hat die Maßnahme am meisten gebracht? Welcher Wert wurde generiert?

(5) Zukunftsbilder vom Lernen

29. Von der Gegenwart ein kurzer Ausblick in die Zukunft: Wenn Sie sich das Unternehmen in zehn Jahren vorstellen, wie lernt die Organisation und wie lernt der Einzelne optimalerweise?
30. Was haben die Geschäftsbereiche aus Ihrer Sicht davon? Teilen die Geschäftsbereiche diese Vision?
31. Sind bereits konkrete Schritte für die Umsetzung der Vision geplant? Mit welchen Schwierigkeiten rechnen Sie bei der Umsetzung?
32. Welche Risiken stehen Ihrer Meinung nach einer solchen Lernvision entgegen?

Abschlussfrage:
Fällt Ihnen spontan ein Bild für die CU im Gesamtunternehmen ein?

Danksagung

Ich bedanke mich bei allen, die mich bei der Fertigstellung dieser Arbeit unterstützt haben. Die Studie wäre eine andere ohne die befruchtenden und hilfreichen Kommentare meines Doktorvaters Rudi Wimmer. Sie wäre wohl kaum entstanden ohne Fritz Simon und Torsten Groth, die mich auf die Idee brachten und mir zu den Rahmenbedingungen verhalfen, dieses Projekt zu wagen. Inspirierende Diskussionen verdanke ich Roland Deiser im Corporate University Learning Network und als wir 2005 die Idee eines „European Corporate Learning Forum" in die Tat umsetzten.

Ich danke Dr. Henning Breuer, der mir in so mancher Abendstunde analytisch und geistreich meine Gedanken moderierte, sowie Anja Wollenberg, die trotz Zeitnot die nötige Muße – und schließlich sogar Gefallen fand, meine Texte akribisch zu studieren. Den drei Graft Architekten und Uli Putz sei gedankt für die freundschaftliche Aufnahme in ihr Büro, die mich in der Schreibphase vor sozialer Vereinsamung bewahrte. Nicht zuletzt danke ich Thomas Schwarz, der mir in der ganzen Zeit den Rücken stärkte, meinem Bruder Matthias, der mich zu Pausen ermahnte, sowie meinen Eltern Karl und Elke, die mich unterstützten und dieses Buch ermöglichten.